»Schreiben bedeutet für mich, Dinge zu umschreiben, die größer sind als der Schriftsteller. Leben, wachsen, sich verlieben, alt werden, sterben, all das ist größer und geheimnisvoller als die Erzählung, die es nachzeichnet. Deswegen haben mich immer so sehr Geschichten fasziniert, die sich wirklich ereignet haben, und Personen, die wirklich existiert haben, und ich habe versucht, ihr Schicksal getreu zu erzählen.« *Claudio Magris*

Claudio Magris, geboren 1939 in Triest, lehrt dort Deutsche Literatur. Er gehört zu den besten Kennern der mitteleuropäischen Literatur. Magris erhielt zahlreiche wichtige Literaturpreise, unter anderem den Premio Strega, den Leipziger Buchpreis für Europäische Verständigung, den Prinz-von-Asturien-Preis, den Kythera-Preis und den Walter-Hallstein-Preis sowie den Friedenspreis des Deutschen Buchhandels 2009.

Claudio Magris

Utopie und Entzauberung

Geschichten, Hoffnungen und Illusionen der Moderne

Aus dem Italienischen von
Ragni Maria Gschwend, Karin Krieger,
Renate Lunzer, Madeleine von Pásztory,
Petra Brauns und Elise Dinkelmann

Deutscher Taschenbuch Verlag

Von Claudio Magris sind außerdem im
Deutschen Taschenbuch Verlag erschienen:
Die Welt en gros und en détail (<u>dtv</u> 13177)
Blindlings (<u>dtv</u> 13732)
Triest (<u>dtv</u> 13732)
Donau (<u>dtv</u> 34418)
Ein anderes Meer (<u>dtv</u> 13875)

Ungekürzte Ausgabe
September 2009
Deutscher Taschenbuch Verlag GmbH & Co. KG,
München
www.dtv.de
Lizenzausgabe mit freundlicher Genehmigung
des Carl Hanser Verlages, München
© 1999 Claudio Magris
© 2002 der deutschsprachigen Ausgabe:
Carl Hanser Verlag, München
Das Werk ist urhebersprachlich geschützt. Sämtliche, auch
auszugsweise Verwertungen bleiben vorbehalten.
Umschlagkonzept: Balk & Brumshagen
Umschlagbild: ›Große deutsche Landschaft‹ (1999)
von Henning v. Gierke (vier Leinwände à 90 x 90 cm, WV 961) /
VG Bild-Kunst, Bonn 2009
Satz: Satz für Satz. Barbara Reischmann, Leutkirch
Druck und Bindung: C. H. Beck, Nördlingen
Gedruckt auf säurefreiem, chlorfrei gebleichtem Papier
Printed in Germany · ISBN 978-3-423-34595-8

Utopie und Entzauberung

Im *Dialog zwischen einem Kalenderverkäufer und einem Passanten* weist Leopardi auf die Nichtigkeit der verzehrenden Hoffnung hin, in der wir am Ende eines jeden Jahres ein glücklicheres Jahr als die vorhergegangenen erwarten, die wir ebenfalls jedesmal voll Zuversicht auf das Eintreten eines Glücks erwartet haben, das doch niemals gekommen ist. Dieser kurze unsterbliche Text des großen italienischen Dichters, der so unerbittlich das Übel des Lebens diagnostiziert, ist aber frei von dem billigen apokalyptischen Pessimismus vieler heutiger Phrasendrescher, die mit Genugtuung ständig Katastrophen ankündigen oder erklären, das Leben sei nichts als Leere, Schuld und Schrecken. Leopardis Dialog hingegen ist von einer scheuen Liebe zum Leben durchdrungen und von einer spröden Glückserwartung, die, obgleich im Lauf der Jahre Lügen gestraft, im Inneren unter Zittern und Zagen weiterleben und den Schmerz und die Sinnlosigkeit viel deutlicher machen als jedes Katastrophenpathos.

Diese bestürzenden Gedanken anläßlich des Jahreswechsels stellen sich noch auf viel intensivere Weise ein, wenn es nicht ein Jahr und auch nicht ein Jahrhundert, sondern vielmehr ein Jahrtausend ist, das zu Ende geht beziehungsweise beginnt. Der Kalender kündigt uns eine Inflation von Jahres- und Gedenktagen an, von den österreichischen Millenniumsfestivitäten über die Zweihundertjahrfeier der italienischen Trikolore bis zum bevorstehenden schicksalsträchtigen Anbruch des dritten Jahrtausends – symbolische Epochenwenden, große Triumphbögen der Zeit, spektakuläre Bühnenbilder für Fortschritt und Vergänglichkeit. Am Vorabend des Jahres 1000 erwarteten manche Menschen – aber weniger, als man gerne glaubt – das Ende der Welt; in den finstersten Zeiten des kalten Krieges fürchtete man die atomare Vernichtung, das Schreckgespenst des *day after*. An der Schwelle zum dritten Jahrtausend ist kein Endzeitpathos zu spüren, wohl aber die tiefe Überzeugung, daß die Kultur und der Mensch selbst in einem radikalen Wandel begriffen sind, also die Überzeugung vom unleugbaren Ende nicht der Welt, sondern einer jahrhundertealten Art und Weise, die Welt zu erleben, zu erfassen und zu verwalten.

Schon in den letzten Jahren des vorigen Jahrhunderts hatten Nietzsche und Dostojewski die Ankunft eines neuen Menschentyps vorausgesehen, eines anthropologischen Zustands, der sich von den Seins- und Empfindungsweisen des herkömmlichen, seit undenklichen Zeiten existierenden Individuums unterscheidet. In seinem »Übermenschen« sah Nietzsche nicht ein in seinen Fähigkeiten gesteigertes, höher als andere begabtes Individuum, vielmehr, wie Gianni Vattimo feststellte, einen »Darüber-hinaus-Menschen«, eine neue Form des Ichs, nicht mehr kompakt und einheitlich, sondern, wie er sagte, aus einer »Anarchie von Atomen« bestehend, aus einer Vielheit von psychischen Kernen und Trieben, die nicht mehr in den starren Panzer der Individualität und des Bewußtseins eingeschlossen sind. Unsere heutige, immer »virtuellere« Realität ist die Szenerie dieser möglichen Mutation des Ichs.

Nietzsche selbst sagte, daß sein »Übermensch« eng verwandt sei mit Dostojewskis »Mann aus dem Kellerloch«. Beide Schriftsteller sehen nämlich in ihrer Zeit und für die Zukunft – eine Zukunft, die zum Teil auch für uns noch eine solche ist, zu einem anderen Teil aber schon unsere Gegenwart − das Heraufkommen des Nihilismus, das Ende der Werte und der Wertsysteme, nur mit dem Unterschied, daß es sich für Nietzsche, wie Vittorio Strada anmerkt, um eine Befreiung handelt, die man feiern, für Dostojewski um eine Krankheit, die man bekämpfen muß. Am Anfang des Millenniums, das vor der Tür steht, wird viel davon abhängen, welche Wahl unsere Kultur zwischen diesen beiden Positionen trifft: ob sie den Nihilismus bekämpfen oder bis zur letzten Konsequenz führen wird.

»Das alte Jahrhundert hat kein gutes Ende genommen«, schreibt Eric J. Hobsbawm in seinem *Das Zeitalter der Extreme. Weltgeschichte des 20. Jahrhunderts* und fügt hinzu, daß es, um mit Eliot zu sprechen, mit einer dröhnenden Explosion und einem unangenehmen Gewinsel ende. Andere wieder sehen in diesen hundert Jahren vor allem das Schreckliche − das »schreckliche 20. Jahrhundert«, seinen traurigen Rekord an Hekatomben und Vernichtungsgreueln, die durch die monströse Verbindung von Barbarei und wissenschaftlicher Rationalität ins Werk gesetzt wurden. Dennoch wäre es ungerecht, die enormen Fortschritte zu vergessen oder zu unterschätzen, die in diesem Jahrhundert gemacht worden sind. Es sah nicht nur eine immer größere Anzahl von Menschen humane Lebensbedingungen erreichen, sondern auch eine ständige Erweiterung der Rechte von mißachteten Randgruppen und ein sich in immer breiteren Kreisen durchsetzendes Bewußtsein von der Würde aller Menschen, auch dort, wo man es bis vor kurzem noch nicht kannte oder nicht anerkennen wollte, auch in Lebens- und Kulturformen, die sich von unseren Modellen stark unterscheiden.

Es ist verbrecherisch, die Grausamkeiten des Jahrhunderts von Auschwitz zu vergessen, es ist aber auch nicht zulässig, die Grausamkeiten vergangener Jahrhunderte zu verdrängen, ohne daß das kollektive Gedächtnis ihrer gewahr würde und sie bereute. Zuversichtlich an den Fortschritt zu glauben, wie die Positivisten des 19. Jahrhunderts, ist nur mehr lächerlich, aber ebenso stumpfsinnig sind die nostalgische Verklärung der Vergangenheit und die großsprecherische Katastrophenrhetorik. Die uns bevorstehende Zukunft liegt noch im Nebel und verlangt daher einen Blick, der trotz seiner unvermeidlichen Kurzsichtigkeit durch Demut und Selbstironie ein wenig weitsichtiger wird.

Diese Eigenschaften lassen uns auf der Hut sein vor der Versuchung, pathetischen Prophezeiungen und Jahrhundertformeln anheimzufallen, die sehr bald komisch werden können, wie der berühmte Satz, 1989 würde die Geschichte zu Ende sein, ein Satz, der schon seinerzeit nur in Flauberts *Sottisier* gepaßt hätte. Das Jahr 1989 hat, ganz im Gegenteil, die jahrzehntelang im Kühlschrank aufbewahrte Geschichte aufgetaut und letztlich ein entfesseltes Durcheinander von Befreiung und Rückschritt ausgelöst, die häufig zusammengehören wie die beiden Seiten einer Medaille. Das Selbstbestimmungsprinzip, das auf der Freiheit besteht, ruft blutige Konflikte hervor, in denen die Freiheit der anderen mit Füßen getreten wird; ein anderes Beispiel für den Kurzschluß von Fortschritt und Rückschritt ist durch das Phänomen von Wirtschaftswachstum und Produktionssteigerung bei abnehmenden Beschäftigungsquoten gegeben, wobei die Zahl derjenigen, die von einem akzeptablen Lebensstandard ausgeschlossen sind, wächst; das wiederum schafft – Dahrendorf hat davor gewarnt – die Voraussetzungen für höchst gefährliche soziale Spannungen und Konflikte.

Den auffälligsten Widerspruch stellt der gleichzeitige Ablauf von Einigungs- beziehungsweise Anschlußprozessen – die europäische Vereinigung, um nur ein Beispiel zu nennen – und andererseits von partikularistischen Zerfallsprozessen dar, wie dem Anspruch auf lokal begrenzte Identitäten, die heftig jeden umfassenderen staatlichen, nationalen oder kulturellen Zusammenhang leugnen. Einer allgemeinen Nivellierung, vor allem durch die Kommunikationsmittel hervorgerufen, die weltweit dieselben Modelle anbieten, stehen immer wüstere Unterschiede gegenüber. Beide Prozesse bedrohen eine wesentliche Grundlage der europäischen Kultur, die Individualität im eigentlichen, im klassischen Sinn, die, unverwechselbar in ihrer Besonderheit, zugleich das Universale in sich trägt und verkörpert.

Das Millennium kündigt sich äußerst widersprüchlich an. Die Niederlage der politischen Totalitarismen in vielen, wenn auch sicher noch nicht allen Ländern schließt den möglichen Sieg eines sanften, sozusagen kolloidalen Totalitarismus nicht aus, der mittels Mythen, Riten, Propagandaformeln, symbolischen Darstellungen und Figuren die Selbstidentifikation der Massen herbeiführt, so daß, wie Giorgio Negrelli in *Anni allo sbando* schreibt, »das Volk *zu wollen glaubt*, was seine Lenker jeweils für das Opportunste halten«. Der Totalitarismus verläßt sich nicht mehr auf die bankrott gegangenen starken Ideologien, sondern auf die gelatineartigen schwachen Ideologien, die von der Macht der Medien verbreitet werden.

Eine Möglichkeit des Widerstands gegen diese Art von Totalitarismus besteht in der Verteidigung des von der Ausschaltung bedrohten historischen Gedächtnisses, ohne das die Fülle und Vielfalt des Lebens keineswegs verstanden werden kann. Eine andere Möglichkeit besteht in der Absage an die Vertreter eines falschen Realismus, die die Außenseite der Realität mit der ganzen Realität verwechseln, die ohne jeden religiösen Sinn für das Ewige die Gegenwart absolut setzen und nicht an die Möglichkeit eines Wechsels glauben, wobei sie all jene für naive Utopisten halten, die meinen, die Welt verändern zu können. Im Sommer 1989 hätten diese falschen Realisten, von denen es unter den Politikern so viele gibt, jeden ausgelacht, der gesagt hätte, die Berliner Mauer könnte vielleicht fallen. Mit dem alten Millennium scheint auch der Mythos der Revolution und jener großen Projekte zur Veränderung der Welt zu Ende zu gehen, die, wie Alberto Cavallari feststellt, das vorige Jahrhundert und einen Großteil unseres eigenen gekennzeichnet haben.

Von dem immer mehr um sich greifenden historischen Revisionismus wird die Französische Revolution, in der man bis gestern noch den Ursprung der Moderne und ihrer Freiheiten sah, als Mutter der Totalitarismen gebrandmarkt, vor deren Gewalttaten die Erinnerung an jene früheren verblaßt, gegen die sie aufgestanden war. Wir sollten dann wohl auch jenes Gedicht von Victor Hugo vergessen, in dem der abgehauene Kopf Ludwigs XVI. seinen Vätern, den früheren Königen von Frankreich, vorwirft, mit den Ungerechtigkeiten der Feudalherrschaft die »schreckliche Maschine« konstruiert zu haben, die ihn enthauptet hat, die Guillotine, die dazu dient, Gewalt mit Gewalt auszurotten und Verbrechen zu begehen, die durch nichts zu rechtfertigen sind, für die sie aber nicht die alleinige Verantwortung trägt.

Der Fall des Kommunismus scheint häufig nicht nur den real existierenden Sozialismus, sondern auch die Idee der Demokratie und des Fortschritts, die Utopien der sozialen Erlösung und der vollkommenen Zivilgesellschaft mit sich gerissen und ganz allgemein in Verruf gebracht zu haben. Das Scheitern des Anspruchs, ein für allemal dem Bösen und der Ungerechtigkeit in der Geschichte ein Ende zu setzen, zieht manchmal die Vorstellung von Solidarität und Gerechtigkeit überhaupt in Mitleidenschaft. Aber das Ende des Mythos der Revolution und des Großen Projekts sollte im Gegenteil den Idealen, die jener Mythos so mächtig zum Ausdruck gebracht, aber durch ihre Absolutsetzung und Instrumentalisierung pervertiert hatte, mehr konkrete Kraft verleihen; es sollte uns mehr Geduld und Beharrlichkeit bei ihrer Verfolgung vermitteln und somit die Wahrscheinlichkeit ihrer Verwirklichung erhöhen, und zwar in dem relativen, unvollkommenen, stets zu vervollkommnenden Ausmaß, das das Maß des Menschlichen ist. Das Ende jener Mythen kann die Kraft der Ideale erhöhen, gerade deswegen, weil es sie von der mythischen und totalisierenden Idolatrie befreit, die sie erstarren ließ. Es kann zur Einsicht führen, daß die revolutionären Utopien wie Hefe sind, mit der allein man − trotz gegenteiliger Überzeugung vieler Ideologen − kein Brot backen kann, aber ohne die man auch kein gutes Brot machen kann. Die Welt kann nicht ein für allemal erlöst werden, jede Generation muß, wie Sisyphos, ihren Felsblock wälzen, um zu vermeiden, daß er sie überrollt und zermalmt. Dieses Bewußtsein bedeutet den Eintritt der Menschheit in ihre geistige Reife, jenen Ausgang des Menschen aus seiner selbstverschuldeten Unmündigkeit, den Kant in der Aufklärung zu erblicken glaubte.

Millenniumsende und -anfang brauchen die Utopie, die Hand in Hand geht mit der Entzauberung. Das Schicksal eines jeden Menschen und der Geschichte selbst gleicht dem des Mose, der das Gelobte Land nicht erreichte, aber nie aufhörte, darauf zuzugehen. Utopie bedeutet, sich nicht in die Dinge zu ergeben, wie sie sind, und für die Dinge zu kämpfen, wie sie sein sollten; zu wissen, daß die Welt es nötig hat, wie ein Vers von Brecht sagt, geändert, das heißt erlöst zu werden. Das Wiederaufleben der Religion, das so häufig zum Fundamentalismus entartet, hat die wichtige Funktion, den Sinn für das zu erwecken, was darüber hinausgeht, uns zu erinnern, daß die profane Geschichte dessen, was geschieht, sich ununterbrochen mit der heiligen Geschichte überschneidet, mit dem Schrei der Opfer, die nach einer anderen Geschichte verlangen und am Tag des Jüngsten Gerichts Gott oder dem Weltgeist das Kontenbuch vorlegen und sie auffordern werden, Rechenschaft abzulegen über das universale Schlachthaus.

Utopie bedeutet, jene unbekannten Opfer nicht zu vergessen, die Millionen, die in allen Jahrhunderten an unsäglichen Greueln zugrunde gingen und dem Vergessen anheimgefallen sind, nicht verzeichnet wurden in den Annalen der Weltgeschichte. Der Strom der Geschichte schwemmt die kleinen Geschichten der Individuen fort und läßt sie untergehen, die Woge des Vergessens löscht sie aus dem Gedächtnis der Welt; Schreiben bedeutet unter anderem auch, am Ufer entlanggehen, stromaufwärts fahren, schiffbrüchige Existenzen auffischen und Strandgut wiederauffinden, das sich an den Ufern verfangen hat, um es zeitweilig auf einer Arche Noah aus Papier unterzubringen.

Dieser Rettungsversuch ist utopisch, und die Arche wird vielleicht untergehen. Aber die Utopie gibt dem Leben Sinn, weil sie ganz gegen jede Wahrscheinlichkeit fordert, daß das Leben einen Sinn habe. Don Quijote ist groß, weil er beharrlich, entgegen den offensichtlichen Tatsachen, glaubt, daß die Barbierschüssel der Helm des Mambrin und die bäurische Aldonza die bezaubernde Dulcinea sei. Aber Don Quijote allein wäre peinlich und gefährlich wie eben die Utopie, wenn sie der Realität Gewalt antut, im Glauben, das ferne Ziel sei schon erreicht, wenn sie die Wirklichkeit mit dem Traum verwechselt und ihn den anderen brutal aufzwingt, wie die totalitären politischen Utopien.

Don Quijote braucht Sancho Pansa, der sieht, daß der Helm des Mambrin eine Schüssel ist, und der Aldonzas Stallgeruch bemerkt, der aber auch begreift, daß die Welt weder wahr noch vollkommen ist, wenn man nicht jenen Zauberhelm und jene strahlende Schönheit sucht; und so folgt er dem verrückten Ritter – ja, mehr noch, als dieser Vernunft annimmt, kommt er sich ganz verloren vor und erhebt seinerseits Anspruch auf zauberische Abenteuer. Aber Don Quijote allein wäre vielleicht ärmer als Sancho, denn seinen ritterlichen Taten mangelten die Farbe und der Geschmack, die Speisen, das Blut, der Schweiß und die sinnliche Lust der Existenz, ohne die die Idee des Heldischen, die ihnen Sinn verleiht, ein ödes Gefängnis wäre.

Statt einander feindlich gegenüberzustehen, müssen Utopie und Entzauberung einander stützen und sich wechselseitig berichtigen. Das Ende totalitärer Utopien ist nur dann befreiend, wenn es einhergeht mit dem Bewußtsein, daß die von diesen Utopien versprochene, aber nicht eingehaltene Erlösung mit mehr Geduld und Bescheidenheit, im Wissen darum, daß wir kein fertiges Rezept besitzen, gesucht werden muß, nicht aber verhöhnt werden darf. Allzu viele vom Zusammenbruch totalitärer Utopien Enttäuschte erheben, übermäßig erregt statt gereift durch die Desillusion, ihre Stimme und verspotten schrill und verächtlich die Ideale der Solidarität und Gerechtigkeit, an die sie blind geglaubt hatten. Der Nachdruck, mit dem man häufig das Ende des Sozialstaats feiert, statt seine Mängel zu studieren und sie dann zu beheben, ist ein Aspekt des erwähnten Unvermögens, Utopie und Entzauberung zu vereinen. Es war lachhaft, 1929 oder in den siebziger Jahren zu glauben, daß der Kapitalismus im Sterben liege, und es ist lachhaft, heute zu glauben, daß die derzeitige Form seines Triumphs die definitive Weltordnung sei. Zu glauben, man habe gewonnen, man sei eine unzerstörbare Verbindung mit dem Sieg eingegangen, kann gefährlich sein: Manès Sperber sagte, wer sich des Sieges rühme, werde leicht zum *cocu de la victoire.*

Jede Generation und jedes Individuum muß, und dies nicht nur einmal, die traumatische, aber heilsame Erfahrung der ersten Christen wiederholen, die die Parusie erwarteten, die Rückkehr des Heilands, die ihnen versprochen war, das Kommen des Parakleten, des Tröstergeistes, viele von ihnen im vollen Vertrauen darauf, er werde noch zu ihren Lebzeiten erscheinen. Die Parusie ist nicht eingetreten, und es muß für diese enttäuschten Gläubigen nicht leicht gewesen sein, der Enttäuschung standzuhalten und

zu begreifen, daß es sich nicht um einen Widerruf handelte, sondern um die Offenbarung, daß das Heil nicht ein
für allemal eintrifft, sondern immer auf dem Weg ist, bis
zum Ende der Zeiten – die vielleicht nicht enden werden,
zumindest nicht während des kurzen Daseins des Menschen auf Erden.

Entzauberung bedeutet, zu wissen, daß es keine Parusie
geben wird, daß unsere Augen den Messias nicht sehen
werden, daß wir nicht nächstes Jahr in Jerusalem sein werden, daß die Götter im Exil sind. Die westliche Welt lebt im
Zeichen dieser Entzauberung, der Max Weber wunderbare
und endgültige Seiten gewidmet hat, in denen er das stahl-
harte Gehäuse beschreibt, in das die Welt hinter dem Ma-
schengitter einer unbarmherzigen Rationalisierung eingeschlossen ist, die sie gewaltsam auf ein vorgeschriebenes
Gleis drängt. Aber auf denselben Seiten widerlegt Weber
diese Diagnose durch den Ton seiner Äußerungen, durch
die Musik, die sie durchdringt, wenn er von den ebenso
unbeweisbaren wie unverzichtbaren Werten spricht, vom
Sinn des Lebens, der durch die Rationalisierung unauffindbar geworden ist, obgleich sie nie den unüberwindbaren
Anspruch auf ihn tilgen kann, wenn er vom Dämon in unser aller Leben spricht.

Wer glaubt, der Zauber sei leicht, wird eine leichte Beute
des reaktiven Zynismus, wenn der Zauber brüchig wird
oder sich überhaupt nicht einstellt. In der Entzauberung
liegt wie in einem Blick, der zuviel gesehen hat, die melancholische Gewißheit beschlossen, daß die Erbsünde begangen, der Mensch nicht unschuldig und der Helm des Mambrin eine Schüssel ist; aber auch die Gewißheit, daß die
Welt ab und zu zauberhaft sein kann wie das Eden, daß die
schwachen und bösen Menschen auch zu Großherzigkeit
und Liebe fähig sind, daß man einen vergänglichen, sterblichen Leib leidenschaftlich lieben kann und daß Mam-
brins Helm, obzwar unauffindbar, seinen Glanz auf die ro-

stigen Töpfe zurückwirft. Die Entzauberung ist ein Oxymoron, ein Widerspruch, den der Intellekt nicht auflösen, den nur die Poesie ausdrücken und bewahren kann. Die Entzauberung sagt, den Zauber gebe es nicht, doch die Art, der Ton, in dem sie es sagt, legt trotz allem nahe, daß es ihn gibt und daß er wiederauftauchen kann, wenn man ihn am wenigsten erwartet. Eine Stimme sagt, das Leben habe keinen Sinn, aber ihr tiefer Klang ist das Echo jenes Sinns. Es war Cervantes' Ironie, die das Ende und die plumpe Roheit des Rittertums aufgezeigt hat, und doch hat sie von der Poesie und dem Zauber des Rittertums erzählt.

Die Entzauberung, die die Utopie berichtigt, verstärkt deren grundlegendes Element, die Hoffnung. »Was darf ich hoffen?« fragt sich Kant in der *Kritik der reinen Vernunft*. Die Hoffnung entspringt nicht einer beruhigenden und optimistischen Anschauung der Welt, sondern der Zerrissenheit der unverhüllt gelebten und erlittenen Existenz, die ein unstillbares Bedürfnis nach Erlösung erzeugt. Das radikale Böse – die radikale Sinnlosigkeit, in der die Welt sich zeigt – muß bis ins letzte erforscht werden, damit man ihm in der Hoffnung entgegentreten kann, es zu überwinden. Charles Péguy hielt die Hoffnung für die größte Tugend, ebendeswegen, weil der Hang zur Verzweiflung so stark und so gut begründet ist und weil es, wie er in *Le porche du mystère de la deuxième vertu* sagt, so schwierig ist, die kindliche Phantasie wiederzuerlangen, zu sehen, wie alle Dinge gehen, und doch an ein besseres Morgen zu glauben.

Die Hoffnung ist eine vollkommene Kenntnis der Dinge, meint Gerardo Cunico, der Dinge, nicht nur wie sie scheinen und sind, sondern auch wie sie werden müssen, um ihrer vollen, noch nicht entfalteten Wirklichkeit zu entsprechen, dem Gesetz ihres Seins. Die Hoffnung gleicht dem Geist der Utopie, wie Bloch lehrt, sie bedeutet, daß hinter jeder Wirklichkeit andere Möglichkeiten stehen, die aus dem Kerker des Existierenden befreit werden müssen. Die Hoffnung wird auf die Zukunft projiziert, um den Menschen mit der Geschichte zu versöhnen, aber auch mit der Natur, das heißt mit der Fülle der eigenen Möglichkeiten und der eigenen Triebe. Dieser Geist der Utopie wird insbesondere in der jüdischen Kultur bewahrt, in der unbezwingbaren Spannung ihrer Propheten.

Die Entzauberung ist eine ironische, melancholische und wehrhafte Form der Hoffnung; sie mäßigt deren prophetisches und hochherzig optimistisches Pathos, das leicht die beängstigenden Möglichkeiten des Rückschritts, der Inkonsequenz und der tragischen, in der Geschichte latent vorhandenen Barbarei unterschätzt. Vielleicht kann es eine philosophische Entzauberung nicht wirklich geben, sondern bloß eine poetische. Allein die Poesie kann die Widersprüche darstellen und in einer höheren, schwer faßbaren musikalischen Einheit zusammenfassen, ohne sie vorher begrifflich aufzulösen. Vielleicht ist deswegen das größte Buch der Entzauberung, Flauberts *L'éducation sentimentale* – das Buch aller Ernüchterungen, wie man es bezeichnet hat –, in seinem melancholisch-melodischen Dahinfließen geheimnisvoll wie die Zeit, auch das Buch der Verzauberung und der Verführung zum Leben. Jeder Mythos erwacht erst dann zum Leben und beginnt zu funkeln, wenn man sein stereotypes Klischee, seinen Pappzauber entmystifiziert; die Südsee wird eine Seelenlandschaft erst auf den Seiten von Melville oder Stevenson, die unbarmherzig jeden vorgeblichen Bühnenzauber vom unberührten Paradies demontieren. Nur durch Kritik an einem Mythos kann man seine Faszination ins recht Licht rücken und ihr zugleich widerstehen. Der wahre Traum, schreibt Nietzsche, ist die Fähigkeit zu träumen und dabei zu wissen, daß man träumt.

Die Literaturgeschichte der abendländischen Welt in den letzten beiden Jahrhunderten ist die Geschichte von

Utopie und Entzauberung und von ihrer untrennbaren Zusammengehörigkeit. Die Literatur verhält sich der Geschichte gegenüber oft wie die andere Seite des Mondes, die der Lauf der Welt im Schatten läßt. Dieses Gefühl eines großen Mangels im Leben und in der Geschichte bedeutet die Forderung nach etwas radikal anderem, nach einer messianisch-revolutionären Befreiung, die uns alle historischen Revolutionen absichtlich oder unabsichtlich vorenthalten haben. Das Individuum wird eine tiefe Wunde gewahr, die es ihm schwermacht, seine Persönlichkeit in Übereinstimmung mit der sozialen Evolution voll zu verwirklichen und die es die Abwesenheit des wahren Lebens spüren läßt. Der kollektive Fortschritt läßt das Unbehagen des einzelnen noch deutlicher werden; der Anspruch zu leben ist Größenwahn, schreibt Ibsen, womit er zeigen will, daß wir uns nur im Bewußtsein, wie gewagt, ja verwegen es ist, nach dem wahren Leben zu trachten, diesem annähern können.

Das Wort Entzauberung erinnert an Enttäuschung, an den barocken *desengaño*, der ebenfalls das schmerzliche Enthüllen der Illusion meint, wodurch eine der Geschichte widerstrebende Wahrheit zum Leuchten gebracht wird. Ein Dichter dieser barocken, zugleich ultramodernen Entzauberung, Ferdinand Raimund, erzählt in seinem Stück *Die unheilbringende Krone* von einer guten Fee, die dem Protagonisten, Ewald, eine Wunderfackel schenkt, mit deren Hilfe man die Wirklichkeit verwandeln kann: wer die Welt in ihrem Licht ansieht, der erblickt überall Glanz und Poesie, auch dort, wo Not und Elend herrschen. Die Fee Lucina enthüllt Ewald bei der Überreichung des Geschenks den Trug, sie macht ihn darauf aufmerksam, daß die Fackel ihm wunderschöne, aber täuschende Dinge zeigen wird. Diese Gewißheit macht jedoch die verführerische Attraktivität der von diesem Licht erhellten Dinge nicht zunichte, und Ewalds Leben wird dank dieses Geschenks reicher. Die Fackel ist nicht trügerisch. Wer sie gebraucht, ohne zu wissen, daß sie die Welt verschönt, wird betrogen, weil er den Schmerz und die Niedertracht nicht sieht und sich einbildet, unsere Existenz sei etwas Harmonisches. Aber wer sie zurückweist, ist ebenso blind und verstockt, denn dieses Geschenk, das das Grau der Gegenwart aufhellt, läßt uns erkennen, daß die Wirklichkeit nicht nur platt und dürftig ist. Hinter den Dingen, wie sie sind, verbirgt sich auch ein Versprechen, der Anspruch, wie sie sein sollten, eine potentiell andere Realität, die ans Licht kommen will wie der Schmetterling im Kokon.

Einige Jahre später hatte Raimund vielleicht jenes von ihm selbst erfundene Feengeschenk vergessen, als er sich entschloß, zur Pistole zu greifen. Aber die Reste jener großen untergegangenen Arche Noah, die Kakanien war, glänzen wie Holzstücke, die durch die große Flut morsch und phosphoreszierend geworden sind, erleuchtet von jenem ironischen Spiel mit der Entzauberung, das in einer schwer faßbaren Weisheit besteht, in der Kunst, die Niederlage zu umgehen und den Zauber zu bewahren. Wie die Kinder des alten Österreichs leben auch wir von einem gelöschten Konto in der Hoffnung, die wachsende Unwirklichkeit der Welt und der Papierscheine, mit denen man sie kaufen kann – beziehungsweise Maßnahmen, die wir zwar nicht verstehen, denen wir aber Zuversicht und Vertrauen entgegenbringen, wie der geplanten Abschaffung des Bargelds –, mögen den Unterschied zwischen den Nullen im Aktiv und denen im Passiv tilgen. »Und doch ist das Leben etwas Schönes, nicht wahr?« sagt Leopardis Passant, der das Gegenteil meint. »Dieses weiß man«, antwortet der Kalenderverkäufer.

1996

Die Übersetzung erschien erstmals in: *Utopie und Entzauberung*, Residenz Verlag, Salzburg 1996.

Die Tröstungen der Apokalypse

Apokalypse bedeutet im Griechischen Offenbarung, Verborgenes enthüllen und kundtun. Für uns aber beschwört dieses Wort katastrophale Bilder von Zerstörung und Zusammenbruch, vom Ende der Welt herauf. Es ist nicht gesagt, daß die Menschen, die dieses Buch der Bibel seit Jahrhunderten gelesen und häufig ohne Rücksicht auf Etymologie und Philologie interpretiert haben, ganz und gar unrecht haben müssen. Möglicherweise hat die Entstellung des ursprünglichen Wortsinns ihre Ursache auch in der unbewußten Ahnung, daß unweigerlich Schrecken und Verheerung zum Vorschein kommen, wenn man den Schleier lüftet, der die Wahrheit des Lebens und der Geschichte verbirgt. Eigentlich müßte die *Apokalypse*, also die *Offenbarung des Johannes*, gegensätzliche Gefühle und Gedanken hervorrufen, denn sie endet nach vielen alptraumhaften Visionen mit dem Sieg des Reiters auf dem weißen Pferd – das heißt des göttlichen Worts – über den Drachen und die bösen Menschen, mit »einem neuen Himmel und einer neuen Erde« für die Seligen und mit der strahlenden Ankunft des himmlischen Jerusalems, des Reichs Gottes. Der Phantasie des Lesers prägen sich jedoch nicht diese letzten Bilder des Lichts und der Seligkeit ein, sondern die düstere Abfolge der ihnen vorangehenden Katastrophen: die vier Reiter, die Hunger und Tod, Gemetzel, Plagen und Unheil aller Art bringen, der Drachen und das Tier, das aus dem Meer steigt, die Sichel, die die von Sünden überquellende

Erde aberntet, und Gott, der aus dem Gericht über die frevelhaften Mächtigen dieser Welt wie ein Kelterer aus dem Bottich kommt, mit vom Most durchtränkten Gewändern, das heißt durchtränkt vom Blut der Sünder, das »bis an die Zäume der Pferde, tausendsechshundert Stadien weit« reicht.

Die Wirkung der *Apokalypse* liegt eher im Schrecken als in der Hoffnung, eher in der ewigen Strafe als im ewigen Lohn; das Buch veranschaulicht trotz allem eher die finstere Entfesselung des Bösen als den Triumph des Guten. Vielleicht bezeichnete D. H. Lawrence es deshalb als »das abscheulichste Buch der Bibel«, und natürlich paßt es zu einer düsteren Frömmigkeit, die mehr von Sünde und Strafe besessen ist, als daß sie von der Seligkeit des Glaubens durchdrungen wäre. Es erinnert eher an das *Dies irae* als an das *Paternoster*, eher an den Antichrist der vorletzten Stunde als an Christus, der in der letzten über ihn triumphiert. Die Posaunen der Engel scheinen ein Strafgericht anzukündigen, dabei preisen sie eigentlich die frohe Vollendung von »Gottes Geheimnis«.

Die visionäre dichterische Größe des Buches – zu dem der Leser durch das Dickicht von Symbolen und Allegorien mit zuweilen dunkler Deutung und durch die Anhäufung verheerender Bilder möglicherweise schwerer Zugang findet – liegt vor allem in der Darstellung des Bösen und seiner Vernichtung. »Wer ist dem Tier gleich, und wer kann mit ihm kämpfen?« fragen die Menschen und beugen sich der furchtbaren Macht, die die Welt beherrscht und die entsetzten Götzendiener unter Androhung der Todesstrafe zwingt, sie anzubeten. Doch die irdische Stadt, die mit dem Bösen Unzucht treibt, ist zum Untergang verurteilt, ein Engel verkündet ihn mit Donnerstimme: »Sie ist gefallen, sie ist gefallen, Babylon, die große Stadt; denn sie hat mit dem Zorneswein ihrer Hurerei getränkt alle Völker.«

Die *Apokalypse* ist nicht abscheulich, wie Lawrence sagte, aber sie ist durch die Interpretationsschlüssel, die sie verlangt, und durch das Übermaß an Schreckensbildern, deren Häufung ihre Wirkung zuweilen abschwächt, sicherlich das für den modernen Leser unangenehmste Buch der Bibel. Sie ist vor allem ein Buch, das viele nicht von der direkten Lektüre her kennen, sondern durch aus dem Zusammenhang gerissene Bilder, bei passender und unpassender Gelegenheit zitiert und mit einer dunklen, unbestimmten Furcht aufgenommen, die ihren Sinn entstellt. Im allgemeinen kommt in unserem Empfinden und unserer Kultur zwar häufig das Adjektiv »apokalyptisch« vor, in dem etwas von der Katastrophe mitschwingt, doch nur selten das Wort *Apokalypse* mit seiner ganzen Komplexität und seinen angrenzenden Bedeutungen. Die *Apokalypse*, traditionell dem Apostel Johannes zugeschrieben, über dessen Autorenschaft die Meinungen der Gelehrten jedoch auseinandergehen und die Kirche selbst sich nicht in für die Gläubigen verbindlicher Form geäußert hat, wird, ebenfalls nicht unumstritten, auf die Jahre 94/95 nach Christus datiert und ist der bedeutendste Text der umfangreichen »apokalyptischen« Literatur, die ihre Blütezeit zwischen dem dritten Jahrhundert vor Christus und dem neunten Jahrhundert nach Christus sowohl in der jüdischen als auch in der christlichen Welt hatte.

Im Laufe der Jahrhunderte wurde die *Apokalypse* vornehmlich als eine chiliastische Prophezeiung gelesen, die das Ende der Welt ankündigt und quasi ein Repertoire an Zeichen liefert, die es erleichtern, das Herannahen dieses Endes und den Anbruch eines neuen Zeitalters zu erkennen, den Anbeginn einer von Sünde, Tod und Ungerechtigkeit befreiten Welt. So verknüpfte sich die *Apokalypse* eng mit den Bestrebungen nach sozialer und moralischer Erlösung, mit revolutionären Bewegungen und Träumen, die die Ankunft des Reiches Gottes auf Erden predigten, einer von Sklaverei, Gewalt und sozialen Unterschieden befreiten Welt – angefangen bei dem von Gioacchino da Fiore prophezeiten Zeitalter des Heiligen Geistes bis hin zum »Dritten Reich«, von dem Davide Lazzaretti, der religiösanarchistische Reformator vom Monte Amiata, im 19. Jahrhundert glaubte, es werde in seiner Epoche anbrechen.

Der apokalyptische Messianismus ist stark von der Utopie einer vollendeten, endgültigen sozialen Revolution geprägt, die den neuen Menschen, den neuen Adam hervorbringen soll. Diese Vision der Apokalypse mit ihren hermeneutischen Spitzfindigkeiten und ihren numerischen Berechnungen, durch die ermittelt werden kann, wann das Ende aller Tage naht, reicht über viele Jahrhunderte bis in unsere Zeit hinein. Der Historiker Eric Hobsbawm schreibt, einige italienische Kommunisten im Umfeld von Lazzarettis Bewegung, die nur noch ein Schattendasein führte, glaubten im Jahr 1948, das Attentat auf Togliatti sei das Zeichen für den Anbruch des Jüngsten Tages, des letzten und ersten. In einigen extremen, radikalen Formen des jüdischen Messianismus wurde dazu aufgefordert, den Triumph des Bösen schneller herbeizuführen – indem man das Gesetz entweiht und jede Art von Zuwiderhandlung praktiziert –, um die Ankunft des Messias zu beschleunigen, der – wie auch das Neugeborene – kommt, wenn »die Geburtswehen« der Geschichte am stärksten sind und das Böse seinen Gipfel erreicht hat, denn je früher die Mitternacht, der Höhepunkt der Dunkelheit, anbricht, desto früher kommt auch das Licht der Morgenröte.

Die *Apokalypse* setzt eine lineare Auffassung von der Zeit voraus, die von einem Anfang ausgeht und auf ein Ende zuläuft. Diese für den christlich-jüdischen Glauben typische Vorstellung steht im Gegensatz zu der zyklischen Auffassung von einer Zeit, die sich wiederholt und wiederkehrt. Die Vision der Apokalypse hat sich mit den Mythen vom Reich, vom Niedergang und von der Wiedergeburt vermischt, religiöse und politische Überzeugungen geprägt, den Impuls zu anarchistischen und gesellschaftlichen Utopien gegeben und die Phantasie und das Empfinden von Poeten und Schriftstellern der verschiedensten Epochen und Literaturen beeinflußt. Sie hat in den unterschiedlichsten und widersprüchlichsten Formen mit großer Vehemenz die Überzeugung und das Gefühl zum Ausdruck gebracht, das Leben, die Welt und die gesamte Schöpfung müsse vom Bösen und vom Leid erlöst werden. Vielleicht ist der Unterschied zwischen den Menschen, den Religionen und den Philosophien nirgends so groß wie zwischen dem, der denkt, die Welt sei perfekt, so wie sie ist, oder könne zumindest vervollkommnet werden, und dem, der denkt, sie sei mit all ihrem Unheil und Leid, das den Schwächsten zugefügt wird, ein Skandal, der die Erlösung erforderlich mache.

Von den Zahlen der Kabbala beeinflußt, hat sich die apokalyptische Phantasie nicht nur in Momenten von historischen und politischen Katastrophen entzündet, sondern vor allem in Zeiten der Jahrhundert- oder gar der Jahrtausendwende, die eine starke Symbolkraft besitzen. In der linearen Abfolge der Zeit bevorzugt jede Apokalypse den ausschlaggebenden Augenblick der Krise, in dem eine Entscheidung fällt oder ein Ereignis eintritt, das die Geschichte radikal verändert, das »Jetzt«, Jaspers' ewigen Augenblick und Meister Eckharts »gegenwärtigen Moment«. Dieser bedeutungsschwere Augenblick geht über die Zeit hinaus, er ist der Punkt, »dem gegenwärtig alle Zeit«, von dem Dante spricht. Diese absolute Gegenwart liegt zwischen dem Bösen der Vergangenheit und der Erlösung der Zukunft: Sie ist eine Krise, ein Übergang. Die Literatur hat eine Vorliebe für Zeiten der Krise und des Übergangs, sie fühlt sich wohl in ihnen. Die heutige Literatur betont diese Vorliebe besonders, sie tendiert dazu, unsere Zeit als *die* Krise und *den* Übergang schlechthin sowohl zu bedauern als auch zu feiern, mit einem Pathos der Bedenklichkeit, das das Jahr 2000 nicht weniger unheilvoll erscheinen läßt als das Jahr 1000.

Doch es ist nicht gesagt, daß der Sinn für die *Apokalypse* der »Sinn für das Ende« ist, wie Frank Kermode schrieb. In seinem Buch *Apocalisse prima e dopo* zeigte Eugenio Corsini in einer rigorosen, literarisch faszinierenden Interpretation, daß dieses schreckliche Buch weder das Ende noch künftige Ereignisse ankündigt, sondern die allegorische Erzählung eines grundlegenden Ereignisses ist, das schon stattgefunden hat, nämlich Leiden, Tod und Auferstehung Christi. Dieses grandiose symbolische Werk, das auch aus der Auseinandersetzung zwischen dem Judentum und dem damals aufkommenden Christentum entstanden war, verweist nicht auf finale Katastrophen; es wartet nicht auf die Rückkehr Christi, denn er ist bereits gekommen, und die Katastrophe seines Leidens und Sterbens sowie die Herrlichkeit seiner Auferstehung sind schon geschehen und geschehen weiterhin in jedem Moment der Weltgeschichte und der Geschichte jedes einzelnen Menschen, der sich fortwährend dem Verderben und der Niederlage stellen und aus seiner Asche wiederauferstehen muß.

Trifft diese Interpretation zu, die auf theologisch-philosophischer Ebene eigensinnig bewiesen und mit dem Imprimatur der kirchlichen Behörde veröffentlicht wurde, ist von Gott kein »apokalyptisches« Ereignis zu erwarten, denn in der Heilsgeschichte »hat Gott seinen Teil bereits getan«. Die Zukunft liegt nun wirklich und vollkommen in der Hand des Menschen.

Diese entscheidende Rolle, die dem menschlichen Willen zurückgegeben wurde, kann trösten, doch auch Bestürzung hervorrufen. Die traditionelle apokalyptische Vision von einem Weltuntergang mit seinen schrecklichen Katastrophen, die alle betreffen, hat auch etwas Beruhigendes, weil sie ermöglicht, die Angst vor dem eigenen Tod vom

Bild eines universellen Todes überlagern zu lassen, von Feuersbrünsten und Sintfluten, die alles verbrennen oder überschwemmen. Was uns zutiefst erschüttert, ist unser individueller Tod, einsam und vergessen im Getöse der Dinge. In ein gemeinsames, wenngleich schreckliches Schicksal einbezogen zu sein macht weniger einsam. Selbst die Alpträume von einem Atomkrieg der Supermächte mit der globalen Vernichtung eines *day after* hatten eine in gewisser Hinsicht tröstliche Grandiosität, zu der man kaum gelangt, wenn man in Bosnien oder Ruanda niedergemetzelt wird oder mutterseelenallein stirbt. Keine Apokalypse kann uns trösten, wenn wir allein mit unserem Tod und unserer Angst sind.

1995

Soll man die Dichter aus dem Staat verbannen?

Man erzählt, daß Platon, als er Schüler des Sokrates wurde, eine eben verfaßte Tragödie verbrannt habe. Sicherlich tat er dies nicht, weil er mit dem dichterischen Wert dieses Werkes unzufrieden war, hatte er doch ganz im Gegenteil beabsichtigt, wie Diogenes Laertios berichtet, bei einem der wichtigsten athenischen Dichteragone damit aufzutreten. Von Platon bis Kafka – der vor seinem Tod dem Freund Max Brod auftrug, seine unveröffentlichten Werke zu vernichten, darunter Meisterwerke wie die Romane *Der Prozeß* und *Das Schloß* – ist die Geste des großen Schriftstellers, der die eigenen Bücher für den Scheiterhaufen bestimmt, nie in einer literarischen Wertung, sondern stets viel tiefer begründet. Platon vernichtet seine Tragödie – und auch die anderen, die er vermutlich geschrieben hatte –, als er Schüler des Sokrates wird und sich der Philosophie weiht, der Suche nach der Wahrheit, die ihm mit der Literatur nicht vereinbar scheint, nicht einmal in ihrer höchsten und von ihm so sehr geliebten Ausprägung wie bei Homer und den Tragikern, die in einem berühmten Kapitel der *Politeia* aus dem Idealstaat und aus der geistigen Erziehung des Idealbürgers dieses Staates verbannt werden.

Das Platonische Urteil ist unannehmbar, denn vollzöge man es, würde man beim Totalitarismus landen, bei der absoluten Macht eines Staates, der keine von seinen Weltmodellen abweichenden Ausdrucksformen toleriert und dem

Individuum in seinem Recht auf Verschiedenheit Gewalt antut. Aber um die Platonische Verurteilung der Literatur – und der Kunst im allgemeinen – zurückzuweisen, ist es notwendig, sich gründlich mit ihr und ihrer oft auch gefährlichen und verzerrten Wahrheit auseinanderzusetzen. Sieht man diese nicht, ist es unmöglich, der Literatur gerecht zu werden, ihre Verführungskraft zugleich zu entzaubern und richtig zu erkennen, ihre tyrannische und befreiende Zweideutigkeit zu begreifen und damit die Bedeutung, die sie für das Leben eines Menschen und für die Bildung seiner Persönlichkeit hat.

Ein doppelter Makel besiegelt für Platon den Ausschluß der Literatur. Einerseits zeigt sie oft, ohne ausdrücklich ein moralisches Urteil dazu abzugeben, die Absurdität und die Ungerechtigkeit des Lebens, den abgrundtiefen Schmerz, der den Unschuldigen trifft, und das Glück, das dem Bösen zulächelt, die Niedertracht selbst der Götter – die zwar hinreißend, aber nicht gerade Muster an Güte und Gerechtigkeit sind, sondern vielmehr eifersüchtig, neidisch, habgierig, rachsüchtig und gewalttätig. Sie verleiten die Menschen zur Schuld und bestrafen sie, nachdem sie sie verleitet haben, jene Schuld zu begehen. Wohl ist in der Kunst das Schöne, aber nicht immer, schreibt Gadamer, als Erscheinung des Guten und Wahren, wie es nach Platon sein sollte.

Weit entfernt davon, Lebensmuster zu bieten, die den Menschen zur Tugend erziehen, kann die Kunst zur Komplizin der Ungerechtigkeit und der Gewalt werden, die die Welt beherrschen. Sie ist nicht nur künstliche Mimesis, Nachahmung jener trügerischen und unvollkommenen Sinnenwelt, die für Platon ihrerseits schon eine Nachahmung der Ideen, der einzig wahren Welt ist. In der Kunst verleiht das Individuum den eigenen Gefühlen Ausdruck; aber das führt häufig dazu, daß es mit seinem eigenen Egoismus liebäugelt, mit Genugtuung die Nöte, Widersprüche und manchmal auch die Banalitäten seines Seelenzustands vor-führt, sich den eigenen Schwächen hingibt und sich in den eigenen Narzißmus einschließt.

All dies läßt die Kunst für die Erziehung des Individu-ums schädlich werden − zumindest nach Platon, der doch wie wenige andere ihren Zauber liebte, ihre verführerische und verklärende Kraft, ihre Fähigkeit, Dämonen und Göt-ter zu erblicken, ihre »göttliche Raserei«, die er in dem nach dem Rhapsoden gleichen Namens benannten Dialog *Ion* preist. Man kann diesen Platonischen Widerspruch in der Theorie zwar analysieren, um ihn jedoch in seiner le-bendigen Wahrheit zu erfassen, um zu verstehen, wie er entstanden ist und wie er von Platon erlebt wurde, braucht man die Kunst, die Literatur. Die Philosophie und die Reli-gion sprechen Wahrheiten aus, die Geschichte stellt Tat-sachen fest, aber nur die Literatur, bemerkt Manzoni − und die Kunst im allgemeinen −, sagt uns, wie und warum die Menschen jene Wahrheiten und jene Tatsachen erleben; wie sich in der Existenz der Menschen die Universalien, zu denen sie sich bekennen, mit den kleinen, kleinsten und nichtigen Dingen mischen, aus denen ihre konkrete Exi-stenz gewoben ist; wie die philosophischen, religiösen und politischen Wahrheiten mit den Hoffnungen und den Äng-sten der Menschen, mit ihrem Begehren, Altern und Ster-ben verflochten sind. Wenn Gott Fleisch wird, so kann nur die Literatur von dieser Fleischwerdung erzählen, indem sie das Absolute in den alltäglichen Gesten zeigt. Das Evan-gelium ist eine Erzählung, die damit endet, daß der aufer-standene Christus am Seeufer für die Apostel Fische brät. In dem Roman *Cominciò in Galilea* von Stefano Jacomuzzi sagt Jesus: »... wie schwierig ist Dein Gesetz, Vater, daß nichts verloren sein soll! Ach, diese unsere armen irdischen Worte, Erinnerungen, Erwartungen, kleinen Leiden und kleinen Freuden, auch sie sollen nicht verlorengehen ... Nimm sie alle zu Dir, Vater, rette sie für ewig!«

Nur die Literatur kann diese kleinen Geschichten bewahren, kann das Verhältnis zwischen Wahrheit und Leben, zwischen Mysterium und Alltag, zwischen dem einzelnen Individuum und dem Babel seiner Zeit erhellen. Man denke bloß an den Bildungsroman, der erzählt, ob und wie es möglich ist, daß ein Individuum, aufgewachsen im Umgang mit einer immer komplexer und labyrinthischer werdenden Gesellschaft, harmonisch die eigene Persönlichkeit ausbildet, sie in all ihren verborgenen Möglichkeiten entwickelt oder vom ehernen Mechanismus der Welt zermalmt wird oder aber sich in ihr Räderwerk einfügt, allerdings zu einem hohen Preis, unter Aufopferung seines vielfältigen inneren Reichtums, unter Verzicht auf Ideale, Träume und Leidenschaften, flachgedrückt, bis es fast nur mehr ein Rädchen in jenem Getriebe ist.

Die Geschichte benennt die Ereignisse, die Soziologie beschreibt die Prozesse, die Statistik sammelt und vergleicht sie, aber nur die Literatur läßt uns all das mit Händen greifen, dort, wo es Fleisch und Blut wird im Leben der Menschen. Was das Frankreich der Restaurationszeit war und was eine moderne Großstadt ist, wissen wir aus den allumfassenden Romanen Balzacs, die uns erzählen, wie die Menschen geliebt, begehrt oder betrogen haben, und aus Romanen wie *Berlin Alexanderplatz* von Alfred Döblin oder anderen Werken der Avantgarde, in denen die komplexe Organisation, die Zusammenhanglosigkeit und die kaleidoskopische Buntheit des Großstadtlebens narrative Montage und Collage geworden sind, Stil und Atem der Erzählung. Deshalb konnte Leonardo Sciascia sagen, daß »die Menschen in den allermeisten Fällen nichts von sich und der Welt wissen, wenn die Literatur es sie nicht lehrt«.

Die Literatur und im besonderen der Roman oder, besser gesagt, die moderne Epik, ist Nachahmung der Realität, ihres unreinen und flüchtigen Wirrwarrs, ihrer chaotischen Hinfälligkeit. Sie ähnelt einer Zeitung, ja, manchmal einer

Boulevardzeitung des Lebens in seiner brutalen und verzehrenden Alltäglichkeit; Dostojewski oder Dickens – aber auch Dante und die Bibel – sind Chronisten des Ephemeren, worauf sie ein Licht aus der Ewigkeit projizieren, grell wie das eines Scheinwerfers, der die Finsternis zerreißt, oder wie die Taschenlampe eines Detektivs an einem dunklen Ort. In diesem Abstieg zur Unterwelt kann Heilung sein, die Nächstenliebe dessen, der sich hineinbegibt in den Schmutz der Existenz, um ihn auf sich zu nehmen wie ein schmerzensreicher Messias, aber auch Mittäterschaft, Befriedigung über das Elend, statt der Hoffnung, es zu lindern.

In ihrer getreuen Wiedergabe des schlammigen Dahinfließens der Ereignisse ist die Literatur auch ein Seismograph der politischen Ereignisse, die in der Unmittelbarkeit ihres ungeordneten Ablaufs oft keinerlei Logik und Bedeutung erkennen lassen. Als Carlo Bo vor einigen Jahren der verworrenen und dramatischen Lage in Italien und in dessen Parlament gedachte, merkte er an, daß jene unklaren und verwickelten Geschehnisse eigentlich nur auf einen Erzähler warteten, der ihnen Gestalt verleihe. In seinem Essay über das Verhältnis von Erzählkunst, Journalismus und Feuilleton, »Letteratura bastarda«, erinnert Claudio Marabini daran, daß Literatur vor allem bedeute, »sich so gut wie möglich in die Lage der anderen zu versetzen«: Das blutige Durcheinander der letzten Jahrzehnte des italienischen kollektiven Lebens – die Ermordung Aldo Moros, Calvis Tod unter der Blackfriars Bridge, die Schmiergeld- und Bestechungsskandale und noch viele andere teils tragische, teils tragikomische Ereignisse – liefern, bemerkt Marabini, das Material für einen gigantischen, labyrinthischen Fortsetzungsroman, der noch seines Autors harre. Haben wir einmal diesen großen Roman – falls wir ihn je haben werden –, so werden wir endlich wissen, was dieses Italien gewesen ist, dessen wahres Gesicht niemand kennt – auch nicht, wer diese Ereignisse aus nächster Nähe, im Zentrum des Wirbelsturms, miterlebt hat.

Vielleicht hat die Literatur nie so sehr eine Erkenntnisfunktion beansprucht und erfüllt wie in unserer Epoche: Vom Beginn des Jahrhunderts bis zu den dreißiger Jahren – die literarische Blütezeit des 20. Jahrhunderts – haben Schriftsteller wie Musil, Kafka, Joyce, Proust, Svevo, Thomas Mann, Broch, Faulkner und andere der Erzählkunst jene Welterkenntnis abverlangt, die man den Wissenschaften gerade aufgrund ihres enormen Fortschritts nicht mehr übertragen konnte, da sie durch ihre extreme Spezialisierung jeweils bereits für die Jünger aller anderen Disziplinen unzugänglich wurden, und noch viel mehr für einen Durchschnittsmenschen. Damit war jeder Sinn für die Einheit der Welt in Stücke gegangen. Nur ein Roman, der diese Problematik der Wissenschaften aufgreift und diese Zersplitterung in die experimentellen Formen der Erzählung überträgt, indem er zeigt, wie die Menschen die fragmentarisch gewordene Welt erleben, konnte und kann den Sinn der Wirklichkeit und ihrer Auflösung erfassen. Sie wird dargestellt, erfaßt und beherrscht in ebendiesen experimentellen Erzählformen, in der Auflösung und Neuschöpfung der narrativen Strukturen.

Heute kennt die Literatur eine neue Herausforderung, die aus dem Unterschied im Hinblick auf die Wissenschaft und aus der Kluft zwischen wissenschaftlichen Erkenntnissen und der Möglichkeit entsteht, daß sie Teil des allgemeinen Bildungsguts werden. Jahrhundertelang fanden wissenschaftliche Entdeckungen – etwa die Galileis und Newtons, vielleicht auch noch die Einsteins –, wenngleich auch nur auf unvollkommene und annähernde Weise, Eingang auch in die Köpfe von Menschen ohne irgendeine spezielle Vorbildung, beeinflußten ihre Wahrnehmung der Welt und folglich – im Fall des Schriftstellers, des Künstlers – auch die Art ihrer Darstellung. Mit der Quantenmechanik – und nicht nur mit ihr – scheint sich ein Abgrund zwischen der Wissenschaft und dem auch nur oberflächlichen Begreifen (mithin auch der Phantasie, der Sensibilität) seitens der Nichtwissenschaftler aufzutun.

Die zeitgenössische Wissenschaft – aber manchen zufolge begann der Prozeß bereits mit Galilei – scheint die sinnliche wahrnehmbare Evidenz, die jahrhundertelang bei der Kenntnis der Natur vorhanden war, aufgegeben zu haben zugunsten einer unvermeidlich zunehmenden Abstraktion, die man, wie es scheint, unmöglich in die Phantasie übertragen kann, aus der weder Bild noch Metapher wird und die man in keinerlei Beziehung zum Leben setzen kann. Also scheint die Wissenschaft keinen Einfluß zu nehmen auf die Wahrnehmung der Welt und ihre geistige und künstlerische Darstellung. Paradoxerweise gelingt es folglich den naturwissenschaftlichen Erkenntnissen, die ja die Welt beherrschen, nicht, Kultur zu werden, aus dem Umfeld der Spezialisten hervorzutreten und sich auf die Gefühlswelt des Menschen auszuwirken. Die Entdeckung der DNS – die die Wirklichkeit und die Werte radikal in Frage stellen kann – ist noch in groben Zügen begreifbar, doch die Quantenmechanik nähert sich einer anderen Realität, wo andere Gesetze und vor allem andere logische Denkmuster herrschen, die sich den Kategorien unserer Vernunft und unseres Empfindens versperren.

Es ist nicht gesagt, daß das Universum nach Gesetzen organisiert sein muß, die den Denk- und Wahrnehmungsstrukturen des Menschen entsprechen. Die schwierige kulturelle Aufgabe, die sich heute der Literatur stellt, ist es, die immer abstrakter werdenden Kenntnisse einer nichtdeterministischen Natur in poetische Metaphern zu verwandeln.

Die Literatur verteidigt das Individuelle, das Besondere, die Dinge, die Farben, die Sinne und das sinnlich Wahrnehmbare gegen das falsche Universelle, das die Menschen reglementiert und nivelliert, sowie gegen die Abstraktion, die sie austrocknet. Der Geschichte, die den Anspruch erhebt, das Universelle zu verkörpern und zu realisieren, setzt die Literatur das entgegen, was am Rand des historischen Werdens geblieben ist, sie verleiht dem, was verworfen, verdrängt, zerstört und von der Schnelligkeit des Fortschritts ausgelöscht wurde, Stimme und Gedächtnis. Die Literatur verteidigt die Ausnahme und das Ausgeschlossene gegen die Norm und die Regeln, sie erinnert daran, daß die Totalität der Welt zerbrochen ist und kein Restaurationsversuch vorgeben kann, ein harmonisches und einheitliches Bild der Realität wiederherzustellen, denn dies wäre nur eine Lüge.

Die Poesie der Modernen – so August Wilhelm Schlegel – ist die Sehnsucht nach einer unmöglichen Totalität des Lebens; sie spricht also von der Leere, von der Abwesenheit, von der Unvollkommenheit des Lebens und der Darstellung, die ihm treu bleiben will, ohne der Versuchung zur rhetorischen Verschönerung nachzugeben, so als ob alles einfach und in Ordnung wäre. Ein großer Teil der modernen Literatur ist noch romantisch, und zwar insofern, bemerkt Giuseppe Bevilacqua, als die Romantik den Traum einer utopischen globalen Erlösung der Gesellschaft und der Welt träumte und – enttäuscht über das Scheitern der Revolution, das viele Romantiker dazu trieb, sich auf politisch konservative bis reaktionäre Positionen zurückzuziehen – dann der Poesie die ebenfalls unmögliche Aufgabe übertrug, ein poetisch-existentielles Absolutes zu verwirklichen (das wahre Leben, die Poesie des Herzens), und zwar in einer Gesellschaft, die um so erstickender und unerträglicher erscheint, je mehr man nach Vollkommenheit strebt.

Die moderne Kunst hat in ihrer eigenen formalen Struktur die Unstimmigkeit der *condition humaine* auf sich genommen und sich jeglicher künstlerischen Abgeschlossenheit verweigert, da sie im Hinblick auf die Existenz falsch wäre, so wie eine glatte klassizistische Siegesstatue zur

Feier der Niederlage des Nazismus nach Auschwitz falsch wäre. Nicht nur die gewagtesten und schwierigsten Kunstwerke wie die eines Joyce oder Beckett, sondern auch jene scheinbar leichter zugänglichen, die aber in ihrer Darstellung der Desillusion und des Nichts ebenso radikal sind, wie *L'éducation sentimentale* von Flaubert, haben sich jedes rhetorische Bekenntnis einer edlen und einfachen Menschlichkeit versagt. Die Literatur, welche die radikalsten Wahrheiten über die Existenz ausspricht, ist die Literatur der Verweigerung und der Ablehnung, die den Akzent auf das Unbehagen in der Kultur und auf die Zerrissenheit des individuellen Ichs legt. Das Ich ist nicht mehr Seine Majestät, die Regierungsakte erläßt, sondern ein zerrissenes und immer tiefer gespaltenes Ich, das zu einem provisorischen und schwankenden Knotenpunkt von Ereignissen und Empfindungen geworden ist, kaum mehr als ein Sediment, zurückgelassen von einer Tradition und einer Geschichte, die sich verflüchtigt haben.

Der Schreiber Bartleby, der unsterbliche Protagonist der gleichnamigen Erzählung von Melville, antwortet auf jede Frage, jedes Angebot und jede Aufforderung: *»I'd prefer not to, sir.«* In diesem entschlossenen, äußersten Nein, ähnlich dem Verzicht von Kafkas Helden, liegt eine Liebe zum Leben, die tiefer ist als jede gefällige Zustimmung, eine Liebe, die sich in der Einsamkeit, im Schweigen, in einer ebenso radikalen wie schüchternen und spröden Anarchie ausdrückt. Auch die Ironie kann den Abgrund zugleich verdecken und enthüllen, wie die leichte, dämonische, schwindelerregende Ironie Svevos, der unerbittlich wie kaum ein anderer der Medusa ins Antlitz blickt. Die Bedeutung der Literatur besteht heute mehr denn je in der Befreiung von falschen Götzen, von alldem, was fälschlicherweise vorgibt, die authentischen Werte ersetzen zu können. Eugenio Montale sagt es in berühmten Versen: »Nur eines ist's, das heut wir sagen können: / was *nicht* wir sind, was *nicht* wir wollen.« Für die Literatur gilt, was im Evangelium im Hinblick auf Christi Wort gesagt ist: auch dieses bringt nicht den Frieden, sondern das Schwert; es ist gekommen, den Sohn mit dem Vater und den Bruder mit dem Bruder zu entzweien, Unruhe zu säen und jegliche soziale und politische Ordnung in Zweifel zu ziehen. Botero, der Theoretiker der Staatsräson, sagte, daß die Literatur für den Fürsten – das heißt für den Staat – nicht sehr nützlich sei, weil sie zur Melancholie verleite. Als kommunikativer und daher sozialer Akt *par excellence* hat die Literatur doch auch ihren irreduziblen antisozialen Kern, wie Platon nur zu gut wußte; häufig politisch engagiert, kann sie auch jedes politische Projekt sabotieren.

In der Verneinung kann die Literatur ein leidenschaftliches Ja zum »heißen Leben« sagen, wie Umberto Saba es nannte. Sie ist befreiend, auch weil sie frei ist vom Satz vom Widerspruch, sie kann antithetische Wahrheiten aussprechen, weil sie keine theoretischen Urteile formuliert und noch viel weniger Ideologien verkündet, sondern Erfahrungen ausdrückt und demgemäß auch den Glauben an Gott und seine Leugnung, denn jedes Individuum kann während der Odyssee seiner Existenz beides erleben. Die Literatur spricht dieses Erlebnis, diese Epiphanie einfach aus, ohne sich bei der Formulierung zu einem wie auch immer gearteten Credo zwingen zu lassen. In den Erzählungen von Singer begegnet man der Epiphanie des Glaubens genauso wie der des radikalen Nichts, und es ist nicht möglich zu erkennen, ob Singer gläubig ist oder nicht.

Jeder Schriftsteller kennt sehr gut, ja spürt physisch den Unterschied zwischen dem, was er im eigenen Namen schreibt, um eine Stellungnahme oder eine Meinung auszudrücken, und dem, was er sagt, indem er durch das Medium seiner Gestalten und Landschaften spricht, auf deren Einflüsterungen er hört, auch wenn er vielleicht bis zu jenem Moment nicht wußte, daß er sie in sich trug. In der

Literatur ist alles Metapher, etwas, das für etwas anderes steht: Ein Nein kann ein Ja sein, und darin besteht ihre Freiheit, ihr zur Welt offener Winkel von 360 Grad. In der Literatur zählen nicht die Antworten, die ein Schriftsteller gibt, sondern die Fragen, die er stellt und die immer umfassender sind als jede noch so erschöpfende Antwort. Auch im Leben zählen für uns nicht so sehr jene Menschen, die unsere Antworten und Ansichten über die letzten Dinge teilen, als vielmehr jene, die dieselben Fragen wie wir selbst zu diesen Dingen stellen.

Die Literatur hat ihre eherne Notwendigkeit, aber sie liebt das Spiel. Ihre überpersönliche Notwendigkeit überschreitet häufig den Wunsch und den Willen des Autors selbst; manchmal möchten wir etwas sagen, was uns am Herzen liegt, was aber der Text verbietet, oder etwas verschweigen, was der Text verlangt. In dem Märchen *La radura* von Marisa Madieri schickt sich die kleine Daphne an, Erzählungen über ihre persönlichen Erlebnisse zu schreiben, wobei sie aber die Episode von der Amsel, die von der Schlange gefressen wird, ausklammern möchte, weil dadurch der Zauber der Welt für sie getrübt wird – doch bald bemerkt sie, daß sie das nicht kann.

Jedenfalls liebt die Literatur das Spiel, die Freiheit, das Leben zu erfinden wie der Baron Münchhausen, auch die Tragödie leicht zu machen wie einen bunten Luftballon, der einem aus der Hand gleitet und zum Himmel aufsteigt, wie er will. Die Dichter wissen die Tiefe an der Oberfläche zu verbergen, wie Hofmannsthal sagte, die beunruhigendsten Abgründe hinter einem leisen Lächeln und einer scheinbaren Lappalie zu verstecken, wie dies Sterne tut, und so die schwindelerregende Tiefe des Abgrunds noch viel deutlicher zur Geltung zu bringen. Die Literatur erfindet eine Sprache, sie übertritt die Regeln der Grammatik und der Syntax, schafft aber dabei eine neue Ordnung; sie erfindet Wörter, als ob sie jedesmal zum Ursprung des Lebens und der Sprache zurückkehrte, wie Guimarães Rosa in seinem *Grande Sertão*. Diese luftige, belebende Freiheit ist vielleicht ihr größtes Geschenk.

Es gibt eine Unverantwortlichkeit, die von der Literatur als ihr unveräußerliches Recht geltend gemacht wird und die vor dem unerträglichen Ernst des Lebens schützt, vor seinen Pflichten und seinen quälenden Sorgen. Sie erinnert uns daran, daß man die Schule besuchen muß, aber manchmal auch schwänzen. Die Literatur lehrt uns, über das zu lachen, was man respektiert, und das zu respektieren, worüber man lacht, genau wie es in der Schule mit manchen Lehrern geschieht, die man verehrt und über die man sich gleichzeitig lustig macht, mit liebevoller Ironie und Selbstironie, die das Gegenteil des bösen, anmaßenden Hohns ist. Diese lockere Unbefangenheit der Person ist eine klassische Haltung, und die Klassik macht uns frei, wie jemand bei Fontane sagt, denn sie gibt uns ebensosehr das Gefühl für die Fülle und die Komplexität wie für das Absurde und Nichtige der Dinge und lehrt uns, sie anzunehmen und zu lieben, ohne sie zu vergötzen.

Es gibt viele Gründe, warum man die klassischen Sprachen und Literaturen studieren sollte, nicht zuletzt wegen ihrer unmittelbaren Unbrauchbarkeit, ihrer Überflüssigkeit: die periphrastischen Formen dieser toten Sprachen, alle diese Konjunktive und »esse videatur«, die scheinbar zu nichts gut sind und vielleicht ebendeshalb dabei helfen können, die Menschen mit illusionslosem Wohlwollen zu verstehen. Vor allem lehren sie durch die Ordnung der Sprache moralische Korrektheit: Viele Gaunereien entstehen auch dadurch, daß man an der Sprache herumpfuscht, das Subjekt in den Akkusativ setzt oder die Objektsergänzung in den Nominativ, die Karten durcheinanderbringt und die Rollen von Opfern und Schuldigen umkehrt, Unterscheidungen und klare Anordnungen in einer betrügerischen Anhäufung von Begriffen und Gefühlen verwischt und so die Wahrheit verdreht. Wenn wir das Überflüssige all dieser Proparoxytona und Properispomena oder das gefürchtete Paradigma des Verbums *hystemi* erlernen, wird uns der Rest vielleicht als Überschuß gegeben werden.

Unverantwortlichkeit, Spiel der Literatur. Aber das wahre Spiel ist eine äußerst ernste Angelegenheit: das wissen die Kinder, die »Räuber und Gendarm« spielen, natürlich in vollem Bewußtsein, daß alles nur Fiktion ist, aber mit einem Ernst und einer Leidenschaft, die sie später als Erwachsene nur noch selten in die scheinbar realen Fiktionen ihrer Aktivitäten einbringen werden. Es gibt auch ein fruchtloses und unergiebiges Spiel, in dem sich häufig die Literaten gefallen, eine Kaltherzigkeit, maskiert durch gefühlsträchtige Worte, sozusagen eine dreiste Ermächtigung, am heißen Leben nicht teilzunehmen, und zwar durch den Akt selbst, mit dem man es besingt. Jeder, der die Literatur liebt, muß, wie Thomas Mann festgestellt hat, sich gründlich mit der immer drohenden Gefahr auseinandersetzen, daß aus der Liebe zum Wort Idolatrie und Fetischismus wird. In jedem Schriftsteller, nicht nur in einem Dutzendästheten, lauert die Versuchung, die die Überlieferung, wahrscheinlich zu Unrecht, Nero anlastet, das heißt, die Neigung, sich, während Rom in Flammen steht, mehr Sorgen um die Verse zu machen, die den Brand und seine Opfer beklagen, als um die Opfer selbst und um ihren Schmerz.

Sehr viele, auch große Schriftsteller, die es verstanden, zu den Herzen zu sprechen, hatten, wie sich herausstellte, ein sehr kleines und kaltes Herz, das mehr entflammte aus schäbigem Neid oder der Sucht nach Anerkennung als aus Liebe oder aus Schmerz. Die ganz großen Schriftsteller – es genügt, auf Tolstoi oder Dostojewski hinzuweisen – waren im übrigen die ersten, die auch an sich selbst diese menschliche Schäbigkeit der Literatur gebrandmarkt haben. Literatur kann auch Komplizenschaft bei einer kläglichen, fragwürdigen Säkularisierung bedeuten, die alle Gefühle und Werte profaniert. In einer Erzählung läßt Singer einen Dämon sprechen: »Die Juden haben jetzt Schriftsteller, die uns des Handwerks beraubt haben. [...] Sie kennen alle Tricks, den Spott, das Erbarmen. Hunderte von Gründen haben sie, weswegen eine Maus koscher sein muß.« Das Schreiben − eine asketische und totalisierende Tätigkeit, die die gesamte Aufmerksamkeit und Energie der Person aufzehrt − kann das Risiko der Unmenschlichkeit mit sich bringen. Der Schreibende sucht das wahre Leben, aber er kann es gerade deswegen verlieren, weil er ganz auf sich selbst und die eigene Suche konzentriert ist. Eines Tages fragte mich in Paris während einer Diskussion über meine *Donau* Maurice Nadeau, ob für meinen Donaureisenden die Literatur ein Mittel sei, zum Sinn des Lebens zu gelangen, oder ein Hindernis auf diesem Weg. Nach langem Zögern erwiderte ich, wenn ich schon unbedingt antworten müsse, so sei sie zu 50,001 Prozent Rettung und zu 49,999 Prozent Verdammnis, und sie könne nur dann Rettung sein, wenn man sich ihres negativen Potentials bewußt sei.

Niemand hat so gut diese unlösbare Verstrickung von Gut und Böse verstanden, die der Literatur innewohnt, wie Kafka. Er sagt, daß er gern Amshel gewesen wäre, wie sein Name hebräisch lautet, das heißt verwurzelt in jenem dichten Gewebe von menschlichen Werten und Gefühlen, in jenem Vollbesitz des Lebens und der Ethik, den das Judentum für ihn darstellte. Die Literatur war für ihn der Weg auf dieser Suche nach dem Menschlichen, aber sie hat ihn dabei ins Netz gelockt, so daß er ihr schließlich seine ganze Energie und Zuwendung widmete. Er verlor das Ziel aus den Augen, weil er ganz von ängstlicher Sorge ergriffen war, den richtigen Weg ja nicht zu verfehlen. So konnte er, wie Giuliano Baioni bemerkt, nicht Amshel, der vollkommene Mensch, werden und wurde Franz Kafka, der große

Schriftsteller, weil als Mensch versehrt und schuldig der literarischen Perfektion, die zugleich menschliche Verstümmelung war. Aber ohne Franz Kafka wüßten wir weder, was es bedeutet, Amshel zu sein, noch was jenes Leben bedeutet, das dem Schriftsteller mangelte.

Seit dem größten aller Bücher, der *Odyssee*, ist die Literatur eine Reise ins Leben. Die moderne Literatur ist keine Reise über das Meer, sondern durch den Staub und die Ödnis, wie die des Don Quijote; durch die Wüste, auf ein Gelobtes Land zu, in das wir wie Moses nie unseren Fuß setzen werden. Die Literatur kann von keiner Religion, Philosophie oder Politik unter die Waffen gerufen werden, die verkündet, sie sei schon im Gelobten Land oder werde samt dem Gefolge ihrer Jünger demnächst dort ankommen. Die Literatur, die Kunst weisen jedoch den Weg zum Gelobten Land und zeigen uns die Richtung. Es ist verständlich, daß man die Dichter aus dem Staat ausweisen möchte wie heimliche, illegale Einwanderer. Aber diese Streuner sind wie die Nomaden in der Wüste: Sie zeigen uns die Pfade, sie zu durchqueren.

1996

Intellektuelle, Intelligenz und Freiheit

In einer Diskussion an der Universität Warschau über Literatur und Grenzen sagte jemand, den Politikern obliege es, in der Beziehung zwischen den Staaten klare Grenzen zu definieren, während die Intellektuellen diese im Kopf und im Herzen offenhalten müßten, um zu verhindern, daß sie die Menschen geistig trennten und zu einem obsessiven, blutrünstigen Idol würden. Doch Eugeniusz Kabatc, Autor und Übersetzer aus dem Italienischen, gab darauf die schmerzliche Antwort, daß es in dem schrecklichen Krieg im ehemaligen Jugoslawien manchmal gerade die Schriftsteller und Intellektuellen waren, die zu blindwütigstem Haß aufstachelten, und daß sie zuweilen mehr Engstirnigkeit und brutalen Chauvinismus offenbarten als die für diese Tragödie verantwortlichen Politiker.

Natürlich fehlte es bei all diesem Schrecken auch nicht an leuchtenden Beispielen für Mut, Menschlichkeit und Friedfertigkeit bei Intellektuellen und Schriftstellern. Doch das Beispiel von Persönlichkeiten, die wie schon viele ihrer Kollegen in anderen Ländern und in anderen entsetzlichen historischen Situationen Fanatismus und Blutbäder verherrlichten, sollte vor der naiven Zuversicht bewahren, daß die Ausübung bestimmter Tätigkeiten, wie die Beschäftigung mit Literatur, Philosophie oder Kunst, bereits von vornherein eine sittliche und aufgeklärte Menschlichkeit garantiert.

In unserer Vorstellungswelt wird der Intellektuelle, selbst wenn er sich politisch engagiert, dem Politiker gedanklich häufig als ein Vertreter von Werten, von Wahrheit und Freiheit, von kompromißloser Moral entgegengestellt. Bisweilen ist das berechtigt, wie viele große Beispiele für unerschrockenes Dissidententum und für den Widerstand gegen totalitäre Tyrannei sowie gegen Korruption und Beihilfe zur Lüge belegen. Natürlich muß es immer Menschen geben, die die gedankliche Klarheit und die seelische Kraft besitzen, der Logik von Herrschaft und Macht Antigones »ungeschriebene Gesetze der Götter« entgegenzusetzen, also absolute moralische Gebote. Doch es ist reichlich fragwürdig, die Bezeichnung »Intellektueller«, wie es häufig geschieht, mit dem Besitz bestimmter Kompetenzen gleichzusetzen, als könnte ein Soziologe oder ein Literat a priori, das heißt vor der Prüfung der Qualität seiner Arbeit, »intellektueller« sein als ein Experte für Handelsrecht oder ein Zahnarzt.

Abgesehen von dieser ungerechtfertigten Angewohnheit, Psychoanalytikern vor Orthopäden oder Versicherungsvertretern automatisch den Vorrang zu geben, existiert auch kein akademischer Titel und kein Bildungsgrad, der zwangsläufig jenes kritische und selbstkritische Bewußtsein, jene Fähigkeit zur Überwindung irrationaler Spontaneität verleiht, die die intellektuelle Qualität ausmacht. Ein Literat, der ganz in den Riten seines kulturellen Klüngels aufgeht, ist sicherlich nicht weniger entfremdet als ein Arbeiter am Fließband, und dabei ist völlig unerheblich, daß die eine Maschine Bücher oder Symposien produziert und die andere Bolzen. Nicht umsonst waren es in den tragischen Zeiten politischer Krisen und kollektiver Täuschung nicht immer die gebildetsten Schichten oder die, die sich als solche bezeichneten, die auch die größte Widerstandskraft entwickelten.

Selbst bedeutende Intellektuelle und Schriftsteller besaßen nicht immer eine größere Unabhängigkeit in ihrem Urteil und mehr Menschlichkeit als die Politiker. Djilas ist ein großer Intellektueller, dem unbestritten das Verdienst zukommt, die Irrtümer der neuen titoistischen Klasse, der er selbst mit zur Macht verhalf, entlarvt zu haben und die Konsequenzen seiner Kritik mutig zu tragen. Doch Djilas war auch schon ein Intellektueller, als er im Eifer des revolutionären Kampfes schrieb, ohne Stalin könne nicht einmal die Sonne scheinen, wie sie scheine, eine rhetorische, fanatische Dummheit, die Tito – in diesem Fall intellektueller als Djilas – nie gesagt hatte und nie sagen sollte. Und als Djilas zu Titos Zeiten den Kopf Krležas forderte, des großen kroatischen Autors der Linken, der des Renegatentums bezichtigt wurde, schützte Tito – der nicht vor Gewalt zurückschreckte, wenn er sie für notwendig hielt, und sich diesbezüglich schuldig machte, der allerdings nicht ideologisch verblendet war – den Schriftsteller und erwies sich in seinem Pragmatismus damit menschlicher als Djilas.

In *Das Leben ist anderswo*, einem seiner besten Bücher, beschrieb Milan Kundera die abnorme Verbindung, die sich zwischen einem überschwenglichen totalisierenden Lyrismus und einem politischen Totalitarismus herausbilden kann. Auch die Anerkennung von Grenzen, die dem Bedürfnis nach einer vollständigen Befreiung des Lebens oft entgegensteht, kann manchmal ein Beweis von Verantwortungsbewußtsein sein, ein Opfer, das schlimmere Schäden verhindert.

Natürlich verlangt die Pflicht von jedem – egal, ob er einen ausgesprochen intellektuellen Beruf ausübt oder nicht –, den Pragmatismus der Politiker erbarmungslos anzuprangern, wenn er, wie so häufig, in gemeinen Zynismus abgleitet, in schäbige Korruption, feigen Opportunismus, lächerlichen Konformismus und sogar in grausame Verbrechen. Ebenso muß man gegebenenfalls den Verlockungen der Macht widerstehen, der lächerlichen Versuchung, sich im Einklang mit dem Gang der Geschichte zu wähnen, und der Illusion, sich an dessen Spitze stellen zu können. Doch scharfe Kritik an einer womöglich heruntergekommenen Politik taugt nur etwas, wenn sie sowohl mit Unnachgiebigkeit als auch mit Barmherzigkeit erfolgt, in dem Bewußtsein, daß jeder, der nicht auf der Hut ist, Gefahr läuft, sich in den Mechanismen des Bösen und der Irrwege zu verstricken. Einige der größten Autoren dieses Jahrhunderts haben die grausamsten Tyrannen gepriesen, vom Nazismus bis zum Stalinismus. Wir verehren Pirandello nach wie vor, trotz seines Solidaritätstelegramms an Mussolini nach der Ermordung Matteottis, und Céline trotz seiner »Judenverschwörung in Frankreich«; Hamsun trotz seines Bekenntnisses zum Faschismus; Éluard und Aragon trotz ihrer Zustimmung zu den stalinistischen Prozessen und Exekutionen. Wir lernen auch weiterhin von ihnen, das Leid zu verstehen, und begreifen den Fehler, der ihre Weltanschauung verzerrte, doch wir können sie mit ihrer unseligen Entscheidung etwa für den Faschismus natürlich nicht für aufgeschlossener und aufgeklärter halten als die Millionen Menschen ohne berühmten Namen und poetisches Talent, die damals wesentlich mehr Intelligenz und Menschlichkeit unter Beweis stellten.

Der Geist weht, wo er will, und niemand kann sich sicher sein − auch dann nicht, wenn er gerade ein Meisterwerk vollendet hat −, daß ihn der Geist in jenem Augenblick nicht verließ und er nicht blind und taub vor dem Leben und der Geschichte steht.

[1]997

Lehrer und Schüler

Isaac Deutscher, der Revolutionär und Biograph von Trotzki und Stalin, erzählt eine Geschichte, die er in seiner Jugend in einem Midrasch gelesen hatte, einem jener rabbinischen Kommentare, die die Heilige Schrift erläutern und dazu auch Gleichnisse heranziehen, die die ins Leben eingegangene Wahrheit verdeutlichen. In diesem Midrasch ging es um Rabbi Meir, das Haupt einer orthodoxen Schule, der ein Schüler des Häretikers Elisha ben Abiyuh, genannt Akher, war. An einem Sabbat diskutierten die beiden heftig über Glaubensfragen, Akher auf dem Rücken eines Esels und Rabbi Meir zu Fuß, dem Verbot entsprechend, am heiligen Tag nicht zu reiten. Ganz in ihren Streit vertieft, waren sie, ohne es zu merken, an die Weggrenze gelangt, über die ein frommer Jude am Sabbat nicht hinausgehen darf. Rabbi Meir war gedankenversunken im Begriff, sie zu überschreiten, als ihn sein ketzerischer Lehrer, der bis dahin die orthodoxen Ansichten seines Schülers angefochten hatte, zurückhielt und ihm bedeutete, umzukehren, weil dies seine Grenze sei und er ihm nicht weiter folgen dürfe.

Diese Geschichte ist eine der eindringlichsten Lehrfabeln über die Beziehung zwischen Lehrer und Schüler und zuallererst über die Persönlichkeit des Lehrers. Wie jedes Gleichnis ist auch dieses reich an gegensätzlichen Bedeutungen und zu vielfältigen Interpretationen geeignet. Zunächst einmal bekennen sich Lehrer und Schüler in wesentlichen Fragen zu unterschiedlichen Glaubensauffassungen. Der

Lehrer vermittelt seinem Schüler keine theologische oder philosophische Wahrheit, sondern lebt ihm vor, wie man nach ihr sucht. Er vermittelt ihm Klarheit im Denken, Liebe zur Wahrheit und, untrennbar damit verbunden, Achtung vor den Mitmenschen. Der Lehrer ist deshalb ein Lehrer, weil er dem Schüler seine Überzeugungen nicht aufzwingen will, obgleich er sie weiter vertritt. Er sucht keine Jünger und möchte keine Kopien seiner selbst heranziehen, sondern unabhängige, kluge Menschen, die ihren eigenen Weg gehen können. Ja, er ist sogar nur insofern Lehrer, als er erkennen kann, welches der richtige Weg für seinen Schüler ist, und er ihm hilft, ihn zu finden und zu gehen und nicht sein ureigenes Wesen zu verraten. Weit davon entfernt, die kodifizierte Orthodoxie zu verspotten, etwa analog zu der Rhetorik der Zuwiderhandlung, wie Kleingeister sie bevorzugen, die glauben, die eigene Originalität unter Beweis zu stellen, wenn sie Abfall aus dem Zugfenster werfen, nur weil ein Schild es verbietet, ermahnt der große Häretiker seinen Schüler, den Sabbat einzuhalten, den zu respektieren er selbst sich jedoch nicht bemüßigt fühlt.

Die Parabel kann helfen, auf die aktuellen Fragen zur Persönlichkeit des Lehrers zu antworten, die häufig und für viele wenn nicht ausgestorben, so doch im Aussterben begriffen zu sein scheint oder in einer Gesellschaft wie der heutigen gar unmöglich oder undenkbar ist, weil diese − je nach Standpunkt positiv oder negativ − durch das Verschwinden der Werte und der großen Botschaften gekennzeichnet ist, durch das Ende der Dialoge über die großen Weltanschauungen und der großen philosophischen und ideologischen Gegensätze, an deren Stelle ein undifferenziertes Gewimmel von Reizen tritt, von Impulsen, unterschwelligen Botschaften und hauchfeinen Wahrnehmungen sowie eine wachsende Austauschbarkeit zwischen den sogenannten realen und virtuellen Erfahrungen.

Diese Aspekte der modernen Gesellschaft, die zu loben naiv ist, die zu beklagen jedoch lächerlich wäre, bringen nicht unweigerlich eine Verarmung der Individualität im eigentlichen Sinne mit sich und besiegeln auch nicht das Ende der Lehrer. Wie die Fabel zeigt, sind diese nicht zwangsläufig Persönlichkeiten, die das Gesetz vermitteln. Sie können Anarchisten sein, die es verletzen, doch stets im Namen der Notwendigkeit, den eigenen Weg zum Gesetz zu finden.

Akher verzichtet auf den zweifelhaften Nimbus der Verführung, der die falschen Lehrer umgibt und manchmal unbeabsichtigt auch die wahren. Die Welt ist voller Lehrer-Imitate, die deren Platz einnehmen wie ein Double den des Hauptdarstellers in einer waghalsigen Filmszene, die aus einiger Entfernung gedreht wird oder zumindest so, daß dem Zuschauer der Austausch verborgen bleibt. Es gibt unzählige Menschen, die danach trachten, Schule zu machen, Meinungsfronten zu bilden und Parolen zu kreieren, Gefolgsleute zu mobilisieren, Anhänger zu finden und Fans und Nachahmer zu züchten; Menschen, die es für ihr eigenes Leben nötig haben, andere, die ein verschwommenes, banges Verlangen nach einfacher und sofortiger Erlösung spüren, mit verlockenden Versprechungen zu verführen. Wahre Lehrer zu haben ist ein großes Glück, jedoch auch ein Verdienst, da es die Fähigkeit voraussetzt, sie zu erkennen und ihre Hilfe anzunehmen. Nicht nur Geben, auch Nehmen ist ein Zeichen von Freiheit, und frei ist der, der es versteht, seine Schwäche einzugestehen und die ihm dargebotene Hand zu ergreifen.

Ein wahrer Lehrer ist weniger ein Vater als vielmehr ein großer Bruder, der schnell einfach zum Bruder wird. Vielleicht bedeutet Lehrer zu sein heute mehr denn je, nicht zu wissen, daß man es ist, und es nicht anzustreben, die eigene Person im Gespräch mit dem anderen zu vergessen, ihn gleichberechtigt zu behandeln – ohne Überheblichkeit, ohne

Herablassung und ohne pädagogische Bedenken – und ihn, wenn nötig, unbarmherzig anzugreifen. Ein Lehrer kann bescheiden dazu beitragen, seine Schüler zu formen, wenn er ihnen ohne Arroganz und ohne Schonung begegnet, indem er sie korrigiert und sich von ihnen korrigieren läßt und keine falsche Vertraulichkeit sucht, die eine wirkliche Beziehung verhindert. »Wenn Sie wüßten«, sagte einmal eine Studentin zu mir, »wie schwer es uns fällt, Professor X. zu duzen, wie er es von uns verlangt!«

Ich habe Lehrer gehabt, und ich verdanke ihnen das Stückchen innere Freiheit, das ich besitze und das sie mir gaben, indem sie mich als gleichrangigen Partner behandelten, wenngleich mir dies angesichts ihres intellektuellen und menschlichen Formats erhebliche Schwierigkeiten bereitete, doch ich erkannte dadurch auch, daß man in einem Gespräch immer auf einer Stufe mit dem Partner steht, selbst wenn unser Gegenüber mehr Erfahrungen, bestandene Prüfungen und wesentlich höhere intellektuelle Leistungen für sich verbuchen kann.

Diese riskante Gleichberechtigung ist es, die ein Lehrer vermittelt. Er lehrt vor allem Verantwortungsbewußtsein.

Vielleicht veranlaßte gerade dessen häufiger Mangel Rossana Rossanda in einem eindrucksvollen Zeugnis zu der traurigen kategorischen Feststellung, es fehle an Lehrern, die fähig seien, den Sinn des Lebens zu suchen und ihn auch auf ihr Dasein zurückwirken zu lassen. Verantwortung zu tragen heißt, den Preis zu zahlen, den jede Behauptung und jede Tat mit sich bringen, sich den Folgen jeder Stellungnahme zu stellen und auch dem in jeder Entscheidung enthaltenen Verzicht. Es bedeutet in erster Linie, wie Akhers Beispiel lehrt, andere nicht auf Wege zu stoßen, die sie nicht gehen können. Falsche Lehrer scharen oft Jünger um sich, die dazu bestimmt sind, Opfer zu sein, etwa wenn ein Drogenprophet den Umgang mit Rauschgift zwar für seine Person so beherrscht, daß er sich nicht zerstören läßt, seine Anhänger aber verleitet und zugrunde richtet, die nicht die Kraft haben, ihm bei diesen Praktiken zu folgen, ohne sich zu ruinieren. In den siebziger Jahren predigte jemand, Revolution werde mit dem Gewehr gemacht, wohlwissend, daß es sich für ihn um eine harmlose Metapher handelte, doch zulassend, daß andere diesen Spruch wörtlich nahmen und dann, im Unterschied zu ihrem Lehrmeister, dafür büßen mußten.

Lehrer ist jemand, der nicht programmiert hat, es zu sein. Wer sich jedoch wie ein kleiner Sokrates gebärdet, wird leicht zum Gespött. Er ist es nicht mehr, wenn er einsieht, daß er niemals Sokrates sein kann, sondern bestenfalls einer von dessen Gesprächspartnern, die sich zu guter Letzt widerlegt sehen, doch reicher an Erfahrung geworden sind. Schüler sein und bleiben zu können ist nicht wenig, es ist schon beinahe soviel, wie Lehrer zu sein.

1996

Literatur mit falschem Respekt

Mit guten Gefühlen, sagte Gide, macht man keine Literatur. Tatsächlich gibt es keinen Künstler, der aus Angst, er könne erbaulich wirken, nicht lieber den Verstoß gegen die Norm predigte, als daß er dazu aufforderte, sich nach den Geboten der Kantschen Moral zu richten. So hält die Literatur nur selten das Versprechen, mit dem Bösen abzurechnen, das das reale Leben durchzieht wie Smog die Stadtluft, und die schändlichen Gefühle zu schildern, die sich in der Seele festsetzen und sie schmutzig und stumpf wie den Kragen eines nicht gewechselten Hemdes werden lassen. Die groß herausgestellte Entweihung, wie sie von vielen effektvollen künstlerischen Darstellungen bevorzugt wird, erweist sich nicht selten als gut gemeint, so wie sich für gewöhnlich gerade die anständigsten Menschen damit brüsten, schlechte Verhaltensnoten bekommen zu haben. Die entweihenden Schriftsteller preisen Eros und nicht die Verdrängung, rebellische Entscheidungen und nicht dogmatischen Autoritarismus, den Aufstand der Ausgegrenzten und nicht die Hüter sozialer Hierarchien. All das ist lobenswert, aber eben doch ein Bekenntnis zur Moral und zu den guten Gefühlen. Gerade diese veranlassen uns, die verschiedensten Freiheiten und die unterdrückten Opfer zu schützen, während Inquisitoren und Tyrannen das Böse vertreten und sich folglich in den Mantel seiner niederträchtigen Verlockung hüllen dürfen.

Gerade provokante Autoren sind oftmals nette Kerle, die

die Demokratie besingen, doch den Kapitalismus gebüh-
rend kritisieren, sich gegen einen despotischen Kommunismus wenden, doch einen edlen und verschwommenen frei-
heitlichen Sozialismus pflegen. Kaum jemand schlägt sich
auf die Seite der wirklich bösen Gefühle und befürwortet
die unmoralische Freiheit des Individuums, das fähig ist,
seinem Machtstreben hemmungslos freien Lauf zu lassen
und sich nicht um das anderen zugefügte Leid zu scheren,
so wie ein Kind, das sich freut, wenn es ein Insekt zer-
quetscht oder einem schwächeren Gefährten ein Spielzeug
wegnimmt, ohne sich von dessen Weinen beirren zu lassen.

Natürlich kann es nicht darum gehen, diese allgemein
übliche Moralauffassung zu tadeln, die sogar dann noch
von Wert ist, wenn sie geheuchelt ist, denn die Heuchelei
ist auch immer der Preis, den das Laster an die Tugend
zahlt, und die Verurteilung von Gewalt ist gesellschaftlich
auf jeden Fall wohltuend. Gewiß wünscht sich niemand
Autoren, die die Konzentrationslager verherrlichen. Doch
um wirklich etwas gegen das Gespinst der Niedertracht zu
tun, in dem wir uns verstricken und das jeder von uns wie
eine giftige Spinne webt, genügt weder die aufrichtigste
Deklamation guter Gefühle noch die zügellose Verherrlichung des Verstoßes gegen die Norm, die häufig mit einem
freundlichen und beruhigenden sentimentalen Pathos einhergeht; selbst die brutalen, finsteren Taten vieler verlorener Existenzen in der Art Genets sind oft in eine gefühl-
volle Rhetorik gehüllt, die an Malots *Sans famille* erinnert
und das wahre Entsetzen vor der Wirklichkeit abdämpft.

Das ist nicht nur auf die Grausamkeit dessen zurückzu-
führen, was häufig konkret geschieht, sondern vor allem
darauf, daß gerade die Gefühle, gerade die Fähigkeit zu
Barmherzigkeit und Liebe dadurch abgestumpft werden
und zu versiegen drohen. Die im Herzen angesiedelte
Hölle ist es, der sich eine nicht vom Bösen eingeschüchterte
Literatur stellen muß, indem sie sie ohne Umschweife auch

in sich selbst aufspürt und beschreibt. Kipling und Hamsun haben zum Beispiel in harten, unangenehmen, doch sehr eindrucksvollen Texten die Bosheit und die Gleichgültigkeit dargestellt, die so oft im Leben präsent sind, daß sie selbst die Sensibilität des Schriftstellers und des mit ihm verbündeten Lesers in Mitleidenschaft ziehen. So abscheulich diese Abgründe des Seelenlebens auch sind, sie müssen auf einer Entdeckungsreise hin zum wirklich Guten durchschritten werden, man darf sie nicht ignorieren. Ohne die bittere Pille zu versüßen, muß man wie Céline bis auf den Grund der Finsternis reisen. Céline hat es gewagt, den Antisemitismus, eines der niederträchtigsten Übel, zu preisen, doch selbst in der rasenden, selbstzerstörerischen Wut seines sträflichen Pamphlets tritt ungewollt seine verzerrte Großzügigkeit zutage, die ihn hätte veranlassen können und müssen, ein anderes, dieser Verirrung entgegengesetztes Buch zu schreiben.

Nur eine Literatur, die fähig ist, sich ohne Zustimmung und Rücksicht mit dem dem Leben und der Geschichte innewohnenden immensen Potential des Negativen auseinanderzusetzen, kann auch das schwer zu schildernde Gute ausdrücken. Die *Liaisons dangereuses* und nicht die Kitschromane erzählen von der Intensität, den Wirren und auch der Zärtlichkeit der Liebe. Wörter wie »Güte« und »gut« klingen bei Dostojewski nicht falsch, gerade weil er ohne zu zögern in den Schlamm, der in unseren Adern fließt, eingetaucht ist wie ein Messias, der wiederaufersteht, doch zuvor stirbt und wirklich in die Hölle hinabsteigt. Bernanos kann Gnade erlangen, weil er die schmerzliche Finsternis nicht mit versöhnlichen Gefühlen veredelt.

Mehr denn je ist vielleicht heute ein unbarmherziger Blick nötig, da die Illusionen der großen Geschichtsphilosophien mitsamt ihrer Überzeugung zerbrochen sind, daß die Widersprüche der Realität ihre Überwindung schon in sich bergen und auf jeden Fall zu weiterem Fortschritt führen. Die Entwicklung der Welt scheint nun einem chaotischen, unberechenbaren Brodeln überlassen zu sein, für das große Visionen und Perspektiven ohne Belang sind. Auch in unserer jüngeren Literatur ist es häufig gerade der religiöse Inhalt, der die besänftigende ideologische Hülle durchdringt und die Abgründe des Bösen offenbart. Man denke nur an die Heftigkeit, an die visionäre und poetische Präzision eines Autors wie Doninelli. Das Böse ist allerdings nicht nur die düstere Verderbtheit, die das gesamte Blickfeld brutal besetzt, es ist auch der nicht greifbare Hauch des Nichts, der sich selbst in der normalsten und sogar geliebten Alltäglichkeit bemerkbar macht.

In einer fulminanten und traurigen Szene seines Romans *I sogni tornano*, einem Buch voller Liebe, Freundschaft und Solidarität, beleuchtet Claudio Marabini zum Beispiel den Augenblick grausamer Entfremdung zwischen einem Mann, der in einem Krankenhauszimmer langsam dem Tod entgegengeht und gegen ihn ankämpft, und seiner kleinen Enkelin, die für ihn eine der stärksten Verbindungen zum Leben ist und deren plötzliches Sichzurückziehen mit der bezaubernden und schrecklichen Teilnahmslosigkeit des Kindes verdeutlicht, wie fest und zugleich fragil diese Verbindung ist. Liebe schließt auch Ernüchterung und die Fähigkeit mit ein, dem Nichts ins Auge zu blicken.

Je mehr Leben ein Buch in sich bergen kann, um so mehr drückt es nicht nur dessen Reiz und Beständigkeit aus, sondern zugleich auch dessen Risse, dessen Täuschungen und dessen Gleichgültigkeit. Das wahre, desillusionierte Gute schärft den unerbittlichen Blick für das Dämonische, so daß er weniger vom rührseligen Schleier simpler guter Gefühle getrübt wird. Mit tiefer, hinreißender poetischer Kraft fängt der Roman *Le storie dell'ultimo giorno* von Stefano Jacomuzzi die vibrierende Totalität des Lebens ein. Die brüderliche *pietas* und die Sehnsucht, mit denen der Strudel des Lebens gesehen und geschildert wird, versöhnen nicht, sondern fördern die Bestürzung über ihn und sein dämonisches Wesen zutage. In diesem Roman erkennt ein sterbender Papst, daß er beten kann und muß, indem er seine Gedanken nicht so sehr auf die beruhigenden Gewißheiten des Glaubens richtet, sondern vielmehr auf die einfachen, unergründlichen Erlebnisse anderer Menschen, die seinen Weg kreuzten und die epochalen Umwälzungen miterlebten, deren Protagonist und Zeuge er war. Gerade in diesen Lebenswegen findet er den letzten Sinn seines irdischen Daseins und des Mysteriums Gottes, seiner Kraft und seiner Schwäche in der Geschichte. Der Glaube ist mit seiner Person verwoben, bildet gleichsam ein Ganzes mit seinem Körper und ist angesichts des Lebens, seines Zaubers und seines Schauders, der meuchlerisch wie ein eisiger Luftzug kommt, zugleich manchmal verloren, wie ein armer Körper es ist.

Jedes wahre Buch stellt sich der Dämonie des Lebens. Auch das Evangelium ist schrecklich, denn es sagt, daß dem, der hat, gegeben wird, und dem, der nicht hat, noch das wenige, das er besitzt, genommen wird. In dieser Fähigkeit, auch unerträgliche Wahrheiten zu ergründen, liegt mehr Gutes als in jeder versöhnlichen Gutmütigkeit, liegt die Bereitschaft, mit unerschrockener und untröstlicher Barmherzigkeit bis auf den Grund unserer Finsternis hinabzusteigen.

[1]1993

Die Literatur rettet nicht das Leben.
Zum Tod von Borges

Dem anderen, Borges, passiert immer alles«, schrieb Borges in einer unvergeßlichen Parabel über sich und sein Gespaltensein, vielleicht der größte und poetischste Text, der je über das Verhältnis zwischen Leben und Schreiben geschrieben wurde. Der Autor dieser Lehrfabel, der in der ersten Person spricht, behauptet, er sei nicht der berühmte Schriftsteller, der in allen biographischen Lexika der Welt und auf den Einbänden so vieler Bücher erscheint, sondern lediglich das beim Einwohnermeldeamt als Jorge Luis Borges registrierte Individuum, das durch die Straßen von Buenos Aires schlendert, dabei zerstreut die Haustore betrachtet, einen Regenschauer oder eine Erkältung abbekommt, lebt und sich leben läßt, versunken in eine unbestimmbare Schwermut, die selbst der andere, der Dichter, nie wird verstehen können, und dem Ende zuschlitternd wie die verrinnende Zeit. Über den anderen, den berühmten Schriftsteller, erfährt er Neuigkeiten aus den Zeitungen, und zu seinem gelinden Erstaunen entdeckt er, daß seine eigene verworrene und obskure Existenz diesem anderen, dem Borges der Weltliteratur, den Stoff für irgendwelche wortkargen und mißbrauchbaren Geschichten liefert. »Ich habe Freude an Sanduhren, an Landkarten, an der Typographie des 18. Jahrhunderts, am Aroma von Kaffee und an der Prosa Stevensons; der andere teilt zwar diese Vorlieben, aber in aufdringlicher Art, die sie zu Attributen eines Schauspielers macht.«

Wer ist nun vor wenigen Stunden gestorben? Der anonyme, melancholische Herr mit dem Spazierstock, der vielleicht nie die Liebe kennengelernt hat und der sich in den Mäandern der Straßen und des Abends verirrte, im Schatten verschwindend wie ein zur Neige gehender Tag – oder aber der Verfasser von Büchern, der, blitzartig mit den Nostalgien jenes Unbekannten spielend, uns die Illusion vermittelt hat, daß einige Bände, die mit ihren schön gebundenen Rücken auf einem Regal leuchten, ein in seinem Geheimnis unerreichbares Leben rechtfertigen können? Die Fernschreiber haben der Welt den Tod des Schauspielers mitgeteilt, der von der Leidenschaft des Mannes, des unbekannten Helden der Geschichte, für Kaffee oder für Stevenson berichtete, nicht ohne sie durch eine Prise Falschheit zu verunreinigen, und die Nachrufe betreffen immer den anderen, den Gegenstand enzyklopädischer Stichworte und kritischer Essays. Dieser hätte sich bestimmt amüsiert, wenn er die Generalprobe oder die Vorpremiere der Trauer über seinen Tod gesehen hätte. Über den gebrechlichen Siebenundachtzigjährigen – über seine Ängste und sein Bedauern über Versäumtes, über die Kälte oder den Schweiß seiner letzten Stunden – läßt sich weder etwas sagen noch vermuten.

Borges' ganzes Werk ist von dem melancholischen Bewußtsein durchzogen, daß die Literatur das Leben nicht retten kann und daß es einem Dichter in einem Gedicht über den Tiger lediglich gelingt, »Wörter, Wörter, Wörter« zu sagen, einen Tiger aus Silben und Papier zu schaffen, und daß er vergeblich nach dem anderen Tiger sucht, dem, der nicht im Vers, sondern im Urwald lebt.

Aber Borges ist gerade deshalb groß, weil es ihm gelingt, das Leben, seine Fülle und seine Nichtigkeit, heraufzubeschwören, indem er die Unzulänglichkeit der Literatur, es zu repräsentieren, aufzeigt und sich gleichzeitig diese Unzulänglichkeit zu eigen macht; indem er alle Risiken der

Leere und der Teilnahmslosigkeit auf sich nimmt und es ihm dabei gelingt, die Wahrheit der modernen Absenz, des Sinns, der sich nicht finden läßt, und der Dinge, die sich nicht begreifen lassen, auszudrücken. Als großer Interpret dieser modernen Absenz versteht er es auch, ihr Opfer zu sein, indem er sein Werk dazu bestimmt, jener Landkarte des Imperiums zu gleichen, von der er in einer Parabel erzählt, einer Karte, die genau die Größe des Reiches hatte und sich mit ihm in jedem Punkt deckte – und die zum Schluß vom Wind zerfetzt wird.

Borges ist als Seiltänzer der Künstlichkeit gefeiert worden, als Taschenspieler der literarischen Uhrmacherkunst und der zum Selbstzweck gewordenen verbalen Mechanismen. Das ist ein Trick, mit dem der gewitzte Schauspieler, um sich von seiner Schwermut abzulenken, viele seiner – raffinierten wie primitiven – Nacheiferer und Bewunderer hereingelegt hat, die kläglich daran scheitern, die schmerzliche und ironische Ambivalenz seiner Dichtkunst nachzuahmen: einer Dichtkunst, die, ähnlich der Kafkas, leicht zu imitieren scheint, jedoch ebenso wie diese nicht imitierbar ist, und der es gewiß nicht um den koketten Triumph des Sophismus geht, sondern um das Abenteuer und das Irregehen der Intelligenz im elementaren Weltgeschehen.

Borges selbst ähnelt in vielen repetitiven Passagen seinen schwachen Plagiatoren. Er ist sicherlich kein Intellektueller, und er ist nicht einmal wirklich gebildet, denn seine enorme Gelehrsamkeit besteht aus einem Sammelsurium von mehr angehäuften als wirklich anverwandelten Motiven, aber von Zeit zu Zeit gelingt es ihm, ein großer Dichter des Elementaren zu sein, jener überpersönlichen Einfachheit, die jeden angeht, und dann versteht er es, das Licht eines Nachmittags zu schildern, das Fallen des Regens, das Herannahen des Schlafes, den Schatten des Elternhauses und die Frische des Wassers, das – in einer wunderbaren Erzählung – das Denken des Averroes erquickt. Borges ist der

Dichter des Mutes, der Treue, der epischen Vertrautheit mit dem Leben und mit dem Tod – jener Werte, von denen er weiß, daß er sie nicht besitzt, weder in der Realität noch, von wenigen Ausnahmen abgesehen, in der Kunst, und von denen er nur als Sehnsucht sprechen kann.

Doch diese Sehnsucht macht sein Genie aus. Seine Götter hätten ihm, sagte er, nicht den Ausdruck zugestanden, der das Leben schafft, sondern nur die beiläufige Anspielung darauf. Und seine Dichtung spricht von der Melancholie dieser flüchtigen Erwähnung, »diesem Bevorstehen einer Offenbarung, zu der es nicht kommt«, von dem Warten auf ein Geheimnis, das nicht verraten wird. Manche seiner Erzählungen wirken höchstens wie der geniale Entwurf einer noch zu schreibenden Erzählung. In dieser oft nicht ausgeschöpften Möglichkeit verkörpert er das Schicksal der Literatur, der es nicht mehr gegeben ist, Werte zu vermitteln und die Einheit des Lebens zu erzählen.

Um seine Nachahmer zu trösten und zu täuschen, hat der Schauspieler so getan, als freue er sich über die Niederlage, die die Literatur dem Dasein beibringt. Borges' Größe besteht jedoch gerade in dem Mut, mit dem er dieser persönlichen und epochalen Unfruchtbarkeit die Stirn bietet: einem Mut, würdig seiner Helden, die er beneidet, weil sie, im Gegensatz zu ihm, das Schwert zu führen verstehen, und der es ihm ermöglicht hat, im Namen aller von den Ängsten, Hemmungen und der Sterilität zu sprechen, die jedem von uns eigen sind. Und auf solche Weise konnte der vom Mangel an Liebe und Sehnsucht bedrohte Bibliothekar im *Aleph* eine große Parabel über die verdrängte und verlorene Liebe schreiben.

Borges' Leben scheint ganz im Geschriebenen zusammengefaßt, in einer Bibliographie: die Geburt in Buenos Aires, die Studien in Europa, der Kult der patriotischen und militärischen Erinnerungen in Argentinien, das kurze, bald wieder zugunsten einer skeptischen Klassizität aufgegebene avantgardistische Engagement, die Niederschrift von Meisterwerken, gewidmet den Labyrinthen der Existenz, den metaphysischen Paradoxa, der kreisförmigen Wiederholung allen Geschehens, der Epik der Vororte von Buenos Aires. Doch sein Tod trifft uns weniger wie ein Verlust für die Literatur, sondern eher wie der Tod des Jedermann in den mittelalterlichen geistlichen Spielen. Er läßt uns, anders als es sonst bei Schriftstellern der Fall ist, an unser eigenes Leben denken, an unsere Liebe und an unser Ende.

Borges' Tod verführt nicht zu erbaulichen Nachrufen, nicht dazu, ihm sämtliche Tugenden zuzuschreiben. Er hatte seine kurzsichtigen, reaktionären Engstirnigkeiten, seine Verschlossenheiten, Sünden und Schwächen, die er vor seinen Göttern verantworten muß. Doch gerade das macht ihn zum Bruder, zum Spiegel unseres Schicksals. Als ich ihm vor einigen Jahren, in Venedig, dankte für das, was er geschrieben hat, wich er verlegen zurück; er wußte, daß er sich nicht seiner Worte rühmen konnte und daß die Größe seines Werkes, die auf geheimnisvolle und vielleicht zufällige Weise von dem anderen, dem Schauspieler, erreicht worden war, inzwischen der Welt gehörte und ihm sowenig wie mir oder irgendwem sonst. In den letzten Jahren verführte ihn die große Freiheit des Alters dazu, auch die Belanglosigkeiten der Welt zu genießen, seine Zeit zwischen Preisen und literarischen Symposien selbst von geringem Interesse zu vertun, sich über die kurzen Momente, die ihm noch blieben, zu freuen und jenes Unendliche und Unwiederbringliche zu verfolgen, von dem jeder Mensch, wie er einmal schrieb, feststellt, daß er es bekommen und verloren hat.

1986

Auf der anderen Seite.
Grenzbetrachtungen

Der polnische Schriftsteller Stanisław Jerzy Lec erzählt, wie er einmal in Pančevo, am linken Ufer der Donau, über den Fluß zum anderen Ufer, nach Belgrad, hinüberschaute und dabei das Gefühl hatte, noch auf heimatlichem Boden zu sein, zu Hause sozusagen, denn die Uferseite, auf der er sich befand, gehörte einst zur alten österreichisch-ungarischen Monarchie, die er so viele Jahre nach ihrem Zusammenbruch immer noch als seine Welt betrachtete, während jenseits des Flusses eine andere Welt begann. Drüben begann für ihn »die andere Seite«. Ein anderer polnischer Schriftsteller, Andrzej Kuśniewicz, sagt in einem Kommentar zu dieser Textstelle, daß er mit Lec vollkommen übereinstimme. Auch für ihn bedeute jene längst versunkene Staatsgrenze die Grenze seiner Welt. Für beide liegt Belgrad auf der anderen Seite.

In dem einen oder anderen Fall weiß der Schriftsteller offenbar sehr gut, wo sein Standort ist, hinter welcher Grenze er sich zu Hause fühlt. Häufiger allerdings erscheint eine klare Identifikation schwierig. Als ich während meiner Studentenzeit in Freiburg im Schwarzwald wohnte, in einem jener Gasthöfe, die für einen jungen Menschen wirklich eine hohe Schule des Wissens und des Lebens darstellen, fuhr ich einmal mit ein paar Freunden nach Straßburg, wo ich noch nie gewesen war. Es war im Winter 1962/63. Unser Begleiter war ein Herr, der wesentlich älter war als wir, ebenfalls häufiger Gast im »Goldenen Anker«:

ein Deutscher aus dem Schwarzwald wie alle anderen, aber mit einem ganz eigenen Schicksal. Wenige Jahre nachdem die Nationalsozialisten an die Macht gekommen waren, hatte er Deutschland verlassen, nicht aus Zwang, denn er gehörte zu der vom »Führer« bevorzugten arischen Rasse, sondern aus politischen, besser gesagt: aus moralischen Gründen. Sein Menschheitspatriotismus hatte seine Liebe zur Heimat damals nicht ausgelöscht, wie er auch später seinen Schmerz angesichts der Zerstörung und Teilung seines Vaterlandes ganz gewiß nicht linderte. Als er die Grenze zwischen Deutschland und Frankreich überschritt, dachte er sicher nicht daran, seine deutsche Heimat zu vergessen oder ihr den Rücken zu kehren. In diesem Augenblick fühlte er ganz einfach, daß seine eigentliche Heimat, oder besser, sein eigentlicher Standort, solange die Herrschaft der Nazis dauerte, auf der anderen Seite war.

Die Grenze ist etwas Zwiefaches und Doppeldeutiges: bisweilen ist sie eine Brücke, um dem anderen entgegenzugehen, bisweilen eine Schranke, um ihn zurückzustoßen. Oft entspringt sie dem Wahn, jemanden oder etwas auf die andere Seite verweisen zu wollen, die Literatur ist unter anderem auch eine Reise auf der Suche nach der Entzauberung dieses Mythos der anderen Seite, der Versuch, zu verstehen, daß jeder bald hier und bald dort steht – daß Jedermann, wie in einem mittelalterlichen Mysterienspiel, der andere ist. Scipio Slataper, der Schriftsteller, der die literarische Landschaft von Triest erfunden hat und der gefallen ist im Kampf um die Vereinigung Triests mit Italien, beginnt *Il mio Carso* mit dem Versuch, zu sagen, wer er sei, und entdeckt dabei, daß er seine Identität, um sie in ihrer ganzen Tiefe darzustellen, erfinden muß; daß er sich für einen anderen ausgeben muß, anderswo geboren, an einem Ort in jener slawischen Welt, die sich mit der Italianità Triests im Widerstreit befindet, auch wenn sie einen Teil der triestinischen Kultur ausmacht.

In Triest bin ich geboren, und dort habe ich bis zu meinem achtzehnten Jahr gelebt. In meiner Kinderzeit war es nicht nur eine Grenzstadt, sondern schien selbst eine Grenze zu sein, bestehend aus vielen Grenzen, die sich in seinem Inneren überschnitten, sich in den Charakteren und der Lebensweise seiner Einwohner kreuzten. Grenzlinien sind auch Linien, die durch einen Körper laufen und ihn schneiden, die ihn zeichnen wie Narben oder Falten und so manchen nicht nur von seinem Nachbarn, sondern auch von sich selbst trennen.

Die triestinische Grenze ist und war vor allem eine Grenze gegen Osten. Wenn ich mit meinen Freunden in den Karst spielen ging, hatte ich ganz konkret den Eisernen Vorhang vor Augen. Die Grenze, die damals die ganze Welt entzweischnitt, verlief nur einige wenige Kilometer vor meinem Haus. Jenseits davon begann jene riesige, unbekannte und bedrohliche Welt, die Stalins Herrschaftsbereich war, eine zumindest bis Anfang der fünfziger Jahre noch schwer zugängliche Welt. Die Gebiete jenseits der Grenze, die nunmehr zum »anderen« Europa gehörten, waren jedoch wenige Jahre zuvor noch italienisch gewesen, bis Jugoslawien sie bei Kriegsende besetzte und annektierte. In meiner frühen Kindheit hatte ich sie gesehen und kennengelernt, sie waren und sind ein integrierender Bestandteil der triestinischen Welt und meiner eigenen Wirklichkeit.

Jenseits der Grenze war also gleichzeitig das Bekannte und das Unbekannte. Ein Unbekanntes, das man wiederentdecken, wieder bekannt machen mußte. Schon als Kind begriff ich, wenn auch undeutlich, daß ich jene Grenze überschreiten mußte, wollte ich wachsen und meine Persönlichkeit so entwickeln, daß sie nicht völlig gespalten wäre. Ich mußte sie nicht nur physisch überschreiten, mit Hilfe eines Visums im Paß, sondern vor allem innerlich, indem ich die Welt jenseits der Grenze neu entdeckte und meiner Realität einverleibte.

Da drüben begann das andere Europa – dieses Adjektiv »andere« bezog sich natürlich in erster Linie auf die Zugehörigkeit zu Stalins Universum, machte aber auch eine gewisse Ignoranz auf westlicher Seite deutlich. Auch ich glaubte als Bub, daß Prag weiter östlich liege als Wien, und war einigermaßen überrascht, als mir der Schulatlas das Gegenteil bewies. Dieses weitverbreitete Unwissen war und ist oft mit absichtlicher oder unbewußter Geringschätzung verbunden. Was im Osten liegt, erscheint oft düster, beunruhigend, ungeordnet, nicht sehr würdevoll. Es gibt eine Tendenz, den Osten mit dem Negativen gleichzusetzen. Wenn Fürst Metternich sagte, daß in Wien am Rennweg, der großen Ausfallstraße der österreichischen Hauptstadt nach Osten, der Balkan beginne, so meinte er es abschätzig, im Sinne von Durcheinander und Schlamperei. Heute sagt man in Ulm, viele Kilometer westlich von Wien, daß in Neu-Ulm, jenseits der Donau, die durch die Stadt fließt, der Balkan beginne, und auch das ist nicht als Kompliment zu verstehen.

Die Grenze ist Brücke oder Schranke. Sie bringt den Dialog in Gang oder unterdrückt ihn. Meine *éducation sentimentale* stand im Zeichen einer Odyssee der Grenzen, ihrer Willkürlichkeit und Unvermeidlichkeit. Dazu gehört zum Beispiel die Bezeichnung von Triest als »kleines Berlin«, die man damals häufig hören konnte. Der Eiserne Vorhang war in nächster Nähe und schnitt die Stadt, zumindest bis zur Mitte der fünfziger Jahre, von ihrem Hinterland, also von sich selbst ab. Er spaltete unsere Existenz. Der Vergleich mit Berlin paßte im übrigen viel besser zu Görz, der buchstäblich zweigeteilten Stadt. »Genau wie in Berlin«, sagte mit einer gewissen Genugtuung Dr. Krainer, ein Görzer Notar österreichischer Herkunft, wenn er die Fenster seines Hauses öffnete, die auf die Stazione Transalpina hinausblickten, und auf den Stacheldraht zeigte, der wenige Meter unterhalb verlief.

Es gibt Städte, die an einer Grenze liegen, und wieder andere, die die Grenzen in sich tragen und von ihnen bestimmt sind. Das sind solche Städte, denen die politischen Ereignisse einen Teil ihrer Wirklichkeit rauben, wie zum Beispiel das Hinterland, die feste Verbindung mit dem Rest des nationalen Territoriums. Die Geschichte schlägt ihnen Wunden, sie macht ein Welttheater, das heißt ein absurdes Theater aus ihnen. In diesen Städten nun kann man die Zweideutigkeit der Grenze, ihre positiven und negativen Aspekte besonders nachhaltig erleben, die offenen oder geschlossenen, starren oder beweglichen, unzeitgemäßen oder niedergerissenen, schutzbietenden oder zerstörerischen Grenzen.

In Triest führte all dies häufig zu einem Gefühl der Unsicherheit, der Nichtzugehörigkeit und des Fremdseins, zu dem widersprüchlichen Gefühl, zugleich im Zentrum und an der Peripherie zu leben. Die Stadt, die bis 1954 ein von den Amerikanern und Engländern verwalteter Freistaat war, gehörte und gehörte auch wieder nicht zu Italien. Leichter als anderswo kamen einem hier Zweifel an der Zukunft, man wußte nicht recht, wer und was man war, und das wieder brachte einen dazu, ständig die eigene Identität in Szene zu setzen. Das kollektive Bewußtsein litt, allseits von Grenzen umgeben, unter Erstickungsängsten, umgab sich aber seinerseits fieberhaft mit neuen Abgrenzungen, um jeder klar bestimmbaren Zuordnung zu entgehen und sich aufgrund dieses verzweifelten Andersseins eine eigene Identität zu konstruieren. Eine italienische Stadt, die ihre nationalen Leidenschaften zwar heftig ausgelebt hatte, deren Patrioten jedoch oft Namen trugen, die ihre deutsche oder slawische Herkunft verrieten, ähnlich wie in Prag die Deutschnationalen mit den tschechischen Familiennamen und umgekehrt. Oder wie die Führer der kroatischen Unabhängigkeitsbewegung in Dalmatien, die sich im vorigen Jahrhundert im Café Muljačić in Split trafen und in italienischer Sprache die kühnsten kroatischen Programme entwarfen. Triest war eine Stadt, die sich für so besonders italienisch hielt, daß sie sich häufig vom Rest der Nation unverstanden fühlte und sich demgemäß als das echtere Italien vorkam – als begänne jenseits des Isonzo, einer anderen einschneidenden Grenze im Atlas der Geopolitik und der Phantasie, das offizielle und demnach weniger echte Italien.

Diese Stadt war stolz auf ihre vielerlei nationalen Elemente und zugleich beargwöhnte sie sie – wie, unter anderen, das deutsche und/oder das deutsch-österreichische, das griechische, das serbische, das armenische, vor allem aber das slowenische. Letzteres wurde von den einen verdrängt und von den anderen überbetont, etwa so, wie man es mit einem heimlichen Doppelgänger tut. Manchmal, wenn ich durch die Stadt ging, fragte ich mich, bei welchem Pflasterstein die von den Nationalisten pathetisch verkündete Welt der Slawen beginne, die sich über Tausende Kilometer bis nach Asien hin ausdehnte. Vielleicht war Triest schon zur Zeit seiner höchsten kulturellen und wirtschaftlichen Blüte am Anfang des Jahrhunderts eine blockierte Stadt, in der James Joyce Dublin und Irland wiedergefunden hatte, die unerträgliche und unvergeßliche Heimat, die ihn verfolgte und die der Flüchtling ebenso notwendig braucht wie der Dichter: ein Mutterschoß, aus dem man flieht und von dem man doch nie loskommt, eine Stadt, die einen unweigerlich dazu bringt, ständig schlecht von ihr zu reden, vor allem aber ständig von ihr zu reden.

Unter den vielen Gesichtern Triests tritt das jüdische besonders deutlich hervor. Die Juden, die die kulturelle, wirtschaftliche und politische Entwicklung der Stadt entscheidend beeinflußt hatten, hatten sich auch mit ihr und ihrer Option für Italien identifiziert. Zugleich hatten sie ihr aber auch eine mitteleuropäische Prägung verliehen, die ohne die jüdische Komponente nicht denkbar ist. Triest ist einer der bedeutenden Orte des Judentums – doch damit ist 1938, mit den Rassegesetzen, Schluß.

Auch die Zeitgrenzen waren in Triest irgendwie anders, sie waren nach vorne und nach rückwärts verschoben. Als ich in Turin studierte und gelegentlich nach Triest heimkehrte, hatte ich jedesmal den Eindruck, in ein anderes Zeitsystem einzutreten. Die Zeit verkürzte und dehnte sich, sie zog sich zusammen und gerann zu Klumpen, die man fast mit der Hand greifen konnte, sie löste sich auf wie Nebelbänke. So als liefe die Zeit auf vielen Geleisen dahin, die sich kreuzten und dann wieder gabelten, um in verschiedene und entgegengesetzte Richtungen zu führen. 1948, zur Zeit des schicksalhaften Wahlkampfes, in dem Kommunismus und Antikommunismus zum entscheidenden Treffen gegeneinander antraten, schien das Jahr 1918, das Ende des Ersten Weltkriegs und die Eingliederung der Stadt Triest in den italienischen Staatsverband, sehr weit entfernt. Es gehörte schon der Erinnerung an, ein abgeschlossenes Kapitel der Geschichte, das keine leidenschaftlichen Diskussionen oder Polarisierungen mehr hervorrufen konnte. Doch einige Jahre später war genau diese Vergangenheit plötzlich wieder aktuell geworden, verflocht sich mit der Gegenwart und war in gewisser Hinsicht wieder ein Teil von ihr, verflocht sich mit der aktuellen politischen Realität.

Die Erfahrung dieses Gewirrs führte zu einer vorzeitigen Desillusionierung, einem nüchternen Skeptizismus gegenüber jedem Glauben an einen geradlinigen Fortschritt der Geschichte. In diesem *cul de sac* der Adria, wo das Meer alle Enttäuschungen ans Ufer spült, sind früher als anderswo sehr viele Illusionen hinsichtlich des real existierenden Sozialismus zusammengebrochen. Zwischen 1945 und 1948 kam vieles ans Tageslicht, was anderswo erst 1956 oder 1968 deutlich erkennbar wurde, vielleicht auch eine Vorahnung von der Brüchigkeit des Kommunismus, die

1989 fast alle so sehr überrascht hat. Jedenfalls haben uns diese frühzeitigen Enttäuschungen auch frühzeitig auf der Hut sein lassen vor einer Illusion der Folgezeit, daß nämlich mit dem Zusammenbruch des Kommunismus alle Probleme gelöst seien. Sie haben einige von uns vor der Schmach bewahrt, dem sterbenden Kommunismus einen Tritt zu versetzen, gegen den er sich nicht mehr wehren konnte. Wir haben vielleicht ein bißchen weniger gestaunt, als wir die alten Wunden von 1914, brandig geworden, wieder aufbrechen sahen. Sie waren ja nur vereist gewesen. Es war uns sehr wohl bewußt, daß der Kommunismus auch ein großes Erbe hinterlassen hatte: nicht die Antworten, die er gegeben, sondern die Fragen, die er gestellt hatte.

Grenzen werden verschoben, verschwinden und tauchen plötzlich wieder auf. Mit ihnen verwandelt sich auf Irrwegen der Begriff dessen, was wir Heimat, Vaterland nennen. Städte und einzelne Menschen finden sich häufig als »ehemalige« wieder, und diese Erfahrung des Fremdseins, des Weltverlustes, betrifft nicht nur die politische Geographie, sondern das Leben im allgemeinen. Stadelmann, der Held meines gleichnamigen Dramas, sagt, daß jeder ein Ehemaliger von etwas ist, auch wenn ihm das nicht bewußt sein sollte.

Meine erzählerische Urerfahrung, die Erfahrung des Verhältnisses zwischen Erzählen und den Mißverständnissen des Lebens und der Geschichte, geht vielleicht auf eine groteske und schmerzliche Grenzverschiebung zurück, deren Zeuge ich als Kind zufällig wurde: Die Deutschen hatten den mit ihnen verbündeten Kosaken im Zweiten Weltkrieg ein groteskes »Kosakenland« versprochen, und das hatte sich bis zur endgültigen Katastrophe ein paar Monate lang in Karnien befunden, dem rauhen, armen Teil des Friaul.

In diese Gegend hatten die Kosaken nicht nur ihre Zelte, sondern auch ihre Wurzeln verlegt. Sie hatten ihre Steppenvergangenheit in diesen Landstrich verpflanzt, dessen Existenz sie noch kurz zuvor nicht einmal vom Hörensagen gekannt hatten. In der festen Überzeugung, für die Freiheit zu kämpfen, waren sie in den Dienst der grausamsten aller Tyranneien getreten. Im Namen einer Heimat, nach der sie auf die Suche gingen, in ihrer Sehnsucht nach einem festen Wohnsitz, nach unverrückbaren und ungestörten Grenzen, wollten sie ein anderes Volk seiner Heimat und seiner Grenzen berauben.

Diese Geschichte der Kosaken zeigt, daß die Grenze zwischen Lüge und Wahrheit oft ungewiß ist, auch wenn wir nie den Versuch aufgeben dürfen, sie festzusetzen. Die Inszenierung der Wahrheit verkehrt sich oft in ihr Gegenteil, die Wahrheit wird maskiert und verwandelt sich in Lüge. Auch in diesem Fall wird eine Grenze überschritten oder verwechselt, ohne daß man es bemerkt. Die Grenze zwischen Lüge und Wahrheit, die an und für sich wie das Ja und das Nein der Heiligen Schrift von einer klaren Trennlinie markiert ist, wird oft von der Geschichte und den Ideologien ausradiert und verschoben.

Meine *éducation sentimentale* stand im Zeichen vieler Grenzerfahrungen: verlorengegangene oder gesuchte Grenzen, die dann in Wirklichkeit oder im Herzen wiederaufgerichtet wurden. Nach dem Phantomstaat der Kosaken war für mich eine andere grundlegende Erfahrung dieser Art der Exodus der Italiener, die am Ende des Zweiten Weltkriegs Istrien verließen. Nachdem Titos Jugoslawien in einem einzigartigen Widerstandskampf die Freiheit errungen hatte, holte es sich nicht nur slawische Gebiete zurück, sondern annektierte mit Istrien und Fiume auch italienisches Territorium. In den Jahren davor hatten die Faschisten die Slawen unterdrückt, deren Rechte auch von vielen Italienern mit nicht ausgesprochen faschistischer, aber nationalistischer Gesinnung zuwenig geachtet worden waren. Die jugoslawische Revanche im Zeichen des Totalitarismus war gewalttätig und machte keine Unterscheidungen. In diesen Jahren der Angst, der Einschüchterung und des Verbrechens verließen etwa dreihunderttausend Italiener nach und nach ihren Grund und Boden, ihr Zuhause, irrten unstet umher oder lebten, manche sogar viele Jahre lang, in Flüchtlingslagern. Diese Menschen, die alles verloren hatten, fanden häufig kein Verständnis und kein Interesse für ihr dramatisches Schicksal und umgaben sich daher oft ihrerseits mit neuen Barrieren, die sie in ihren Herzen errichteten. Diese Grenzbarrieren der Verbitterung und des Ressentiments trennten die Flüchtlinge nicht nur von ihrer verlorenen Heimat, sondern oft auch von dem Land, in das sie sich eingliedern wollten, das sie aber nicht zur Kenntnis nahm oder ihnen zumindest teilweise das Gefühl gab, Fremde zu sein.

Andere, noch tiefere Gräben taten sich um eine besondere Art von Flüchtlingen auf. Es waren jene, die sich genauso wie die anderen gegen die nationalistischen Gewaltmaßnahmen der Slawen zur Wehr gesetzt, dann das Schicksal der Vertreibung und des Exils erlitten hatten (wo sie auf das Unverständnis des offiziellen Italiens gestoßen waren), aber dennoch nicht in den Chor der italienischen Nationalisten mit einstimmen wollten. Sie lehnten jede pauschale Verurteilung der Slawen ab und sahen weiterhin im Dialog zwischen Italienern und Slawen ihre eigentliche Aufgabe. Da sie auch weiterhin ihre Welt, das istrische Küstenland an der Adria, als eine buntgemischte und zusammengesetzte, nicht ausschließlich italienische und nicht ausschließlich slawische, vielmehr italienische und slawische Welt betrachteten, verfolgte sie sowohl der Haß der slawischen als auch der der italienischen Nationalisten in einem solchen Maß, daß sie in eine Art von geistigem Niemandsland gerieten, umgeben von ganz besonderen Grenzen.

Diese Ostgrenze Italiens war der Schauplatz einer anderen Auswanderung, zahlenmäßig sehr viel bescheidener, aber weitaus weniger bekannt und tragischer. Ihrer habe ich im Roman *Ein anderes Meer* und in *Die Welt en gros und en détail* gedacht: 1947, während die italienischen Flüchtlinge Istrien und die übrigen jugoslawisch gewordenen Gebiete verließen und nach Italien kamen, legten etwa zweitausend italienische Arbeiter aus Monfalcone, einer kleinen Stadt bei Triest, den entgegengesetzten Weg zurück. Als überzeugte Kommunisten, die die faschistischen Gefängnisse und die deutschen Lager kennengelernt hatten, ließen sie alles zurück und gingen nach Jugoslawien, um zum Aufbau des Kommunismus beizutragen. Als Tito mit Stalin brach, wurden sie als Stalinisten verfolgt und in zwei Gulags gebracht, wo sie allen erdenklichen Gewalttaten ausgesetzt wurden und im Namen Stalins widerstanden, der für sie das Ideal und die gerechte Sache verkörperte. Als sie, endlich in Freiheit, nach Italien zurückkehrten, wurden sie als Kommunisten verfolgt und von der Kommunistischen Partei als unbequeme Zeugen der stalinistischen Vergangenheit angefeindet. Sie standen wieder einmal auf der anderen Seite, im falschen Moment auf der falschen Seite, von den härtesten und erbarmungslosesten Schranken eingeschlossen.

Ohne diese Erfahrung der Grenze wären viele meiner Bücher nicht entstanden. Die ganze *Donau* ist ein Buch der Grenze, eine Reise auf der Suche nach der Überwindung und Überschreitung nicht nur der nationalen, sondern auch der kulturellen, linguistischen und psychologischen Grenzen; nicht nur der äußeren, realen Grenzen, sondern auch der im Inneren eines Individuums verlaufenden Grenzen, die die dunklen und verborgenen Bereiche einer Persönlichkeit abschirmen. Auch sie müssen überschritten werden, will man die beunruhigendsten und gefährlichsten Zonen des Archipels der eigenen Identität erkennen und anerkennen.

Es handelt sich um eine schwierige Reise, auf der glückliche Landungen mit Schiffbrüchen und Irrfahrten abwechseln. Dem Reisenden auf der Donau gelingt es manchmal, die Grenze zu überschreiten, die Angst vor dem anderen und damit seine Ablehnung – Voraussetzung jeder Gewaltanwendung gegen den anderen – zu überwinden und ihm entgegenzugehen, ein anderes Mal wieder gelingt es ihm nicht, diesen Schritt zu machen, und er verschließt sich in sich selbst, wird ein Opfer der eigenen Vorurteile, Phobien und Ungewißheiten. Auch *Ein anderes Meer* ist ein Buch vieler Grenzen, physischer und metaphysischer Grenzen, solcher der Erde und des Wassers, des Lebens und des Todes, des Sinns und des Nichts.

Jede Abgrenzung hat mit Unsicherheit zu tun und mit dem Bedürfnis nach Sicherheit. Die Grenze ist eine Notwendigkeit, denn ohne sie, oder besser ohne begrenzende Unterscheidung, gibt es keine Identität, keine Form, keine Individualität, ja nicht einmal eine reale Existenz, denn sie würde vom Gestalt- und Unterschiedslosen verschlungen. Die Grenze bedeutet Wirklichkeit, verleiht Umrisse und Gestalt, bestimmt die Besonderheit der Einzelperson wie des Kollektivs, der Existenz wie der Kultur. Grenze ist Form, also auch Kunst. Die dionysische Lebensauffassung, die sich für das Aufgehen des Ichs in den Gluten einer ungeordneten Triebwelt ausspricht, was angeblich befreiend wirken soll, tatsächlich aber nur zur totalen Vereinnahmung führt, nimmt dem Subjekt jede Widerstandsfähigkeit, jede Möglichkeit zur ironischen Distanzierung, setzt es der Gewalt und der Gefahr der Auslöschung aus und löst jede einheitliche Wertvorstellung in eine rohe, gallertartige Masse auf. Das Ich gleicht dem Baron Münchhausen, der sich am eigenen Zopf aus dem Sumpf ziehen muß. Er kann sich nur auf diesen Zopf, nur auf diese schwierige und widersprüchliche Lage verlassen, aber gerade durch sie ist seine Kraft bedingt. Die Ironie löst die starren, erzwungenen Grenzen auf und errichtet statt dessen menschlichere, beweglichere und dauerhaftere. Die Ironie stellt sich jedem verschwommenen Mystizismus, jedem triebhaften totalitären Zusammenhang entgegen, weil sie unterscheidet, artikuliert, in neue Dimensionen rückt, auch sich selbst. Die Ironie ist eine Waffe gegen das Pathos, das aus dem Bauch kommt, und gegen den postmodernen Minimalismus. Sie ist eine sanfte und starke Tugend.

Die *Odyssee*, das Buch der Bücher, der Roman der Romane, ist vielleicht in erster Linie ein Epos von den Grenzen des Individuums, das seine Persönlichkeit aufbaut, das heißt sie abgrenzt gegen das unterschiedslose, betörende und zerstörerische Fließen der Natur, das sie auflösen möchte. Das Ich bereichert sich in der Begegnung mit der Vielfalt, doch ohne von ihr ausgelöscht oder aufgesogen zu werden. Der Dialog, der die Gesprächspartner verbindet, setzt ihre Unterschiedlichkeit voraus und eine kleine, aber unüberwindliche fruchtbare Distanz.

Zwei Typen von Odyssee scheinen heutzutage möglich, einerseits, nach dem klassischen, traditionellen Muster von Homer bis James Joyce, die Odyssee als eine Reise im Kreis, das heißt als Weg des Individuums, das abreist, die Welt durchquert und am Ende wieder nach Ithaka, nach Hause, zurückkehrt, bereichert und natürlich gewandelt von den Erfahrungen der Reise, aber in seiner Identität bestätigt. Es dringt zu einer tieferen Schicht seiner Identität vor, indem es feste und sichere Grenzen um die eigene Person zieht, sich also weder neurotisch von der Welt abkapselt noch sich in chaotischer Unterscheidungslosigkeit verliert.

Andererseits gibt es eine geradlinige Odyssee, von der zum Beispiel Musil erzählt. Von ihr kehrt das Individuum nicht mehr nach Hause zurück, sondern steuert geradewegs auf das Unendliche oder auf das Nichts zu, verirrt sich unterwegs, ändert radikal seinen eigenen Charakter, wird ein anderer und zerstört alle Grenzen der eigenen Identität. Musil stellt diese Explosion des individuellen Ichs, das Nachgeben der Scharniere, die ihm Form und Gestalt geben, vor allem an zwei Figuren aus dem *Mann ohne Ei-genschaften*, Moosbrugger und Clarisse, dar. Sie sind keine Individuen mehr, nur noch Ansammlungen von Trieben, Träume des kollektiven Unbewußten oder schwindelerregende Gleichsetzungen des Ichs mit der Wirklichkeit, in der es überschäumt und untergeht, ohne eine Grenze zwischen sich und der Welt aufzurichten.

Hinter all dieser Literatur steht, ausgesprochen oder unausgesprochen, Nietzsche, der Entdecker und Zerstörer jeder Scheinidentität des Individuums, die er in eine »Anarchie der Atome« aufsprengt, in der die herkömmliche, jahrtausendealte Struktur des einzelnen Subjekts, das sich seit undenklichen Zeiten mühsam abgegrenzt hat, schon dabei ist, sich aufzulösen, sich ins Grenzenlose zu verlieren und sich in eine noch nicht genau definierte Vielheit zu verwandeln, fast in einen neuen anthropologischen Zustand. Ein großer Teil der bedeutendsten modernen und zeitgenössischen Literatur problematisiert auf zwei Arten das Verhältnis des Ichs zu seinen eigenen Grenzen, indem sie sie entweder aufgibt (auch sprachlich) oder undurchlässig macht. Beides ist tödlich.

Wir brauchen eine ironische Identität, frei vom Zwang, sich abzuschotten, aber auch vom Wunsch, sich selbst zu überwinden. Der Schriftsteller aus dem Grenzgebiet gerät oft zwischen Skylla und Charybdis: zwischen die Rhetorik einer kompakten und der einer sich verflüchtigenden Identität. Wir alle verachten die erste Sorte, die Schriftsteller, die sich zu finsteren Grenzhütern aufwerfen und stets über das italienische, das slowenische oder das deutsche Wesen wachen. Aber auch die anderen, die diese von weitaus nobleren Positionen her bekämpfen, werden oft zu Opfern einer anderen Art von Grenzrhetorik: wenn sie nämlich um jeden Preis die Grenze leugnen und immer auf der anderen Seite stehen wollen, wenn sie sich beispielsweise in Triest unter den Slowenen als Italiener beziehungsweise unter den Italienern als Slowenen fühlen wollen, in Südtirol als Deutsche bei den Carabinieri beziehungsweise als Italiener bei den Schützen.

Diese Haltung ist in einem Klima heftiger ethnischer Konflikte oft politisch verdienstvoll, birgt aber das Risiko in sich, zu einem Stereotyp zu erstarren, zu einem bequemen literarischen Alibi, und ihrerseits dem Pathos der Grenze anheimzufallen, das sie in Abrede stellt, jenem zwanghaften Fragen nach der Identität, das sich hier als ausdrückliche Genugtuung darüber präsentiert, sich zu keiner genau umschriebenen Identität bekennen zu können. Auch eine leidenschaftlich engagierte Literatur der Grenze, die den Problemen nicht ausweicht, dabei aber ständig die eigene Nichtzugehörigkeit verkündet, kann zu einem abgestandenen Repertoire von Gemeinplätzen entarten, wie die Reimlexika von einst, die immer mit dem richtigen Reim zur Hand waren. Die erbarmungslose Kritik an der Welt, aus der man stammt, ist zwar immer noch besser als ihre kitschige Verklärung, kann aber leicht ein allzu abgebrauchter Topos werden: Die triestinischen Schriftsteller, die sich über Triest lustig machen, die Prager, die sich über Prag erregen, die Wiener, die hämisch über Wien lachen, und die Piemontesen, die sich gerne entpiemontisieren möchten, balancieren häufig zwischen echten Befreiungsversuchen und irrationalen Konventionen.

Die beste Art, sich von der obsessiven Beschäftigung mit der Identität zu befreien, ist immer noch, sie als einen vorläufigen Annäherungswert zu akzeptieren und sie spontan zu leben, das heißt, sie zu vergessen. Man lebt ja auch, ohne ständig an das eigene Geschlecht, an den eigenen Zivilstand, an die eigene Familie zu denken, und es ist auch besser, zu leben, ohne allzuviel ans Leben zu denken. Es ist ratsam, die Grenzen der eigenen Persönlichkeit anzuerkennen, wie man die der eigenen Wohnung anerkennt, vorausgesetzt, man ist sich ihrer Relativität bewußt.

Wenn man sie so erlebt, einfach und liebevoll, können sie die Persönlichkeit stärken. Dante sagte, daß unsere Heimat die Welt sei wie die der Fische das Meer, daß er aber, da er immer Wasser aus dem Arno trank, Florenz leidenschaftlich liebgewonnen habe. Diese beiden Gewässer, die aufeinandertreffen und sich vermischen, ohne daß der Unterschied aufgehoben wäre, ergänzen sich wechselseitig, das eine ohne das andere ist falsch. Ohne sich zugehörig zu fühlen zu jenem Meer, wird aus der Anhänglichkeit an den Arno eine rückschrittliche Beschränkung, ohne konkrete Liebe zum Fluß der Geburtsstadt bleibt die Berufung auf das Meer eine leere Abstraktion.

Vor allem hat wohl die jüdische Kultur der Diaspora in einer vitalen Symbiose Verwurzeltsein und Ferne vereint, Heimatliebe und nomadenhafte Flucht, die eine provisorische Heimat bloß in einem anonymen Hotelzimmer, in einer Bahnhofshalle, in einem schäbigen Café findet, auf den Stationen des Exils und der Reise ins Gelobte Land, die so zu konkreten, obgleich vorübergehenden Grenzen einer wirklichen Heimat werden.

In einer ostjüdischen Geschichte, die mich zum Titel eines Buches über das Exil angeregt hat, trifft in einer kleinen osteuropäischen Stadt ein Jude einen anderen, der, beladen mit vielen Koffern, zum Bahnhof geht, und fragt ihn, wohin er fahre. »Nach Südamerika«, antwortet der andere. »Ah«, versetzt der erste, »so weit weg?« Worauf der andere ihn verwundert anblickt und fragt: »Weit von wo?« In dieser Geschichte hat der Ostjude keine Heimat, keinen Bezugspunkt, der ihm erlaubt, seine Nähe oder Entfernung festzustellen, und ist also fern von allem und allen. Er hat kein historisch-politisches Vaterland und kennt somit keine Grenzen. Gleichzeitig aber hat er ein Vaterland in sich selbst, im Gesetz und in der Tradition, in der er verwurzelt ist und die in ihm verwurzelt sind, und daher ist er niemals weit von der eigenen Heimat entfernt, immer innerhalb der eigenen Grenze, die auf solche Weise eine offene Brücke zur Welt wird.

Wenn die Grenze aber als Schranke dient, um den anderen zurückzustoßen, wird sie zum Idol. Die zwanghafte Beschäftigung mit der eigenen Identität, die um so dichtere Grenzen nötig hat, je mehr sie einer unmöglichen und rückschrittlichen Reinheitsideologie anhängt, führt zur Gewalt. Dafür ist der grauenvolle und stumpfsinnige Krieg in Ex-Jugoslawien heute ein extremes, aber nicht das einzige Beispiel in Europa. Wie jedes Idol fordert die Grenze oft Blutopfer, und besonders in der letzten Zeit hat das Entstehen von Grenzneurosen, die Entfesselung eines wütenden und vollkommen irrationalen Partikularismus, der sich, wo immer er auftritt, unter Vergötzung seiner eigenen Besonderheit in sich selbst verschließt und jeden Kontakt mit den anderen ablehnt, grausame Kämpfe entfacht. Die Verschiedenheit, wiederentdeckt und zu Recht als Variationsmöglichkeit des allgemein Menschlichen geschätzt, führt zu seiner Verneinung und Vernichtung, wenn man sie verabsolutiert. Diesem Fetischismus muß man Nietzsches Worte entgegenhalten, irreführend, wenn man sie buchstäblich auffaßt, aber wahr und einleuchtend als Metaphern: »Wozu sich in häßliche Sprachen verlieben, weil unsere Mütter sie sprachen? Warum dem Nachbar gram sein, wenn an mir und an meinen Vätern so wenig zu lieben ist?«

Es gibt nicht nur Grenzen zwischen Staaten und Nationen, festgesetzt durch internationale Verträge oder durch Gewalt. Auch die täglich kritzelnde Feder, wie Svevo sagt, zieht Grenzen, verschiebt sie, hebt sie auf und stellt sie wieder her wie Achills Lanze, die verwundet und heilt. Die Literatur stellt an und für sich eine Grenze dar, eine Forschungsreise zu neuen Grenzen, eine Verschiebung und Neubestimmung alter. Jeder literarische Ausdruck, jede Form ist eine Schwelle, ein Übergangsbereich unzähliger verschiedener Elemente, Spannungen und Bewegungen, eine Verschiebung semantischer Grenzen und syntaktischer Strukturen, ein ständiges Zerlegen und Neuaufbauen der Welt, ihrer Kulissen und Bilder wie in einem Filmstudio, wo die Sequenzen und Einstellungen, die Perspektiven der Wirklichkeit ununterbrochen neu geordnet werden. Jeder Schriftsteller, ob er es nun weiß und will oder nicht, ist ein Grenzgänger, sein Weg führt immer an Grenzen entlang. Er demontiert, er entwertet und führt Werte und Bedeutungen neu ein, er versucht die Welt in einen sinnvollen Zusammenhang zu bringen und hebt ihn wieder auf, in einer Bewegung ohne Unterlaß, bei ständig sich verschiebenden Grenzen.

Wer schreibt, arbeitet an den Grenzen und ihren gleitenden Übergängen, dort, wo sie verfließen und verschwinden. Das moralische Engagement, der tägliche gute Kampf, der auch vor der Literatur nicht haltmacht, gebietet uns, ständig Schranken aufzurichten und zu verteidigen, falsche abzubauen und solche an ihre Stelle zu setzen, die dem Bösen den Weg versperren. Eine Welt ohne Schranken, ohne Unterschiede wäre die schreckliche Welt, wo »alles erlaubt« ist, wie in Dostojewskis Horrorvisionen, eine Welt, in der jede Gewalttat und Unterdrückung möglich ist. In diesem Sinn muß man gegen Schranken kämpfen, aber nur, um wieder neue aufzuführen.

Faszinierend ist andererseits der Moment, in dem ein Ding ins andere übergeht, die unaufhörliche Metamorphose der Welt, worin das eigentliche Wesen des Lebens besteht, das nichts anderes ist als ein ständiges Überschreiten von Grenzen. Immer haben mich die Farbunterschiede und ihr Schwinden in den Nuancen des Übergangs fasziniert; das Sichverfärben, besonders das des Wassers, wird zur Chiffre für den Sinn des Lebens und der Dichtung, die ihn festzuhalten sucht. Auch die Reise, eine Erzählstruktur, die mich nachhaltig anzieht, läuft nach dem Rhythmus des ständigen Übergangs, der Wandlung, des Verklingens der Unterschiede ab. Nicht zufällig vollzieht sich die Reise so oft auf dem Wasser: flußabwärts, in den Lagunen, in der Begegnung von Fluß und Meer, im spiegelnden Mittagslicht des Meeres, das den verführerischen Zauber und die zerstörerische Macht des Grenzenlosen und Absoluten symbolisiert.

Das immer wiederkehrende Bild der Linie, wo das Wasser des Flusses in das des Meeres übergeht, ist vielleicht ein Zeichen für die Anziehungskraft dieses Farbenwandels.

Doch jede Erzählung gibt dem Leben Gestalt und grenzt es daher auch ab. Der Zauber des Farbenwandels wird nur dann sinnhaft, wenn man trotz der Geschwindigkeit, mit der die Metamorphose abläuft, wenigstens für einen Augenblick ein Bild festzuhalten sucht, das ihn vor dem Unbestimmten bewahrt. Die Literatur analysiert auch das Vergehen von Gefühlen und Leidenschaften, jenen ständigen, ambivalenten Prozeß der Verwandlung eines Gefühls in ein anderes, verwandtes, manchmal bis hin zum Umschlagen ins Gegenteil. Auch hier geht es um Grenzüberschreitungen, um die Entdeckung ihrer Notwendigkeit und Vorläufigkeit zugleich.

Die Literatur lehrt, Grenzschwellen zu überschreiten, besteht aber auch im Errichten von Schwellen, ohne die es die Spannung nicht gäbe, die bei ihrer Überwindung zu etwas Höherem, Menschlicherem hin entsteht. Leider haben die Grenzprobleme unserer Zeitgeschichte wenig mit Literatur gemein, vielmehr mit einer weitaus brutaleren und unmittelbareren Dimension. Was jetzt in Jugoslawien geschieht, offenbart die schreckliche Last der Vergangenheit und der Geschichte, die tödliche Macht jahrhundertealter Konflikte, Gräben des Hasses und der Entzweiung. Nach den großen befreienden Ereignissen des Jahres 1989, die die Möglichkeit zum Niederreißen von Mauern und Grenzbarrieren schufen, die Möglichkeit, ein neues, geeintes Europa aufzubauen, sehen wir jetzt, wie man neue Gräben zieht und neue Mauern baut: ethnische, chauvinistische, partikularistische. Überdies taucht am Horizont das Schreckgespenst der massenhaften Wanderung von Menschen auf, die, angetrieben von Leid und Hunger, wahrscheinlich ihre Heimat, ihre Grenzen verlassen und Haß und Furcht hervorrufen werden, was wiederum zur Entstehung neuer Barrieren führen wird. Von der Antwort auf diese epochemachenden Verschiebungen − hoffentlich einer von Haß und demagogischer Gefühlsduselei freien Antwort − wird das Überleben oder zumindest die Würde Europas abhängen.

Man müßte fähig sein, sich der anderen Seite zugehörig zu fühlen und auf die andere Seite hinüberzugehen − wie Biagio Marin, der Dichter aus Grado, der 1915 als italienischer Irredentist vor dem Rektor der Universität Wien stolz sein Verlangen kundtat, Italien möge durch seinen Kriegseintritt zur Zerstörung des Habsburgerreiches beitragen, bald darauf aber, nachdem er sich freiwillig zur italienischen Armee gemeldet hatte, gegen das unverschämte Betragen eines Hauptmannes mit den Worten protestierte, »wir Österreicher« seien an einen solchen Stil nicht gewöhnt − oder wie mein entfernter Bekannter aus Freiburg, von dem ich erzählt habe. Jeder sollte sich für den Nationalismus in seinem Land schämen, für den jeder immer ein wenig mitverantwortlich ist.

Jugoslawien ist nur ein eklatantes Beispiel für eine tödliche Krankheit, die überall grassiert. Als ich vor Jahren sah, wie man mit Stolz und Begeisterung die Grenzpfähle zwischen Slowenien und Kroatien aufstellte, fiel mir eine Geschichte ein, die mir estnische und lettische Freunde erzählt hatten. 1929 oder 1930 drangen einige lettische Studenten in Estland ein, stiegen auf den Suur-Munamäki, den höchsten Hügel des Baltikums, ganze 317 Meter hoch, vier Meter höher als die höchste lettische Erhebung, und schaufelten diese vier Meter weg, um den Esten den Höhenvorrang zu nehmen. Diese stellten ihn übrigens sofort wieder her, indem sie auf dem Gipfel vier Meter Erde aufschütteten und noch einen Turm daraufsetzten. Es gibt auch Grenzen in der Höhe. Man müßte sie, selbst wenn sie sich anmaßend erheben wie die Berliner Mauer noch vor kurzer Zeit, als Trümmerhaufen sehen können, wie jede Grenze. Man müßte wissen, daß es unsere Aufgabe ist, sie wegzufegen und die Trümmer dort anzuhäufen, wo sie weniger stören, genau wie 1945 die berühmten Berliner Trümmerfrauen es taten.

Die Gestalt dieser Frau mit dem Besen, die Schutt und Mauerbrocken wegkehrt, könnte eine Idealgestalt sein, das Symbol des Grenzengels. Es ist aber eine unwahrscheinliche Gestalt − vielmehr zeichnen sich Scharfschützen in Sichtweite ab, mit dem Gewehr in der Hand, aufgestellt an immer höheren Grenzmauern, hoch wie der Turm von Babel. In der gegenwärtigen Irrealität der Welt wird es immer schwerer, eine Antwort auf Nietzsches Frage zu geben: »Wo darf ich heimisch sein?«

[1]993

Die Übersetzung erschien erstmals in: *Wer steht auf der anderen Seite? Grenzbetrachtungen*, Residenz Verlag, Salzburg 1993.

Der Splitter und die Welt

Vor ein paar Jahren machte ein Witz die Runde, der bald der einen, bald der anderen jener kleinen Nationen galt, die gerade aus dem Status einer Minderheit oder dem Zustand der Unterdrückung – seitens mächtigerer Völker oder größerer Staaten, denen sie angehörten – auftauchten und mit manchmal naiver, wenngleich verständlicher Emphase voll Selbstbewußtsein ihre Besonderheit und ihre junge Kraft proklamierten. Der Witz lautet, daß die Delegation einer dieser Nationen, die eben erst ihre Unabhängigkeit oder zumindest eine weitreichende Autonomie erlangt hatte, zu einem offiziellen Besuch nach Peking reist. »Wir sind drei Millionen!« (oder zwei oder vier, je nachdem, um welches Volk es in dem Witz geht) erklärt der Delegationsleiter stolz dem sie empfangenden Vertreter der chinesischen Regierung, worauf sich dieser mit zuvorkommender Besorgnis erkundigt: »In welchem Hotel?«

Die Pointe ist, wie viele Geistreicheleien, ein bißchen billig, weil sie sich über den verständlichen Nationalstolz unterdrückter Volksgruppen lustig macht, die gerade wieder anfangen, Atem zu schöpfen und sich ihrer eigenen Würde bewußt zu werden, und diesen seelischen Zustand manchmal auch in etwas kindlicher oder ressentimentgeladener Form zum Ausdruck bringen. Es ist nicht leicht, sich in der eigenen Beziehung zur Welt sofort sicher zu fühlen, nachdem man lange unterjocht war. Diese innere Unabhängigkeit, die ruhige Bescheidenheit, die keiner Bestätigungen und Anerkennungen bedarf, jene Nonchalance sich selbst gegenüber, die gelassen und heiter macht, erwachsen aus der Freiheit und Sicherheit, die der einzelne wie eine Gabe der Natur in sich aufgenommen hat. Gewalt und Ungerechtigkeit sind, wie jedes Leid und jeder Schmerz, eine schlechte Schule; sie hinterlassen ihre Male auf Antlitz und Seele dessen, der sie erduldet: die Unglücklichen und die Ausgestoßenen sind häufig auch unangenehme Zeitgenossen. Aber um so mehr gebührt ihnen Liebe und Beistand, denn die Schuld an diesen Narben, die sie seelisch entstellen, liegt bei denen, die ihnen zuvor die Wunden beigebracht haben. Die Gewalttätigen und die, die ihre Macht mißbrauchen, sagte Manzoni, sind nicht nur für das Böse verantwortlich, das sie ihren Opfern antun, sondern auch für das, zu dem sie diese als Folge des erlittenen Unrechts verleiten. Jede Minderheit, die aus einem – nationalen, kulturellen, religiösen, politischen oder sexuellen – Ghetto aufbricht, neigt, zumindest am Anfang, zu exhibitionistischem Narzißmus, und solange sie sich nicht davon befreit und lernt, spontan ihre eigene Besonderheit zu leben, ohne viel Aufhebens davon zu machen, zeigt sie, daß sie sich innerlich noch in einem Zustand der Unterlegenheit befindet.

Es mag gerechtfertigt, wenn auch bisweilen etwas pathetisch gewesen sein, zu verkünden, »Klein ist schön«, um der brutalen Überzeugung entgegenzutreten, daß die Geschichte, einer Redensart zufolge, von den großen Bataillonen gemacht wird. Die Wiederentdeckung der Verschiedenheiten – nicht allein auf nationalem Gebiet – war eine befreiende Errungenschaft dieser Jahrzehnte, die Bewußtmachung des unersetzlichen Werts der Individualität, die Erkenntnis, daß im Kleinen auch das Große liegen kann, so wie sich der ganze Frühling in einer Margerite zu konzentrieren vermag. Herder entdeckte im Homer und in der Bibel die anfängliche und immerwährende Schöpfungskraft der Poesie, aber er fand sie ebenso in dem unbekannten lettischen Volkslied, das er beim Fest der Sommersonnenwende gehört hatte.

Doch jenes unbekannte Lied eines Volkes, das – im Unterschied zum griechischen oder jüdischen – nie zu den Protagonisten der Weltgeschichte gehörte, ist nicht deshalb schön, weil es die unbeachtete Stimme einer peripheren Wirklichkeit ist, sondern weil in ihm eine Universalität erklingt, die über jenen abgelegenen Erdenwinkel hinausreicht und nicht weniger als ein berühmtes Werk teil hat an der großen Welt. Der Slogan »Klein ist schön« ist im übrigen falsch, nicht nur, weil es nicht genügt, klein zu sein, um schön zu sein (so wie es auch nicht genügt, schwach zu sein, um gut zu sein), sondern weil er die Vitalität der regionalen Kulturen beleidigt, indem er das Lokale daran hervorhebt, also das, was daran eng und beschränkt ist, anstatt den großen Atem des Lebens, der auch im entlegensten Winkel weht und nicht nur zum Leben, sondern zur Menschheit gehört.

Die Heimattümelei setzt die Liebe zur Heimat herab, da sie die Heimat zu einem plumpen Fetisch macht, zum Objekt eines Götzenkults oder primitiver Folklore. Eine Sache sei es, Neapolitaner zu sein, schrieb der Schriftsteller Raffaele La Capria, eine andere jedoch, »auf Neapolitaner zu machen« und damit Neapel und das eigene Verhältnis zu dieser Stadt zu erniedrigen – und das gilt für jede Identität. Kultur bedeutet immer, im großen zu denken und zu empfinden, über die Verschiedenheiten hinaus das Gefühl der Einheit zu haben, sich bewußtzumachen, daß die Liebe zu der Landschaft, die man vom eigenen Fenster aus sieht, nur lebendig ist, wenn sie sich dem Vergleich mit der Welt öffnet, wenn sie sich unmittelbar in eine größere Wirklichkeit einfügt, so wie die Welle ins Meer und der Baum in den Wald.

Jeder Platz kann der Mittelpunkt der Welt sein, sagte Schwarzer Hirsch, Sioux-Krieger und großer Poet, brüderlich der Vielfalt des Lebens zugewandt, aber sich bewußt, daß diese von Mal zu Mal an Bedeutung gewinnt, wenn sie sich in einem Mittelpunkt wiedererkennt, der ihr Einheit verleiht. Bei meinen Reisen entlang der Donau oder anderswo bin ich winzigen und peripheren Kulturen nachgegangen, Volksgruppen von geradezu minimalem Ausmaß wie zum Beispiel den Tschitschen, jenen Istro-Rumänen aus Istrien, die es nach der letzten Volkszählung auf ganze 810 Seelen bringen und die ich, wäre ich nur ein wenig länger bei ihnen geblieben, schließlich alle persönlich kennengelernt hätte, jeden einzelnen. Aber die Hinwendung zu einem Mikrokosmos hat nur Sinn, wenn man in ihm selbst unter der unansehnlichsten Hülle (wie bei einem König, der in die Lumpen eines Bettlers gekleidet ist) auf etwas Großes stößt, das sich nicht nur in jenem begrenzten Horizont erschöpft.

Die gebotenen und immer noch unzureichenden Dezentralisierungsmaßnahmen, die föderalistischen Reformen und der Ausbau der regionalen Autonomien, wie sie für eine effiziente Administration und Organisation des politischen und sozialen Lebens notwendig sind, wären schädlich, wenn sie dieses Gefühl für den Vergleich mit der Welt bedrohten und die Menschen in einer kleinlich-partikularistischen Perspektive gefangenhielten, unfähig, über den eigenen Kirchturm hinauszuschauen. Konkretes Engagement läßt sich immer nur in einer festumrissenen, das heißt lokalen Realität praktizieren, denn andernfalls würde es sich in abstrakter Rhetorik verlieren, so wie einer, der behauptet, die Menschheit zu lieben, aber sich in Gewalttaten gegen die Menschen ergeht, angefangen bei den Wohnungsnachbarn; doch es gibt andrerseits keine Blickrichtung, die einer Arbeit Sinn verleiht, wenn nicht die aufs Große, die dazu führt, daß man sich, während man im eigenen Umfeld wirkt, als Bürger seines ganzen Landes, Europas, ja der Welt fühlt, denen gegenüber man verantwortlich ist.

Man braucht nicht nach Rom oder nach New York zu fahren, um das Gefühl zu bekommen, in einem größeren Kontext zu stehen als dem seines unmittelbaren, persönlichen Kreises. Manche Fischer und Fährleute, denen ich auf den Streifzügen durch meine Inseln der Oberen Adria begegne, besitzen es instinktiv, in ihrer Art zu leben und das Leben zu begreifen, selbst wenn sie nie über diese Inseln hinausgekommen sind und nur ihren Dialekt sprechen – einen spontan gesprochenen Dialekt, frei von den regressiven ideologischen Ansprüchen der verkrampften Theorien kleiner Vaterländer, und somit, wie jede Sprache, Rede des Lebens und aller.

Die Identität ist keine starre, unwandelbare Gegebenheit, sondern sie ist fließend, ein immer im Werden befindlicher Prozeß, in dem man sich, wie der Sohn, der das Elternhaus verläßt, beständig von den eigenen Ursprüngen entfernt, um dann mit den Gedanken und dem Gefühl wieder dorthin zurückzukehren; etwas, das sich verliert und erneuert, in einer unaufhörlichen Folge von Aufbruch und Wiederkehr. Die Liebe zur – immer kleinen und immer großen – Heimat hat nicht der zum Ausdruck gebracht, der barbarisch die Scholle und das Blut verherrlichte (wobei er vergaß, daß letzteres nie »rein« ist), sondern der, der Exil und Verlust erfahren und aus dem Heimweh gelernt hat, daß man eine Heimat und eine Identität nicht wie ein festes Eigentum besitzen kann. Die Überlebenden des zerfallenen Habsburgerreichs, die sich in den nationalen Nachfolgestaaten immer als »ehemalig« empfanden, lehren auch über ihr persönliches Schicksal und das ihrer Welt hinaus, daß sich die Liebe zu den eigenen Wurzeln in einen größeren Horizont einfügen muß.

Föderalismus, Dezentralisierung, regionale Autonomien dürfen nicht mit partikularistischer Abschottung verwechselt werden. Im übrigen sei nicht vergessen, daß nicht alle großen Einheitsstaaten mit ihrer Bürokratie ineffizient sind: Gehaltszahlungen und öffentliche Einrichtungen funktionierten im riesigen Römischen Reich besser als im zersplitterten feudalistischen Mittelalter, besser im habsburgischen Kaiserreich als in den kleineren Nachfolgestaaten. Die administrative Vereinfachung, die immer umfassendere Dezentralisierungen und Autonomien notwendig macht, darf nicht den Blick aufs nationale und übernationale Ganze verstellen. Kein System bietet eine Garantie gegen Korruption und faule Kompromisse, aber je umfassender – und von den sich überschneidenden mittelbaren Beziehungen vor Ort unabhängiger – die Vergleichsmöglichkeiten sind, desto leichter lassen sich die Schlacken und Verkrustungen beseitigen, die nur von begrenzter Bedeutung sind. Keine Wäscherei sichert einwandfreie, absolute Sauberkeit zu, aber wenn man die schmutzige Wäsche daheim wäscht, ist das Risiko, sie fleckig wiederzufinden, noch größer.

Jede Endogamie – jeder Anspruch auf unvermischte Identität – hat etwas Erstickendes und Inzestuöses. Man lernt Irland viel mehr durch Joyce lieben, der es verlassen und heftig kritisiert hat, als durch eine Unzahl irischer Romane voll rothaariger Mädchen und grüner Wiesen. In einem Splitter kann die Welt sein, aber nur dann, wenn er nicht bloß ein Splitter ist, sondern die Welt.

[1997]

Das unwahrscheinliche Abenteuer.
Charles Sealsfields *Prärie am Jacinto*

Der Verfasser von Abenteuerromanen ist häufig die erste Gestalt seines eigenen phantastischen Universums, der ständige und rätselhafte Held sich überstürzender Unternehmungen, in denen jedoch andere Personen mit verschiedenen Namen die Hauptrollen spielen: als legitim willkürlicher Erfinder und souverän außenstehender allwissender Erzähler schmuggelt sich der Autor am Ende selbst in die Seiten seiner Bücher ein, um eine ihrer Personen zu werden, nämlich die Hauptperson seiner eigenen epischen Fiktion. Der kindliche und der naive Leser stellt das Bild von Salgari, dem italienischen Karl May, mit dem nach oben gedrehten Schnurrbart unter der Marinemütze und das seines Helden Sandokan mit dem Turban, den ein nußgroßer Saphir krönt, auf die gleiche Ebene. Der Erzähler von Abenteuern, von jedem Skrupel realistischer Glaubwürdigkeit entbunden, empfindet beinahe das Bedürfnis, die Wahrhaftigkeit seiner unglaublichen Heldentaten durch eine direkte und persönliche Zeugenschaft zu belegen, durch das Bekenntnis eigener Erfahrung, wodurch er sein eigener, unwiderstehlicher Hauptdarsteller wird. Karl May verfolgt dieses Prinzip bis zum äußersten, indem er sich formell von Mal zu Mal mit der Hauptperson der verschiedensten geschichtlich-geographischen Zyklen seiner Abenteurer identifiziert: Karl May wird Kara Ben Nemsi in der muselmanischen Welt oder Old Shatterhand in der Prärie des amerikanischen Westens.

Weit davon entfernt, eine Objektivierung der eigenen Person zu sein, stellt diese Gleichsetzung vielmehr eine Technik der Tarnung und der Verstellung dar. Der Autor versteckt sich hinter den exotischen Landschaften, die aus seiner Feder stammen, vermischt die eigenen Merkmale mit den stereotypen und immer wiederkehrenden seiner Personen und verbirgt sich in dem vielfarbigen Wald seines Werkes. Wenn es Autoren überhaupt gelingt, ihre Physiognomie im unpersönlichen Gewebe des Werks aufgehen zu lassen, wie es Barthes im Sinne einer auf Valéry zurückgehenden Tradition wünscht, dann ist dies der Fall bei den unvollkommenen und elementaren Schreibern von abenteuerlichen Fortsetzungsromanen, als ob sie sich dunkel bewußt wären, daß es für sie außerhalb ihrer einfachen und dennoch gut ausgeklügelten Literatur, mit der sie ihre Person voll ausschöpfen, kein Bestehen gäbe. Wenn ein großer Schriftsteller einem Eisberg gleicht, von dem das geschriebene Werk nur ein Siebtel oder ein Achtel an der Oberfläche sichtbar werden läßt, so verwirklicht und erschöpft sich ein volkstümlicher Autor von Mantel-und-Degen-Romanen oder Wildwestszenen völlig in der Beschreibung seiner malerischen Kulissen. Außerhalb seiner Bände, die mit aus der Kolonialzeit stammenden Drucken illustriert sind, läuft er Gefahr unterzugehen, zu verschwinden, und da verteidigt er sich mit dem Versuch, seine flüchtige Bedeutungslosigkeit geheimnisvoll zu machen und das Fehlen eines eigenen Gesichts hinter der Anonymität zu verbergen. Wie Foucault mit Bezug auf Jules Verne bemerkt hat, ist die Stimme eines solchen Autors unsicher und wechselhaft, geht von einem zum anderen Mund seiner Personen, verbindet sich mit ihnen und löst sich ständig von ihnen und verbirgt sich hinter konfusen Hintergrundsgeräuschen oder der vorgetäuschten Unpersönlichkeit einer als objektiv beanspruchten Information.

Der Autor scheint sich ständig zu einer »Fluchtverwandlung« (Canetti) hingezogen zu fühlen, er verdeckt und verwischt seine Spuren, liefert falsche und widersprüchliche Angaben über sich selbst. Er besitzt keinen Namen, aber oft Pseudonyme; bezeichnet sich nicht als Autor, sondern oft als Herausgeber des Manuskripts eines anderen oder Verbreiter einer gehörten Geschichte. Sein Schutz vor der eigenen intellektuellen Schwäche und den zu komplexen Problemen der Geschichte, vor denen die naive List seiner Feder kapituliert, besteht in der Anonymität. Die Anhäufung von Namen bildet eine weitere Abwehrtechnik, die der Zurückhaltung zu Hilfe kommt und ihrerseits auch eine List ist, das Inkognito zu verteidigen. Von Anfang an verbirgt sich der Name von Natty Bumppo im *Lederstrumpf* von Cooper hinter seinen vielen Synonymen: Lange Büchse, Falkenauge, Pfadfinder, Wildtöter. »Es gibt nur einen einzigen Schutz, und das ist Namenlosigkeit«, schreibt Broch in seinem Roman *Die Schuldlosen*. »Wer keinen Namen mehr hat, der kann nicht gerufen werden, den können sie nicht rufen. Gottlob, ich habe meinen Namen vergessen [...] wer keinen Namen mehr hat, lebt im Ungeschehen, und es kann ihm nichts mehr geschehen; er ist allen Verflechtungen entlöst ...« Spätestens seit dem Zeitalter der Restauration ist der Abenteuerroman in seinem innersten Kern nämlich nicht so sehr kindliche Chronik fröhlicher Eroberungen, sondern vielmehr die Elegie auf eine unwiederbringliche Vergangenheit oder die bedrückende Registrierung eines inneren Risses, einer Aushöhlung und Beraubung der individuellen Persönlichkeit, die durch keine erzwungene heroische Hyperbel zu verbergen oder auszugleichen ist.

Die abenteuerliche Erzählung, in der das Abenteuer immer weiter, immer ein wenig mehr über den Horizont der konkreten Erfahrung hinausdrängt und damit ihr eigenes Ende sanktioniert, stellt einen der ersten Beweise der geistigen Krise des modernen Europa dar. Die Schriftsteller, die der Expansion des weißen Mannes elementare Handlungen und Kulissen zu liefern scheinen, reagieren dagegen auf ein tiefverwurzeltes Unwohlsein, auf ein inneres Unbehagen, das die Flucht und das Vergessen sucht und nicht etwa die heroische Bestätigung. Eine solche Empfindung scheint sich später von den Autoren volkstümlicher Abenteuerromane auf die großen und unruhigen Erzähler zu verlagern, die sich äußerlich dieser Schemata bedienen, um ihre komplizierte und gestörte Welt ausdrücken zu können. Bei völlig verschiedenen Abstufungen nehmen fast alle Schriftsteller (die größten so wie die mittelmäßigen und die schlechten) − von Kipling über Conrad bis zu Jack London − mehr oder weniger konservative Positionen ein und verwenden die Strukturen des Abenteuerromans als Ausdruck einer unheilbaren Spaltung: Ihr Gefühl für das Heroische tendiert zum Nichts und zur Vanitas, wie in der Geschichte Kiplings *The Man who would be King*, bei der man nicht weiß, ob man sie einem wahrheitsgetreuen Bericht oder dem wirren Delirium eines Verrückten zuschreiben soll, der sie sofort vergißt.

Charles Sealsfield ist ein Meister in dieser Kunst, die eigenen Spuren in Leben und Werk zu verwischen. Ein Geistlicher auf der Flucht aus dem Europa Metternichs, hat er die Kutte abgelegt und bereits bei seinem Aufbruch irreführende Nachrichten über seine Absichten verbreitet, die zwar den Zweck erfüllen, die Polizei auf eine falsche Fährte zu führen, aber auch den Gefallen an der romanhaften Verwicklung enthüllen (Briefe, die den Behörden in die Hände fallen sollen, gefälschte Geleitbriefe, zweigleisige Verbindungen zu kaiserlichen Beamten und Freimaurerlogen). Während Charles Sealsfield das Pseudonym von Karl Postl ist, unterschreibt er als C. Sidons sein erstes Werk, die Reiseskizzen *Die Vereinigten Staaten von Nordamerika* (1827). Außerdem pflegt er vielen seiner Bücher irreführende Briefe vorauszuschicken, wobei sich ein Versuch, auf einen höheren Absatz zu spekulieren, mit einem dunklen Hang zum Doppelspiel verbindet: Im Roman *Der Legitime und die Republikaner* (1833, den Sealsfield auf englisch unter dem Titel *Tokeah or the white Rose*, 1829, geschrieben und auch mit dem Titel *The Indian Chief* bezeichnet hat) spricht ein hypothetischer Verleger von einem erfundenen Übersetzer eines noch viel rätselhafteren amerikanischen Autors der ursprünglichen Erzählung, der in einer einführenden Epistel angeblich einen Besuch bei Präsident Monroe und die Begegnung mit einem alten Indianerhäuptling ins Gedächtnis ruft; in der amerikanischen Ausgabe des Bandes wird dagegen als Quelle dieser Handlung eine mündlich von einem Friedensrichter des Mississippi übermittelte Erzählung angegeben. Bemerkungen ähnlicher Art sind häufig im Werk Sealsfields anzutreffen, der sich lange Zeit hinter dem Schleier des Pseudonyms verbarg und oft sein eigener Übersetzer war, vom Deutschen ins Englische und umgekehrt, und somit weitere Gelegenheit fand, die Perspektive seiner Werke zu verändern. Er war ein erbitterter Gegner der Heiligen Allianz, unterhielt undefinierbare Kontakte zu Metternich und war Agent in den Diensten von Joseph Bonaparte, der Sealsfield in Mission nach London sandte und für den er in der Redaktion von *Courier des Etats Unis*, der Zeitung für Amerikas französische Emigranten, arbeitete; Sealsfield war außerdem ein manchmal etwas ratloser Befürworter von Jackson und Bewunderer von Jefferson. Es wundert nicht, daß eine der grundlegenden kritischsten Biographien des Verfassers mit den »vielen Leben« den Titel *Der große Unbekannte* trägt: die gelehrte Rekonstruktion von E. Castle wird zum Roman des Romans, während der Romancier am Ende als Romanfigur erscheint.

Selbst bei strengster Kontrolle und Untersuchung des Lebensweges, den Sealsfield im einzelnen durchlaufen hat, gelingt es nicht, das hartnäckige Dunkel zu lüften, das den Schriftsteller und sein widerspruchsvolles ideologisches

Hin- und Herschwanken umgibt. Es gelingt vor allem nicht, eine erschöpfende Antwort auf die grundsätzliche Frage zu geben, die ein Autor dieser Art stellt, das heißt an welches Leserpublikum er sich richten wollte. 1793 in Mähren geboren und 1864 in der Schweiz gestorben, war Sealsfield ständig auf Reisen zwischen Europa und Amerika; er schwankte zwischen diesen beiden Welten, fast als suchte er in einem unbestimmbaren Niemandsland zwischen dem alten Europa und dem fernen Westen eine Freizone für die eigene Ungewißheit eines kulturell Staatenlosen. Während ein Verfasser von Abenteuerromanen gewöhnlich die Kenntnisse fremder Kulturen in seinem Land verbreitet und wie eine Art verfrühter und phantastischer Sonderberichterstatter auftritt, spielte Sealsfield diese Karte, das heißt die Karte des Exotischen, nach zwei Seiten aus, indem er vor allem den Europäern die Neue Welt beschrieb, aber auch den Amerikanern Europa. Der politische Polemiker, der erfüllt von leidenschaftlichem moralischem Engagement seine ersten Bücher schreibt, entrückt seinen Stoff sogleich in eine entlegene Welt, indem er sie räumlich fernen Lesern ideell vorführt: Im Jahre 1827 schreibt er *The United States of America as they are*, 1828 *Austria as it is* und *The Americans as they are*. Mit geschickter und phantasievoller Hand verschmilzt Sealsfield Engagement und Evasion: Er spielt die Rolle des ironischen Exotikers im eigenen Land einer ruhmreichen, auf die *Lettres persanes* zurückgreifenden Tradition folgend und liebäugelt zugleich mit einem ausländischen und unerfahrenen Leserpublikum, das sich vom Zauber des Bizarren und nicht Nachprüfbaren blenden läßt. Wenn man unbedingt einen bestimmten Leserkreis im Sinne Sealsfields ausmachen will, so könnte man an die deutschen Emigranten in Übersee denken, die oft in seinen Romanen auftreten und denen *Die deutsch-amerikanischen Wahlverwandtschaften* (1839) ideell gewidmet sind. Den Ausgangspunkt dazu bildet sicherlich *Austria as it is*, ein wirkungsvolles und heftiges Pamphlet gegen den habsburgischen Despotismus, das sich am aufklärerischen Liberalismus inspiriert hatte, wie er Sealsfield von dem Philosophen Bernard Bolzano, seinem Lehrer an der Prager Universität, die er vormals als Geistlicher besucht hatte, vermittelt worden war.

Dieses Werk enthält bereits die wichtigsten ideologischen und literarischen Bestandteile der späteren Werke: den Geschmack an der kulissenhaften Ausschmückung, die Vorliebe für prächtige Beschreibungen, den theatralischen Zuschnitt der Erzählung, die antiabsolutistische Polemik, die tiefempfundene antiklerikale Einstellung, den Zauber, den die Welt der Aristokratie ausübt, die stolze Bejahung der Freiheit. Die nähere Beschreibung dieser Freiheit und ihre Kennzeichen, auf die Sealsfield einen überschwenglichen Lobgesang anstimmt und die er in der *Prärie am Jacinto* über die Maßen preist, lassen jedoch einen paradox anarchisch-patriarchalischen Charakter erkennen, der mit den Jahren immer stärker autoritär wird, und dies um so mehr, als Sealsfield ein immer überzeugterer Verfechter des Liberalismus wird.

Sealsfield gibt unfreiwillig zu erkennen, wie der konservative Antrieb in großen Kreisen des europäischen Liberalismus von den 48er Jahren latent vorhanden ist. Auf den Spuren des amerikanischen Romans und des damals modernen Indianerromans läßt Sealsfield seine Personen in unbekannte und unberührte Gegenden vorstoßen, in endlose Horizonte schweifen, die ein genaues Gegenbild zur erdrückenden Klausur Europas bilden, und Gesellschaften kennenlernen, die dem alten Kontinent völlig entgegengesetzt sind, wie zum Beispiel die von Chateaubriand idealisierten Indianerstämme. Oberst Morse, der sich in der unendlichen Prärie verliert, legt einen mythischen Weg zurück, den des Odysseus, der sich in die fremden Länder und auf die unbekannten Meere des Westens begibt, eines We stens, der sich in der amerikanischen Mythologie mit dem Süden als symbolischem Raum des Abenteuers verbindet und vermischt. *Die Prärie am Jacinto*, die Hofmannsthal 1912 in eine streng ausgewählte Anthologie deutscher Prosa aufnimmt, trägt ausdrücklich die Kadenz des Mythos: Die unwirkliche und berauschende Pracht der Vegetation erinnert an eine paradiesische Landschaft, an glückliche Inseln – die regelmäßig im Motiv von »den herrlichsten Pecans-, Pflaumen-, Pfirsichbäumen-Inseln« inmitten eines Meeres von Gras wiederkehren –, deren Schönheit nunmehr gefährlich und zu intensiv für den zivilisierten Menschen ist, der sich seit Jahrtausenden von ihr gelöst hat. Es heißt ausdrücklich von der Jacinto-Prärie, daß sie »auch das mit dem Paradiese gemein hat, daß sie so leicht verführt«. Die Natur bedeutet eine Bedrohung, aber nicht, weil sie dem Menschen Unheil bringt, sondern weil ihre ursprüngliche Großartigkeit seit allzu langer Zeit aus dem Bewußtsein des Menschen verschwunden ist. Das Wunder der Luftspiegelung über dem Gebirge ruft beinahe die Erinnerung des tollen Flugs über die Wasser bei Dante wach, verstärkt und vergrößert die mythische Dimension des furchtbaren Abenteuers von Morse. Es handelt sich um eins der Lieblingsthemen von Sealsfield: Ähnliche Bedeutung besitzt in *Der Legitime* der Ritt des Amerikaners durch den von unsichtbaren Rothäuten bevölkerten Wald und der Marsch des Seemanns James Hodge, der sich verirrt und tagelang auf Indianerterritorium umherstreift. Unter diesem Gesichtspunkt sind die Personen Sealsfields Abenteurer im archetypischen Sinne, Pioniergeister und Glückssucher in unerforschten Ländern. Morse ist auch ein Robinson, und wie dieser fühlt er sich durch den Schiffbruch in der Natur zu religiösen Gedanken angeregt, die ohne irgendeine geistliche Vermittlung an einen Schöpfer gerichtet sind.

Doch das Abenteuer in einer Welt ohne Menschen, zumindest ohne Europäer, wie es durch den ständigen Vergleich mit dem Meer geschildert wird, beglückt das Individuum nicht, sondern bedrückt es. Scharfsinniger als viele größere Schriftsteller fremder Länder, begreift Sealsfield, daß der Abenteurer nicht vor der Gesellschaft flieht, sondern für ihre Verbreitung und ihr Bekanntwerden sorgt. Seine Helden sind aufgeweckter als *Lederstrumpf*, der dem Lärm der Axt zu entfliehen glaubt und nicht weiß, daß er ihr nur vorausgeht und den Weg bereitet. Morse rettet sich, indem er die Zauberkreise seiner konzentrischen Ritte in der Prärie durchbricht, als er die Häuser, die Menschen, die Gesellschaft erreicht, als er an einen Ort kommt, wo die Natur eingezäunt, gerodet, urbar gemacht und Eigentum geworden ist. Für Sealsfield ist das Abenteuer Erwerb von Grundbesitz, das Suchen nach dem verborgenen Schatz, das heißt der Erde; wer bei diesem Kampf untergeht, verdient kein Mitleid, und wer den Sieg davonträgt, ist dessen immer würdig. Sealsfield lehnt den Absolutismus und den Klerikalismus der europäischen Regime ab, weil sie ihm tyrannisch und heuchlerisch erscheinen und die nach Ausdehnung strebende Kraft des Individuums oder besser, die im Aufstieg befindlichen, virulenten sozialen Kräfte bremsen. Die Demokratie erscheint ihm von Anfang an als die Chiffre dieses freien und amoralischen Raumes, während Amerika dem offenen Kampf Raum läßt; die Demokratie Sealsfields ist deshalb eine Demokratie der Ungleichheit, die in schroffem Gegensatz steht zu jeder Gleichheit. Die von Sealsfield ersehnte Gesellschaft besteht sicherlich aus freien und gleichen Menschen, aber nicht alle Menschen können als gleichberechtigt betrachtet werden. Für Sealsfield muß der Mensch Grundbesitz haben. Er ist ein Anhänger der Idee von Jefferson, wonach die Würde des Menschen mit dem Erwerb von Grundbesitz beginnt, und er verbindet diese amerikanische Agrarideologie mit der rein deutschen Tradition des Heiligen Römischen Reichs, mit der »Normannenphilosophie«, wie sie in der *Prärie am Jacinto* verkündet wird.

Schon von seinen ersten Reiseskizzen aus Übersee an erweist sich Sealsfield als meisterhafter und leidenschaftlicher Schilderer des Grund- und Bodenbesitzes: die Plantagen von Natchez, der täglich dem Wald entrissene, bestellbare Boden, das patriarchalische Haus von Murky und Nathan, die »Colonnade dorischer Ordnung« der Villa im Stil des amerikanischen Südens, der Glanz der Grund und Boden besitzenden Aristokratie, die Magnoliengärten, das prachtvolle Landgut im spanischen Stil, genannt »Das Paradies«. In der Aristokratie des Südens und in ihrer literarischen Romantik sah Sealsfield eine Synthese von Politik und Ästhetik, das heißt einen wahren Klassizismus. Sealsfield wurde bezeichnenderweise des Plagiats an Simms beschuldigt, einem der bekanntesten literarischen Verherrlicher des ritterlichen Südens. In Sealsfield war noch das alte organische und historistische Prinzip lebendig, welches das gemeine Recht im Heiligen Römischen Reich charakterisiert hatte und das besonders von Möser, dem Patriarchen von Osnabrück, bestätigt worden war. Nach diesem Prinzip erhält der Mensch seine persönliche Würde als Bürger nicht durch die allgemeine und abstrakte Zugehörigkeit zum Menschengeschlecht (wie sie vom Naturrecht, vom Christentum und von den egalitären und rationalistischen Gesetzgebungen nachdrücklich betont wird), sondern durch seine konkrete historische Individualität. Nur der freie Mensch hat Rechte, und der freie Mensch ist, historisch gesehen, nur der autonome und unabhängige Eigentümer; der Sklave ist keine Person und besitzt keine Rechte. Der Sealsfield verhaßte Despotismus ist zwar der stumpfsinnige Autoritarismus restaurationaler Herrscher, aber es kann auch der aufgeklärte Absolutismus eines reformierenden Fürsten oder im allgemeinen jeder staatliche Eingriff sein: Für die *aristoi* ist jeder ein Tyrann, der ihre alten Rechte angreift. In der *Prärie am Jacinto* ist das Gesetz, das den Verbrecher zum Galgen verurteilt und ihm am Ende erlaubt, durch den Tod im Kampf für die Gemeinschaft seine Tat zu sühnen, das Gesetz des Alcalde und der Dorfältesten, das ausdrücklich das geschriebene Gesetz mißachtet, das jenseits der Wälder waltet; Nathan, der Squatter, Urbild des Gründers der amerikanischen Gesellschaft, verachtet Papierfetzen, Gesetzbücher und Traktate und verfährt eigenmächtig nach dem Gesetz des Pioniers. Der Grundbesitz ist die Voraussetzung für die Freiheit; die Indianerhäuptlinge, heißt es, verlieren letztere, weil sie ihren Boden an die Weißen verkauft haben. In dem mexikanischen Roman *Der Virey und die Aristokraten* (1834) ist es der mächtige Adel der kreolischen Großgrundbesitzer, der dem Vizekönig die parlamentarischen Garantien entreißt; der Plutokrat Lomond stellt eine Gleichung zwischen der »Freiheit der Person und der Sicherheit des Eigentums« auf; der französische Adlige Vignerolles wird in Amerika Plantagenbesitzer, nachdem er vor der Revolution geflohen ist; Sealsfield selbst sprach sich offen und wiederholt gegen den Radikalismus, die Anarchie und den Sozialismus aus, weil er darin eine Bedrohung der Freiheit erblickte.

Von diesen drei Bedrohungen bekommt die Anarchie eine positive Bedeutung, wenn sie als patriarchaler Anachronismus, das heißt als Schutz der absoluten Herrschaft des Patriarchen-Pioniers-Pflanzers auf dem eigenen Grund und Boden auftritt. Der ideale, absolutisierte Republikaner wird gebieterisch autoritär; der Patriarch, der die Herrscher verachtet, wird zum demokratischen Autokraten (W. Weiss), der außer der eigenen Pionierfreiheit und der eigenen Macht als *pater familias* kein anderes Gebot noch andere Gesetze gelten läßt. Für kurze Zeit glaubt Sealsfield in Amerika eine Nation zu erblicken, die einzig und allein aus einer elitären Minderheit zusammengesetzt ist, die ihrerseits als »Normannen« oder als grundlegender anglo-germanischer Bestandteil bezeichnet und in der *Prärie* verherrlicht wird. Die Utopie dieser Gesellschaft, die mit ihrer Elite zusammenfällt, zerbricht – sobald Staatsformen und Wirtschafts-strukturen entstehen – in eine »Mobokratie« der Plebs und des kapitalistischen Bürgertums. Die Pioniere können nur Gründer eines Staates sein, wenn sie frei von den Gesetzen sind, die den konstituierten Staat lähmen. Ihre Justiz billigt das Lynchen und das summarische Urteil; das rauhe Gericht der Alten – die sicherlich mit subjektiv durchaus korrektem Gerechtigkeitssinn und mit biblischer Strenge urteilen – ist die Übertragung des Femegerichts auf amerikanischen Boden und kann schnell zum Ku-Klux-Klan werden.

Zweifellos gibt es in Sealsfield ein starkes archaisches Gefühl für Gerechtigkeit, aber das Archaische tritt als Barbarei zutage; Sealsfield gebührt das Verdienst, vor der Zeit die Idealisierung vom rauhen *Westerner* zu zerstören und zu beweisen, daß die Rauheit sich nicht mit dem spröden Zartgefühl verträgt, wie es der Mythos vom Westen will. Der Gerechtigkeitssinn des Alcalde, Nathans oder des demokratischen *squire* Copeland in *Der Legitime* entspricht dem von Don Quijote oder Borges, wonach es nicht gut ist, daß die anständigen Menschen Henker der anderen Menschen werden und sich in Sachen mischen, die sie nichts angehen; für die zerlumpten mexikanischen *leperos* ist in dieser Gerechtigkeit kein Platz. Was die Neger betrifft, ist Sealsfield natürlich ein Anhänger der Sklaverei, erstens, weil das Sklaventum die unerläßliche Voraussetzung für die klassische Agrargesellschaft darstellt, zweitens, weil die Sklaven keine Tradition im Sinne von Freiheit–Eigentum besitzen und deshalb keine Individuen, sondern eine konfuse und unterschiedslose Masse sind. Mit genialem Weitblick gesteht Sealsfield den Negern den Besitz einer einzigen Waffe zu, mit der sie drohen und rebellieren können, die Sinnlichkeit, mit der die mulattischen Prostituierten in ihren abgelegenen Bordellhütten den weißen *gentleman* unterjochen.

Außer dieser Episode ist die Welt Sealsfields eine Welt ohne Sexus, ein Idyll des ritterlichen Südens, in dem die Leidenschaften und sogar die irrationale und beunruhigende Musik fehlen. Ein weiterer Feind dieser Welt ist das Geld als bewegliches Kapital, das der Finanzierung dient. Handel und Industrie zerstören das *otium* des habsburgischen Aristokraten, der amerikanischer Pflanzer geworden ist; in dem Roman *Morton oder die große Tour* (1835) erscheint das Kapital als dunkle, weltweite Verschwörung, und in den *Deutsch-amerikanischen Wahlverwandtschaften* zeichnet sich der Mechanismus der Hochfinanz als geheimnisvolle Macht ab. Die abergläubische Angst vor dem Geld verwandelt die Stadtlandschaft der bürgerlichen Metropole in eine unheilvolle und schädliche Wüste: London erscheint heimtückischer und gefährlicher als ein Urwald, oder vielmehr, es wird zu einer zweiten, ebenso unkontrollierbaren und unmenschlichen Natur. Die Romantik des amerikanischen Südens bemüht sich wie die deutsche, das wirtschaftliche Problem aus dem Bewußtsein zu schaffen; mit Bezug auf die Agrartradition von Jackson und Jefferson versucht Sealsfield die moderne kapitalistische Entwicklung umzukehren, indem er die kommerzielle und industrielle Bewegung in die Statik des Grundbesitzes zurückfließen läßt: Seine Personen, die sich auf irgendeine Weise mit Handel und Gewerbe befassen, tun dies, um Kapital anzuhäufen, das – nach der Utopie Goethes – im Erwerb von Boden angelegt wird.

Deutlich knüpft Sealsfield hier an den Goethe des *Wilhelm Meister* an, der, gerade mit der amerikanischen Utopie vor Augen, nach den Worten von Giuliano Baioni »den dämonischen Charakter vom bürgerlichen Kapital austreiben wollte, das sich in der unbeweglichen Ruhe des Großgrundbesitzes der Aristokratie läutern und sublimieren sollte«. Auch nach Meinung Sealsfields müßte dem Adel die Pflicht obliegen, die ästhetische Dimension mit den wirtschaftlichen Elementen zu versöhnen und sie damit aufrechtzuerhalten, um somit das Überleben der traditionellen humanistischen Werte zu gewährleisten, die der Gefahr der industriellen Entmenschlichung ausgesetzt sind. Auch wenn Sealsfield zweifellos nicht das bittere Bewußtsein Goethes besitzt, wie unsicher eine derartige politisch-pädagogische Utopie ist, so kennt er doch die demütigende Zensur der Selbstrepression; auch sein Klassizismus arbeitet auf eine völlige Verdrängung des Eros hin, dessen Zentrifugalkraft auf die bedrohliche Masse schwarzer Sklaven umgeleitet wird.

Der Agrarklassizismus enthüllt bald sein wahres Gesicht als barbarische Unterdrückung der anderen und des eigenen Ich; dieser Hintergrund einer archaischen, mit Humanismus bemäntelten Erbarmungslosigkeit zeichnet von jeher und auch heute noch die traditionalistischen Polemiken aus, die im Namen der Sehnsucht nach dem Landleben gegen die Industriegesellschaft geführt werden: Die Sehnsucht nach Reinheit für sich selbst bedingt die Sehnsucht nach Sklaverei für die anderen, und nicht zufällig verkündet Brochs Vergil gerade im Namen seiner makellosen und nicht instrumentalisierten Naturliebe die Notwendigkeit, daß die neue Dichtung ein Halm zwischen den Steinen der Stadt sei, nicht die tröstende bukolische Fiktion eines vergangenen Idylls, sondern die mutige Verkündung der Wahrheit der Gegenwart, so hart und schmerzlich diese auch sein mag. Gewiß stellt Sealsfield das Landleben im Licht patriarchalischer Harmonie dar: im *Kajütenbuch* (1841) beschreibt er zum Beispiel mit Nachdruck die engen menschlichen Beziehungen, die zwischen Weißen und Negern, zwischen väterlichen, aufgeklärten Herren und anhänglichen und weisen Dienern, welche die Herren mit familiärem Vertrauen behandeln, bestehen.

Wie andere reaktionäre Schriftsteller nach ihm zeigt Sealsfield neben der wenn auch patriarchalischen und gut-

mütigen Geringschätzung der Neger einen großen Respekt
für die Indianer, eine Sonnenkultur freier Herren über un-
begrenzte Ländereien. In Wirklichkeit erscheint die Welt
der Indianer, besonders in *Der Legitime* (und in seiner ersten Fassung *Canondah*), als eine Metapher und Transposi-
tion der ritterlichen Welt des amerikanischen Südens, die
vom Untergang bedroht ist. Die Indianer von Tokeah werden als unerschrocken im Kampf, schweigsam und feierlich
bei ihren täglichen Handlungen, tugendhaft in den Sitten
und treu gegenüber dem einmal gegebenen Wort, erbarmungslos im Krieg und in der Rache beschrieben. Während die öffentliche amerikanische Meinung die Rothäute
oft als blutdürstige und gewalttätige Barbaren hinstellt,
läßt sich Sealsfield von den historischen Bildern Walter
Scotts inspirieren und schildert sie als keusche und fromme
antike Ritter, umgeben vom Schein einer melancholischen
Untergangsstimmung. Die Welt der Indianer wird meistens
in den Momenten dargestellt, wo sie den meuchlerischen
Angriff der Weißen erduldet: Der französisch-kreolische
Seeräuber Lafitte metzelt in der Nacht ein Dorf nieder; die
sanfte Canondah wird von den Weißen in ihrer Hochzeits-
nacht getötet und tot in den Armen ihres Gatten El Sol, des
Häuptlings der Pawnee, geschildert; die Kavallerie des mexikanischen Vizekönigs vernichtet eine erschöpfte Gruppe
von Rothäuten, die unerlaubt auf dem Platz ausruhen.

In der Welt Sealsfields ist der Indianer der wahre Aristokrat; es ist Tokeah, der verratene und enttäuschte Krieger,
der es ablehnt, mit Lafitte zu verhandeln, als er entdeckt,
daß dieser kein Häuptling seiner Leute ist, sondern ein
Räuber und Waffenhändler. Der Indianer ist der einzige,
der »nur er selbst« sein will. Die weißen Aristokraten gehen am Ende fast immer einen Kompromiß ein und stehen
im Zwielicht wie San Jago im *Virey*; sie verwandeln sich
schließlich paradoxerweise in Kaufleute und geben dadurch eines der Merkmale des verhaßten kapitalistischen

Bürgers zu erkennen, dem die Zukunft gehört. Tokeah und seinem Stamm gehört dagegen die Vergangenheit: Er pilgert zum Wohnsitz seiner Vorfahren, um ihre sterblichen Überreste zu sammeln und sie mit sich zu führen auf der Flucht, zu der ihn die vorrückenden Europäer zwingen, durch eine düstere Nachtlandschaft ossianscher Prägung, wie Gabriella Rossetto in einer Dissertation bemerkt hat, welche die beste Gesamtübersicht über den Schriftsteller gibt. Der Adel wandert in das Reich der Schatten wie die Gespenster des Südens. Sealsfields Vorliebe für die Redekunst der Indianer, von der er zahlreiche Beispiele anführt, ist dem Kult der Beredsamkeit und dem Geschmack an der Eloquenz nachempfunden, die, wie Claudio Gorlier erkannt hat, in der »klassizistischen Verkleidung« der Kultur des amerikanischen Südens so lebendig sind.

Wie in der amerikanischen Mythologie Coopers suchen auch bei Sealsfield die Pioniere nach einer Identifizierung oder zumindest einer Symbiose mit den Rothäuten. Tokeah rettet und adoptiert Rosa, das weiße Mädchen, das zusammen mit seiner Tochter Canondah aufwächst; Nathan und seine Familie haben vom Wald die Kraft und den Stolz der Indianer geerbt und auch ihre körperlichen Merkmale und Verhaltensweisen übernommen; viele Eigenschaften der Tiere scheinen auf die Person der Trapper überzugehen, die sie getötet haben, in Übereinstimmung mit jener »direkten Blutsverbindung«, die im Mythos der amerikanischen Grenze zwischen Jäger und Gejagtem entsteht (Claudio Gorlier). Sealsfield geht weit über die Symbiose Weißer–Indianer hinaus, wie sie von Cooper in der Figur vom *Lederstrumpf* – dem indianisierten Weißen – und in der Beschreibung seines Bundes mit Chingachgook entworfen wird: Sealsfield durchbricht das Tabu der Rassenmischung, das bis dahin nur symbolisch durch das Thema der Freundschaft angegangen worden war, und schreibt in *Christophorus Bärenhäuter* (1834) die Geschichte von

Jemmy, der Weißen, die einen Stammeshäuptling heiratet und Königin der Indianer wird, nachdem sie vorher die Ehefrau von Christophorus gewesen war. An diesem Punkt wird Sealsfield Chronist und Erzähler eines Abenteuers, welches das Ende des Abenteuers selbst in seiner eigentlichen Bedeutung anzeigt: Seine Pioniere des Waldes und seine Richter der Prärie wie Nathan und der Alcalde schlagen den Wald nieder, verfolgen den Indianer und legen Hand an jenen leeren Raum, der sich dem Individuum als Alternative zur Gesellschaft bietet.

Der Mann der Grenze, der die bürgerliche Zivilisation Europas flieht, ist der Vorläufer des Pflanzers, der wiederum die Vorstufe zum kapitalistischen und plebejischen Bürger bildet. Der Kreis schließt sich mit einer Rückkehr zum Anfang, zu einem Zustand der Bewegungslosigkeit und Trägheit; der anarchische Abenteurer stellt die unbewegliche Ordnung wieder her, die er zu durchbrechen und zu ändern glaubte. Als Rhapsode, der den Mythos der amerikanischen Grenze besingt, versteht Sealsfield zutiefst dessen Vergeblichkeit und dessen Widerspruch, ähnlich wie Morse bei seinen Ritten im Kreis herum in der *Prärie am Jacinto* glaubt, den Spuren im Gras anderer Reiter zu folgen, die ihn zu einem erlösenden Ziel führen, und dabei unbemerkt den eigenen folgt, die ihn immer wieder zum Ausgangspunkt zurückbringen. So bleibt Sealsfield ein Schriftsteller der amerikanischen Grenze ohne Mythos; vom Mythos spürt er nur die Abwesenheit, mit einem unruhigen Gewissen, das ihn zu einer Sehnsucht nach einem bescheidenen und privaten Frieden treibt, wie Ernst Alker erkannt hat.

Sealsfield bemüht sich nun, diese innere Leere mit allen Mitteln, die ihm sein handwerkliches Talent und die Rhetorik bieten, auszufüllen, indem er mit übertriebenem Eifer eine Fülle von Daten, Nachrichten, Einzelheiten, *topoi* der Grenztradition zusammenträgt. Seine Seiten enthalten, mit einem von Mittner betonten äußerst feinen Gefühl für die sprachlichen Eigenheiten, Aufschneidereien und Prahlereien à la Davy Crockett, einen »Übertreibungshumor« (Gorlier), der den komischen und pikaresken Tod von Asa Nollins unter Kugelregen und Schinken wiedergibt, den schroffen umgangssprachlichen Ton der mündlichen Erzählung, die ständig wiederkehrenden, zu Typen abgestempelten Figuren, den anglo-indianischen Jargon der Pioniere. Nach Art der Erzähler des 19. Jahrhunderts, die, wie Benjamin sagte, Informationen und Ratschläge erteilten, überlädt Sealsfield seine Romane mit eingehenden Berichten über den Bau von Indianerkanus, über Speisen und Kleider der Stämme, über die Ausrüstung der von den Mexikanern belagerten Texaner, über die Einrichtung primitiver Hütten und luxuriöser Villen; derartige Nachrichten stammen oft aus zweiter Hand aus Almanachen und Erzählungen anderer, und der bis in alle Einzelheiten aufgeführte Katalog des Reisenden verbirgt die einfachsten, bereits von Cooper kritisierten Unwahrscheinlichkeiten, wie die unwahrscheinlichsten Zahlen, die unmöglichsten Pflanzen und Blüten zu jeder Jahreszeit und in jeder geographischen Lage, die prächtigsten und übertriebensten Farben. Gabriella Rossetto hat von einer Ausweitung der realen Formen gesprochen, von einer »räuberischen Umarmung« der Welt und einem »phantastischen chromatischen Delirium«, von einem »Opiumtraum«, der die Dinge in einer Orgie tropischer Farben mit sich fortreißt.

Die Prärie am Jacinto ist ein großartiges Beispiel dieser Farbsymphonie, die das Meer von Gräsern in ein riesiges Treibhaus verwandelt und klare, unwirkliche Bilder von bläulich schimmernden Glühwürmchen und von Sträuchern entwirft, deren Umrisse sich vom Abendhimmel abheben als Kontrast zum fieberhaften Phantasieren des von Hunger, Müdigkeit und Furcht erschöpften Reiters. Die Farben bei Sealsfield haben Ähnlichkeit mit rhetorischen

Figuren, die seiner Erfindungsgabe und seiner Rede zusätzlichen und verstärkten Antrieb verleihen: Hyperbeln, übertriebener Gebrauch von Adjektiven und Superlativen, Wiederholungen, Antithesen (A. B. Faust). Der Abenteurer befindet sich in einem leeren Raum, der durch seine Handlung nicht oder nur negativ ausgefüllt werden kann, indem er zu einem Gefängnis wird: es ist der schwindelerregende Raum der Prärie, der bestrickt und betäubt, weil der sich hier vorwärts wagende Pionier plötzlich begreift, daß er nur ein Vorläufer des Bürgers ist, der ihn verdrängen und seine Stelle einnehmen wird. Der selbstbewußte Schriftsteller spürt nun, wie der epische Raum — die echte, für seine Personen notwendige Öffnung — ihm unter den Händen sich zusammenzieht und sich verflüchtigt, und bemüht sich, diesen Raum künstlich auszudehnen und mit Tatsachen, Daten und Bewegungen anzufüllen.

Als ehrlicher Handwerker der Erzählung weiß Sealsfield, daß die Natur sich jeder realistischen Beschreibung entzieht und nur indirekt beschworen werden kann durch die lakonische und nicht ausdrückliche Andeutung, wenn sie als echte poetische Landschaft und nicht als illustrierte Postkarte auf einer Buchseite erscheinen will. Im Bewußtsein, diese Kunst der Anspielung und des Hintergedankens nicht zu besitzen und sich mit der schwierigen Dichtungsform der indirekten Rede nicht messen zu können, kann Sealsfield andererseits darauf verzichten, dürre Aufzählungen zu machen und realistische Treue zu beanspruchen; er überläßt sich dem Spiel von Metaphern und Versinnbildlichungen, die, obgleich sie eine Unfähigkeit verraten, die Natur als Gegenstand in ihrem Innern zu erfassen, dennoch zu erkennen geben, wie stark sein Empfinden gegenüber der unermeßlichen Welt ist, deren Darstellung sich seiner Kunst entzieht. Seine Prosa bestürmt und umkreist die Dinge, um sie zu erfassen, und wechselt ständig zwischen Analogie und Metapher.

Sealsfield stellt einen Gegenstand fast immer durch einen anderen dar: Will er die Prärie beschreiben, vergleicht er sie mit dem Meer, will er den Sumpf darstellen, vergleicht er ihn mit einem endlosen Dach, welches das Licht wie schlammartiger Dunst dämpft, will er von Blumen sprechen, nennt er sie Gemmen und Edelsteine; die Farben sind bei ihm immer stark changierend und wechseln in dynamischen Übergängen von einer Schattierung zur andern. Übertreibung und Metapher ersetzen, nicht ohne das starke Pathos der unveränderlichen Andersartigkeit des Wirklichen, die organische Darstellung. Sealsfield ist immer auf der Suche nach Bewegung, was ihm oft eindrucksvoll gelingt: Wildes Schlachtgetümmel wird in allen Einzelheiten beschrieben, kriegerische Handlungen insgesamt wie auch Details in blitzartigen Nahaufnahmen, mit einem fast filmischen Sinn für die stets dynamische Beziehung zwischen dem Menschen und der Landschaft als ständig bewegtem und sich verflüchtigendem Hintergrund, je nach Annäherung oder Entfernung des Objektivs.

Die in den Vordergrund gerückten und in den Einzelheiten vergrößerten Szenen stellen oft Gewalt und Tod dar, deren grausam genaue und plötzliche Beschreibung sich weder dem Grand-Guignol-Geschmack noch dem rabiaten Mitleid hingibt, sondern mit nüchterner epischer Gleichmütigkeit weiterläuft. In der Welt Sealsfields ist der Tod ein selbstverständlicher und natürlicher Vorgang, den das Auge des Erzählers mit nüchterner Vertrautheit zur Kenntnis nimmt, da das kollektive Fresko aus der Abfolge privater Schicksale besteht. Die Perspektive von oben kennt kein Aufbegehren der Kreatur und bewahrt den Autor vor jedem Wohlgefallen über Blutvergießen. In den Erzählungen Sealsfields stirbt der Mensch wie in den Filmen John Fords, mit einer unauffälligen Andeutung, wie die Hand des Spielers, der in *Stagecoach* plötzlich die Pistole fallen läßt, nicht etwa in einer Orgie der Grausamkeit und des Protests wie in den polemischen Western neuerer Machart.

Dieses epische Vertrauen in die Totalität, das die Überwindung der Einzelschicksale bewirken müßte, verwirklicht sich in den sicheren Zügen einiger Gruppenszenen, löst sich aber bei der ersten Berührung mit einem konkreten historischen Raum auf. Sealsfield bemüht sich vergeblich um die Darstellung der Gegenwart und der Zukunft, ihm gelingt es nur in der Vergangenheit, in der Ordnung dessen, was bereits geschehen ist und was keiner Veränderung mehr unterliegt, einen Raum für das Abenteuer zu finden. Seine Erzählungen und Romane bilden eine großangelegte und komplexe Saga, sie bestehen aus einer genau gegliederten Struktur, in der sich alles überlagert und oft entgegengesetzt zur realen Zeitfolge abläuft, von den jüngsten zu den älteren Ereignissen vorstoßend. Kaum eine Erzählung ist in sich abgeschlossen: *Die Prärie am Jacinto* zum Beispiel bildet ein Kapitel oder besser eine Art ideale Einführung zur Geschichte des texanischen Unabhängigkeitskrieges.

So wie die Erzählung *Die Prärie* im *Kajütenbuch* in Wirklichkeit oft durch eingeschobene Gespräche der Zuhörer unterbrochen wird, so sind auch viele andere Novellen mündliche Erzählungen, Berichte von furchterregenden, aber glücklich überstandenen Abenteuern, die vor einer festlichen Runde von Zuhörern im Schutz einer bequemen und sicheren Atmosphäre zum besten gegeben werden: Der vom Schriftsteller im Sinne Hegels gepriesene Kampf als Triebkraft menschlicher und politischer Ereignisse wird auf eine Vergangenheit übertragen, in der es nichts mehr zu befürchten gibt und die nur noch der Ablenkung und Unterhaltung dient, als angenehme Zugabe zum Gesprächsstoff einer reichen und gutgelaunten Gesellschaft. Gealtert und vereinsamt, traurig und verlassen, kehrt Sealsfield immer mehr im Laufe der Jahre zu einer verschwundenen und irrealen Welt zurück, zu fernen Inseln der Vergangenheit, die er in der Phantasie jenseits des historischen Unbehagens findet. Seine schönsten Erzählungen spielen in mythischen Räumen, fast als Parenthese im Strom der politischen Entwicklung: die Hütten im Wald, die Kabine des Kapitäns Murky, deren Selbstgenügsamkeit im Wald und in der Prärie einem Schiff auf dem Meer oder »der alttestamentarischen Arche« gleicht. Die Gesellschaft beschränkt sich auf einen kleinen Kreis von Freunden und Tischgästen, auf eine brüderliche und kameradschaftliche Gruppe, auf eine festliche Tischgesellschaft mit Sinn für Speisen und Weine; über alle Gaumenfreuden hinaus aber wird eine Dichtung der Freundschaft und der Ruhe, der täglichen Majestät verfolgt. Sealsfields Hauptwerk, das berühmte *Kajütenbuch*, das eben die Erzählung *Die Prärie am Jacinto* enthält, schwebt glücklich in einer zeitlosen Dimension, wobei aus der Erinnerung in schnellen und ausdrucksvollen Überblicken das bunte und bewegte Leben eines Amerikas eingefangen wird, das bereits einem abenteuerlichen entflohenen Gestern angehört.

Der Blick zurück in die Vergangenheit bestätigt eindeutig, daß das Abenteuer überholt ist. Der volkstümliche Roman des 19. Jahrhunderts stellt das entgegengesetzte Ideal zur Robinsonade des 18. Jahrhunderts dar, zum Abenteuer des Menschen, der sein Schicksal und seine Lebensgeschichte aus dem Nichts, durch die Schaffung einer utopischen Gesellschaft, aufbaut, die sich als Gegenstück zur untergegangenen anbietet. Bei Sealsfield ist diese utopische Kraft nicht mehr vorhanden; die wirkliche oder metaphorische Absonderung auf einer Insel ist kein zu bekämpfendes Exil oder ein Asyl, um sich einen Raum für die Freiheit zu schaffen, sondern eine imaginäre Parenthese und ein Ort der Enttäuschung. Während für die *Robinsonade* gilt, daß jeder, der ein abenteuerliches Leben hinter sich hat, sich mit gutem Recht als kleiner Robinson und als »Abenteurer« bezeichnen kann, der vom Schicksal gebeutelt

wurde, ihm aber zu begegnen weiß, so stellt der Abenteuerroman des 19. Jahrhunderts das Ende aller Robinsone dar,
ihre Reduktion auf bloße Stimmen der Evasion.

Das 18. Jahrhundert ist das letzte europäische Jahrhundert, wo wirkliche Abenteurer möglich sind; das 19. Jahrhundert besitzt nur das unruhige Bewußtsein der Unsicherheit. Auch Sealsfield ist auf der Suche nach Inseln, aber
sie sollen frei von jeder dialektischen Beziehung zur Wirklichkeit sein. Von der *Robinsonade* bleibt bei ihm nur
die – bereits Anfang des 18. Jahrhunderts zum stereotypen
Schema gewordene – Vorliebe für die Vergangenheit, das
rückläufige Abenteuer: Jeder Robinson entdeckt, daß er
nur der Nachkomme eines anderen ist, der vor ihm gelebt
hat und als einzig echter Erforscher des Unbekannten erscheint, so daß dessen Nachfolger nur mehr ein literari-
sches Echo, ein phantastisches Abbild ist. Das Abenteuer
scheint somit der Vergangenheit anzugehören: Wer glaubt,
ein Abenteuer als erster und zum erstenmal zu erleben, bemerkt, daß er ein Epigone, fast eine literarische Fiktion
oder ein *flatus vocis* ist, eine Stimme, die eine abgeschlossene Erzählung, ein beendetes Abenteuer, vermittelt und
überliefert. Auch bei Sealsfield sind die Personen mehr ein
Echo als Protagonisten des Abenteuers, sie sind Sänger des
Vergangenen und Verlorenen.

Die Erzählkunst Sealsfields bildet das melancholische
Trauergedicht der Reise. Im klassischen Bewußtsein ist die
Reise ein *nostos*, eine Rückkehr nach Hause; im modernen
Bewußtsein ist die Reise eine nie endende, in die Zukunft
ausgerichtete Irrfahrt, denn das Zuhause liegt in einer utopischen und hypothetischen, erlösten Zukunft, nicht mehr
in den Bindungen des ewigen Gestern; sie liegt im Nicht-
geschehenen, in der Namenlosigkeit. Wenn im amerikanischen Mythos, wie Leslie Fiedler geschrieben hat, der
Westen das Anderswo ist, der immer weiter nach Westen
verschobene Okzident derer, die vor der Krise des europäi-

schen Bewußtseins geflüchtet sind, dann erkannte Sealsfield, der den Niedergang Europas deutlich sah, als erster
vor vielen andern, daß jene Pioniere in Wirklichkeit den
Herrschaftsbereich des schlechten europäischen Gewissens
ausdehnten. Enttäuscht und ohnmächtig übertrug Sealsfield seine Widersprüche als autoritärer Liberaler, von denen er sich nie hatte lösen können, auf Amerika. Seine
Abenteurer können weder nach Hause zurückkehren noch
frei und glücklich weiterleben; in der Prärie verlieren sie
sich und suchen in einer Arche Noah vor dem historischen
Untergang Zuflucht. Wenn die Eroberung des Westens als
liberales Epos besungen worden ist, dann ist Sealsfield —
einer seiner ersten und leidenschaftlichsten Sänger — auch
einer seiner ersten erbitterten Entzauberer, weil er darin
die unumgängliche Verbindung mit der Gewalt und der
Sklaverei sieht. »Wie geht es drüben?« sollen seine letzten
Worte gewesen sein, und er meinte die Vereinigten Staaten, von denen er kurz zuvor zu einem Freund gesagt hatte:
»Ich fange an, am Heile meines geliebten Amerika zu ver-
zweifeln.«

1974

Die Übersetzung erschien erstmals in: *Austriaca. Beiträge zur österreichischen Literatur. Festschrift für Heinz Politzer zum 65. Geburtstag*, Max
Niemeyer Verlag, Tübingen 1966.

Der Homer der Lappen

Hier sind allerlei Erzählungen: aber es ist nicht sicher, daß sie ganz richtig sind, da sie ja nie zuvor niedergeschrieben worden sind«, vermerkt Johan Turi am Anfang seiner *Erzählung vom Leben der Lappen*. Dieses Buch stellt im Jahr 1910 gewissermaßen den offiziellen Beginn der schriftlichen Literatur seines Volkes dar, das jedoch neben der mündlichen Dichtung auch schon ein paar wenige Prosatexte besaß, vor allem Erinnerungen, die im Staub irgendwelcher Archive dem Vergessen anheimgegeben waren. Turi, der sein Buch zwischen 1907 und 1908 schreibt – manchmal auch diktiert –, das dann zwei Jahre später veröffentlicht wird, ist also im Grunde der erste, der seine Welt, seine Leute und das Leben seiner Leute schriftlich festhält; er ist eine Originalquelle, ein direkter Zeuge, eine Autorität.

Doch der Jäger und Rentierhirt, der ein Jahr damit zubringt, der dänischen Anthropologin Emilie Demant das Leben der Lappen zu erzählen und mit ihrer Hilfe und unter ihrer Anleitung aufzuschreiben, ist keineswegs darüber erfreut, der erste Schriftsteller seines Volkes zu sein, keine Vorgänger zu haben: Er berichtet von der Wolfs- und Bärenjagd, an der er unzählige Male teilgenommen hat, von den Schneestürmen und den kurzen nordischen Sommern, die er erlebt hat, von den Sagen und den Geschichten der Wanderungen oder Verhexungen, die von Mund zu Mund gingen, von den Schlitten und Zelten, aber fast kommt es einem vor, als genüge es ihm nicht, diese Dinge aus persönlicher Erfahrung zu kennen, und es wäre ihm lieber, ein anderer hätte sie bereits aufgeschrieben, damit er sicher sein könne, daß sie wahr sind.

Dieser erzählende Nomade, der sich unter jedem Dach und selbst in einem Wald wie ein Gefangener und der Freiheit der Ebene und des Himmels beraubt fühlt, braucht Papier. Ohne es zu wollen, ist er ein Schriftsteller und ein Individuum des 20. Jahrhunderts, und es scheint, daß auch er, um zu wissen, was ihm wirklich passiert ist, es am nächsten Morgen in der Zeitung lesen muß.

Der lappische Rhapsode, der sein ganzes Leben in der Ferne und in unwirtlicher Einsamkeit verbracht hat, weiß instinktiv, wie mächtig und zugleich wie prekär das geschriebene Wort ist, ein Wissen, das ihn, den epischen Dichter mit der Fähigkeit zum unbeirrbaren Festhalten an der Realität, fast zu einem modernen Schriftsteller macht. Als Emilie Demant ihn 1904 kennenlernte, war Turi fünfzig Jahre alt; ein Bild von ihm zeigt ein schönes, hageres und melancholisches Gesicht, halbgeschlossene blaue Augen, die daran gewöhnt sind, sich gegen das blendende Weiß zu schützen.

Als er noch ein Kind war, hatte seine Familie das Gebiet von Kautokeino verlassen, um weiter nach Süden zu ziehen, und so hatte er die Odyssee der Lappen erlebt, die er in seinem Buch beschreibt, jener Menschen, die von der mit Industrie, Bergbau und Eisenbahn herandrängenden Modernisierung in die Enge getrieben, oft ihrer Tiere beraubt und unvermittelt mit Steuern belegt wurden, die ihnen das Weiden und Jagen unmöglich machten, vertrieben durch das Anwachsen der bäuerlichen Bevölkerung und in ihrem atavistischen Nomadentum blockiert, weil die nördlichen Grenzen zwischen den skandinavischen Staaten geschlossen wurden.

In den langen Wintern verschwand Turi, der Jäger und Fischer, für gewöhnlich und tauchte erst nach Monaten unerwartet und unvorhersehbar wieder auf. Außer seiner Muttersprache konnte er nur Finnisch, und seine verschiedenen früheren Schreibversuche hatte er natürlich auf finnisch unternommen, denn sein Lappisch erschien ihm als eine ungehobelte gesprochene Sprache, die nur für die notwendige Verständigung im Alltag taugte, für den schriftlichen Ausdruck aber ungeeignet war. Doch andererseits war seine poetische Welt die seiner lappischen Identität und konnte nur in seiner Muttersprache ausgedrückt werden und nicht in einer wie eine Fremdsprache erlernten, wie es für ihn das Finnische war. Finnen und Lappen – die wenigen, mit denen er in seiner Welt der riesigen Entfernungen und großen Einsamkeiten überhaupt Gelegenheit hatte, zusammenzukommen – waren sich im allgemeinen jedoch darüber einig, daß ein Jäger und Rentierbesitzer, der den Ehrgeiz hatte, sich mit so albernem Zeug wie dem Schreiben abzugeben, etwas zum Lachen war. Andererseits aber wollte Turi seine Welt der Rentiere, Bären und Polarfüchse nicht verlassen; er hatte nicht die Absicht, den Preis zu bezahlen, den das Schreiben so oft zu fordern pflegt, indem es zum Beispiel dem Poeten, der das Leben auf See besingt, abverlangt, die Kapitänsmütze an den Nagel zu hängen, das Meer zu verlassen und, um es weiterhin zu beschreiben, aufs Festland zu gehen.

Auch nach der Veröffentlichung seines Buches (das bald in verschiedene Sprachen übersetzt wurde) blieb Turi weiterhin der, der er immer gewesen war. So wie andere Autoren – darunter auch wirklich große wie Schwarzer Hirsch – gehört er zu den Schriftstellern, die, um sich ausdrücken zu können, wenigstens zeitweise die Stimme und die Feder eines anderen brauchen, der ihnen zuhört und aufzeichnet, was sie sagen.

Turi konnte schreiben, und tatsächlich hat er sein Buch selbst geschrieben, und dennoch hat er immer wieder die Feder hingelegt, um von Emilie Demant Rat und Anregung zu erbitten, um ihr etwas zu erklären, was er nicht eindeutig ausdrücken konnte, oder um einfach, wenn ihn das Schreiben ermüdet hatte, mit ihr zu reden und sich die Vergangenheit ins Gedächtnis zurückzurufen, etwas, was ihm vielleicht am meisten Spaß machte.

Emilie Demant war eine intelligente Freundin und eine Gelehrte, frei von kulturellem Dünkel, die es verstand, sich mit Bescheidenheit in diese untergeordnete Geburts- helferrolle zu fügen, ohne in Versuchung zu geraten, selbst die Autorin spielen oder zumindest mitmischen zu wollen, vielmehr allein von dem Wunsch beseelt, einem Schrift- steller Hebammendienste zu leisten. Diese Art von Werk, gleichsam ein Mittelding zwischen der mündlichen und der schriftlichen Literatur, an dem es in unserem Jahrhun- dert und auch in unserer Zeit nicht mangelt, bildet ein fas- zinierendes Kapitel in der Geschichte des Individuums, das in sich eine Vielfalt von Seelen entdeckt.

Turi interessiert nicht die Psychologie, sondern die Epik der Wirklichkeit, in der die Dinge einfach nur sind. Er ist ein Autor im Gefolge Homers, und wie bei allen die- sen Autoren, ja bei Homer selbst, hat es keinen Sinn, sich zu fragen, an was er glaubt, welche Götter er verehrt und welche Götter er für erfunden hält und was überhaupt seine Meinung ist. Wie auf den bezaubernden Federzeich- nungen, die er anfertigte, um Emilie Demant die Szenen, die er schilderte, zu veranschaulichen, kommt auch in sei- nem Bericht die Kirche vor mit dem Kreuz, und daneben gibt es die Elementargeister, die hinter der Kirche her- vorlugen. Und mit gleicher unparteilicher Objektivität schildert er die Betrügereien der Bauern zum Schaden der Nomaden wie die Gewohnheiten der Riesen, der Stal- los, oder der Dämonen, der Uldas, die unter der Erde hau- sen.

Turi beherrscht die epische Kunst, die Dinge mit absolu- ter Unschuld aufzuführen: die Frauen, die im Stehen oder kniend entbinden, die nassen Kleider, die das Geschlecht oder den ganzen Körper erstarren lassen, so daß er zu einer Totenstatue wird, den Wolf, der so zerstörerisch ist wie das Feuer, den Bären, der sich mit einem Mädchen paart und einen Lappen zeugt, dessen Hände in Krallen enden, die Spitzfindigkeiten der Gesetze, die für die Lappen, ihre Opfer, undurchdringlich sind wie eine Nebeldecke, während er beweist, daß er sie recht gut begreift, die Furten durch die Flüsse für die großen Rentierherden, die Schar der Toten, die in der Mittsommernacht durch die Luft fliegen, aber so tief, daß die Büsche sich rauschend biegen, das erste Grün im Frühling, das die Rentiere berauscht, düstere Geschichten von Riten oder grausamen Spielen, der Schmerz der immer gehetzten und gejagten Tiere und auch komische Szenen wie die von dem Lappen, der heiraten will und der, als ihm der Pfarrer die Eheformel vorsagt, die er nachsprechen soll, in Wut gerät, weil er glaubt, daß der Pastor selbst sein Mädchen heiraten wolle.

Turis Poesie des Benennens hat den – objektiven und vielleicht unfreiwilligen – Charme eines Katalogs des Realen, so wenn er die verschiedenen Namen aufzählt, mit denen man die Rentierochsen je nach Alter bezeichnet: Tsjarmäk heißt der einjährige, Varek der zweijährige, mit drei Jahren nennt man ihn Vuobbes, mit vier Goddodas, danach dann Goassotas, Makan, Nammalapag und so weiter. Das Rentier ist stets die zweite Hauptfigur des Buches, Lebensgrundlage und Begleiter des Lappen, quasi sein Doppelgänger im gemeinsamen Abenteuer. Doch obwohl Turi noch in dieser Symbiose mit der animalischen Welt verwurzelt ist, versteht er es dennoch, nicht nur mit ungewöhnlicher Intensität, sondern auch mit intellektuellem Scharfsinn die gesellschaftlich-religiösen Unruhen zu schildern, die 1852 in Kautokeino unter den Anhängern des Pastors Laestadius ausbrachen, ein blutiger und tragischer Aufruhr, aus dessen Unterdrückung – an der auch Turis Vater sich beteiligte –

in gewisser Hinsicht ein Selbstbewußtsein lappischer Identität entstand.

Aus seiner Sicht eines Vagabunden erzählt Turi vom heroischen Krieg der – am Ende siegreichen – Bauern gegen die immer wieder vertriebenen Nomaden. Trotzdem war er kein Feind der heranrückenden Modernisierung. Ermutigt und unterstützt von Hjalmar Lundbom, dem Direktor der schwedischen Minen in Kiruna, schrieb er nicht zuletzt auch, um die Lebensbedingungen seiner Leute den Regierungen bekannt zu machen, damit diese deren Bedürfnisse begreifen und befriedigen könnten. Sein Fortschrittsdenken, damals illusorisch und pathetisch, ist es heute, zumindest in jenen Breiten, vielleicht etwas weniger, auch wenn er natürlich die Vernichtungskraft der Weltgeschichte nicht wahrnimmt.

Turis Buch enthält keine Predigten gegen die Technik oder die moderne Gesellschaft; es erzählt einfach eine Realität in all ihren Aspekten. Es ist weder exotisch noch pittoresk, wie es im übrigen Bücher dieses Genres fast nie sind. Bei seinen Leuten hatte Turi allerdings keinerlei Erfolg: Sie trauten ihm nicht, sagten sie, denn wenn einer soviel Zeit damit vertue, über die Rentiere zu schreiben, dann könne er sich nicht um sie kümmern und daher auch nichts von ihnen verstehen.

1986

Die Namen des Schamanen

Am Anfang seiner Autobiographie – die auf dem Umschlag einen George Quppersimaan als Verfasser angibt – sagt der Erzähler und Protagonist, ein Eskimo aus Grönland, er heiße Qaarsivaq, aber seine Mutter habe ihn in ihren Liedern, mit denen sie ihn in den Schlaf sang, Naanngaannaaq genannt, während er für seine Tante mütterlicherseits Piitsinngiigajik und für seinen Onkel mütterlicherseits Iijarsilarteq gewesen sei. Doch nicht genug damit: er fügt hinzu, daß er später, während seiner Schamanenlehrzeit, den Namen Qipinngi und schließlich bei der Taufe den Rufnamen George erhalten habe. Auch gewöhnliche Sterbliche, die in weniger fernen und nebelhaften Ländern geboren und groß wurden, können sich diverser Spitz- und Kosenamen rühmen, die meist auf die Kinderzeit zurückgehen oder aus dem Born der erotischen Spiele schöpfen, doch im Fall von Qipinngi – um uns, in Verehrung der damit verbundenen schamanischen Autorität, auf diese Nennung festzulegen – spiegelt die verschwenderische Vielfalt der Namen die Unsicherheit des erzählenden Ichs wider, das Mühe zu haben scheint, aus dem Dunkel der arktischen Nacht, in der es lebt, aufzutauchen. In solcher Finsternis vermischt sich ein Name, ebenso wie ein Gesicht, rasch mit dem eines anderen, Mensch oder Tier, wie auch die Seele einer Person, selbst in Qipinngis Erzählung, die Gestalt eines Bären oder eines Narwals annehmen kann.

In diesem Universum hat alles, manchmal selbst eine plötzlich auftauchende und flüchtige Erscheinung, einen Namen. Wenn man eine Stimme vernimmt, wie die von Qipinngi, der sein Leben erzählt, weiß man nicht immer mit Sicherheit, wem sie gehört. Das alles wird noch durch die Tatsache verstärkt, daß uns Qipinngis Stimme auf dem Umweg über den Dänen Otto Sandgreen erreicht, einen protestantischen Pastor, der jahrzehntelang unter den Eskimos – oder Inuit, wie sie sich lieber nennen – in Grönland lebte und in den sechziger Jahren aus dem Mund des Protagonisten dessen Lebensgeschichte hörte und sie aufschrieb.

Vielleicht gibt es nie eine Originalstimme, oder zumindest ist es nie die, die uns erreicht. Schon Homer hat wesentlich ältere Gesänge und Geschichten gesammelt und umgeformt und dabei eine vollkommene Dichtung geschaffen, eine Dichtung, dazu ausersehen, so lange zu dauern wie die Geschichte der Menschheit, und die um so mehr von ursprünglicher Frische erfüllt ist, je mehr die unerreichbare und nie dagewesene Größe der Ursprünge ihren Autor fasziniert hat.

Die Buchreihe, in der die französische Version von Qipinngis Autobiographie erschienen ist, heißt *L'Aube des peuples*, Morgendämmerung der Völker, aber diese Eskimowelt ist nicht jung, im Gegenteil: sie ist alt; sie hat keine glänzende Zukunft vor sich, vielmehr Jahrtausende an Mühen und Verschleiß hinter sich. Doch das beeinträchtigt nicht das sich jedesmal wieder neu einstellende Gefühl einer Morgenröte des Lebens; auch wenn Eos so alt ist wie Tithonos, ihr gebrechlicher Gatte im antiken Mythos, und die aufgehende Sonne die Narben von Millionen Explosionen aus Millionen Jahren trägt, erneuert doch jeder Morgen, wie jede Geburt, das Erwachen der Schöpfung. Qipinngis Geschichte ist die Geschichte eines ersten In-die-Welt-Tretens. Die Literatur, auch die neuere, ist gewiß nicht arm an Rhapsoden, die dichterische Zeugnisse sammelten von Völkern an den Rändern der Zivilisation oder ohne schriftliche Überlieferung. Einer der bedeutendsten Fälle – aber das ist nur ein Beispiel unter vielen – ist Schwarzer Hirsch, der Sioux-Indianer, der seine Geschichte dem Amerikaner Neidhart diktierte.

Schwarzer Hirsch ist jedoch eine Ausnahme, ein Dichter, weit größer als sein Übersetzer in die geschriebene Sprache. Im Unterschied zu ihm ragt der Eskimo Qipinngi nicht über die Welt und seine Zuhörer hinaus, vielmehr wird er oft von der Härte der Menschen und der Ereignisse überrumpelt; er ist schüchtern und nostalgisch, hat Angst vor dem Geheimnis, das er in sich fühlt, und vor seinen Erfahrungen mit den geheimnisvollen Geistern, die, von den Schamanen herbeigerufen oder aus eigenem Antrieb, aus dem Wasser emporsteigen oder mit dem Wind kommen, um den Menschen zu helfen oder sie zu bedrohen.

Die Geschichte des Qipinngi, der 1889 geboren und 1915 getauft wurde, ist eine Geschichte von Armut, Hunger, Einsamkeit, Unterdrückung und von Initiation. Über ihr liegt ein düsterer Schatten, die Ermordung des Vaters, die das Schicksal des Helden belastet, der jahrelang den Wunsch und die Verpflichtung in sich spürt, diesen Mord zu rächen, ohne die Möglichkeit oder den Mut dazu zu haben, und der an diesem Unvermögen wie an einem Gebrechen leidet. Dabei fällt ihm nicht nur die »materielle« Rache schwer, sondern auch die »juristische«, ritualisiert im »Liederduell«, bei dem Konflikte und Streitigkeiten so ausgetragen werden, daß die Kontrahenten vor einem Kreis von Zuhörern, die als Geschworene fungieren, Schmählieder singen, in denen das erlittene Unrecht und die begangenen Untaten angeprangert werden.

Der Urteilsspruch stellt den Frieden zwischen den Streitenden wieder her, die dann, miteinander versöhnt, das Singduell als Spiel oder als poetischen Wettgesang fortsetzen können.

Der Gesang ist eine Waffe, weil er – wie auf höherem Niveau die Litanei des sich in Trance befindenden Schamanen – gleichbedeutend mit der Fähigkeit ist, sich auf die Musik des Seins einzustimmen, sich mit seinem Rhythmus und seiner Kraft zu identifizieren; der Besiegte wird von der großen Melodie des Seins ausgeschlossen, aus der Welt verbannt. So gesehen ist der Gesang so schrecklich wie der Existenzkampf, und nicht von ungefähr hat er mit jenem erbarmungslosen Kampf zu tun, der sich in den Prozessen abspielt und zum Rechtsinstrument wird, das Salvatore Satta in seinem Roman *Der Tag des Gerichts* als so furchtbar bezeichnet wie das Leben. Doch der Gesang bedeutet auch Freude, das Feiern der Natur, die sich hin und wieder von ihrem Gesetz des Erschaffens und Zerstörens erholt und dem Spiel überläßt, wie die jungen Raubtiere, die aus Spaß miteinander raufen und dabei ihre Zähne und Krallen zeigen.

Der Reiz von Qipinngis trockener und im wesentlichen auf die Aufeinanderfolge von Fakten und Dingen reduzierter Erzählung liegt in dem Gespür für die eigene wehrlose Winzigkeit, die der Autor empfindet und die die schwierige Eroberung von Würde und Mut noch bedeutsamer macht. Die arktische Welt wird wunderbar anschaulich mit ihrer Weiße und ihrem Eis, mit den Kajaks, die durch die kalten Wasser fahren, mit den Tieren – den Bären, Seehunden, Walrössern –, die gejagt und zugleich als Weggefährten in Ehren gehalten werden, mit der Schönheit der Eisberge und der blendenden Wasserflächen, die im Kontrast dazu die extreme Armut und Härte der Existenz noch deutlicher hervortreten läßt.

Qipinngis Geschichte ist in erster Linie eine dickenssche Geschichte von einer leidvollen, vom Hunger, »dem Schlimmsten, was es gibt«, geplagten Kindheit. Nach dem Tod des Vaters lebt der Junge bei seiner Mutter und deren neuem Mann, der die beiden Brutalität und Entbehrungen erfahren läßt. In einer wunderschönen Passage, einer Passage voll unfreiwilliger und großer Poesie, nimmt die Mutter, am Ende ihrer Widerstandskraft angelangt, den Sohn bei der Hand, führt ihn an den Rand einer steilen Felswand über dem Meer und will sich zusammen mit ihm hinunterstürzen, um ihre Qualen zu beenden und um dorthin zu gehen, »wo man nicht mehr existiert und nichts mehr fühlt«.

In diesem Augenblick verschwindet die Eskimowelt mit ihren Mythen, ihrer Religion und ihren Göttern; in diesem eisigen und leeren Blau gibt es nichts als eine unendliche Lebenspein, da ist weder Platz für Silap Inua, das höchste Wesen, die Kraft, die alle Dinge durchdringt, noch für Arnaquàshaq, die Meeresgöttin, die von den Robben bewacht in der Tiefe der Wasser lebt, auf jenem Meeresgrund, auf dem die Eskimos ebenso wie im Himmel das glückselige Leben nach dem Tod ansiedeln, während unter der Erde eine höllische Finsternis herrscht. Auf jenem Felsen gibt es allein Schmerz und Leid, die das Leben unerträglich zu machen scheinen, und nur die Angst des Kindes vor dem Abgrund hält die Mutter zurück, und sie geht mit ihm wieder nach Hause. Auf den letzten Seiten sagt Qipinngi, der inzwischen Christ geworden ist, es sei seltsam gewesen, mit einemmal die seit jeher vertrauten Sitten, Gebräuche und Überzeugungen abzulegen, doch in seiner Erzählung ist die mit der Taufe aufgegebene mythische Welt noch völlig intakt.

Mit der gleichen Selbstverständlichkeit, mit der er einen verletzten Eisbären beschreibt, einen harpunierten Seehund, der im Wasser versinkt, oder einen toten Jäger, den seine Kameraden in einem furchtbaren Winter aufessen, erzählt er auch von der kleinen Schneeammer, die er wiederbelebt hat und die, ebenso wie das Muttertier, das mit den Flügeln gegen die Fensterscheiben des Hauses schlägt, einer seiner »Hilfsgeister« wird. Und in gleicher Weise berichtet er von anderen Hilfsgeistern, die sich in den Dienst der Menschen stellen, von den Stimmen, die unsichtbar in der Luft ertönen, von den phantastischen Ungeheuern, die aus den Fluten emporsteigen, von den Tieren, die den Menschen ihre Seele rauben, und von der Herstellung der *tupilak*, einer Art Monster, die, sobald sie fertiggestellt sind, Leben annehmen und ihren Herren dienen (und die heute ein typisches Souvenir für die Touristen darstellen).

Die Taufe verleiht Qipinngi eine weitere Identität, die die vorangegangene jedoch nicht auslöscht und ihm auch nicht das Gefühl gibt, zwischen zwei Welten gespalten zu sein, wie Knud Rasmussen, der Sohn eines dänischen Missionars und einer Eskimofrau, ein Pionier der grönländischen Kultur, der, wenn er in seinen Büchern von den Eskimos spricht, manchmal »wir« sagt und manchmal »sie«.

Qipinngi hört die Stimmen, absolviert seine Schamanenlehrzeit, begegnet den Hilfsgeistern. Anfangs ist das Erlebnis des Übernatürlichen beängstigend, später gewöhnt man sich daran, und der Umgang mit den Geistern wird einem so vertraut wie der mit den Menschen und Tieren. Der Kontakt mit dem, was sich jenseits der alltäglichen Normalität befindet, verwirrt Qipinngis Seele, flößt ihm ein »Heimweh« ein, eine Sehnsucht nach einer Rückkehr in die normale Welt.

Die innere Verstörung, seine schmerzliche Entfremdung von der Realität, das Anomale seiner Persönlichkeit sind die Voraussetzung für Qipinngis Initiation, ein psychisches Anderssein, das ihm den Zugang zur schamanischen Ekstase gewährt, aus der er gefestigter ins gewohnte Leben zurückkehrt.

Auch die Zeremonie des Lampenauslöschens beunruhigt und hemmt ihn von Kindheit an, anstatt ihm die Vertrautheit mit einem unbestimmten und unproblematischen Eros zu vermitteln, und hält ihn lange fern von jeder Sexualität – bis zu seiner Heirat am Ende seiner Initiation.

Qipinngi unterscheidet zwischen Schamanen, Hexern,

denen die Sphäre der irdischen Magie zukommt, und *tu-saamalit*, denen die übernatürlichen Dinge vertraut sind. Er selbst stellt sich natürlich nicht als Besitzer besonderer Kräfte hin, sondern als einen bescheidenen Anfänger. Er teilt nicht die esoterische Position jener Schamanen, die ihr Wissen geheimhalten wollen, sondern ist der Ansicht, daß dies zum Wohl der Allgemeinheit angewandt und daher mitgeteilt und bekanntgemacht werden sollte. Es findet sich bei ihm nichts von primitivem Aberglauben, sondern ein starkes Gefühl für das allen Dingen innewohnende Heilige und eine großzügige Öffnung gegenüber den anderen – jenen Charakteren, die, wie A. Quack in dem von Hans Waldenfels herausgegebenen *Neuen Wörterbuch der Religionen* schreibt, aus dem Schamanismus eine altruistische Religiosität schaffen, einen Schutz der Seele und des Lebens vor den sie bedrohenden Mächten. Wie die Dichtkunst ist auch keine Religion je von komplexeren und höheren Religionen völlig überwunden und außer Kraft gesetzt worden, sondern erhellt bestimmte Aspekte der Existenz, um zu prüfen, unter welchem davon es notwendig ist, auch zur Religion zurückzukehren. Das Evangelium, das Qipinngi mit der Taufe aufnimmt, bringt die Schneeammer nicht zum Verstummen, die auch weiterhin zu ihm spricht.

1996

Das Kanu und der Tod

Die kleine Hängematte / ist leer ... still / betrachtet sie den Mond hoch über der Eiche / ... das Wasser des Flusses fließt zu den Stromschnellen −/ fließt es? − ... die Blätter bewegen sich im Wind: / der ganze Wald regt sich. / Auch dein Kanu / schaukelt auf dem Fluß. / Du allein bist reglos / unter dem großen Schwarzen Stein. / Und ich glaubte, alle Dinge / lebten nur für dich ...«

Der unbekannte Verfasser dieses Gedichts über den Tod eines geliebten Menschen, wahrscheinlich eines kleinen Kindes, gehört zu den dreitausend Piaroa-Indianern, die von anderen Stämmen isoliert und abgeschnitten im mittelamerikanischen Regenwald zwischen dem äußersten Rand von Guyana und dem oberen Orinoko leben − oder zumindest 1956 gelebt haben, als Giorgio Costanzo die Piaroa auf einer Expedition ins Amazonasgebiet kennenlernte und von ihrer verhaltenen Freundlichkeit, von ihrer ausgeprägten Individualität und besonders von ihrer Lyrik fasziniert war, die er ein Jahr später in einer kleinen Auswahl übersetzte und veröffentlichte. Ich weiß nicht, ob es die Piaroa noch gibt. Costanzo bemerkte damals den raschen Prozeß ihres Aussterbens und sagte voraus, daß sie in dreißig Jahren verschwunden sein könnten. Vielleicht haben sie auch überlebt, denn das Leben ist im Guten wie im Bösen unvorhersehbar und entgeht bisweilen allen Berechnungen − weshalb denkbar ist, daß auch Triest in einigen Jahrzehnten keineswegs verschwindet, den Prophezeiungen der Demographen zum Trotz, die immer wieder einmal mit Blick auf die rasch sinkende Einwohnerzahl unerbittlich das genaue Jahr seines Endes bestimmen. Jedenfalls erzählt eines der Gedichte, die Costanzo kraftvoll und mit zurückhaltendem Charme übersetzte, von einem Tag, an dem »der große Schwarze Stein / alles sein wird: / er wird die Hütte zermalmen / und alle Piaroa«.

Das anfangs zitierte Gedicht ist ein großes Gedicht über den Tod, seine Undarstellbarkeit, sein radikales Verstümmelungswerk, das ins Herz trifft und den Atem raubt. Der Dichter − oder gar mehrere Dichter, zu einem Gesang vereint − sagt nichts über seinen Schmerz, über seine Gefühle, über den Menschen, den er verloren hat. Er schildert nur sein Erstaunen über die Dinge, die weiterhin bestehen, bezaubernd und gleichgültig: der Mond, das Fließen des Wassers, das Rauschen der Blätter im Wind, das Schaukeln des Kanus auf dem Fluß. Nichts offenbart den Verlust eines Menschen so sehr wie das Weitergehen des Lebens auf der Welt, das sich immer mehr von jenen Augen entfernt, die es nicht mehr sehen können.

Es ist der unerträgliche Skandal, die Wunde des Todes, die sich wie die von Philoktet, des auf der Insel Lemnos ausgesetzten griechischen Helden, nicht schließen kann und immer weiter brennt und stinkt. »Das Endliche erträgt die Endlichkeit nicht. Zumindest nicht der endliche Mensch« − schreibt Rossana Rossanda in *Vita breve*, einem Buch von seltener Intensität, das sie gemeinsam mit Filippo Gentiloni verfaßte. »Die Augen eines sterbenden Tiers«, schreibt sie weiter, »haben ein unerträgliches Erstaunen.« Gewiß, die Dinge existieren, und nicht nur im Kopf und in den Sinnen, die sie wahrnehmen. *»I robb în«* − die Dinge sind −, sagt ein mailändisches Sprichwort. Die Realität gibt es, sie ist da, unbestreitbar. Doch die Dinge erhalten ihren Sinn erst in der Form, wie sie erlebt werden, sie sind untrennbar mit den geliebten Menschen verbunden, mit denen und durch die sie erlebt werden. Deren Gesicht – heißt es in Marisa Madieris Erzählung *Conchiglia* – »löst sich in den Dingen auf und vertraut sich ihnen an«, es wird von ihnen bewahrt und bewahrt seinerseits ihre Bedeutung und schließt sie in sich ein. Jeder geliebte Mensch ist mit unserem Leben verwoben, ist ein Teil von uns, der einen Teil der Welt enthält. Er ist ein Horizont, an dem die Dinge ihren Platz finden, die jedoch ausgelöscht werden, wenn dieser Horizont verschwindet, so wie die Bilder auf einem Bildschirm verlöschen, wenn er abgeschaltet wird.

Die Menschen und die Dinge ihres Lebens – insbesondere die Orte – durchdringen einander und geben sich wechselseitig Wert. Manche Orte genügen schon für sich allein, um uns Gesellschaft zu leisten, denn sie enthalten wie die Jahresringe eines Baumstamms das Leben, das in ihnen gelebt wurde, und die Menschen, die es teilten und dazu beitrugen, ihm Sinn und Form zu geben. Für alte Menschen werden die von ihrem Leben durchtränkten Orte schließlich wichtiger als die Personen, durch die diese Orte im Laufe der Zeit ihre Bedeutung erlangten.

Der unbekannte Piaroa-Dichter könnte folglich auch das Gegenteil sagen, könnte Trost aus der Gegenwart dieses Flusses, dieses Windes, dieses Mondes und dieses Kanus ziehen und in ihnen seinen geliebten Menschen spüren und finden, so gegenwärtig und lebendig wie sie, und neben dem Riß auch die Kontinuität wahrnehmen. Die beiden Gefühle schließen sich nicht aus, sondern ergänzen einander durch das Privileg der Poesie, außerhalb des Satzes vom Widerspruch zu stehen, einem Privileg, das ihr gestattet, in ein und demselben Vers Glück und Verzweiflung auszudrücken, gleichzeitig zu sagen, das Leben habe einen Sinn und es sei sinnlos. Philosophien, Religionen und psychologische Lehren müssen den Tod irgendwie verstehen, interpretieren, exorzieren oder klassifizieren, seine abnorme Unverständlichkeit und Undarstellbarkeit abschwächen, ihn in die Bahnen von Denken und Verstand zurückführen, so wie die Unermeßlichkeit des Himmels von einem Fensterrahmen eingefaßt wird. Im Unterschied zu ihnen kümmert sich die Poesie, die deshalb nicht erhabener oder tiefgründiger ist, nicht um die Folgen ihrer Offenbarungen, selbst dann nicht, wenn sie für die Ordnung des Lebens verheerend sein können.

Es mag sein, daß der Tod auch wohltuend ist und uns die unendlichen Enttäuschungen eines unsterblichen Lebens erspart. Nicht umsonst ist der Ewige Jude in der Legende zu der Höchststrafe verdammt, nicht sterben zu können. Das Leben eines Menschen besteht auch aus den anderen Leben, die ihn begleiten, er öffnet sich, um die, die vor ihm kamen, und die, die ihm nachfolgen, zu verstehen. Jeder ist durch den Gemeinsinn und durch das Verantwortungsgefühl seiner Spezies zugleich beschützt und belastet. Vielleicht sind auch wir wie die Elementarteilchen, sagt Giuliano Toraldo di Francia, die beständig über sich hinausgehen und aus sich und den Möglichkeiten, die sie in sich tragen, andere Teilchen hervorbringen.

Doch dadurch wird der Skandal des Leidens und Sterbens nicht gemildert. Der Dichter der Piaroa, der nach dem Tod eines geliebten Menschen die Blätter rauschen hörte und das Wasser fließen sah, als sei nichts gewesen, hat für immer eine unsägliche Bestürzung festgehalten, den Schmerz darüber, daß das Universum weitermacht wie zuvor und sich von dem Sterbenden entfernt, die grausame Treulosigkeit und Gleichgültigkeit allen Überlebens.

1996

Erasmus und Luther:
Freier oder unfreier Willen

Gott, so heißt es in der Heiligen Schrift, schuf den Menschen zu seinem Bilde. Mit leidenschaftlicher Zustimmung zitiert Erasmus von Rotterdam, der fromme Christ und unbeugsame Humanist, der schließlich zum Symbol des Humanismus schlechthin wurde, diese Worte, denn sie preisen den für ihn höchsten Wert, die Würde des Menschen, die sogar fast an die göttliche Vollkommenheit heranreicht. Als Philologe war Erasmus daran gewöhnt, nicht nur die Texte antiker Autoren gründlich zu entschlüsseln, sondern auch die Gesichter der Menschen, und er wußte sehr wohl, wie schwer es manchmal war, in der bestialischen Fratze der von Bruegel und Bosch getreulich dargestellten Menschen die Züge von Jesus Christus wiederzuerkennen. Er wußte genau, wie zweifelhaft diese Bibelworte, an die er glaubte, sowohl durch die Grausamkeit als auch durch den Schmerz wurden, sowohl durch das vom Menschen verübte als auch durch das von ihm erlittene Böse. Angesichts von Menschen, die nach dem Guten strebten, die die Vorsehung mit allen Tugenden des Geistes, der Vernunft und des Herzens gesegnet hatte, und von Menschen, die seit jeher von Krankheit, Gefühlsroheit, Abscheulichkeit und niederen Neigungen entstellt waren, fragte sich Erasmus, wie man unter diesen Umständen von Gottes Gerechtigkeit und Barmherzigkeit sprechen könne.

Erasmus stellt diese Frage 1524 in seiner Streitschrift *Über den freien Willen*. Im Jahr darauf gibt Luther ihm mit seiner Abhandlung *Vom unfreien Willen* eine unumwundene, unerbittliche Antwort. Die Konfrontation der beiden Texte und ihrer kulturell und anthropologisch so verschiedenen Verfasser ist ein zentrales Moment in der epochalen Auseinandersetzung, in der die Reformation entsteht und sich ausbreitet und – durch sie, durch die katholische Reaktion und durch eine neue Beziehung zum Erbe des klassischen Altertums – auch die moderne Welt.

Erasmus und Luther heben diese moderne Welt auf unterschiedliche, ja gegensätzliche Weise aus der Taufe und werden von deren stürmischer, dämonischer Entwicklung überrannt, die sich gern der Werte entledigt, durch die sie überhaupt möglich wurde. Während die Moderne sich mit einem Ideal wie dem für Erasmus typischen weltlichen und toleranten Forschungsgeist schmückt, zerstört sie andererseits die humanistische Weisheit und das Gleichgewicht, das Erasmus aus der klassischen antiken Kultur und ihrer Verbindung mit dem Christentum herleitet. Im neuen Europa wird für das klassische Ideal der Weisheit kein Platz mehr sein. Ein sich zunehmend ausbreitender Prozeß der Verweltlichung, das typische Produkt dieser modernen Welt, die ohne den Protestantismus undenkbar wäre, wird die lutherische Religiosität und ihre Absolutheit immer mehr in die Krise führen, während, wie Quinzio schreibt, die Erasmussche Versöhnung zwischen Glauben, Vernunft und Wissen die religiösen Wahrheiten schließlich in einem scheinbar liberalen Possibilismus auflösen wird, in dem die Toleranz oft nur die Maske ist, hinter der sich die Gleichgültigkeit verbirgt. Obwohl die nachfolgenden Jahrhunderte beide Schriften widerlegt zu haben scheinen – die für den freien Willen ebenso wie die gegen ihn –, ändert das nichts an ihrer großen Bedeutung, die sich zudem fortwährend erneuert und sich jeder Generation in anderen kulturellen Formen präsentiert, denn wie die griechische Tragödie oder Buddhas Predigt zu Benares über den Schmerz ist auch der Disput zwischen Erasmus und Luther eine Episode, die aus einem konkreten historischen Moment erwächst und kulturell von ihm geprägt ist, jedoch über die Geschichte und Kultur, in der sie entstanden ist, hinausgeht, um sich den Letzten Dingen zuzuwenden und die entscheidenden Fragen über das Leben und seinen Sinn oder seine Sinnlosigkeit zu stellen.

Die enge Bindung an ihre Epoche und an deren Erscheinungsformen, die auf die nachfolgenden Generationen befremdlich wirken können, ist ein Zeichen ihrer Universalität, die nur dann authentisch ist, wenn das Individuum in seine Zeit eintaucht und deren Lasten und Grenzen aufnimmt, während jemand, der sich anmaßt, ohne Bezug zur Zufälligkeit und zur Relativität des Lebens und ohne von dessen Schweiß und Blut befleckt zu sein, von einem Rednerpult aus zu sprechen, ein hohler Schwätzer bleibt. Christus, der für Erasmus wie auch für Luther der fleischgewordene Sohn Gottes ist, verkündigt sein Evangelium nicht von einem ewigen und unveränderlichen Himmel herab, sondern aus dem Durcheinander der Geschichte mit ihren Gewalttaten, ihren Kontroversen und ihrem Elend.

Auch die, zumindest teilweise, Niederlage von Erasmus und Luther ist ein Beweis für die immerwährende Lebenskraft ihres Streits, denn ein großer Gedanke kann die Gemüter und die Wirklichkeit nur so lange bewegen, wie er nicht akzeptiert ist und damit in gewisser Hinsicht unvermeidlich von der Welt integriert und neutralisiert wird und er der Realität, also den Dingen, wie sie sind, folglich auch weiterhin die Dinge, wie sie sein sollten, entgegensetzt. Das von beiden verehrte Kreuz – auch wenn Luther Erasmus vorwarf, jenem die Stille der Studien vorzuziehen – ist das Symbol schlechthin für eine Wahrheit, die durch ein vernichtendes Scheitern bestätigt wird, durch einen demütigenden Tod, den Christus, von seinen Jüngern nahezu verlassen, allein erduldet.

Die von Erasmus und Luther diskutierte Frage beschäftigt sich mit dem Wesen des Menschen, seiner Freiheit und seiner Bestimmung, mit der Möglichkeit oder Unmöglichkeit, ohne die Hilfe der göttlichen Gnade Erlösung zu finden. Beide lehnen die als ketzerisch gebrandmarkte Lehre des Pelagius ab, der zufolge der Mensch, durch das Opfer von Jesus Christus und die Taufe erlöst, sein Heil selbst in der Hand hat und keiner weiteren göttlichen Hilfe bedarf. Erasmus, der Philologe, der für die Erkenntnis der religiösen Wahrheit die akribische Wahrheit des Textes verlangt und die Einheit von Wissenschaft und Glauben postuliert, sieht sich mit Bibelstellen konfrontiert, die den unfreien Willen scheinbar bestätigen, und mit anderen, die ihn scheinbar widerlegen, und er vergleicht, interpretiert, wägt ab und diskutiert, um die Zweifel und Widersprüche zu zerstreuen. Um jeden Preis möchte er die göttliche Gnade, deren Mitwirkung ihm für die Erlösung unerläßlich erscheint, und die Freiheit der Vernunft und des Willens des Menschen miteinander in Einklang bringen, ohne die der Mensch als bloßes Werkzeug einer unerbittlichen Notwendigkeit moralisch ohne Verantwortung wäre und nicht würdig, erlöst oder bestraft zu werden. Für Erasmus, der nicht umsonst dem Katholizismus treu bleibt, auch wenn er die Immoralität und die autoritäre Intoleranz der Kirche anprangert und seine Bücher auf ihrem Index stehen, braucht der Mensch den Glauben, doch ebenso notwendig sind die in Freiheit und eigener Verantwortung vollbrachten Werke, die Sittlichkeit der guten und gerechten Taten.

Um zu einer vermittelnden Lösung und keinem bloßen Kompromiß zu gelangen, laviert sich Erasmus durch Feinheiten und Nuancen, trotzt und entzieht sich theologischen und logischen Labyrinthen, die seinem Gegner, dem »Wildschwein« Luther, wie grammatische Spitzfindigkeiten erscheinen. Wo Erasmus abstuft und differenziert, bestreitet und bekräftigt Luther − der sich angesichts der rhetorischen Meisterschaft des Humanisten als barbarisch und stotternd bezeichnet – mit Klarheit, Vehemenz und Starrsinn. Von Paulus und Augustinus inspiriert und im Widerspruch zum heiligen Hieronymus – dem Übersetzer der Bibel, der für Erasmus das Symbol der Versöhnung von Christentum und klassischer Antike, von religiöser Liebe und philologischer Liebe zum Wort ist – betont Luther mit gelegentlich weitschweifiger, doch unwiderstehlicher Kraft eine einzige, monotone und schreckliche Wahrheit: Der Mensch allein ist nichts als zu Sünde und Verderbnis bestimmtes Fleisch, ein zügellos zur Niedertracht neigender Sklave des Bösen und der Notwendigkeit. Der Mensch allein vermag nichts, er steht unter der Herrschaft eines Gesetzes, das mit der Sünde bekannt macht und sie wachsen läßt und ihm Gebote auferlegt, die er befolgen muß, aber nicht kann, so daß er noch schuldiger wird.

Der Mensch kann Rettung nur durch den Glauben finden, indem er sein abgrundtiefes Elend akzeptiert und die göttliche Barmherzigkeit anruft; kein gutes Werk, das er vollbringt, kann ihn gerecht werden lassen, und ebensowenig kann es ihn erlösen, denn alles, was nur von ihm kommt, ist schlecht, selbst wenn es in den Augen der Menschen löblich erscheinen mag. Luther bekennt seine persönliche Schwäche mit ergreifender Dramatik und räumt seine Bedenken angesichts des skandalösen Schmerzes ein, der so viele Unschuldige grundlos zerstört, doch er betrachtet seine Bedenken als fleischliche Schwäche, die überwunden werden muß, und verdammt die Anmaßung des Menschen, das göttliche Tun, wenn es ungerecht und grausam erscheint, nach den Maßstäben menschlicher Moral und Gerechtigkeit zu beurteilen. Gott ist verborgen und in bezug auf jede menschliche Vorstellung ganz und gar anders. Wenn er, wie es in der Heiligen Schrift heißt, Jakob liebte und Esau schon im Mutterleib haßte, kann man ihn dafür, obgleich es den Menschen als unerträgliche Ungerechtigkeit erscheint, nicht zur Rechenschaft ziehen.

Die Paradoxa der Religion bringen beide Kontrahenten in Bedrängnis: Erasmus, dem die geistig schwierigere Aufgabe zukommt, die Freiheit des Menschen mit der Notwendigkeit der göttlichen Gnade zu verbinden, gelingt es nicht zu erklären, wie ohne diese im Menschen der erste Schritt zum Guten und eben auch der Ruf nach Gnade entstehen kann. Und Luther gelingt es nicht zu erklären, welchen Sinn seine Aufforderung zur Reue hat, richtet sie sich doch an Menschen, die die Gnade, wenn sie sie nicht haben, auch nicht erlangen können, und wenn sie sie haben, seine Worte nicht brauchen.

Luther, der Erasmus aufrichtig bewundert und seinen kulturellen Rückstand ihm gegenüber kundtut, bezeichnet sich als unwissend im Vergleich zu ihm, doch in diesem Disput ist er der wahre Schriftsteller: Er hat die entsprechende Ausdruckskraft, das starke, volkstümliche Temperament und auch die Maßlosigkeit und die aufrührerische Sturheit, die folgerichtig unerträglich und häufig menschlich unsympathisch sind, die die große Literatur jedoch braucht, um den Abgrund und den Wahnsinn des Lebens zu erhellen. Erasmus ist gelehrt und kultiviert, doch seine liebenswürdige Eleganz läuft Gefahr, ihn oft eher als Rhetoriker denn als Schriftsteller erscheinen zu lassen.

Erasmus liebt den Frieden und zieht es angesichts der unerklärlichen Labyrinthe des Glaubens – doch vor allem des Lebens selbst – vor, das Unergründliche zwar zu verehren, sich aber von ihm fernzuhalten. Luther weiß, daß Christus nicht gekommen ist, um den Frieden zu bringen, sondern das Schwert, und obgleich bestürzt über die gewaltsamen Stürme der Welt, weiß er auch, daß sie die Wahrheit des göttlichen Wortes bestätigen, das gekommen ist, um Aufruhr zu schüren und die Ordnung der Welt zu erschüttern. Seine Aussagen wirken unannehmbar für jemanden, der der Ansicht ist, ohne den Glauben an die Freiheit des Menschen könne man nicht leben, doch auch wer an die moralische Freiheit des Menschen glaubt, kommt nicht umhin, die Ohnmacht, die Schwäche und die Unfähigkeit zu spüren, dem Zusammenprall mit dem ungerechten und grausamen Leben standzuhalten, die Sinnlosigkeit, einem so unerhörten Gebot wie dem, zu sterben, folgen zu müssen. Und es ist Luther, der mit der zerstörerischen Macht dessen abrechnet, was über uns hinausgeht. Kafka zeigt, wie man sich auch schuldig fühlt, wenn man nichts Böses getan hat, wie man seine Ohnmacht dem Leben gegenüber als Schuld wahrnimmt.

Die Unzulänglichkeit, das Scheitern werden unabhängig von jedem Willen und jeder Absicht zu einer schuldhaften Handlung oder zumindest zu einem schuldhaften Zustand, wie bisweilen − oder oft − in der Bibel und in der griechischen Tragödie. Das Fatum droht, wie Aldo Magris in seinem fundamentalen Werk über das Schicksal in der Welt der Antike überzeugend darlegte, auch das Urteil zu verschlingen, da der Mensch von vornherein zur Schuld geboren scheint, die ihn befleckt, und dies unvereinbar mit jedem Anspruch auf Freiheit ist. Gewiß, in den intensivsten Augenblicken des Lebens − im guten wie im bösen − scheint er dieses Schicksal zu erkennen, die Totalität, die uns umschließt, erfaßt und lenkt, all das, was man weder wollen noch wählen kann und was den entscheidenden Erfahrungen des Lebens entspricht, etwa wenn man sich verliebt und die Liebe nicht etwa kommt, weil wir es wollen, sondern weil sie einem profunden Gesetz gehorcht, das in jenem Augenblick über uns hinausgeht und uns unsere Wahrheit sagt. Diese Gnade ist schrecklich, auch wenn sie eine Gnade und kein Fluch ist, und scheint die Freiheit und die Verantwortung des Menschen zu gefährden oder zu negieren. Heraklit setzte das Schicksal mit dem Charakter gleich, doch das nimmt dem Schatten, der die menschliche Freiheit verdunkelt, nichts von seinem Schrecken.

Vielleicht liegt hier eine objektive Grenze des menschlichen Begreifens, die Unfähigkeit, zu verstehen, wie sich die Notwendigkeit – jene Notwendigkeit, die man in den entscheidenden Augenblicken des Lebens erkennt – mit der Freiheit verbindet, ohne die keine Vorstellung vom Guten denkbar und annehmbar wäre. Vielleicht sind diese Verbindung und die Fähigkeit, sie zu erkennen, gleichbedeutend mit Erlösung und Seligkeit. Zuweilen scheinen sie greifbar nahe, doch sie entfliehen, sobald man versucht, sie endgültig in eine Idee zu pressen. Auch ich hatte einmal das Gefühl, sie greifen zu können, als ich über eine lange Zeit mit ansah, wie ein mir nahestehender Mensch das Schicksal akzeptierte, das er auf sich zukommen sah, wie er die Notwendigkeit des Todes widerspruchslos hinnahm und zugleich unermüdlich gegen ihn ankämpfte, indem er seinen Vormarsch behinderte, um ihm soviel Leben und Freude wie nur möglich abzutrotzen. Auch die 1996 in Algerien von Fundamentalisten ermordeten sieben Trappistenmönche akzeptierten ihr Schicksal mit grenzenlosem Mut, ohne zu versuchen, ihm zu entkommen, erklärten ihren Mördern jedoch gleichzeitig, daß sie keineswegs glaubten, es sei Gottes Wille, sie durch deren Hand sterben zu lassen; sie akzeptierten die Notwendigkeit, und zugleich widersetzten sie sich ihr. Man müßte wie diese Mönche fähig sein, das unerforschliche Gleichnis von den Arbeitern im Weinberg zu akzeptieren und gleichzeitig von der ersten Stunde an zu arbeiten.

Der Streit zwischen Luther und Erasmus ist auch ein Streit über die Geschichte, über ihren freien und ihren vorbestimmten Lauf. Wie Noventa wunderbar schilderte, liegt ein verblüffender Widerspruch darin, daß das Luthertum die moderne Zeit begründet und auch zu moralischer Strenge beiträgt, während ausgerechnet die (auch von Erasmus vertretene) katholische Seite – mit ihrer Betonung des freien Willens, der sittlichen Bedeutung des Handelns und der freien Verantwortung des Menschen – die Grundprinzipien des modernen Denkens, der Ethik und der Freiheit begründet, die sie in der Praxis allerdings häufig negiert. Paradoxerweise erzeugen unmoralische Prinzipien moralische Strenge und umgekehrt.

Betrachtet man den Lauf der Geschichte mit einigem Abstand, ist man geneigt, ihn als schicksalhaft anzusehen, als etwas, das mit moralischen Eingriffen aufhalten oder verändern zu wollen lächerlich erscheint, so wie es lächerlich erschiene, sich mit Idealen oder arkadischen Maßstäben nach Art der Hirtenidylle dem technischen Fortschritt zu widersetzen, der für den Westen zunehmend die Gestalt des Schicksals angenommen hat. Betrachtet man aber das Leben des einzelnen Menschen, erkennt man ebenso unweigerlich konkret das Quantum an Freiheit, über das er verfügt. Jeder Mensch weiß, wenn er in sein Inneres schaut, recht genau, wo die Grenzen seiner Entscheidungen und seines Handelns liegen und lagen, doch er weiß auch, welche Chancen er hatte und durch eigene Schuld versäumte. Gerade weil die Vernunft ein schwaches Licht in der Nacht ist, wie die Aufklärer sagten, ist sie besonders wertvoll; man muß sie schützen und darf sie gewiß nicht aus Koketterie mit der Finsternis und mit dem Mysterium auslöschen. Schaut man in die Zukunft, bleibt einem, eben weil man die starken Zwänge erkennt, die sie auf ein vorgeschriebenes Gleis lenken wollen, gar nichts anderes übrig, als auch weiterhin Aufklärer zu sein, fernab von jeder Fortschrittsrhetorik, aber ironisch, demütig und beharrlich dem Glauben an die Vernunft verhaftet, an die Freiheit und an die Möglichkeit, den Lauf der Welt, natürlich in bescheidenem Maße, zu beeinflussen und an einem wahren Fortschritt der Menschheit mitzuwirken.

Erasmus ist nicht der versöhnliche, altmodische Humanist, wie die fromme Legende es nahelegt. Es gibt einen Moment, da er sich vielleicht über Luther erhebt, als er nämlich von dem geheimnisvollen, instinktiven Gefühl spricht, das ihn veranlaßt, nicht an den Kampf, an die Polemik und an die Auseinandersetzung zu glauben, denen er doch all seine Kraft widmet. Erasmus spürt als Humanist und als Mann des Dialogs, daß dieser vergebens ist, wenn er nicht auf einer vorangehenden Wahlverwandtschaft oder auf einer wesentlichen Ähnlichkeit der Meinungen beruht, die den Dialog allerdings überflüssig macht. Der Philologe und Verfasser von Streitschriften, der an die Vernunft und an das Wort glaubt, erkennt, daß sich das Wesentliche vor dem Wort entscheidet, in den unbeständigen und unfaßbaren Tiefen des Lebens, die die Menschen einander unweigerlich näherbringen und entfernen; er stellt fest, daß im Dialog nur der überzeugt wird, der schon überzeugt ist, und daß das Schicksal des Wortes und der Vernunft das Mißverständnis ist. Dieses Bewußtsein ist für jemanden, der wie Erasmus humanistisch und rational an das Wort glaubt, nicht weniger tragisch als Luthers Auffassung von der Sünde. Erasmus' Größe liegt in der Symbiose von Glauben und Ironie, die sich gegenseitig stützen und helfen, zu leben. Seine Zurückhaltung, sein Ausweichen, sein ironisches Lächeln sind Ausdruck einer Liebenswürdigkeit, die selbst angesichts des Nichts erhalten bleibt, und sie sind Ausdruck der außergewöhnlichen Kraft eines Menschen, der, obgleich er um die Vergeblichkeit all seines gründlichen Nachdenkens weiß, hartnäckig daran festhält, der Vernunft zu folgen, weil er nicht glauben will, daß auch jenes Nichts die endgültige Wahrheit ist.

1995

Der heiße Herbst der Ninon de Lenclos

Die Hölle der Frauen ist das Alter, sagte La Rochefoucauld in einer Sentenz, über die sich streiten läßt, sind es doch meistens eher die Männer, die sich wehrloser und verlorener fühlen, wenn Alter, Gebrechlichkeit und Einsamkeit sie an den Rand des Lebens schieben wie zu Boden gefallene zerbrechliche Dinge, die ein Besen in die Ecke kehrt.

Die Maxime dieses großen französischen Moralisten ist gewiß keine Ausnahme, sondern Ausdruck eines weitverbreiteten Mangels an Galanterie dem Herbst der Frauen gegenüber. Dieser wird in bisweilen lächerlicher Form häufig sogar vorweggenommen, beinahe mit der heimlichen Genugtuung, die Zeichen des Verfalls so früh wie möglich zu erspähen und die Blume vorzeitig an ihr vorherbestimmtes Ende auf dem Müll zu erinnern. Diese Haltung hat oft zwei Seiten. Beim Totentanz vermischen sich die berechtigte Mahnung in bezug auf die trügerische irdische Pracht und die schmerzliche Zärtlichkeit für das vergängliche Leben mit der Bitterkeit des Moralisten, der sich darüber freut, daß diese ihm verwehrten Freuden, die edle Schönheit eines Gesichts und eines Körpers, zum Untergang verurteilt sind.

Auch große Schriftsteller, die das Leben und die Frauen lieben, sind nicht selten ungewollt plump, wenn es um das Alter der Damen geht. Über Madame de Rênal sagt Stendhal in *Rot und Schwarz*, sie scheine dreißig Jahre alt zu sein, sei aber noch recht hübsch. Auch das Alter der Marschallin in Hofmannsthals *Rosenkavalier* liegt unterhalb der Grenze, die man der Aura des gleichwohl strahlenden Verfalls, die diese Figur umgibt, und ihrem leidenschaftlichen Abschied von der Liebe schon eher zuordnen könnte. Die von den Männern über die Frauen aufgestellte Liste dieser vorzeitigen Pensionierungen vom Leben, insbesondere vom erotischen, ist lang und vereint viele Schriftsteller, große und mittelmäßige, berühmte und unbekannte. Eine besondere Vorrangstellung kommt hier vielleicht Kanitz zu, einem deutschen Professor, der im vergangenen Jahrhundert die unwegsamen Berge und Täler Bulgariens erkundete und über die einheimischen Bäuerinnen schrieb, niemand könne in einer verheirateten, ausgemergelten Frau von zwanzig Jahren noch das Mädchen wiedererkennen, das sie drei oder vier Jahre zuvor gewesen sei.

Natürlich ließen die sozialen Bedingungen in der Vergangenheit, besonders in den armen und durch harte Arbeit mitgenommenen Schichten, die Männer und vor allem die oft doppelt belasteten Frauen frühzeitig altern, und keine kosmetische Medizin konnte da wie heutzutage mit komplizierten Mitteln helfen. Doch diesen rasch gefällten, abservierenden Urteilen über die weibliche Schönheit lag und liegt häufig ein primitives Verhältnis zur Zeit und zu ihrem Dahinfließen zugrunde: die Unfähigkeit, zu begreifen, daß die Zeit – vor allem die Zeit des in Liebe, in Freundschaft, in den verschiedenen emotionalen Beziehungen gemeinsam verbrachten Lebens – nicht nur nimmt, sondern auch gibt, wie die Welle eines Flusses, die die Dinge fortreißt, aber auch Neues bringt.

Ein Gesicht wird mit den Jahren auch intensiver, es gewinnt an Gehalt; ein über lange Zeit geliebter Körper ist anziehender, reizvoller. Natürlich kommt früher oder später der Verfall, von dem Gozzano spricht, doch von Unfällen und Krankheiten einmal abgesehen, setzt er später ein, als man denkt. Neben den Verkündern der Vergänglichkeit gibt es in der Literatur allerdings auch große Dichter der Beständigkeit der weiblichen Reize, großartige Geschichten über reife und greisenhafte Leidenschaft und langlebige Verführungskraft. Guimarães Rosa, um nur ein Beispiel unter vielen zu nennen, hat eine wunderbare Geschichte über die Liebe und über das Verlangen nach einer Frau im fortgeschrittenen Alter erzählt, die »Geschichte von Lélio und Lina« in dem Buch *Corps de ballet*.

Eine der kompetentesten Personen, die La Rochefoucaulds Maxime widerlegen konnte, war übrigens ausgerechnet die Freundin, die sie aus seinem Mund vernommen hatte, Ninon de Lenclos, die Meisterin der Verführung und der Liebeskünste, von der es hieß, sie besitze alle Tugenden – außer einer –, denn sie war eine treue Freundin, gebildet, konsequent in ihren Entschlüssen, frei von Unterwürfigkeit den Mächtigen gegenüber, uneigennützig und großzügig. Als bedeutende Persönlichkeit des gesellschaftlichen und kulturellen Lebens im Frankreich des 17. Jahrhunderts und in den Salons, in denen Philosophie, Literatur und Galanterie zu einer Kultur verschmolzen, gehört Ninon de Lenclos in die Gesellschaftschroniken, vor allem jedoch zum Mythos, wie es sich für eine Göttin der Liebe gehört. Was man über sie weiß, ist ungesichert und endgültig zugleich, die Nachwelt erfährt es aus einem Brief Voltaires und aus überlieferten Anekdoten, aus den Zeugnissen berühmter Vertreter des großen Jahrhunderts oder aus einigen ihr zugeschriebenen Schriften, die zweifelhafter Herkunft oder wahrscheinlich unecht sind, wie ihre vermeintlichen Briefe an den Marquis de Sévigné.

Wechselhaft in der Liebe und beständig in ihren Freundschaften, zählt Ninon de Lenclos einige der wichtigsten Persönlichkeiten der französischen Geschichte zu ihren Liebhabern, von Coligny bis Villarceaux, vom Marquis de Sévigné bis zum Maréchal d'Albret, von Gourville bis zu Jean Banier und zum großen Condé, dem genialen Feldherrn, der einer Anekdote über sein Verhältnis mit Ninon zufolge in den Kämpfen des Mars möglicherweise geschickter war als in denen der Venus. Ninon, die schon mit zehn Jahren Montaigne gelesen hatte, war gebildet und darauf bedacht, die Ernsthaftigkeit ihrer Lektüren, die sie nicht gern zitierte, diskret hinter der Leichtigkeit zu verbergen. Ihr von Poeten und Philosophen besuchter Salon war ein kleines Hôtel Rambouillet, ein Zentrum des mondänen, jedoch auch kulturellen Lebens. Bei ihr suchte Scarron Rat für seine Romane, Molière für seine Komödien und Fontenelle für seine Dialoge. Zu ihrem Kreis von Protegés, Gönnern und Freunden gehörten Corneille, Saint-Évremond, Racine, Boileau und La Fontaine. Auch den blutjungen Voltaire konnte sie noch unterstützen.

Sie war geistreich und frei von jeder albernen Ziererei und hatte nach Aussage ihrer Freunde ein aufrichtiges Wesen, das die Menschen aus ihrer Umgebung verführen, doch auch formen konnte. Mit ihrer weißen Haut, ihrem lebhaften Gesicht und dem makellosen Schnitt ihrer großen schwarzen Augen war Ninon schön und blieb es für immer, wie Guyon de la Sardière einmal sagte. Ihre Legende hat durchaus mit der Unvergänglichkeit ihres Liebreizes zu tun. Sie machte kein Hehl aus ihrem Alter, zumal sie den Überlieferungen zufolge mit Fünfzig noch aussah wie fünfundzwanzig. Doch ihr Charme gründete sich nicht auf die Vortäuschung von Jugend, wie ein geliftetes Gesicht dies tut, sondern lebte auch mit den Zeichen des Alters fort, denn in ihren Falten verbarg sich die Liebe, wie schon Abbé Chaulieu zu berichten wußte.

Nicht nur die Geschichte, wie es in dem von Manzoni in den *Verlobten* zitierten vorgeblichen Manuskript aus dem 17. Jahrhundert heißt, sondern auch Eros ist ein ruhmreicher Krieg gegen die Zeit. Drei Generationen der Marquis de Sévigné verliebten sich in Ninon: Henri, als sie vierunddreißig Jahre alt ist, sein Sohn Charles, als sie sechsundfünfzig ist, und sein Enkel, als sie sechsundsiebzig ist. Mit Siebzig betört sie den Baron Banier, den Sohn des schwedischen Generals. Ihr Mythos gipfelt in einer Episode, die, wiewohl von einigen — recht wenigen — angezweifelt, zum Sinnbild ihres Lebens wurde: Als der zweiunddreißigjährige Gedoyn in Liebe zu ihr entbrennt, bittet Ninon ihn, noch drei Monate zu warten. Der Verliebte gehorcht etwas verblüfft, da die in ihren Ablehnungen unerschütterliche Ninon für gewöhnlich nicht lange fackelte, wenn sie sich für ein Ja entschieden hatte. Als die drei Monate ins Land gegangen waren und geschehen war, was geschehen mußte, fragt er sie nach dem Grund für diesen Aufschub, und Ninon antwortet, sie sei letzte Woche achtzig Jahre alt geworden und habe sich die Koketterie einer Liebschaft jenseits dieser respektablen Schwelle erlauben wollen.

Der zeitliche Rahmen einer Liebesbeziehung, Ninons Ewigkeit der Liebe, scheint für sie bei drei Monaten gelegen zu haben. Doch so, wie Ninon die Liebe niemals dazu benutzte, einen gesellschaftlichen oder wirtschaftlichen Vorteil daraus zu ziehen, brüstete sie sich auch nicht mit ihren Eroberungen, denn sie wußte, daß jede Angeberei dumm ist und daß es nie Sinn hat, mit etwas zu prahlen. Sie maß Liebe und Sex keinen allzu hohen Wert bei, ja, schien beides geradezu zu verachten, verstand es aber gleichwohl, Genuß daraus zu ziehen. Für sie waren dies blinde Instinkte, die ein kurzes, bescheidenes Vergnügen gewähren und unter dem Deckmantel von falscher Erhabenheit und sentimentalem Pathos häufig Unheil und Schmerz verursachen, während sie hinter der Rhetorik der Leidenschaft den schäbigsten, frevelhaftesten Egoismus verbergen.

Ninon glaubte an die Freundschaft, nicht an die Liebe. Ihre Freunde waren es, denen sie selbst in den schwersten Augenblicken treu war, und wenn sie einen in Schwierigkeiten geratenen Geliebten oder Exgeliebten unterstützte, tat sie es im Namen dieses selbstlosen Gefühls der Freund-

schaft, das sich unabhängig von der erotischen Leidenschaft oder trotz deren Täuschungen und Selbsttäuschun-
gen zwischen ihnen erhalten hatte. Ihr Pessimismus in bezug auf die Liebe und ihr Glauben an die Freundschaft
gehören zu einer typisch französischen Tradition, die diese
Ernüchterung hinsichtlich der erotischen Beziehungen
und dieses Vertrauen in die geschwisterliche Solidarität in
großen Romanen und auch in einigen großen Filmen oft
thematisiert hat. Ninon, die zuverlässige Freundin, kann
keine sehr fürsorgliche Mutter gewesen sein, mußte sie doch
ihren Sohn zurückweisen, der sich in sie verliebt hatte, da er
nicht wußte, daß sie seine Mutter war, er sie folglich nie gesehen hatte. Diese abstoßende Kälte in einem so grundlegenden Gefühl wie der Mutterliebe offenbart nicht nur die
Sterilität Ninons, sondern auch die der damaligen Gesellschaft und ihrer Kultur ganz allgemein.

Doch abgesehen von diesem entscheidenden Mangel
liegt in Ninons Flatterhaftigkeit eine melancholische und
entschiedene Moral, die ihr verbietet, ihren umworbenen
Körper und ihre ebenso umworbene Seele, die Jansenisten
wie Molinisten bekehren wollen, zur Ware zu machen, und
die sie veranlaßt, das von den Frauen erlittene Unrecht anzuprangern. Ninon, tugendhaft wie Cato und weise wie
Epikur, so ein Epigramm, scheint in der Frivolität Zuflucht
vor der trostlosen Tiefgründigkeit des Lebens zu suchen.
Ihre Zeit begünstigt dies. Einige Jahrzehnte später wird
die französische Kultur auf eine Leere des Zerfalls und des
Nichts blicken, der die auf ganz andere Art geniale, doch im
Kampf gegen die Zeit ebenso versierte Madame du Deffand wunderbar Ausdruck verleihen wird. Ninon kann
diese radikale intellektuelle Zügellosigkeit noch nicht kennen. Ihr religiöser Skeptizismus würde sie nie zur Vulgarität der Marschallin von Luxemburg verleiten, die sich
nach der Bibellektüre empört darüber zeigte, daß der Heilige Geist so schlecht schreibe. Ninon fürchtet sich nicht vor

der Leere und dem Nichts, wohl aber vor der Melancholie und der Eintönigkeit des Lebens, und ihr genügen zur Ablenkung galante Abenteuer, wie Kindern oder manchen Völkern auf einsamen Inseln Muscheln genügen.

Ihre vermutlich apokryphen Briefe an den Marquis de Sévigné schreiben ihr nicht umsonst einen ernüchterten Pessimismus zu, der die Voraussetzung für eine moralische Gesinnung ist. Diese Briefe bilden so etwas wie einen Briefroman nach Art der *Liaisons dangereuses*, wenn man von den erheblichen dichterischen Unterschieden absieht. Eine Dame gibt einem Edelmann schlaue, zynische Ratschläge zu der anzuwendenden Strategie bei der Verführung einer anderen Frau und ist am Ende selbst in sein Spiel verstrickt, in ihn verliebt und den Qualen der Liebe ausgesetzt. Obgleich oft vorhersehbar und zuweilen abgedroschen, klingt in diesen durchaus scharfsinnigen Briefen doch ein Echo jener großartigen französischen Erzählkunst nach, die mit den *Liaisons dangereuses* ihren Höhepunkt erreichte und die die Liebesleidenschaft unerbittlich analysierte, doch nicht etwa, indem sie den Verstand an die Stelle des Herzens setzte, wie manchmal nahezu vorwurfsvoll behauptet worden ist, sondern indem sie die ganze Qual, die ganze Sehnsucht und die ganze Intensität der Leidenschaft mit dieser strengen, nüchternen Analyse einfing, mit dieser geometrischen Exaktheit, die allein die Abgründe des Herzens ausloten kann und ohne die es nichts als gekünstelte, emphatische Gefühlsduselei gibt.

Die fiktive Frau, die Ninons mutmaßliche Briefe verfaßt, entlarvt die bösartige Erhabenheit, mit der der erotische Egoismus häufig seine Fehltritte und Betrügereien bemäntelt, die Rhetorik unbändiger Leidenschaft und ihrer geheimnisvollen Schicksalhaftigkeit, mit der jemand, der lügt und dem anderen gegenüber respektlos ist, seine Brutalität rechtfertigt, denn er verleiht ihr so einen titanischen Nimbus und ordnet sie einem rätselhaften höheren Gebot seines Herzens zu, das sie angeblich notwendig macht. Mit einem gesunden Augenmerk auf die Körperlichkeit der Liebe und, trotz des unmoralischen Zynismus, zurückhaltend empfänglich für deren wirkliche geistige Tiefe, verteidigen die Briefe ebendiese vor den Täuschungen, die sie verzerren, wenn sie behaupten, in ihrem Namen zu sprechen, und einem einreden, man würde lieben, obwohl man nicht den anderen liebt, sondern nur die eigene Schwärmerei für ihn, und man nicht sein Wohl im Sinn hat, sondern ausschließlich die eigene Befriedigung.

Viel später und mit ganz anderer poetischer Kraft wird Tolstoi in seiner *Kreutzersonate* über die falsche sentimentale Veredlung der Willkür und des sexuellen Besitzes schreiben. So entmystifiziert die Kokotte, die melancholisch darum weiß, daß die Liebe ein Krieg ist, in dem man bewaffnet sein muß, den Kult der Grenzübertretung und erteilt eine noch immer gültige moralische Lektion.

Sex, heißt es in den Briefen, ist wie Geld: ein guter Diener und ein böser Herr. Ninon hätte wohl das Recht gehabt, dies zu sagen, denn vermutlich hat sie nach dieser Sentenz gelebt. Doch auch das genügt nicht zum Glücklichsein, hat doch Ninon, noch in der Krankheit bei klarem Verstand, sogar einmal gesagt, sie hätte zum Strick gegriffen, wenn man ihr in ihrer Jugend gezeigt hätte, was für ein Leben sie erwartete. Doch es ist nicht wenig, mit diesem traurigen Bewußtsein vom eigenen Leben trotzdem die Neunzig (anderen zufolge nur die Fünfundachtzig) erreicht und so oft den Ausspruch des Freundes La Rochefoucauld über das Alter der Frauen widerlegt zu haben.

1992

Linné und die göttliche Vergeltung

Als Linné 1735 einen Park in Hamburg besucht, schreibt er sich die Inschrift über dem Eingangstor in sein Notizbuch: »Tue nichts Böses, so wird dir nicht Böses widerfahren, alibi, wie man in den Wald ruft, so ruft es zurück.« Es ist das Jahr, in dem erstmals sein *Systema naturae* erscheint, die große Systematik, die ihn zum Souverän und zu einer Leitfigur der Naturwissenschaften macht, zu einem Autor, von dem Rousseau unter besonderer Berücksichtigung von Linnés *Philosophia botanica* sagte, er habe von ihm mehr profitiert als von jeder moralischen Abhandlung. Die großen Moralisten, die das Leben und seine Anarchie bis auf den Grund ausloten können, sind vom Dämon der Ordnung getrieben, von der Leidenschaft zu katalogisieren und zu definieren. Dieser Drang zur Vollständigkeit ist zum Scheitern verurteilt, da kein System die unabsehbare Unregelmäßigkeit des Lebens völlig im Zaum halten kann, aber nur die klare, geometrische Liebe zum System gestattet es, die Originalität des Lebens und seine Abweichung vom Gesetz wirklich zu begreifen.

Gerade die Enzyklopädie mit ihren Verzeichnissen in strenger alphabetischer Ordnung beschwört das chaotische, wuchernde Bild der Realität herauf. Wer mit der Unordnung kokettiert und sich in der Pose des Chaotikers gefällt, indem er die Papiere auf seinem Schreibtisch verstreut, um sich den Anschein genialer Unordnung zu geben, ist ein harmloser, wohlmeinender Schwätzer, so wie jemand, der seine Zerstreutheit oder seine liederliche Jugend zur Schau stellt, aber das Dämonische des Lebens schwerlich begreifen wird.

Rousseau sah in dem großen schwedischen Botaniker zu Recht einen Meister der Moral, das heißt begrifflicher Prozesse, die das Denken dazu erziehen, die zwiespältige, unzuverlässige Vielfalt der Welt zu durchdringen, auch wenn Siegesbeck, ein anderer Botaniker, Linné der Unmoral bezichtigte, weil dieser seiner Klassifikation die Geschlechtsmerkmale der Pflanzen zugrunde gelegt hatte und so seiner Meinung nach die jungen Studenten der Staubgefäße und Blütenstempel zu unanständigen Phantasien trieb. Doch Linné liebte die Ordnung nicht nur in der Pflanzenwelt. Diese Inschrift in Hamburg hatte ihn beeindruckt, weil sie für die Moral, also im Reich von Gut und Böse, wo der Mensch die Freiheit hat, sich für eine der beiden Haltungen zu entscheiden, ein ebenso strenges, unerbittliches Gesetz aufstellte wie das, welches in der Natur regiert.

Linné, ein zutiefst gläubiger Mann, war der Ansicht, der Mensch könne frei wählen, ob er Böses tue oder nicht, doch wenn er es einmal getan habe, löse er — Linnés »Physikotheologie« oder »Experimentaltheologie« zufolge — einen unvermeidlichen Mechanismus von Ursache und Wirkung aus, analog zu dem, durch den Dürre die Austrocknung des Bodens verursacht oder das Trinken von Gift zum Tod führt. Linné nannte dieses Gesetz »Nemesis divina«, die göttliche Vergeltung, und verstand darunter einen regulierenden Prozeß in der Natur, der jedes Übermaß ausgleicht und die Balance wiederherstellt.

Nemesis divina ist auch der Titel eines ungewöhnlichen Buches von Linné, das lange unveröffentlicht blieb. Er schrieb es teils auf schwedisch, teils auf lateinisch, zur mahnenden Erziehung seines Sohnes, den er, der König der Naturforscher, 1763 zu seiner Nachfolge auf den Lehrstuhl für Botanik an der Universität Uppsala berufen sollte, obwohl sein Sohn ausgesprochen wenig Begabung für dieses Fachgebiet zeigte. Die von Strindberg sehr geschätzte *Nemesis divina*, die dieser nur auszugsweise gekannt haben kann, ist ein düsteres, eindrucksvolles Buch, in dem dieser Genius des Systems eine grimmige, perfekte Ökonomie des Lebens konstruiert. Linné sammelt und erzählt Geschichten aus der Bibel und von den Klassikern der Antike nach, schreibt vom Leben am schwedischen Hof, aus der akademischen Welt und aus den Chroniken der schwedischen Provinz, um seinem Sohn zu beweisen – so wie man einen Lehrsatz beweist –, daß auf eine begangene Sünde unweigerlich die Strafe folgt.

Diese Schriften für den rein persönlichen Gebrauch sollten unveröffentlicht bleiben, weil Linné den vollen Namen seiner Zeitgenossen, darunter hochgestellter Persönlichkeiten, und deren Schandtaten und Verfehlungen aufführt. Die Realität geizt bei niemandem mit Beispielen der Niedertracht und mit traurigen Ereignissen, und sie tat es auch bei Linné nicht. Die Bibel lieferte ihm Exempel für Gewalt und Vergeltung, für Missetaten und für den Zorn Gottes, der sie rächt, doch nicht weniger finstere und grausame Geschichten boten ihm das Repertoire der Antike und das schwedische Landleben mit der Härte und der elementaren Kargheit der bäuerlichen Welt sowie vor allem die politischen Ereignisse jener stürmischen Zeit in Schweden mit ihren Kämpfen zwischen Königsmacht und Adel wie auch zwischen der aristokratischen Partei der »Hüte« und der bürgerlichen Partei der »Mützen«, einer Zeit der Kriege – so die von Karl XII. und die gegen Preußen –, der gesellschaftlichen Umwälzungen und Staatsstreiche, der Verschwörungen, Hinrichtungen und Bankrotte.

In dieser Mannigfaltigkeit des tückischen und verdorbenen Lebens bewegt sich Linné wie inmitten der Vielfalt der Pflanzen, überzeugt davon, daß die Geschicke der Menschen entsprechend einer präzisen Struktur verlaufen und daß jedes Ereignis, weit entfernt davon, zufällig und exzentrisch zu sein, einen allgemeinen typologischen Wert besitzt wie ein im Herbarium aufbewahrtes Blatt. Seine Beobachtungsgabe, die darauf trainiert ist, die kleinsten Details zu sehen und die signifikanten und beispielhaften zu erkennen, greift die düsteren Episoden jener Tragödie auf, die die Natur, wie es in der Überschrift eines seiner Abschnitte heißt, unaufhörlich rezitiert.

Ein Ehebrecher stirbt Jahre nach seinem Fehltritt, im Schlamm erstickt, in den er gerutscht ist; untreue Ehefrauen werden von Gebärmutterkrebs und anderen schrecklichen Krankheiten zerfressen; Graf Cronhielm tötet einen Bauern, der auf einem zugefrorenen See versehentlich mit ihm zusammenstößt, und wird einige Jahre später von demselben See verschlungen, als das Eis unter ihm bricht; der Vorsitzende eines ungerechten Militärausschusses wird von Gesichtslähmung befallen, und eines seiner »fröhlichsten und vergnügtesten« Mitglieder stirbt an Melancholie; Melander, ein Theologieprofessor aus Uppsala, wird in dem Augenblick gelähmt, als er eine ungerechtfertigte akademische Ernennung verteidigt; blutrünstige Generale und Admirale beschießen Städte und sterben eines gewaltsamen Todes; junge Mütter ersticken ihr Neugeborenes und enden auf dem Schafott oder unter den Rädern einer Kutsche, und auch auf ihre Verführer wartet kein besseres Schicksal. Beinahe in Nachahmung seines Rivalen Buffon konzentriert sich der systematische Linné auf das Verhalten jener Tiere, zu denen nach seinem System auch der Mensch gehört. Wie es bei Gelehrten, auch bei Linné, häufig geschieht, ist es nicht schwer, die Rechnung aufgehen zu lassen. Man muß, wie er, nur warten können, um ein Unglück zu entdecken, das einen Missetäter trifft – wenigstens den unvermeidlichen Tod, der eine gewiß nicht unerhebliche Strafe ist. Das Verhältnis zwischen Schuld und Sühne ist allerdings rigoros: Eine Dame, die einem Dienstmädchen zu Unrecht eine Ohrfeige gab, bricht sich den Knöchel, als sie die Freitreppe hinuntergeht.

In diesen knappen Lehrfabeln, die durch das Grauen vor dem Leben geprägt sind, erweist sich Linné als großer Schriftsteller, der lakonisch und treffend wie die Sagas den Niedergang eines Schicksals in wenigen Zügen zusammenfaßt – sündigen, stehlen, morden, sterben. Wie in der düsteren Schicksalhaftigkeit, die in den nordischen Sagas herrscht, ist das Individuum auch im Epischen dieser Geschichten identisch mit seinem Geschick, Charakter und Schicksal sind untrennbar miteinander verbunden. Linnés Realität ist eine finstere und phantastische skandinavische Welt, die auch Strindberg fasziniert hat und Ingmar Bergman wohl noch immer fasziniert, eine Landschaft mit dunklen Zimmern, schweren, altertümlichen Kleidern, stillen Menschen und einsamen Toden. Die Namen seiner Gestalten, die den einzelnen Geschichten oft ihren Titel geben, folgen im gleichen Rhythmus aufeinander wie der Klang von Notwendigkeit und Melancholie: Norrelius, Bentzelia, Brahe, Horn, Buscagrius, Jaensson, Grubbe, Julinschöld, Kanutius, Krabbe, Kyronius. Das Grauen vor dem Leben – jenes Grauen, das Linné zum Ausdruck brachte, als er die zerstörerische Wut der Insekten beschrieb – geht mit einem Hunger nach Gerechtigkeit einher, der ihn zum Rächer der von ihren Herren unterdrückten Knechte und Mägde macht, doch die Liebe zum System und der biblische Drang nach einer Rache über Generationen hinweg veranlassen den Wissenschaftler, seine These zu beweisen, indem er zufrieden feststellt, daß der ungestraft verstorbene Übeltäter doch noch durch das schreckliche Ende seiner Kinder und Enkel heimgesucht wird. Sein immer wiederkehrender Lieblingsrefrain ist der lateinische Spruch, der besagt: Was die Sau verbrochen, büßen die Ferkel.

Die Religion ist das genaue Gegenteil des von diesem großen Gelehrten und Schriftsteller praktizierten Aberglaubens. Religion ist das, was über das Bestehende hinausgeht und was das Gesetz des Schlachthofs ablehnt, sie ist der Protest gegen das klägliche Quieken dieser Ferkel. Für Linné sind die vom Schicksal geschlagenen Unglücklichen zu Recht bestrafte Missetäter. Doch der Glauben verheißt für die Letzten der Erde, für die, die in Dreck und Elend sterben, hingegen Erlösung.

Linné sah nur die Dinge, die aufeinanderfolgten, die Entwicklungsabläufe in der Natur, und obgleich er – trotz der fröhlichen botanischen Spaziergänge, die er mit seinen Studenten unternahm, um zum Ärger seiner Kollegen wahre Triumphe zu feiern, wenn er eine neue Pflanze entdeckte – einen geheimen Schauder davor empfand, mußte er zugeben, daß das Gesetz dieser Ereignisse gerecht war. Wenn eine Ursache unweigerlich eine Wirkung hervorruft, kann man von der Wirkung auf die Ursache schließen. Ein Unglück oder eine Krankheit werden so zum Zeichen für irgendeinen moralischen Makel, der sie ausgelöst hat. Wer weiß, welcher Sünde, und nicht unbedingt nur der der Völlerei, die Gicht zu verdanken ist, über die Linné klagte.

1986

Goethe, die Prosa der Welt
und die »Weltliteratur«

Am 28. August 1831, seinem letzten Geburtstag, gönnt sich der zweiundachtzigjährige Goethe einen Ausflug in den Thüringer Wald – nach Ilmenau. An die Bretterwände der Holzhütte, zu der er emporsteigt, hatte er fünfzig Jahre zuvor einige der schönsten Verse der Weltliteratur geschrieben, das kurze Gedicht »Über allen Gipfeln ist Ruh'«, wo der sich herabsenkende Abend, das abendliche Schweigen, das Verstummen des Windes in den Wipfeln der Bäume und der bevorstehende Frieden der Nacht beschworen werden, der auch auf den des Todes anspielt.

Goethe, vor der Bretterwand stehend, wiederholt sich selbst die letzten, in seiner damaligen Handschrift geschriebenen Verse: »Warte nur, balde / ruhest du auch.« Das Gedicht ist längst in die Welt gegangen, hat sich von seinem Schöpfer losgesagt, wie ein Baum sich von der Hand dessen frei macht, der ihn gepflanzt und den Unbilden der Natur ausgesetzt hat. 1870 fallen diese Hütte und diese Verse einem Brand anheim. Aber bereits 1831 sind die Verse durch ein Glas geschützt: Goethe und jeder bedeutsame Augenblick seines Lebens sind inzwischen ein historisches Denkmal geworden, wie antike Stücke mit Ehrfurcht bewahrt, und die Hütte ist eine Pilgerstätte, ein Ausflugs- und Reiseziel.

Die Erinnerung an einen sich herabsenkenden Abend – zugleich eine Vorahnung der Zukunft – beunruhigt Goethe zwar leicht, aber er verweilt nicht bei privaten Gefühlen:

Sein Blick schweift über die Landschaft, die vor ihm liegt, er kommentiert die verschiedenen Bergbautechniken der Umgebung und erfreut sich der Tätigkeiten, die diese Landschaft verwandeln. Sein Interesse ist bis zum Schluß auf die Welt gerichtet, die für ihn immer genialer war als sein Geist, die wahre Substanz seiner Dichtung. Im *Wilhelm Meister* lehrt der Abt die »Weltfrömmigkeit«, die *pietas*, die auf die Objektivität der überpersönlichen Gesetze gerichtet ist, durch die das Individuum in den abstrakten Mechanismus der sozialen Beziehungen eingespannt wird; Goethe spricht auch von »weltfreudiger Mystik«, dank deren sich das Subjekt mit der Wirklichkeit identifiziert und gleichzeitig – wie Lynkeus, der Türmer – mit »hoher wohlwollender Ironie« von ferne auf sie schaut, erkennt es doch ihre Mechanik und ihre ganze komplexe Struktur. Entsprechend eines dieser Details, die der exakten Dokumentation und den phantasievollen Interpretationen der Biographen teuer sind, sieht Goethe gegen Mittag des 22. März 1832, kurz bevor er stirbt und nachdem er sich von den elenden Schmerzen und Schrecken der Agonie erholt hat, das Bild einer schönen schwarzhaarigen Frau und zeichnet mit den Fingern ein großes W auf die Bettdecke – für einige der Anfangsbuchstabe von »Welt«.

Die letzten Jahre Goethes stehen im Banne dieses Worts. Goethe spricht begeistert von der neuen »Weltliteratur«, die die alten nationalen und sozialen Grenzen sprengt. Er interessiert sich für die Kanalprojekte von Panama und Suez, verspottet die Philosophen, die in der Enge ihrer Stube mit ihren Grübeleien befaßt sind, ohne je einen Blick aus dem Fenster zu werfen, er verachtet die in ihren Träumen befangenen romantischen Dichter und behauptet in einem sybillinischen Satz seines letzten Romans, Dichtung gewinne in dem Maße an Vollkommenheit, wie sie sich der reinen und objektiven Transparenz des äußeren Lebens nähere. Faust wird vom Dämon der Tat in die »große Welt«

der Geschichte und der Politik geführt, und Goethe selbst, für den die Weltprozesse die Prämisse für jede Dichtung sind, erklärt, daß er das Gespräch mit den Herrschern und den Tyrannen dieser Welt liebt.

Doch zugleich erfüllt ihn die Welt mit tiefem Unbehagen, das er mit marmorn klassischer Würde nur mühsam zu beherrschen vermag. Goethe wußte, daß die Geschichte seiner Zeit vor einer tiefgreifenden Wende stand, von der auch die Natur des Menschen erfaßt wurde: Er erlebte das Ende der jahrtausendealten, individuumsorientierten Kultur und den Beginn einer neuen, unpersönlichen und kollektiven Kultur, in der die Kunst im Sinne einer klassisch-ewigen, universal-menschlichen, individuellen Literatur vielleicht keinen Sinn mehr haben sollte. Ohne sich in die Politik verstricken zu lassen, entwickelt Goethe – vor allem in seinen letzten Lebensjahren – ein starkes Bewußtsein von der Bedeutung, die die realen Gehalte, die Kräfte der »großen Welt« der Politik, die Persönlichkeiten und die sozialen Bewegungen der Weltgeschichte für die Literatur annehmen.

In seinen Aufsätzen über *Adelchi* und über den *Conte di Carmagnola* von Manzoni schätzt Goethe beispielsweise auch das »soviel«, was Manzoni »zu rühmen und zu loben in der Geschichte« gefunden hatte und das ihm große dichterische Möglichkeiten geboten hatte – ganz abgesehen davon, daß er die poetische Schönheit der Texte aufmerksam analysierte und begeistert rühmte. Er hätte die liebenswürdige und bescheidene Antwort Manzonis an Longfellow sicherlich gebilligt: Als der amerikanische Dichter ihm seine Bewunderung für den *Cinque maggio* kundtut, antwortet Manzoni ausweichend, in diesem Gedicht »trage der Tote den Lebenden«, entspringe die Größe vor allem seinem Thema, Napoleon.

Goethe wohnt im Verlauf seines langen Lebens den großen politischen, gesellschaftlichen und kulturellen Ereig-

nissen bei, die zum Entstehen der gegenwärtigen Welt führen. Er ist ein Zeitgenosse der Aufklärung, der Französischen Revolution, des Napoleonischen Kaiserreichs und der
Restauration, des Aufstiegs des Bürgertums und der industriellen Revolution, der Entwicklung der Wissenschaften,
der Hegelschen Philosophie, der Dichtung und des Nihilismus der Romantik. All diese Phänomene, die die überlieferte Ordnung erschüttern und das individuelle Dasein
radikal verändern, indem sie dessen reale schöpferische Autonomie ins Wanken bringen, werden bei Goethe – der sich
als eines der letzten großen Individuen betrachtet – zur
Substanz einer Dichtung, die das Individuelle, indem sie
dessen Untergang verkündet, zu retten weiß. *Faust II*, sein
bedeutendstes Werk, will – nicht zuletzt mit seinen Stil-
strukturen und mit seiner ambivalenten Auflösung der
überlieferten Formen – die »inkommensurable« dichterische Darstellung dieses inkommensurablen Wandels sein,
der das jahrhundertealte europäische Erbe an den Wurzeln
angreift, das Subjekt entmachtet und das Überleben der
Dichtung bedroht.

In seinen letzten Lebensjahren spricht Goethe oft von
der »Weltliteratur«, die vor seinen Augen Gestalt annimmt
und nationalliterarische Grenzen anachronistisch werden
läßt. Der Begriff »Weltliteratur« ist mehrdeutig: zum einen
bezeichnet er einen intensiver werdenden Kulturaustausch
zwischen den Völkern, zum anderen steht er für dichterische Werke, deren Geist Probleme und Motive von kosmopolitischer Weite umspannt; noch häufiger weist dieses
Wort auf ein Netz internationaler Verflechtungen hin, das
nicht so sehr die Literatur als vielmehr andere Sphären
menschlicher Tätigkeit betrifft, wie den Handel, die Industrie und die Wirtschaft im allgemeinen sowie neue Ver-
bindungswege und Kommunikationsmittel.

»Weltliteratur« meint auch und vor allem jenen Wandel gesellschaftlicher Strukturen, der den universalen

Charakter der im Aufkommen begriffenen neuen Literatur bestimmt. Auch in dieser Beziehung ist Goethes Haltung ambivalent: Er begeistert sich zwar für diese konkreten Visionen einer turbulenten Zukunft, feiert die neuen Möglichkeiten, die diese den Menschen eröffnen, fürchtet aber auch, dieser Einigungsprozeß könne eine Nivellierung, eine Verflachung der Mannigfaltigkeit und des Lebens, eine poetische Einförmigkeit bewirken. Und diese dynamisch sich entwickelnde Epoche ist in gewisser Hinsicht auch, so meint Goethe, eine späte und senile, eine ironische Epoche, ein Zeitalter dichterischer Epigonen.

Er selbst erkennt, daß er eine entscheidende Funktion im Prozeß der »Weltliteratur« ausübt. Persönliche Erfahrungen führen ihn zu der Einsicht, daß dieser Prozeß, der Unterschiedlichkeiten versöhnt oder auch nivelliert, mitgeprägt wird von Zufällen und Unregelmäßigkeiten, von Unterschieden, Ungleichgewichten und Anachronismen. Wenn die Weltliteratur Gesellschaften und Nationen verbindet, so sorgt sie auch für ein diskontinuierliches, zusammenhangloses »Nebeneinander« verschiedener Zeiten, ein Verknäueln heterogener Fäden der Zeit und zeitlicher Entwicklungen. Das moderne Zeitalter steht im Zeichen des Übersetzens, und zum Beispiel im Entwurf zum *Volksbuch* – zu dem ihn Niethammer anregte – unterstreicht Goethe die Fähigkeit der Deutschen, Volk der Übersetzung *par excellence*, »fremdes Verdienst anzuerkennen«. »Übersetzungen«, setzt Goethe hinzu, »sind ein wesentlicher Teil unserer Literatur.«

Im klassisch-romantischen Zeitalter, das von dieser Überzeugung weitgehend getragen ist, wird den Deutschen als einer Kulturnation, die keine Staatsnation ist, nicht selten die universalistische und kosmopolitische Aufgabe zuteil, die Früchte und die Ernte aller Zeiten zusammenzutragen, wie Schiller meinte. Die deutsche Kultur sollte das kriti-

sche Bewußtsein sein, in dem die universale Literaturgeschichte als universale Geistesgeschichte ihren Höhepunkt
und ihre Erfüllung findet.

Der übersetzerische Eifer vermag jedoch kein überzeit-
lich-gelassenes Pantheon der großen, ewig gültig jenseits
von Zeit und Raum stehenden Weltliteratur zu schaffen.
Übersetzungen, die im »Nebeneinander« der Bibliothek
und des Lesens verschiedene Jahrhunderte und verschiedene Werte aneinanderreihen, sind auch der Spiegel von
Konflikten und unvereinbaren, einander ausschließenden,
einander befehdenden Werten; sie erschüttern den Glauben an eine lineare und einheitliche Entwicklung der
Geschichte und enthüllen die Geschichte – die Weltgeschichte – als eine Collage verschiedener menschlicher
Entwicklungsstadien, die nunmehr miteinander verbunden sind und nebeneinanderstehen, aber in einer zusam-
menhanglosen Pluralität wie in einem Basar.

Die Weltgeschichte wirkt – oft, wie Goethe sagt, im
Zuge einer gewaltsamen gegenseitigen Durchdringung
im Gefolge der Kriege – als Mittler zwischen unterschiedlichsten Völkern und Gesellschaften in zuweilen derart unterschiedlichen Entwicklungsstadien, als lebten sie in verschiedenen Epochen oder verschiedenen Jahrhunderten.
Die vormoderne Isolierung der Völker tat dieser konkreten
Distanz, die, in geistiger wie gesellschaftlicher Hinsicht,
einer regelrecht zeitlichen Distanz entsprach, keine Gewalt
an. Die moderne Geschichte ermöglicht durch das Niederreißen alter Schranken auch die Mischung verschiedener
Zeiten, sie verwandelt die Welt in einen Markt, in ein La-
gerhaus, in dem die Epochen wie in einem Antiquitätenge-
schäft fein nebeneinanderstehen; sie gebiert den eklekti-
schen und historistischen, in Wirklichkeit posthistorischen
Menschen: das zeitgenössische Individuum, das Nietzscheanische Individuum, das vom historischen Gedächtnis
und von der Gleichzeitigkeit der ganzen Vergangenheit er-

drückt wird, den Musilschen Mann ohne Eigenschaften, der – so heißt es in einem der ersten Kapitel des gleichnamigen Romans – in einem Haus wohnt, das aus einer hybriden Überlagerung und Vermischung unterschiedlicher Stile und verschiedener Epochen besteht.

Goethe, der die mit Motiven aus seinem *Werther* dekorierten chinesischen Porzellantassen noch zu sehen bekommt, ist sich dieses aufkommenden Un-Stils der Weltgeschichte und somit auch der Weltliteratur völlig bewußt, selbst wenn er die progressiven und emanzipatorischen Elemente dieses Prozesses, der ihn fasziniert und zugleich entsetzt, nie aberkennt. *Faust II* will das kosmisch-natürlich-historische Werden darstellen, die Genese der modernen Welt aus der Begegnung zwischen der germanisch-christlichen und der klassischen Kultur, und auch die Prophezeiung sein, ein freies Volk werde auf einem freien, der Natur qua Arbeit entrissenen Grund leben. *Faust II* ist allerdings auch, wie Pietro Citali geschrieben hat, eine Art *café-chantant*, in dem die Figuren verschiedener historischer Epochen wie die Figuren einer Maskerade, wie in einem kosmischen Karnevalszug aufmarschieren; Faust fühlt sich verführt, aber auch entfremdet vor diesem Laufsteg des Werdens, der längst zur Parodie und zur Verspottung der Geschichte geworden ist, zur Operette als Bühne des posthistorischen Menschen.

In seinem Verhältnis zur Weltliteratur wirkt die sich übergroß, allgemein und karikaturistisch ausnehmende universale Dimension eines jeden – auch noch so kleinen – Phänomens der modernen Geschichte anziehend und abstoßend zugleich auf Goethe.

Rein literarisch bezeichnet Weltliteratur, wie wiederholt zutreffend betont wurde, sowohl Goethes Interesse an den verschiedenen fremden Literaturen, als auch seine eigene außergewöhnliche Rolle im literarischen Weltgeschehen. Goethe macht sich die französischen, englischen, italienischen und spanischen Klassiker zu eigen; er befaßt sich mit Voltaire, er liebt Sterne, überträgt die Lektion Goldsmith' in die Erzählung von seiner Liebe zu Friederike, beschäftigt sich mit der jüdischen Genialität und belehnt seine Klassik mit der Moral eines Racine, er übersetzt Benvenuto Cellini; erkennt sich in der persischen Dichtung bis hin zur Selbstidentifizierung wieder; er liest die großen Spanier und peripherischen Literaturen, ganz zu schweigen von der Bedeutung, die Shakespeare und die Alten für ihn haben.

Bei Weltliteratur denkt man außerdem an seine höchst persönlichen Beziehungen zu den größten und berühmtesten zeitgenössischen Autoren – von Scott bis Madame de Staël, von Byron bis Nerval und Carlyle –, an seine Rolle als idealer Mittelpunkt der europäischen Kultur, an sein Haus in Weimar, das mit Ehrfurcht und geradezu penetranter Insistenz von der europäischen Intelligenzija aufgesucht wird. Weltliteratur bedeutet auch internationale Ausstrahlung und Verbreitung seiner Werke, die in ganz Europa übersetzt und imitiert werden und unversehens erneut mit einem Gesicht vor ihm stehen, von dem er sich in der Zwischenzeit befreit hat oder meint, sich befreit zu haben. All das führt ihm auch eine marktimplizite Verfremdung vor Augen, der Markt gehorcht nunmehr anonymen und objektiven Gesetzen und entzieht sich der direkten Beziehung zwischen Autor, Auftraggeber und Publikum. Ein Schriftsteller im kleinen Kreise von Weimar könnte sich der Illusion hingeben, er beherrsche diese Beziehung, wäre das kleine Weimar nicht ein Knotenpunkt im internationalen »Freihandel der Begriffe und der Gefühle«, wie Goethe selbst die Weltliteratur nennt.

Das Verhältnis zwischen *Werther*, seinem Erfolg und dem Wertherismus ist ein typisches Beispiel für die vielen zwangsläufigen Mißverständnisse im Prozeß der Weltliteratur. Im Falle des *Werther* ist Goethe sowohl als Protagonist als auch, zumindest teilweise, als Opfer in diesen Prozeß eingebunden. Es irritierte ihn, wurde er, vor allem im Ausland, als der Autor des *Werther* gefeiert, während er selbst meinte, jene alte Haut habe er längst abgestreift. Der Prozeß der Weltliteratur impliziert, wie gesagt, eine unangenehme Verflechtung der Zeiten nach vorn, aber auch zurück, wobei Goethes Reife und Alter immer wieder gezwungenermaßen mit seiner Jugend zusammenprallte.

Es ist aber nicht nur das Unbehagen des Klassikers, das sich nicht mehr als den *Stürmer* vergangener Zeiten wiedererkennen will. Das Unbehagen ging tiefer, entsprang dem Wissen um ein grundlegendes und unvermeidliches Mißverständnis. In De Mussets *La confession d'un enfant du siècle*, wo Faust und Werther in einem groben, aber aufschlußreichen Mißverständnis einander überlagert werden, wird Goethe der »Patriarch einer neuen Literatur« genannt. Nachdem Goethe im *Werther*, so heißt es dort, die Leidenschaft porträtiert hat, die zum Selbstmord führt, zeichnet er im *Faust* die düsterste Menschengestalt, die das Böse und das Unglück je dargestellt hat. Von Anfang an muß Goethe solche eklatanten Fehlinterpretationen über sich ergehen lassen, die sein Werk entstellen und somit das Klima einer »Weltliteratur« offenbaren, die ihm verhaßt ist.

Der weltweite Erfolg des *Werther* ist die Geschichte dieses vielsagenden Mißverständnisses. Chateaubriand spricht in bezug auf *Werther* von »Gift«, die wertherischen Helden bei Chateaubriand selbst, bei Constant, Sénancour oder De Musset schwelgen im *mal du siècle*, in der Trägheit und in der Enttäuschung, im *spleen*, während der *Werther* in England, wie in vielen anderen Ländern, als unmoralisch verurteilt wird; selbst Foscolo sagt, der Selbstmord von Jacopo Ortis sei das Ergebnis »bestimmter Zeiten«, während Werthers Selbstmord aus der Pathologie bestimmter Individuen resultiere. Der Held in *Eugen Onegin* nimmt byronsche Posen an, die sich an den – verzerrten – Posen Werthers inspirieren. Die Liste könnte fortgesetzt werden in einem riesigen, schon oft von der Kritik skizzierten Panorama, das Autoren, Werke und Literaturen der verschiedensten Länder umfaßt.

Die Werther-Figuren erscheinen vor der Prosa der Welt müde resigniert. Goethes Werther bringt sich aber, wie Fortini festgestellt hat, aus genau entgegengesetzten Gründen um: Er will die Spaltung zwischen der Poesie des Herzens und der Prosa der Wirklichkeit der Welt nicht hinnehmen. Auch aus diesem Grunde meinte Goethe, Werther sei vielleicht ein besseres Schicksal beschieden als dem, der ihn – wie sein Verfasser – überlebt hat.

Von ihm – dem Liebling der Götter, dem Sieger über das Leben, dem Kind der Gunst und des Glücks – hatte das Schicksal vielleicht wirklich zuviel verlangt, wie er einmal gesagt hat. In seiner Jugend war er dazu berufen, die Fülle des Daseins, das Individuum zu besingen, das in Vollkommenheit und Harmonie seine Persönlichkeit ausbildet und seine Energien im Einklang mit dem Fortschritt und mit der Freiheit der Welt entfaltet. In den vorrevolutionären Jahren besingt Goethe, wie Baioni betont, im *Prometheus* die titanische Autonomie des Individuums und feiert die Positivität des Wettstreits und des Kampfes, die für ihn notwendig und befreiend sind. Nach der Revolution und angesichts des radikalen Umschwungs der europäischen Gesellschaft verliert er dieses Vertrauen und zeigt im *Faust* die dem gesellschaftlichen Wachstum inhärente Verflechtung von Fortschritt und Gewalt auf. Die gesamte Realität scheint so unwirklich geworden zu sein wie das von Mephistopheles erfundene Papiergeld, ein fiktiver Wert, der nichts bedeutet und doch das Individuum entfremdet, seine Natur verwandelt und sie in der Vertretbarkeit des Tauschwerts auflöst. Selbst Helena, die erhabenste Manifestation des klassischen Ideals beziehungsweise des universal Menschlichen, vollkommen verwirklicht in der Schönheit der Form, die auch die moralische Harmonie in sich vereint, selbst sie wird als »Schein« definiert, mit demselben Begriff wie die Währung aus Papier.

Schmerzlich nimmt Goethe zur Kenntnis, daß eine vollkommene Entfaltung des Individuums nicht möglich ist, daß es eine Harmonie nicht gibt. Ordnungsgemäßer sozialer Fortschritt und eine volle Entfaltung persönlicher Energien können sich einzig und allein antithetisch zueinander verhalten. Gegen sein innerstes Wesen akzeptiert er, daß das Individuum gespalten ist und angesichts dieser Spaltung resigniert. Er opfert das Bedürfnis nach einer Poesie des Herzens, nach einem erfüllten und erlebnisreichen Leben, der Prosa der Wirklichkeit und der Welt, wie sie Hegel nannte. Es herrschen jetzt die prosaische Ordnung der Dinge und das anonyme Netz gesellschaftlicher Beziehungen, wo das Individuum im kollektiven Mechanismus zu undurchschaubaren Zwecken manipuliert wird.

Werther weigert sich, diesen Preis an den Lauf der Welt zu zahlen; er will keine Figur der zeitgenössischen Welt sein, kein negativer Held der zeitgenössischen Weltliteratur. Im berühmten Gespräch zwischen Goethe und Napoleon, einem großen Dialog über die neue Weltliteratur, macht Napoleon Goethe die Tatsache, daß er im *Werther* die Liebesleidenschaft mit dem politischen Motiv verknüpft, zum Vorwurf. Napoleon war aber selbst einer der Protagonisten und einer der Erbauer dieser neuen Welt, die die Spaltung der individuellen Totalität forderte, jene Spaltung, die Werther nicht bereit und nicht imstande war zu akzeptieren.

Goethe – archaisch und prophetisch zugleich – begriff, daß die Modernität sich sehr bald in eine zweideutige Negativität auflösen mußte, die jeder dialektischen Synthese abhold ist. Der *Faust* ist nicht nur ein modernes Epos der Tat, die sich selbst und auch die eigenen Fehler rettet, sondern auch ein zeitgenössisches Epos der »Sorge«, der Angst,

die jedem Handeln innewohnt, ein Epos, das auch irgendwie etwas anderes braucht, etwas Undefinierbares und
Unentscheidbares. Goethe, den alten Werten stärker verpflichtet als Hegel, weigert sich, die Poesie des Herzens völlig in die Prosa der Welt aufzunehmen. Er ist Hegel aber da
voraus, wo er das Fundament der Modernität an sich, das
Prinzip der dialektischen Synthese, in Frage stellt und in
seinem Werk, zum Beispiel in den *Wahlverwandtschaften*,
eine Bresche schlägt für unüberwindbare Unentschieden-
heit, heterogene und unversöhnliche Bruchstückhaftig-
keit. Er macht sich keine Illusion mehr ob eines positiven
Ausgleichs der Gegensätze, ob einer Überwindung des Negativen. Der Widerspruch kann nicht beseitigt werden.

Goethe fährt fort, als ein großes Individuum zu leben,
wissend, daß die großen Individuen in dieser Welt fehl am
Platze sind, und dieses Wissen um den Fehleinsatz verleiht
seiner königlichen Selbstgefälligkeit etwas Dämonisches.
Charlotte von Schiller meinte, er gründe auf ein Nichts,
sein Alter – ein Gemisch aus sinnlicher Heiterkeit und abstrakter Absenz – ist nichts anderes als ein Spiel zur Umge-
hung dieses Nichts, ein Spiel, das ihn um weniges daran
hindert, an die Statur jener sechs oder sieben Allergrößten
der Weltliteratur heranzureichen, mit denen er, wie er
wußte, sich nicht vergleichen konnte.

Die Ernüchterung, mit der Goethe auf die moderne
Weltgeschichte und auf die moderne Weltliteratur schaut,
entspricht dem distanzierten Lächeln, mit dem er sie ab-
wehrt (Morpurgo-Tagliabue) und mit dem er dem sich
ihm enthüllenden ideologischen und sozialen Totalitarismus der Welt entgeht. Als Kenner des modernen Nihilismus, von dem auch seine Dichtung nicht unberührt bleibt,
zeichnet ihn Goethe im *Faust II*, dem grandiosen und
spöttischen *cabaret* der Weltliteratur. Zuweilen vergißt er
aber diesen Nihilismus, und es entstehen altmodische Ge-
legenheitsgedichte und leichtfüßige herkömmliche Verse,

denen ähnlich, mit denen man noch heute einen Geburtstag oder die Einweihung einer Almhütte feiert. Der Wandel der Welt beunruhigt ihn, doch ist seine Dichtung das Gesetz des sich erneuernden Lebens, das »stirb und werde«. Gegenüber solchen Veränderungen hat Goethe kein ideologisches Rezept: Wann immer jemand von Seiner Exzellenz, dem Geheimrat, ein solches erhoffte, wartend, bis Seine Exzellenz − schweigend vor einer Flasche Rotwein sitzend − »zu denken aufhören« würde, erhob sich Seine Exzellenz alsdann mit den Worten: »Ich wünsche den Freunden eine gute Nacht.«

1983

Die Übersetzung erschien erstmals in: *Goethe und Italien. Vorträge anläßlich des deutsch-italienischen Symposiums am 22. November 1982*, Bouvier Verlag, Bonn 1983.

Dreiundneunzig: Schrecken und Glanz
der Revolution

Unlängst begab sich Solschenizyn in die Vendée, um die Opfer der jakobinischen Schreckensherrschaft aus der Zeit des Nationalkonvents und des Krieges zu ehren, den das revolutionäre Frankreich 1793 gegen Europa und im eigenen Land führte. Seine Geste ist nicht nur ein Zeichen der *pietas* gegenüber den damaligen Besiegten, die durch das Gedenken an die Sieger zuweilen in Vergessenheit gerieten, und gegenüber dem Leid während der grausamen ideologischen Auseinandersetzung, die eine jahrhundertealte Gesellschaftsordnung umstürzte; nein, Solschenizyns Wallfahrt soll das Jahr dreiundneunzig auch als Symbol der Revolution und als Wiege der aus ihr hervorgegangenen neuen Welt in Abrede stellen.

Diese Jahreszahl Dreiundneunzig, die einem Roman von Victor Hugo seinen Titel gab, ist nicht mehr nur eine in Ziffern geschriebene Zahl, sondern nun auch der Name einer überlebensgroßen Gestalt; sie ist das Phantom einer unvollendet gebliebenen radikalen Umwälzung der Geschichte, die vielen bis vor wenigen Jahren noch als das definitive Ende der Geschichte überhaupt erschien, eine Fahne, die oft fiel, jedoch dazu bestimmt, immer wieder aufgehoben und eines Tages über einer erneuerten Welt gehißt zu werden.

Heute haftet der Idee der Revolution und den wichtigsten revolutionären Erhebungen in der Geschichte, von der französischen bis hin zur russischen, ein ebenso verbreiteter schlechter Ruf an. Einzige Ausnahme bleibt die englische, die als, wiewohl einschneidendes, Evolutionsmoment ohne chiliastisches Pathos verstanden wird.

Das Wiederaufleben des royalistischen Gedankenguts ist mehr als die gebührende Ehrung der Besiegten und ihres Mutes, es hebt sich deutlich von einer liberalen, demokratischen Kritik ab, die die Schreckensherrschaft und den Radikalismus von dreiundneunzig ablehnt, ohne deshalb die Grundsätze des Jahres 1789 und der aus ihnen hervorgegangenen Freiheiten zu verleugnen. Die Verherrlichung der Vendée richtet sich implizit gegen die moderne Demokratie, die trotz einiger Wirren und Rückschritte kennzeichnend für die Geschichte des Westens seit der Französischen Revolution ist.

Victor Hugo zog nicht so vehement wie Solschenizyn gegen die Schreckensherrschaft zu Felde und zollte deren Opfern weniger Achtung. Er hatte erkannt, daß man sich nicht nur auf das für jeden Demokraten erhebende und zu preisende Jahr 1789 konzentrieren sollte, um die moderne Geschichte und die Versprechen von Freiheit und Fortschritt, die sie aufleuchten läßt, erfüllt und oft zunichte macht, gründlich aufzuarbeiten, sondern auch auf das Jahr dreiundneunzig, das die Errungenschaften von neunundachtzig ausbaut und zugleich zerstört, indem es sie in der Gegenwart negiert und für die Zukunft rettet.

Victor Hugo beendet seinen Roman *Dreiundneunzig* im Jahr 1873. Er ist entsetzt über den Totalitarismus des Nationalkonvents, spürt jedoch, daß die ihm wichtigen Freiheiten, in deren Namen er die Anhänger Robespierres kritisiert, dem von diesen geführten Kampf viel zu verdanken haben – einem Kampf mit unannehmbaren Mitteln, die er nicht als historisch notwendig akzeptieren will. Daher bezeichnet er den Konvent in der Rede anläßlich seiner Aufnahme in die Académie française als »düsteres, finsteres, schreckliches, doch erhabenes Kapitel«, sieht er doch zunehmend nicht nur die Verirrung, sondern auch die Größe des Konvents.

Das Wort *erhaben* ist nicht nur schmeichelhaft. Das Erhabene ist auch unmenschlich, es ist das, was die Grenzen der Intelligenz, der Phantasie und des Gefühls überschreitet und niederreißt. Erhaben ist der Taumel des Unendlichen, der Sturm, der Tod. Bezeichnet man die Revolution als erhaben, bedeutet das nicht, daß man sie herbeisehnt, wie man auch einen Sturm nicht herbeisehnt, sondern daß man den Auftrieb anerkennt, den sie der Geschichte verleiht.

In einem seiner frühen, noch monarchistischen Gedichte verherrlicht Hugo die Vendée als »Schwester der Thermopylen«. Dann geht er allmählich zu liberalen, republikanischen, demokratischen und sozialismusähnlichen Positionen über und preist das Jahr neunundachtzig, während er den Extremismus des Jahres dreiundneunzig verurteilt. Die Faszination, die dieses Jahr schließlich doch auf ihn auszuüben beginnt, hängt gewiß auch mit seiner Begeisterung für das Grandiose und Ungewöhnliche zusammen. Der Nationalkonvent fasziniert ihn ebenso wie der Sturm, der sich zu Beginn des Romans über dem Schiff der Vendéer entlädt, auf dem Marquis de Lantenac, der Anführer der Reaktion, nach Frankreich reist.

Hugo ändert seine Meinung über die jakobinische Schreckensherrschaft nicht. Er betrachtet sie als den letzten Ausbruch einer jahrhundertealten Gewalt, durch die sie erst erzeugt wurde und der nun sie gewaltsam ein Ende setzt. Mehr als einmal erklärt er, daß gerade die Ungerechtigkeiten der feudalistischen und monarchistischen Vergangenheit zu der Guillotine geführt haben. In dem Gedicht »Le verso de la page« wirft der abgeschlagene Kopf von Louis XVI. seinen Vätern, den Statuen der Könige von Frankreich, vor, die »schreckliche Maschine«, die ihn abschlug, geschaffen zu haben. Und ein anderes seiner Gedichte betont, daß es erforderlich sei, durch Unheil aus dem Unheil zu gelangen. Die Gewalttaten des Jahres dreiundneunzig sind für Hugo aus der Notwendigkeit entstanden, in wenigen Monaten ganze Jahrhunderte der Unterdrückung zu beseitigen, und nun, da diese Notwendigkeit nicht mehr bestehe – und »die Zukunft schon da« sei –, müsse alle Gewalt aufhören und der Milde weichen.

Man kann diesen Glauben leicht belächeln, und auch Victor Hugo, der noch die Pariser Kommune und ihre Niederschlagung erlebte, hielt nicht lange daran fest. Jede Zukunftshoffnung zu verhöhnen gehört mittlerweile zum obligatorischen Repertoire der Vulgarität. Hugo weiß jedoch, daß es ohne diesen oft verleugneten Glauben weder Fortschritt noch Freiheit gibt. Die Idee der Revolution ist wie ein Gärstoff, ohne den man kein Brot backen kann, auch wenn sich mit dem Gärstoff allein ebenfalls kein Brot herstellen läßt. Die Französische Revolution ist für ihn ein epochales Ereignis, das die Geschichte zerschlagen hat, eine brutale Geburt der Moderne, »ein Vertrag für die ganze Menschheit«.

Er kritisiert die Gewalt auch weiterhin, doch nicht nur die revolutionäre, wie es so häufig geschieht. Man zeigt viel Verständnis für die Staatsräson, für ihre Kompromisse und ihre Verbrechen, solange sie von der traditionellen Macht ausgeht, verdammt sie aber mit einem unbeugsamen evangelischen Geist, wenn Revolutionäre sich damit beflecken. Verantwortlich für diese Ungerechtigkeit sind in erster Linie natürlich die Revolutionäre selbst, denn sie handeln – und proklamieren dies auch – im Namen der Tugend, doch Hugo reiht sich nicht unter denen ein, die mit einem Entsetzen, das er teilt, zwar stets die blutrünstigen Menschen vor Augen haben, die während des Großen Schreckens begeistert den Exekutionen mit der Guillotine beiwohnten (also zur »Roten Messe« gingen, wie er in seinem Roman schreibt), andererseits aber mit wohlwollender Nachsicht die Damen vergessen, die 1871 begeistert der Erschießung der Kommunarden, auch der von Kindern, beiwohnten.

Der Glauben an eine strahlende Zukunft, diese oft gefährliche Rechtfertigung für die Schandtaten der Gegenwart, die den Weg für die Zukunft bereitet, hallt in *Dreiundneunzig* mit den Donnerschlägen eines Erdbebens wider, zwischen stürmischen Widersprüchen und großherzigen Ungewißheiten, die die feierliche Größe dieses Romans ausmachen.

Hugo spricht durch Cimourdain, seinen höchst lauteren, fanatischen Helden, einen jakobinischen Priester, dem zufolge »die Revolution eines Tages die Rechtfertigung des Schreckens sein wird«, den der Autor zwar verabscheut, jedoch als notwendiges Opfer betrachtet. Hugo spricht auch durch Gauvain, seinen strahlenden, zutiefst menschlichen Helden, der tapfer für die Revolution kämpft, aber da er im Namen der Menschlichkeit gegen das grausame Kriegsgesetz verstoßen hat, von seinem geistlichen Vater Cimourdain aufs Schafott gebracht wird, obwohl dieser ihn mehr als alles andere auf der Welt liebt: »Hütet euch davor«, sagt Gauvain, »daß die Schreckensherrschaft zur Schande der Revolution wird!«

Auf der anderen Seite steht der Marquis de Lantenac, ein alter Aristokrat, unerschrocken und unerbittlich, bereit, der Sache der Reaktion alles, auch sich selbst, zu opfern, der befiehlt, daß einer seiner Seeleute einen Orden erhält und kurz darauf erschossen wird, weil er zwar eine mutige Tat vollbracht, sich aber auch der Nachlässigkeit schuldig gemacht hat.

Mehrmals stellt der Autor die Brutalität der Monarchisten auf eine Stufe mit der der Republikaner, denn für ihn ist der blutige Bürgerkrieg, wie er schreibt, ein Krieg von Barbaren gegen Wilde. Trotzdem gibt es für Hugo objektiv einen großen Unterschied zwischen der jakobinischen Erbarmungslosigkeit Cimourdains und der des Vendéers Lantenac. Cimourdain ist der Mann der Zukunft und der Menschlichkeit, denen er in seinem Fanatismus bereitwillig nicht nur sich selbst, sondern auch die Gegenwart und die Menschen opfern würde. Sein Ideal ist Hugo zufolge die wahre Emanzipation des Menschen und die Erlangung konkreter Freiheiten für sie, während der Marquis de Lantenac für den Fortbestand des Unmenschlichen, der Ignoranz und der Grausamkeit kämpft.

Mit der Gerechtigkeit des Dichters schildert Hugo Lantenac wesentlich lebendiger, so daß dieser eine Gestalt aus Fleisch und Blut wird, mit der physischen und emotionalen Konkretheit eines Aristokraten des Ancien régime, gegen den die fiebrige Blässe Cimourdains die Abstraktheit einer Idee und eine körperlich nahezu abstoßende Askese besitzt. Lantenac ist sogar zu einer überraschenden, edlen Einzeltat fähig, denn er rettet drei Kinder vor dem Feuertod und fällt dadurch den Revolutionären in die Hände.

Cimourdain opfert sich selbst, als er Gauvain, den tapferen Revolutionsführer, zum Tode verurteilt (er nimmt sich das Leben, nachdem er den Befehl zu dessen Exekution gegeben hat) – Gauvain, den er wie einen Sohn liebt und der, durch Lantenacs Tat gerührt, diesen freiläßt, damit aber gegen das Gesetz verstößt und die Sache der Republik gefährdet, für die er kämpft und an die er glaubt. Cimourdain steht über Lantenac, so wie ein Gesetzesparagraph, der Menschen aus Fleisch und Blut ihre Freiheit garantiert, höher steht als ein kräftiger, temperamentvoller Mann, der sich dafür einsetzt, daß Menschen aus Fleisch und Blut Sklaven bleiben.

Gauvain steht über beiden, denn er vereint die Revolution mit Barmherzigkeit, Freiheit mit Liebe, Menschlichkeit mit den Menschen und den Sinn für das Gesetz mit dem Sinn für die Abweichung, die jedes individuelle Leben dem Gesetz gegenüber darstellt. Trotzdem erklärt er sich für schuldig und empfindet seine Verurteilung als gerecht, denn er weiß, daß er mit der Befreiung Lantenacs den Sieg derer begünstigte, die die Menschen knechten wollen, zu deren Verteidigung er berufen ist. Gauvain ist der ideale Mann der Zukunft, doch Cimourdain ist derjenige, der darauf hinwirkt, daß diese Zukunft und diese Barmherzigkeit auch möglich werden. Gauvain gibt Cimourdain, der ihn guillotiniert, recht.

In der Auseinandersetzung zwischen den verschiedenen Reaktionen auf diese geschichtliche Tragödie ist das Verhalten des Unteroffiziers Radoub, des schnurrbärtigen, rauhen und unerschrockenen Soldaten der Revolutionstruppen, wohl das nobelste, da er gegen die Verurteilung seines Kommandanten Gauvain stimmt. Radoub ist neben der strahlenden, doch allzu idealen Gestalt Gauvains einer der wenigen Revolutionsanhänger im Roman, die rundum Sympathie wecken. Hugo schildert und besingt die Revolution in ihrem schlimmsten, wenn auch großen Moment und arbeitet selbst die negativsten Aspekte mit außergewöhnlicher Unvoreingenommenheit heraus. Auf unvergeßlichen Seiten beschreibt er die Improvisation, die Hast, die kollektive Erregung, die Grausamkeit, den Fanatismus, der überall Verrat wittert und ihn bestraft, bevor er begangen wurde, die Oberflächlichkeit, das Mißtrauen, die zwanghafte Rhetorik und die Spirale, die sich weiterdreht, bis die Revolution ihre Kinder und sich selbst frißt.

Vor allem aber schildert er den ungestümen totalisierenden Geist, der das Leben vollkommen vereinnahmt und weder Raum für Vertrautheit noch für ein Privatleben läßt, da er alles vor aller Augen zerrt und das Leben zwingt, in einer Aufregung, die das Individuum enteignet, öffentlich gelebt zu werden. Die Guillotine ist nicht länger die schreckliche, von der Vergangenheit erzeugte Maschine, die die Ungerechtigkeit der Vergangenheit zerstören soll, sondern so etwas wie ein obszönes erotisches Gerät. Einige

Romanpassagen – wie die, in der die Abstimmung über die Verurteilung des Königs und die Frauen auf der Tribüne beschrieben werden, die die Stimmen zählen und sie nacheinander in eine Liste eintragen, wie man es heute bei Literaturpreisen tut – zeichnen ein gültiges Porträt von der Revolution als einer Masseninszenierung und als ein Kernstück der Spektakularisierung, die das ganze moderne Leben ergreift und Tragödien in Parodien verwandelt. Auch deshalb ist die erneute Lektüre von *Dreiundneunzig* heute eine Abrechnung mit dem Kurzschluß zwischen revolutionärer Orgie oder Lust und reaktionärem Zynismus, der unsere Zeit geprägt hat. Hugo kritisiert in seiner Aufrichtigkeit auch die rückschrittlichen Seiten der jakobinischen Gesinnung, wie etwa die traditionalistische Stellung Cimourdains zur Frau, die seines Erachtens dem Mann von Natur aus untertan ist – eine Auffassung, die der milde oder gemäßigte Gauvain allerdings ablehnt, da er in diesem Punkt radikal demokratisch denkt.

Im Unterschied zu denen, die Orgasmus und Revolution miteinander verwechselten, weiß Hugo, daß letztere nicht wünschenswert ist. Klugerweise verzichtet er in seinem Roman auf jede Liebesgeschichte, da revolutionäre Hingabe und Gewalt seiner Ansicht nach Liebe nicht zulassen. Die Revolution ist nicht das Verlangen, sondern das Opfer desjenigen, der sein persönliches Glück der Pflicht unterordnet, dafür zu kämpfen, daß vielen anderen das Glück nicht verwehrt wird.

Das ist die Größe, die Hugo mit seinem Roman *Dreiundneunzig* zeigt: Der Konvent ist auch mit seinen Irrtümern, seinen Exzessen und seinen Abnormitäten eine Wiege der Kultur, er setzt eine grandiose Entwicklung konkreter bürgerlicher Freiheiten in Gang, die die Zukunft prägen werden, schafft ein Bewußtsein für universelle Rechte und Werte und trägt dazu bei, die Ketten der Menschheit zu sprengen.

Deshalb ist die Vendée für Hugo trotz allem eine Hydra, und die Könige, die das neue Frankreich ersticken wollen, sind für ihn Tiger. All das bleibt nicht nur eine ideologische Aussage, sondern wird zum eigentlichen Inhalt des Romans, zu seinem Geist, zu seinem epischen Pathos.

Hugo erkennt die subjektive Unverfälschtheit der von den Vendéern tapfer verteidigten Werte an, zeigt jedoch, wie die Hydra der Vergangenheit, die königstreue Ideologie, ebendiese Werte manipuliert und pervertiert, indem sie sie dazu benutzt, die Bauern der Vendée zu einem Kampf aufzustacheln, der ohne ihr Wissen die gegen sie gerichtete Unterdrückung und Barbarei triumphieren läßt. Nur in den revolutionären Truppen werden die Werte, die die Vendéer unter Beweis stellen − Mut, Treue, Freundschaft, familiäre Verbundenheit −, auch auf historischer Ebene authentisch, sie werden für die ganze Menschheit verteidigt und nicht für deren Spaltung und Knechtung instrumentalisiert. Der wahre Held ist Unteroffizier Radoub, immun gegen jahrhundertealte Vorurteile und Sektierertum und fähig, kühn zu leben, zu kämpfen, zu lieben und zu verzeihen.

Als zum Republikaner und Demokraten bekehrter Monarchist − und zwar in einer Entwicklung, die menschlich wesentlich fruchtbarer ist als etwa die Unversöhnlichkeit, durch die viele Revolutionäre zu Erzkonservativen werden − vergißt Hugo weder die Werte des alten Frankreichs noch die regionale und partikularistische Vielfalt des Landes, die der Marquis de Lantenac dem jakobinischen Zentralismus mit Worten entgegenstellt, die in der heutigen Forderung nach Vielfältigkeit wieder hochaktuell sind. Doch damit diese Vielfalt nicht zum Machtinstrument verkommt, ist es Hugo zufolge in der damaligen historischen Situation ein Glück, daß sich das Zentrum in der Peripherie durchsetzt, daß Paris Frankreich besiegt und daß Frankreich Europa besiegt.

Es ist die »Zeit epischer Kämpfe«, wie es in einem der ersten Sätze von *Dreiundneunzig* heißt. Episch bedeutet auch Totalität, bewegtes Dahinströmen des gesamten Lebens, das in seiner Ganzheit, in der Tragödie und in der Parodie, in seinen gewaltigen Widersprüchen akzeptiert und besungen wird. In diesem Meer des Lebens und der Geschichte fühlt sich Hugo wie in seinem Element, und er gibt es mit einem grandiosen, ungewöhnlichen Fresko wieder, mit einer von Flaubert beklagten naiven psychologischen Urwüchsigkeit und mit melodramatischen Tönen, die uns lächeln lassen, die jedoch auch von seiner Größe zeugen, denn nur ein großer Schriftsteller kann sich ans Melodram wagen, an große Leidenschaften und große Effekte, an große Gesten und große Worte, an die Großartigkeit der Gefühle. Hugo schreibt oft einfach drauflos, schaltet sich in die Erzählung ein, indem er Ereignisse und Schlußfolgerungen vorwegnimmt und bei dem, was er erzählt, wie ein Redner mit dem Wissen um das spricht, was später geschah, doch seine Stärke wiegt diese Mängel auf, die in einem ordentlichen Roman unverzeihlich wären. Er erfindet Personen, Fakten und Worte, greift sie jedoch auch direkt aus dem Leben, läßt Unteroffizier Radoub sprechen, aber auch Danton und Robespierre, mit der Unbekümmertheit eines Erzählers, der, je größer er ist, es sich um so mehr leisten kann, nicht zu erfinden, sondern die Realität zu zitieren und die ganze Weltgeschichte wie in einer großen Parade vorüberziehen zu lassen.

In einem epischen Kunstwerk werden Widersprüche nicht beseitigt, sie bleiben genauso erhalten wie im Wirbel des Lebens und der Geschichte. Bewunderung und Ablehnung in bezug auf das Jahr dreiundneunzig stehen nebeneinander, ohne sich auszuschließen. »Werdet klein und erbärmlich«, sagt Lantenac voller Verachtung und ahnt damit bereits, daß das Ende des Ancien régime auch eine allgemeine bürgerliche Mittelmäßigkeit nach sich ziehen

wird. Victor Hugo hört diese Worte, die man in den Polemiken gegen die Demokratie mit reaktionärer Banalität noch
oft wiederholen wird, und geht mit der gleichen Großzügigkeit über sie hinweg, mit der er sie aufgreift. Was es im
alten Frankreich an Gutem gibt, lebt in Gauvain, in Radoub, im Bataillon Bonnet-Rouge weiter, in seinen Unter-
offizieren und Marketenderinnen. Gerade die Revolution
ermöglicht das Epische, die Vision im großen, die über die
Revolution selbst hinausgeht.

1993

Der Stil des Vaters, der Stil des Sohnes

Im Frühjahr 1890 besucht Theodor Fontane in Berlin die Uraufführung eines der ersten naturalistischen Dramen, *Die Familie Selicke*. Dieses düstere, aggressive Stück, das von existentieller Verzweiflung und gesellschaftlichem Protest nur so strotzt, war gewiß nicht dazu angetan, ihm zu gefallen. Er ist ein Mann von etwa siebzig Jahren, der wenig später seine Meisterwerke *Effi Briest* und *Der Stechlin* schreiben wird und der bereits auf wunderbare Romane wie *Schach von Wuthenow* und *Irrungen, Wirrungen* verweisen kann, in denen er mit nüchterner Unparteilichkeit den widersprüchlichen Fluß des Lebens dargestellt hat, den Niedergang seines Preußens, das er zwar liebt, doch gleichwohl sachlich beurteilt, die tagtäglichen Verwicklungen der Leidenschaften des Herzens mit den gesellschaftlichen Konventionen, den unbestreitbaren Untergang des alten Europas und die ersten Risse des neuen Deutschlands.

Fontane hat mit sechzig Jahren begonnen, Romane zu schreiben, in denen er die unlösbaren Konflikte des Lebens schilderte, die er in den konkreten alltäglichen Details fand, in den harmlosen und nicht wiedergutzumachenden Handlungen, mit denen die Menschen, ohne es zu merken, ihr Los bestimmen, und in der zufälligen und gebieterischen Abfolge der Umstände, die Schritt für Schritt das Gesicht des Schicksals annehmen. Der Erzähler, dem es mit seinen Koteletten und seinem weißen Schnurrbart keinesfalls mißfällt, einem hohen preußischen Würdenträger ähnlich zu sehen, und der ein großes Pflichtgefühl mit einem ironischen Wissen um die Vergeblichkeit des großen Ganzen verbindet, besitzt die epische Gelassenheit, die allen handelnden Parteien und den widersprüchlichen Stimmen der Realität gerecht wird – schenkt er doch ebenso dem Gehör, der kämpft, um zu bewahren, wie dem, der sich dafür einsetzt, zu erneuern –, und er findet seinen Stil und formuliert sein Urteil, indem er die Dinge selbst sprechen läßt. Seine abgeklärte Schilderung, die mit preußischer Sittenstrenge auch die Ungerechtigkeiten und den Verfall des alten Preußens entlarvt, verdeutlicht die Krise der Gesellschaft wesentlich stärker als eine ausdrückliche und einseitige Anklage.

Jenes Stück, das auf den Berliner Bühnen Triumphe feiert, schreit das Elend heraus und betont die Trostlosigkeit mit polemischem Pathos und belehrender Deutlichkeit. Alle Wörter scheinen mit einem Ausrufungszeichen versehen, während Fontane den Kommas und Konjunktionen den Vorzug gibt, jenen schlichten und vieldeutigen »und«, die unerwartete, flüchtige Beziehungen zwischen den Dingen aufdecken. Wo jenes Drama die Farben verstärkt und die Situationen zuspitzt, zeigt Fontane die Sinnlosigkeit und die Schuldhaftigkeit der gesellschaftlichen Normen, indem er mit Zurückhaltung etwa das gesittete Ende einer peinlichen Liaison beschreibt, die Selbstverständlichkeit, mit der man einem Ehrenkodex gehorcht, an den man nicht mehr glaubt, einen romantischen Spaziergang am Fluß, bei dem die Ahnung vom unvermeidlichen Abschied aufkommt, oder einen Abend im Offizierskasino, wo eine Antwort oder eine Anspielung plötzlich erkennen lassen, wie beschränkt und unerbittlich der Kreis des eigenen Lebens ist und wie unmöglich es ist, aus ihm heraus ins Freie zu treten.

Gleichwohl prophezeit Fontane seelenruhig, daß die Zukunft Theaterstücken wie der *Familie Selicke* gehören wird. Der alte Herr, dem die sandigen Weiten und die stillen Seen der Mark Brandenburg ans Herz gewachsen sind, mag diese Zukunft nicht, bemitleidet jedoch die Konservativen, die die Unzulänglichkeit ihrer Zeit bestreiten und die Notwendigkeit des geschichtlichen Entwicklungsprozesses nicht wahrhaben wollen. Fontane ist ein Vater, der fähig ist, beiseite zu rücken, als er merkt, daß die Stunde der Söhne gekommen ist, auch wenn er sich keine allzu großen Illusionen über diese Nachkommenschaft macht. Er erkennt, daß die Zukunft diesen Söhnen gehört, diesen exzessiven, aufgeregten Autoren, die mit seiner maßvollen Zurückhaltung nichts anfangen können, und er begreift, daß die neue Epoche, die er anbrechen sieht, ganz und gar eine Epoche der Söhne sein wird, eine Zeit verkrampfter Kürze und fieberhafter Veränderungen, in der für die Väter, für Kontinuität und Beständigkeit kein Platz mehr sein wird. Die traditionelle Gerontokratie, die der Autorität dessen, was war, gehorcht, wird vom Kult der Jugend abgelöst, vom Kult des Bruchs und des Vorläufigen.

Wie unter allen Menschen gibt es auch unter den Schriftstellern solche, die mit der Berufung zum Vater, mit dem Stil eines Vaters, geboren werden, und solche, denen es bestimmt ist, immer Sohn zu bleiben, mit der Haltung, der seelischen Verfassung und der stilistischen Tonlage eines Sohnes. Fontane ist eine Vatergestalt, kompakt und gelöst, fähig, sich mit der Sinnlosigkeit des Lebens zu versöhnen, und wohl wissend, daß er eine Randerscheinung auf der großen Bühne der Welt ist. Er brennt nicht darauf, sich in den Mittelpunkt zu stellen, versteht es jedoch, die Freuden, die ihm die Gelegenheit bietet, beim Schopf zu packen. Es ist, als wäre er schon erfahren und zufrieden auf die Welt gekommen, als hätte er bereits instinktiv begriffen, daß die Wirklichkeit ein Mißverständnis ist, doch ohne zuzulassen, daß ihm diese Entdeckung die Lust am Leben und die undeutliche, doch tief verwurzelte Überzeugung nähme, daß das Leben mit all seinen Widersprüchen einen Sinn und einen Wert hat, dem man sich letztlich fügen muß.

Seine epische und väterliche Sicht auf die Dinge veranlaßt ihn, jede Besonderheit, auch seine eigene, einem großen Ganzen unterzuordnen, dessen einheitlichen Geist er auch in den schmerzlichsten und qualvollsten Momenten spürt. Seine Wesensart bringt ihn dazu, selbst das zu respektieren, was er anzweifelt, und sich, wiewohl skeptisch, etwas Höherem unterzuordnen, wie ein Vater, der für seine Familie lebt und arbeitet, obgleich er nicht restlos von der absoluten Vorzüglichkeit der Institution Familie überzeugt ist.

Als Fontane das *Plädoyer eines Wahnsinnigen* zur Hand nimmt, Strindbergs geniale und unverschämte Autobiographie, fühlt er sich unwillkürlich abgestoßen. Diese narzißtische, selbstverletzende Vorführung ehelicher Intimität, diese Aufzählung persönlicher sexueller Erniedrigungen, diese in den Vordergrund gerückte verschwitzte und befleckte Wäsche erscheinen ihm wie ein unanständiger, von zweifelhaftem Ressentiment triefender Egozentrismus. Doch mit der ihm eigenen Objektivität fügt er sogleich hinzu, daß gerade so wirre, unangenehme Persönlichkeiten wie Strindberg, daß die Hasardspieler und nicht die ironischen Ehrenmänner die Welt voranbringen werden.

Strindberg ist auf grimmige Art Sohn, ganz als sei er in einer Pubertätskrise gefangen, die er mit der Unanständigkeit und dem Reinheitsstreben der Jugend, mit der Unschicklichkeit und der Treuherzigkeit ihrer kleinen Laster und großen Träume obsessiv wiederholt. Die aggressive und schamlose Unschuld des Sohnes löst beim Vater Gereiztheit und Verlegenheit aus, aber auch Zärtlichkeit und vor allem eine melancholische Wertschätzung. Dieses heftige Verlangen des Sohnes, sich weh zu tun, diese unverschämte, unangebrachte Anmaßung erwachsen aus einer sicherlich lästigen, doch für die Verbesserung der Welt vielleicht auch notwendigen Verletzbarkeit: Sie erwachsen aus der Fähigkeit, sich zu empören, die der Vater verloren hat.

Die finsteren Schatten und die Sünden, die der Sohn in der Familie, in der Gesellschaft und im Leben entdeckt, führen ihn im Schmerz der Enttäuschung zu lapidaren, beleidigenden Urteilen, führen ihn dazu, den Altar, an den er glaubte, und mit ihm auch alles andere zu verhöhnen und mit der Bitterkeit seiner Ernüchterung und mit seiner Unordnung die Unvollkommenheit der Dinge zu verschärfen. Dieser harte, schmerzhafte Hohn ist ungerecht, doch ohne die schrille und voreingenommene Reaktion auf Unrecht und Kompromisse entsteht keine Rebellion gegen das Böse und den Schmerz, tritt man keinen Kampf zur Milderung der Ungerechtigkeiten an. Der väterliche Gleichmut des epischen Schriftstellers, der die Ursachen alles Bestehenden begreift, beläßt die Dinge, wie sie sind, mit ihrem Schlechten und mit ihrem Guten. In der Klassizität des Vaters nistet auch die schuldhafte Ehrbarkeit eines Monsieur Duval, der in der *Kameliendame* Marguerite Gautier fortjagt und sie auch noch davon überzeugt, daß das richtig so ist.

Fontane weiß, daß man, um die Dinge zu ändern, bisweilen den gewaltsamen Umsturz braucht, mit all der Parteilichkeit, dem Dünkel und dem Narzißmus desjenigen, der die Welt verbessern will und sich dafür arroganterweise einbilden muß, die Wahrheit gepachtet zu haben, der sich auffälligen, emphatischen Taten hingeben, sich zum Protagonisten großer Ereignisse aufschwingen und die eigene Unreife wie eine Fahne vor sich hertragen muß. Der Schriftsteller erkennt, daß die Ära der Väter zu Ende geht. In der Zeit, die er nun anbrechen sieht und die unsere ist, werden sich die Widersprüche der Realität so zuspitzen, daß sie sich nicht mehr durch eine Vermittlung zwischen den Gegensätzen versöhnen lassen — jenes so typisch humanistische intellektuelle Vorgehen der Väter.

Die Intensität der Krise und die Heftigkeit der menschlichen und gesellschaftlichen Umwälzungen erschweren
das, was Giuseppe Bevilacqua im Hinblick auf Fontane als
die eheliche Liebe zur Realität bezeichnete. Die Schriftsteller und ihre Gestalten sind nicht länger vom Sinn für
das große Ganze getragen, sondern spüren, daß sie die Risse
vertiefen und in die Wunden dieser Verletzungen eindrin-
gen und ganz eintauchen müssen, daß sie die Verstümme-
lungen, die dem Leben zugefügt werden, unausgesetzt auf-
zeigen und herausschreien müssen.

Nicht Fontane, sondern Strindberg drückt diese Unsicherheit aus, diese Suche und diese Selbstbestrafung, dieses
dissonante Bedürfnis, den Standpunkt der Totalität zu verlassen und zur unmittelbaren, bei Null beginnenden Sichtweise der Kindheit zurückzukehren. Auch Fontane maßt
sich wahrhaftig nicht an, den Mechanismus der Totalität zu
kennen, die Dinge von oben zu betrachten und zu wissen,
was aus ihnen wird. Er empfindet deutlich Unzulänglichkeit und Vorläufigkeit, ist jedoch der Ansicht, daß man auf
die Unsicherheit des Herzens mit der Ruhe der Tat antworten müsse. Er meint – und damit ist er von Grund auf eine
Vatergestalt –, man könne Sicherheit auch geben, ohne sie
zu besitzen. Kafka, der größte und strengste unter den Söhnen, der gewiß nicht mit Anklagen gegen seinen Vater
sparte, empfand die eigene Unfähigkeit, Vater zu werden,
die eigene egozentrische Angst in den Hintergrund zu stellen und Gewißheit und Seligkeit zu geben, ohne sie selbst
zu besitzen, als schwere Schuld.

Fontane ist der Meinung, »das Klassische« – oder das ent-
schlossene und nüchterne Begreifen seiner selbst, der eigenen Grenzen und Mühseligkeiten – sei das, »was die Seele
frei macht«, doch er merkt, daß dieser Stil bereits anachronistisch ist, und steht, wie eine seiner Gestalten sagt, auf
gespanntem Fuß mit einer historischen Entwicklung, die
er als notwendig und somit nützlich anerkennt. Er versteht

die Beweggründe derer, die ihn in der Geschichte zurücklassen, während diese – die Söhne, die zeitweiligen Herren der Zukunft – seine Beweggründe weder verstehen können noch wollen. Er für sein Teil schreibt weiterhin Romane, in denen das Wesentliche harmlosen Worten anvertraut wird oder in Gesprächen versteckt ist, die so schlicht und tief wie das Leben selbst sind, in bezaubernden, einfachen Figuren wie Effi Briest, der Protagonistin seines berühmtesten Buches, das man sehr aufmerksam lesen muß, um zu erkennen, daß seine Haupthandlung die Geschichte eines Ehebruchs erzählt.

Diese ausweichende Leichtigkeit der klassischen Kunst, die die Seele frei macht, ist weitaus mühsamer und schwieriger zu bewerkstelligen als das Pathos der heutigen Kunst, die oft das Bedürfnis hat, zu erklären, zu unterstreichen, zu vereinfachen und mit schulmeisterlicher Pedanterie zu deklamieren. Auf geniale Art stellt Mittner die Dialoge Fontanes neben die Goldonis. Schon wenige Sätze zwischen den vier *Grobianen* sagen in ihrer scheinbaren Gutmütigkeit über die eheliche Beziehung, die Küche und das Schlafzimmer wesentlich beunruhigendere und verfänglichere Dinge als die expressionistischen Stücke mit ihren vergewaltigenden Männern und ihren kastrierenden Frauen. Fontane, der ironische Junker und liebenswerte Causeur, der sich nie für das »Was« und stets für das »Wie« der Erzählung interessiert, faßt seinen letzten Roman *Der Stechlin* folgendermaßen zusammen: »Zum Schluß stirbt ein Alter, und zwei Junge heiraten sich; – das ist so ziemlich alles ...«

1982

Der Leuchtturmwärter.
Zum hundertsten Todestag von Stevenson

In seinem Gedicht »Der Leuchtturmwärter« beschreibt Robert Louis Stevenson, wie er sich über dem dunklen Meer in einem Licht befindet, das er hoch über sich hält. Der väterliche Beruf des Leuchtturmbauers hatte Tradition in der Familie des Schriftstellers, der ihn besungen hat und ihm vielleicht auch zum Teil seine Liebe zur Küste, zum Meer und zu schroffen, einsamen Landschaften verdankt.

Der Leuchtturm mit seinem kühnen Schwung in die Höhe, seinem Licht und seinem Stolz könnte als ideales Wahrzeichen seiner Kunst dienen, die sich auch der Finsternis mit strahlender Munterkeit zuwendet und Unwetter, Abenteuer und verwickelte, turbulente Ereignisse in eine luftige Leichtigkeit hüllt, in der oftmals sogar Schrecken und Tod die Schwerelosigkeit einer Feder und die Anmut eines Spiels besitzen, ohne auch nur das geringste von ihrem Grauen und ihrer Tragik zu verlieren.

Stevenson tauchte in dieses dunkle Meer ein, indem er die Bestürzung dessen, der in die Finsternis und in das Unheil des Lebens hinabsteigt, hinter der kindlichen Miene eines Jungen verbarg, der sich trotzig und frohgemut in die Wellen wirft. Die Seefahrt, so allgegenwärtig in seinen Werken und in seinem Leben, vereint diese beiden Aspekte: Sie ist ein freudiges Erlebnis, ein Überborden der Seele und der Sinne, ein intensives körperliches Vergnügen, eine Hingabe an den Zauber der wandelbaren und faszinierenden Oberfläche der Welt, eine Entdeckung neuer Länder, Völker, Farben, Verlockungen, doch zugleich ist sie auch das heikle Schweben über dem unbekannten, bodenlosen Abgrund, die unmittelbare Nähe zum äußeren und zum inneren Schiffbruch.

Das Leben des Schriftstellers, das er in seinen Briefen aus Vailima, seinem geliebten letzten Zuhause auf den Samoa-Inseln, als eine Geschichte bezeichnet, die »besser als jedes Gedicht« ist, hat eine Unbeschwertheit, die er allen Schwierigkeiten und Leiden fortwährend abtrotzte. Auch in körperlicher Hinsicht hat es etwas Wunderbares, ähnelt es doch dem unermüdlichen Verlangen eines Kindes, noch mit hohem Fieber umherzutollen, sich für die Welt zu begeistern, über sie zu staunen und auszuziehen, um sie zu erobern.

Stevenson, am 13. November 1850 in Edinburgh geboren und am 3. Dezember 1894 in seinem Haus Vailima gestorben, ist von Kindheit an kränklich und leidet zeit seines Lebens an Tuberkulose, die ihn häufig mit entkräftenden Anfällen plagt. Doch seine Vitalität ist unerschöpflich. Unverzagt lebt er unter den verschiedensten Umständen mit seiner Schwäche und seiner Krankheit, in der Zeit seiner bohemehaften Universitätsjahre und der Auflehnung gegen die religiöse Familientradition ebenso wie später auf seinen Reisen nach Deutschland, Frankreich, Amerika und in die Südsee.

In seinem wechselhaften Leben unter widrigen Bedingungen interessiert sich Stevenson für alles, was er sieht und hört, für die Realität der Menschen ebenso wie für phantastische Geschichten und Märchen; jedem und allem gilt seine Aufmerksamkeit, und aus jeder Reise schöpft er, wie aus jeder Erfahrung, dokumentarische und fiktive Schriften, Stoffe für Erzählungen und Anregungen für einen Briefwechsel, der die verschiedensten Themen berührt, von Alltagsdingen bis hin zu Diskussionen über den Roman, insbesondere in seinen Briefen an seinen Mentor und Fürsprecher Colvin und an Henry James. Das breite Spektrum seines äußerst reichen, wenn auch unregelmäßigen Schaffens ist ein Wunder an Schöpferkraft.

Stevensons Leben und Werk sind eine glückliche Synthese aus Ordnung und Unordnung. Die Unregelmäßigkeit und die anarchische, vagabundierende Freiheit — der der Ausgestoßenen und Entflohenen nicht unähnlich, die auf den einsamen Inseln oder in den Kneipen seiner Erzählungen landen — sind das Gesetz seines Lebens, das sich nicht in die Nüchternheit der bürgerlichen Realität einordnen lassen könnte. Doch sein unstetes Nomadenleben offenbart eine tiefe innere Ordnung und gleicht der natürlichen, regsamen Schlichtheit einer harmonischen Familie, wie Stevenson sie mit seiner Frau Fanny und seinem Stiefsohn Lloyd wirklich gegründet hat.

Stevenson bereist ferne Meere und Inseln, die wie Trugbilder am Horizont verschwinden, doch sein Tagesablauf auf diesen Streifzügen im Angesicht von Stürmen und gefährlichen Begegnungen wie denen in seinen Romanen wird von einer stillen Abfolge von Gesten und Beschäftigungen geprägt, die allesamt den Reiz des Normalen und der Gewohnheiten einer glücklichen Familie haben. Dieser begeisterte Verfasser von Piraten- und Seeräubergeschichten, dieser Erzähler finsterer, unerforschlicher Persönlichkeitsspaltungen wie der des Doktor Jekyll, dieser von mysteriösen und unheimlichen Geschichten faszinierte Dichter ist dank seiner großen Liebe zu den Dingen auch ein gewissenhafter Familienvater, der sich um die Führung des Hauses, die Arbeit in Garten und Wald, um all die unzähligen wesentlichen Kleinigkeiten kümmert, die den geordneten Rhythmus des Alltags bestimmen.

Auch in Stevensons Erzählungen gibt es Robinson-Gestalten, von Ben Gunn, der von seinen Gefährten auf der menschenleeren Schatzinsel zurückgelassen wird, bis hin zu dem entführten Jungen David Balfour, der sich allein auf einem kleinen Eiland mitten im Meer wähnt, bevor er das Spiel der Gezeiten entdeckt. Doch jeder Mensch ist auf seine Art ein in die Ödnis des Lebens geschleuderter Robinson, und wie der Held bei Defoe verteidigt er sich mit den Tugenden von Ordnung und Arbeit, mit denen man auch täglich sein Haus führt.

Auf den Samoa-Inseln sucht Stevenson nicht wie andere berühmte Flüchtlinge aus Europa das Vergessen der Zivilisation und den Rausch des primitiven Lebens. Er fügt sich in die örtlichen Gegebenheiten ein und bleibt mit europäischen und amerikanischen Freunden und Schriftstellern in Verbindung, er lernt Samoanisch, hilft den Inselbewohnern im Kampf gegen die Schikanen, die sie erleiden, leitet sie bei der Arbeit an. Da ist kein Widerspruch zwischen dem erfolgreichen Autor der westlichen Welt und dem »Tusitala«, dem »Geschichtenerzähler«, wie ihn die Inselbewohner nennen, die ihm gern lauschen. Das Leben im Haus Vailima ist keine Flucht, es ist reges Schaffen. Nicht zufällig bauen ihm die Eingeborenen zum Zeichen ihrer Dankbarkeit eine feste Straße, die frei von Schlamm ist.

Als erfolgreicher Schriftsteller mit den Mechanismen der literarischen Kreativität vertraut, hält Stevenson nichts vom großen Gesellschaftsroman des 19. Jahrhunderts, der die nüchterne Wirklichkeit beschreibt und akzeptiert oder vielmehr den Triumph einer unpersönlichen Ordnung, deren Gesetze für die von ihnen regierten Menschen unsichtbar sind. Er feiert statt dessen die *romance*, die phantastische und epische Erzählung, in der noch Raum für die Poesie des Herzens und für individuelle Freiheit bleibt, für die Morgenröte der Dinge, für einen Blick auf die Welt, als wäre er der erste.

Viele Seiten seines Buches *Südseegeschichten* zeugen von diesem Zauber und von Stevensons meisterhafter Fähigkeit, zu bezaubern, denn mit seiner reinen, klaren Schreibkunst fängt er auf unglaubliche Art Klänge und Farben ein, die Böen der Passatwinde und den Schatten der Palmen, die weiße Brandung auf dem Strand von Taiaro, die Farben des Tagesanbruchs in der Bucht von Anaho und die Sturzwellen in der Ferne.

Im Hinblick auf das große Romanmodell des 19. Jahrhunderts ist Stevenson epigonenhaft und zukunftsweisend zugleich. Einerseits wirkt er wie ein Erzähler aus dem 18. Jahrhundert, der wie die kleinen Jungen und ihre Abenteuerbücher geradezu naiv davon überzeugt ist, die Welt stünde noch der Tatkraft des einzelnen zur Verfügung. Andererseits ist er, wie übrigens viele Schriftsteller des 18. Jahrhunderts, die uns heute sehr nahestehen, ein Verfasser von Arabesken, der weiß, daß das totalisierende, kompakte Bild von der Welt und der Geschichte, wie es im großen realistischen Gesellschaftsroman gezeichnet wird, zersprungen ist wie auch die Erzählstrukturen, die es so grandios wiedergaben, und daß das Bild dieser verlorenen Totalität nur noch in einigen Splittern und Bruchstücken aufscheint wie in den Trümmern, die nach einem Schiffbruch am Ufer zurückbleiben.

Auch Stevenson hat historische Romane geschrieben, vom *Schwarzen Pfeil* bis hin zu *Entführt*, doch für ihn ist Geschichte der Schauplatz abenteuerlicher Unternehmungen, sie ist eine Abfolge von Heldentaten wie die der alten Ritter. Als er auf den Südsee-Inseln ankommt, hat er, wie er erzählt, das Gefühl, aus dem Schatten des Römischen Reiches mit all seinen Gesetzen und Verboten herauszusein, aus der Welt der Menschen, die von der Weisheit eines Gaius oder Papiniano regiert wurden. Doch schon bevor Stevenson sich in der Südsee niedergelassen hat, stand er der großen staatspolitischen Tradition im Grunde fern, die vom Römischen Reich über die großen Einheitsstaaten und die Französische Revolution bis hin zum Code Napoléon das Fundament der europäischen Kultur bildet.

Beim Inselvolk der Marquesaner findet er die in seinen

Romanen geschilderten, geliebten Clans des heimatlichen Schottlands wieder: eine Welt, in der der Brauch mehr zählt als die Norm, ein Versprechen und Blutsbande mehr als das geschriebene Gesetz, die Rebellion des einzelnen, der bereit ist, mit seinem Schwert Vergeltung zu üben, mehr als die Pflichten gegenüber dem Staat, das Volkslied, das den Rebellen besingt, mehr als die Paragraphen, die sein Verbrechen verurteilen.

Man hat Stevenson zu Recht einen »schottischen Heine« genannt, und dies nicht nur wegen des ähnlichen Nebeneinanders von Liebe zu einer phantastischen Vergangenheit und ariostscher Ironie, die jene zersetzt, da sie um deren Unwirklichkeit weiß. In seinem bizarren Schottland sieht und liebt Stevenson, was Heine mit Ironie im alten Deutschland sieht und liebt, nämlich die farbige, poetische Vielfalt einer prämodernen feudalen Welt, die sich der von der Modernität verordneten Gleichförmigkeit und Nivellierung widersetzt, einer Welt, gegen die übrigens beide Autoren – weit entfernt von regressiven und reaktionären Sehnsüchten – ebensowenig einzuwenden haben wie gegen eine liberale und demokratische Gesinnung.

Dieses Bewußtsein von der Mannigfaltigkeit der Welt gestattet es Stevenson, gerade den Gestalten und Werten poetisch gerecht zu werden, die sich nicht der modernen Kultur unterordnen und die zum Verschwinden verurteilt sind, wie die Piraten der unsterblichen *Schatzinsel* oder wie der polynesische Glaube an die ständige Gegenwart der Toten in der Realität der Lebenden, ein Glaube, über den Stevenson sachlich und kommentarlos berichtet, weiß er doch, daß der einzige Weg, die Dinge zu begreifen, darin besteht, sie zu erzählen.

Das dunkle Meer hat das Licht des Leuchtturms nicht verschlungen, scheint aber oftmals kurz davor zu sein. Stevenson ist der Verfasser von »Dr. Jekyll und Mr. Hyde«, ein Meisterwerk, in dem sich das quälende Gewicht des Bösen und die Frische der Erzählung vollkommen die Waage halten, sowie von »Markheim«, »Olalla« und vielen anderen Erzählungen, in denen die Finsternis droht. Der »Tusitala«, der seine Zuhörer und Leser zu bezaubern vermag und ein besonderes Talent für das Glück hat, ist ein Experte für die Zerrissenheit des Geistes und des Herzens, er kennt die niedere, düstere Dimension des Lebens.

Vielleicht fasziniert Stevenson das Böse sogar mehr als das Gute, obgleich er weiß, wie stumpf und trübe das Böse ist und daß die Anmut Umas, die in seiner Erzählung »Der Strand von Falesá« aus dem Meer steigt, und die aufrichtige Redlichkeit von Jim aus der *Schatzinsel* viel poetischer und interessanter sind als das Böse, das zwar die Kraft, aber auch die Fahlheit der Krankheit besitzt. In *Der Junker von Ballantrae* schildert er mit bestürzender poetischer Kraft den langsamen Triumph des Bösen über das Gute, die Niedertracht von James, die Henrys Gutherzigkeit verdirbt und sie in einer Art Idiotie gleichsam auslöscht, in einem seelisch-körperlichen Verfall, in dessen Verlauf die Wunde der edlen Seele schließlich zu einem abstoßenden Schaden an Geist und Körper wird.

Als Meister der Phantasie und der literarischen Technik gehen Stevenson zuweilen die Pferde durch, er läßt sich von seinem Talent und seiner Vielseitigkeit hinreißen und schreibt viele Seiten fernab seiner Meisterwerke. Doch die mozartsche Leichtigkeit seiner großen Bücher ermöglicht ihm, die Realität musikalisch in ein luftiges Märchen umzugestalten, einerlei, ob es sich um erfundene Erzählungen oder wie bei den *Südseegeschichten* um wahrheitsgetreu geschilderte Wirklichkeit handelt.

In der Südsee wird Stevenson der »Tusitala«, ein Freund und Bruder der Eingeborenen. Auf diesen Inseln herrscht, wie auf den Buchseiten, die sie beschreiben, das unsägliche Glück des Meeres, doch auch eine unsägliche Melancholie. Diese Seiten geben den Blick auf ein unendliches Meer im

Mittagsglanz frei, auf eine extreme westliche Ferne, in der man selbst in der strahlendsten Stunde das Herabsinken eines großen Abends erkennt. Viele Bewohner dieses Paradieses, Abbild des Garten Eden schlechthin, sind Lotophagen, die in einer Einsamkeit, so grenzenlos wie der Ozean, auf den Tod warten und an den Tod denken.

Auf dieser Schönheit lastet eine unbezwingliche Mattigkeit, über die Melancholie hinaus, die jeder absoluten Schönheit innewohnt, da sie viel mehr verspricht, als sie halten kann. Auf diesen Inseln landet man nur, um wieder abzufahren: »Alle gehen. Ich sehr traurig«, sagt der König auf einer von ihnen, und bei jeder Abreise schließt sich das Meer über der kurzen Begegnung wie über einem Schiffbruch.

Stevenson läßt sich endgültig in seinem Haus Vailima nieder und ist bald schon auf der Insel verwurzelt, er arbeitet an Büchern und an der Instandhaltung des Hauses, bleibt in engem Kontakt zu seinen europäischen Freunden und interessiert sich für einen Eingeborenen, der ihm erklärt, Cook könne in Wirklichkeit nicht gelebt haben, da die Bibel ihn nicht erwähnt. Haus Vailima, wo Stevenson stirbt, ist ein Ort des Lebens, doch die zauberische Südsee, in der er kreuzte, ist ein Meer der Kalypso, des Vergessens und des Todes.

Aber gerade auf einer von diesen in der Ferne verlorenen Inseln, auf Apemama, findet Stevenson in König Tembinok nicht nur einen dubiosen Tyrannen, sondern auch einen literarischen Kollegen. Der König erzählt ihm von einigen Versen, die er geschrieben hat, und antwortet Stevenson auf die Frage, wovon sie denn handelten: »Liebende und Bäume und das Meer. Alle gleich unwahr, alle gleich lügen!«

1994

Eine Schutzhülle für die *Buddenbrooks*. Das essayistische Werk Thomas Manns

In der Rede, die Thomas Mann am 20. Mai 1955, nur wenige Wochen vor seinem Tod, im türmchenbewehrten Lübecker Rathaus hielt und mit der er sich endgültig mit seiner hanseatischen Vaterstadt (die nicht nur irgendeine Stadt, sondern, wie er es dreißig Jahre zuvor definiert hatte, eine »geistige Lebensform« war) aussöhnte, spricht er von einem unmöglichen Wunsch: daß sein Vater, der strenge Senator Mann, die *Buddenbrooks* noch lesen könne – auch wenn er den Roman aus Dezenz und Scheu unter einer Schutzhülle verbergen müßte, um die anderen nicht merken zu lassen, daß er dieses quälende, pietätlose Buch lese, das mit inniger Liebe jene bürgerliche Welt, zu deren Stützen er selbst gehörte, feierte und zugleich rückhaltlos ihre Risse aufspürte, ihre Widersprüche und ihr bevorstehendes Ende.

Auf solche Weise, nämlich den Umschlag verbergend, hatte der Senator Mann seinerzeit *Nana* von Zola gelesen, um bei niemandem Anstoß zu erregen, der eine solche Lektüre für unziemlich und unvereinbar mit »des Lebens ernstem Führen« gehalten hätte, wie es von einem Großbürger des kleinen Lübeck erwartet wurde. Aber die *Buddenbrooks* wären eine noch viel unzulässigere, noch weit weniger mit »des Lebens ernstem Führen« zu vereinbarende Lektüre gewesen, zeigt der Roman doch den Verfall, in den gerade jene Strenge diese Welt führte, die Auflösung ihrer Werte und ihrer Empfindungen, ihres Lebens; er zeigt, wie Leben und Werk des Senators Mann und der Gesellschaft, die er repräsentierte, tatsächlich beschaffen waren. Allein die Vorstellung, sein Vater läse dieses Buch, war, wie Thomas Mann sehr gut wußte, »undenkbar«; eine inzestuöse Vision, beunruhigender und sträflicher für den Schriftsteller als ein auf die erotische Verführung beschränkter Inzest, der ihm wahrscheinlich weniger anstößig vorgekommen wäre. »Die Schutzhülle gibt es nicht, sie ist unherstellbar und unvorstellbar, in der er *Buddenbrooks* hätte lesen können«, schreibt der Sohn, Autor jenes Buches, das vom Zauber, von der Größe, vor allem aber vom Untergang seiner Familie und der ganzen sich darin spiegelnden Kultur erzählt; vor allem aber erzählt es davon, wie dieser Untergang aus dem Wesen ebenjener Kultur entsteht, aus ihrem Zauber und aus ihrer Größe.

Dagegen hätte der Senator Mann die Essays seines Sohnes, der inzwischen zu den Großen der Weltliteratur zählte, ohne weiteres lesen können. Vielleicht stellt das essayistische Werk Thomas Manns die Schutzhülle dar, die es erlaubt, diesen großartigen Roman – und die anderen, als seine unvermeidlichen Fortsetzungen entstandenen Werke – in einer klugen und ansprechenden Aufmachung anzubieten, die die Regeln der Schicklichkeit wahrt und ebenso den Respekt vor den anderen, aber auch vor dem Autor selbst; vor dem, der tödlich verletzt wäre, wenn er das Buch – ohne diese Schutzhülle – läse, und vor dem, der, weil er es geschrieben hat, grausam verletzt ist vom Schuldgefühl wegen seiner eigenen Grausamkeit und noch mehr vom Schmerz, diese Welt zu treffen und tödlich getroffen zu sehen: diese große, ernste, qualvolle Bürgerlichkeit der Seele, die, bei all seiner Kritik und seiner Distanzierung von ihr, den Humus seiner Existenz und seines Schreibens bildet, den Nährboden seiner Ironie und seiner Gefühle, das eigentliche Leben.

Rigoros in der ihrem jeweiligen Gegenstand gewissenhaft gewidmeten Aufmerksamkeit, erhellend in ihren vielen intuitiven kritischen Erkenntnissen und geschrieben in einer eingängigen, verführerischen Prosa, sind die Aufsätze Thomas Manns – wertvoll aufgrund der Behandlung ihrer Themen, die Kernpunkte der zeitgenössischen Kultur und der Weltliteratur angehen – auch (und vielleicht vor allem) ein subtiler und gigantischer Kommentar zum eigenen Werk, Erläuterung und Erklärung der darin vorhandenen und verborgenen Motive. Nicht zufällig wurden fast alle – und die bedeutendsten – nach dem Ersten Weltkrieg geschrieben, nach jener Krise und jener radikalen Wende, die das Mannsche Werk und seinen Ton vollkommen verändern, auch wenn der Schriftsteller – von diesem Zeitpunkt an zum außerordentlichen Exegeten seiner selbst und vor allem zum Mittler zwischen den Konflikten geworden, die er bis dahin als unüberbrückbar dargestellt und erzählt anstatt kommentiert hatte – sein ganzes Leben lang versuchen wird, diesen Riß zu kitten oder zu tarnen und eine zwar problematische, aber im wesentlichen harmonische Kontinuität des eigenen Werks zu konstruieren.

Seine essayistische Produktion, die mit unermüdlicher Beharrlichkeit, mit Verantwortungsgefühl und spielerischer Ironie das nicht nur in seiner Qualität, sondern auch vom Umfang und von der erforderlichen Anstrengung her so imposante erzählerische Werk flankiert, ist das essentielle Instrument dieser Konstruktion einer Kontinuität, die, allein durch die Tatsache, eine solche zu sein, auch eine beruhigende und tröstende Funktion hat; sie bannt die unerträgliche Radikalität des Todes, der Dekadenz und ihrer Monster, des Abgrunds und der festgefahrenen Gegensätze, die die Einheit des Lebens und der europäischen Kultur zerreißen. So gesehen sind die Essays eine Hülle, besser noch, eine äußerst umfangreiche, gegliederte Vorrede, die die *Buddenbrooks* und die anderen Werke etwas weniger skandalös macht – nicht zuletzt jene *Betrachtungen eines*

Unpolitischen, die für immer die kreativste und beunruhigendste Phase Thomas Manns beenden: ein gigantischer und zerfahrener essayistischer Roman, maßlos und voll von Verirrungen und zyklopischem Geifer, aber auch genial, ein gewaltiger und unausgewogener Essay, der mit einer auf kritischer Ebene vielleicht nie mehr erreichten Intensität alle späteren Essays *in nuce* bereits enthält, die nichts anderes sind als seine Weiterentwicklung, Fortsetzung, Korrektur, Themenvariation, Vervollkommnung, »Zivilisation«.

In den Essays drückt sich das aus, was Thomas Mann 1937 als seine Berufung definiert hatte, nach der er, wie er sagte, »weit eher zum Repräsentanten als zum Märtyrer geboren« sei. Dieser Selbstdefinition – gegeben in einer schwierigen historischen Stunde, in der er, angesichts der unaufhaltsamen Ausbreitung des Nationalsozialismus, immer mehr die Rolle eines offiziellen und autorisierten Wortführers des Humanismus und der Demokratie übernahm – fügte der Schriftsteller noch ermutigend hinzu, weit eher sei er dazu geboren, »ein wenig höhere Heiterkeit in die Welt zu tragen«. Wie so viele von seinem ethisch-politischen Verantwortungsgefühl und von seiner sorgfältigen Administration des eigenen Genies und der eigenen Person diktierten Worte tendierte auch diese zusätzliche Bemerkung dazu, die Wahrheit der zentralen Behauptung abzuschwächen, das Unbehagen dessen, der sich nicht so sehr dazu berufen fühlt, zu leben als vielmehr das Leben zu repräsentieren.

Das Wissen um die Distanz, die zwischen dem Leben und seiner Repräsentation besteht – die es, um es wiederzugeben, unvermeidlich zumindest teilweise verliert –, ist das Wissen um die Notwendigkeit für den modernen Künstler, diese Distanz zu errichten und bei dieser Repräsentation Zuflucht zu nehmen. Die Essays analysieren und illustrieren dieses bei Mann von den frühesten Schriften an vorhandene Motiv, stellen es entweder generell zur Diskussion oder greifen es in den vielfältigen Nuancen und Dimensionen auf, die es bei den unterschiedlichsten Autoren der Weltliteratur annimmt: von Goethe bis Tolstoi, von Nietzsche bis Dostojewski. Die Essays *entfalten* dieses so komplexe und ambivalente Thema auch im etymologischen Sinn des Terminus, wie ihn Benjamin in Zusammenhang mit den Interpretationen der Parabel in Erinnerung brachte: wie das Blatt, aus dem man ein Papierschiffchen gemacht hat, das »entfaltet« und auf dem Tisch wieder glattgestrichen wird. Eine solche Entfaltung ist auch Reduktion. Die Mannschen Essays bringen tatsächlich eine »höhere Heiterkeit«. Ihre so sympathische Tiefe, der harmonische und liebenswürdige Stil, die gewundene und perfekte Syntax, die den Zwiespältigkeiten und auch noch den absonderlichsten Widersprüchlichkeiten eine Ordnung aufnötigt, die Sonde, die den Abgrund auslotet und hilft, ihn zu meiden, selbst die Freude am schönen Wort und am schönen Satz – von einer pastosen, aber schlichten Schönheit, fern jeder ästhetisierenden Verlockung: sie bringen einen wirklichen Trost, vermitteln dem Leser das Gefühl, irgendwie erhoben und gerechtfertigt zu sein.

Diese Heiterkeit auf poetischer Ebene ist eine zweischneidige Waffe, ist Vorzug und Beschränkung. Bis zum Ersten Weltkrieg gibt es in Thomas Manns Werken keine Heiterkeit – es sei denn jene, die in der großen Dichtung immer in gewisser Hinsicht vorhanden ist, auch in einer Dichtung von Tod und Tragödie, in der es, bei allem Schrecken, so etwas wie verzaubertes Staunen gibt, ein tiefes Atmen, das Aufscheinen von etwas Mitreißendem, eine Erfahrung, wie sie in dem Gedicht »Solon« von Pascoli eingefangen ist: »dann vom klagenden Flötenspieler, der weint, genießen, weil sich dir im Herzen wandelt / sein Schmerz in deine Seligkeit«. Aber diese schmerzliche Seligkeit, die ein Meisterwerk wie die *Buddenbrooks* mit Sicherheit vermittelt, hat wenig oder nichts zu tun mit der Heiterkeit und der Versöhnung von Konflikten; sie entsteht vielmehr aus der Hingabe an den Fluß des Lebens jenseits von Gut und Böse, aus dem poetischen Ausdruck seiner unerträglichen Intensität und der unauflöslichen Einheit wie der Gleichzeitigkeit seiner Widersprüche, die es sinnlos und bezaubernd, verzehrend und brutal, töricht und undurchschaubar machen.

Der große Thomas Mann, das ist der Autor von *Buddenbrooks, Tonio Kröger* und *Der Tod in Venedig*, wie es Ladislao Mittner schon vor siebzig Jahren gesehen hat; er ist auch der Verfasser eines geächteten und mißglückten und dennoch grandiosen und mitreißenden Buches wie *Betrachtungen eines Unpolitischen.* Der große Thomas Mann ist jener, schreibt Cesare Cases, der in den *Buddenbrooks* »das Entstehen des Dilemmas belauert, noch ohne daß er zu vermitteln sucht«. Die Lektüre der *Buddenbrooks* bezaubert, erschüttert, macht melancholisch, aber sie erheitert nicht; und das gleiche gilt für *Tonio Kröger* oder den *Tod in Venedig*; die *Betrachtungen* irritieren, ermüden, blockieren, überfallen und verletzen einen rücksichtslos, haben die Qualität des echten Buches, das, wie Kafka sagte, wie ein Faustschlag trifft.

Abgesehen von wenigen Ausnahmen – oft von höchster intellektueller und dichterischer Intensität wie der blendende Aufsatz »Bilse und ich« von 1906 – entstehen die großen Essays nach 1918, das heißt nach der authentischen Reise in die Höllen des Germanentums und seiner selbst und zu den Müttern der epochalen Kulturkrise, an deren Ende Mann, gleich nach Fertigstellung der *Betrachtungen,* anfängt, diese über Bord zu werfen und seinen Kurs zu ändern, bis zur völligen Umkehrung seiner Positionen, so daß er nach und nach zum Repräsentanten jenes zivilisatorischen Engagements wird, welches er in den *Betrachtungen* als ideologische Verfälschung entlarvt hatte, daß er sich mit wachsender Beteiligung auf die Seite der bis dahin abgelehnten Demokratie schlägt und sich bemüht, jene Gegensätze und Widersprüche miteinander zu versöhnen, aus deren absoluter Unversöhnlichkeit sich bis dahin seine Kunst genährt hatte.

Von Lübeck hatte Thomas Mann gelernt, den bürgerlichen Geist als Schicksal zu erleben, und die Gleichsetzung des Bürgers mit dem Menschen schlechthin hat es ihm möglich gemacht, den Untergang dieser humanistischen, partikularistischen und zugleich universalen bürgerlichen Kultur mit äußerster Intensität zu erleben und darzustellen, einen Untergang, der auch uns noch betrifft und aus dem Mann die Monster der Dekadenz, der Barbarei und des Irrationalen emporsteigen sah. Die freie Hansestadt, in der er 1875 auf die Welt kam, wurde von einem Bürgertum getragen, das sich am mittelalterlichen Zunftdenken und an der Ethik des Profits inspirierte; es war ein autonomer Mikrokosmos, renitent gegen jede Hegelsche Staatsauffassung und gegen die Politik − verstanden als moderne Staatsideologie und als Eingriff der öffentlichen Macht in die Privatsphäre − schlechthin. Lübeck war eines der vielen Zentren des deutschen Partikularismus, der in seiner romantischen Vielfalt so exzentrisch und auf dämonische Weise anders war im Vergleich mit den übrigen westeuropäischen Staaten.

Die bürgerliche Wohlanständigkeit, gegründet auf Arbeitsfleiß, Rechtschaffenheit und gesellschaftliches Ansehen, war eine Repräsentation, an die man leidenschaftlich glaubte. Am Bett des toten Onkels Gotthold, der das Familienethos verleugnet und gegen alle von der Tradition gebotenen Rücksichten auf Interessen und Schicklichkeit aus Liebe geheiratet hatte, denkt Thomas Buddenbrook, daß der aufmüpfige Onkel nicht genügend Sinn für Poesie und Phantasie gehabt habe, um zu begreifen, welch hohe symbolische Bedeutung sich im treuen Gehorsam gegenüber dem angesehenen Firmenschild einer Familie und ihrem

Wohlstand verbergen könne. Es ist dieses Ethos, aus dem Mann den unerschütterlichen Sinn für die Form bezieht, die Arbeitsdisziplin, übertragen auf die äußerst disziplinierte künstlerische Arbeit, die leidenschaftliche Respektierung der Grenze, gleichbedeutend mit Liebe zu dem vom Formlosen bedrohten Leben. Vielleicht ist diese auf die künstlerische Arbeit übertragene bürgerliche Disziplin der solideste Leitfaden, der das Mannsche Werk zusammenhält und ihm, auch über den Kurswechsel vom antidemokratischen Deutschtum zur humanistischen Demokratie hinaus, Einheit verleiht.

War das hanseatische Haus auch vom angesehenen Firmenschild beschützt, ertönten hinter diesem Schild doch oft die Klänge der Lieder, die von der exotischen Mutter Thomas Manns so geliebt wurden, und nicht weit davon entfernt, am Ferienort Travemünde, lag das Meer mit der »musikalischen Transzendenz« seines Atems, dem epischen Atem des Lebens, das sich immer erneuert, aber in seinem Verlauf die Formen, die Individuen, die Generationen auflöst. In der traulichen und wehmütigen Innigkeit der Lieder spürte Thomas Mann das Vibrieren der Bürgerlichkeit, einer bürgerlichen Heimat des Gefühls, die nichts mit irgendeiner Bourgeoisie, mit irgendeiner bestimmten Gesellschaftsschicht zu tun hatte, aber er spürte darin auch das unsägliche Sehnen einer Form, die über die eigenen Grenzen hinausweist, eines Glücks, das im Unbegrenzten Schiffbruch erleidet, einer vergessen machenden Hingabe, deren Geheimnis sich dem Kalkül und der Anstrengung entzieht, ohne die jene Melodie, die es enthält, nicht entstanden wäre. Das Lied ist der Inbegriff der deutschen Seele, und die Deutschen, das musikalische Volk *par excellence*, suchen, nach Thomas Mann, das Leben in einer geheimnisvollen, sich den beruhigenden Überlegungen der humanistischen Vernunft entziehenden Wesentlichkeit, nämlich im Tod.

Die Antithese zwischen dem Leben – gesund, aber gewöhnlich – und dem Geist, der es begreift und verfeinert, aber steril macht, ist ein von der Fin-de-siècle-Kultur vielerörtertes Motiv, das Thomas Mann aufgreift und verdichtet. Auch wenn er es in den *Buddenbrooks* und in den anderen großen, vor dem Ersten Weltkrieg geschriebenen Werken mit scharfem Verstand und großer Poesie behandelt, ist es kein originelles Thema. Bereits Schiller hat in seinem Aufsatz »Über naive und sentimentalische Dichtung« – der ersten und unübertroffenen Diagnose der widersprüchlichen Situation der Kunst in der modernen Welt – die Schwierigkeiten offengelegt, die den Schriftsteller daran hindern, die Welt darzustellen, ohne sie zu verlieren, die Antithese zwischen der Dichtung, die sich mit dem Leben identifiziert, und der Dichtung, die, wie eben die moderne, spürt, daß sie es verloren hat und nur noch seinen Verlust und die Sehnsucht nach ihm ausdrücken kann.

In seiner Erzählprosa wie in seinen Essays nimmt Thomas Mann unermüdlich und in vielfältigen Variationen diese Gegenüberstellung auf und spielt sie in verschiedenen Gegensatzpaaren durch, die keinerlei dialektische Synthese zulassen: Kunst und Leben, Leben und Geist, Kunst und Bürgertum, Natur und Geist, Chaos und Form; blonde und blauäugige Geschöpfe, die sich glücklich der Unmittelbarkeit des Augenblicks überlassen können, und komplizierte, aber vertrocknete Seelen, die dieser Unmittelbarkeit nachtrauern; Heroen der moralischen Spannung wie Schiller, die voll Mühe um die Eroberung der Gnade kämpfen, und dämonische Götterlieblinge wie Goethe, die die verwirrende und vielfältige Lebensenergie verkörpern.

Thomas Mann ist ein genialer Epigone der großen Literatur um die Jahrhundertwende, die diese Probleme mit einer immer noch unerreichten Tiefe ausgelotet hat. Ibsen – den Mann zutiefst bewunderte, so daß er sogar die Rolle des Gregor Werle, des unseligen, schwafelnden Fanatikers der Wahrheit ohne Liebe, 1895 in einer Aufführung der *Wildente* spielte –, Ibsen hatte mit definitiver Klarheit den unlösbaren Konflikt zwischen Leben und Repräsentation formuliert, die Schuld der Existenz und der Kunst, die sich gegenseitig auffressen, das tödliche Dilemma zwischen Unterdrückung und Chaos. In den *Buddenbrooks* gibt es einen unlösbaren Widerspruch zwischen zwei gleichermaßen zerstörerischen Formen: der Repression – dem Pathos der Haltung, das den Verfall eindämmt, dabei aber das Leben erstickt – und der Hingabe an diesen Verfall, die die Ketten sprengt, aber auch jeden Damm und jeden Wert, und so in Selbstzerstörung mündet und in der Barbarei des Todes. Ibsen und mit ihm andere große Stimmen der Jahrhundertwende, vor allem skandinavische und mitteleuropäische, hatten das Unbehagen der Kultur mit unerbittlicher Klarheit und großer Qual dargestellt, in der Überzeugung, daß die Antinomien dieses Unbehagens unüberwindlich seien, doch ebenso in der Überzeugung, die eigenen Wurzeln in dieser Sackgasse zu verankern.

Thomas Manns Bildung ist geprägt von dem Dreigestirn Schopenhauer–Nietzsche–Wagner, das heißt also von jener großen universalistischen, kosmopolitischen und zugleich »verzweifelt deutschen« (um eine Mannsche Definition zu gebrauchen) Bildung, die mit unvergleichlicher Radikalität der Medusa der Modernität ins Gesicht gesehen, die epochale Veränderung einer jahrhundertealten Kultur erforscht und dabei in den Ideologien der Moderne – Liberalismus, Demokratie, Fortschrittsglaube – keine Überwindung, sondern ein Symptom und einen Faktor dieses Unbehagens und dieser Krise entdeckt hat. Bis 1918 erkennt sich Mann ideologisch – auch wenn er überzeugt ist, sich auf diese Weise gegen jede Ideologie zu stellen – in den Behauptungen und vor allem in den Negationen der großen »Volksfeinde« wieder: Kierkegaard, Nietzsche, Schopenhauer, Burckhardt, Wagner (der sich in diesem Zusammenhang freilich nicht der konservativ-reaktionären »Kultur-kritik« anverwandeln läßt) und noch anderen.

Es ist eine heterogene, widersprüchliche und dennoch in ihrem unübersetzbaren Pathos unverwechselbare Kultur. In ihm vereinigt Thomas Mann, unter leidenschaftlicher Zustimmung, Geistesgrößen wie Nietzsche und nationalistische Schundideologen wie Paul de Lagarde. Diese Kultur hat mit unerbittlicher und befreiender Klarheit einige heftige, tragische wie triviale Widersprüche der modernen Massengesellschaft und ihrer großen zivilisatorischen Eroberungen offengelegt, der ersichtlichen wie der jeweiligen Kehrseite, die sie häufig verdreht oder auf den Kopf stellt; mit zwanghafter und parteiischer Aversion hat sie den demokratischen Fortschritt und die Ideologie eines solchen Fortschritts in Abrede gestellt. So gesehen stellt eine derartige Kritik eine aufschlußreiche Metapher dar, ein unerläßliches Ferment für das Verständnis und die Korrektur der demokratischen und progressistischen Gesellschaften; wenn man aber den Anspruch erhebt, daraus die einzige oder zumindest die Hauptmahlzeit zu machen – wie es die antidemokratische Ideologie tut – und ihre Metaphern wörtlich zu nehmen (oder, schlimmer noch, sie anzuwenden), verfällt man in eine brutale und geschmacklose Rhetorik, die bestimmt nicht weniger philisterhaft ist als das verabscheute progressistische Philistertum, gegen das sie loszieht. Thomas Mann selbst schreibt in den *Betrachtungen* – die jedoch ihrerseits keineswegs frei von diesem Mißverständnis sind und in denen es neben funkelnden Geistesblitzen auch nicht an Engstirnigkeit, Platitüden und Pöbeleien mangelt –, daß man keine Behauptung Nietzsches wörtlich nehmen dürfe; und er gibt sogar zu (mit jener Doppelbödigkeit, in der er Meister ist, um sich selbst *ad absurdum* zu führen), daß auch der »unpolitische« Kampf gegen die moderne und totalitäre Zudringlichkeit der Zivilisation ihrerseits zur Politik werde – zu einer schlechten Politik und schlechten Ideologie, möchte man hinzufügen, um so schlechter, je überzeugter sie sind, im Namen des Lebens gegen die ideologischen Künstlichkeiten zu sprechen.

In den *Betrachtungen* kämpft Thomas Mann in tausenderlei Formen gegen eine Gefahr, die in seinen Augen zerstörerisch ist für das Leben, für die Kunst, für die innere Freiheit und für Deutschland, das ihm als die Heimat jener Werte erscheint. Er bekämpft die demokratische Ideologie des Engagements und des Fortschritts – der »Zivilisation« –, die das Individuum absorbiere, bis ins Innerste seines Bewußtseins dringe und die Eigenheit seiner Person und seiner Gefühle ersticke. Eine solche Ideologie nivelliert seiner Ansicht nach die Unterschiede, ebnet jede Innerlichkeit und jede Metaphysik in einer soziologischen oder psychologischen Reduktion ein, setzt an die Stelle der Wahrheit die Meinung, des ungezwungenen Dialogs die Debatte und die Unterzeichnung eines Manifests, der Wehmut des »Lieds« die vorgefertigte Phrase, der Letzten Dinge die Parole des Tages, der »Kultur« die »Zivilisation«.

Auf diese Bedrohung – die er mit sektiererischer Emphase beschwört, ohne sich um den von der Demokratie tatsächlich erbrachten Fortschritt zu kümmern, und erst recht nicht um die verheerenden Auswirkungen der Antidemokratie, da sie für ihn eine wirkliche Bedrohung darstellt, nicht nur für seine Kunst, sondern für die innere Autonomie des Individuums – reagiert Thomas Mann mit den *Betrachtungen*, dem »Riesenskript der Schmerzen«, von ihm selbst zehn Jahre später als »ein Rückzugsgefecht großen Stils« bezeichnet, »das letzte und späteste einer deutschromantischen Bürgerlichkeit, geliefert im vollen Bewußtsein seiner Aussichtslosigkeit und also nicht ohne Edelmut«.

Abgesehen vom Protest gegen das demokratische Pathos und die oft wirklich gehässige antideutsche Propaganda will Thomas Mann den deutschen Bürger verteidigen, seine konservative und zugleich anarchische und vagabundierende Treue, gegen den »Imperialismus der Zivilisation«, und bei dieser »Tiefschwätzerei« (wie es der Bruder Heinrich, »Zivilisationsliterat« *par excellence*, verächtlich nannte) verstrickt er sich in einer Reihe von unlösbaren Widersprüchen. Sein deutscher Bürger ist der Kleinstädter, der zugleich »Weltbürger« ist in einem humanistischen Gefühl von Übernationalität, dem absoluten Gegenteil jedes demokratischen Internationalismus, denn es nährt sich aus dem Deutschtum, auch wenn es Deutschland äußerst kritisch gegenübersteht, wie alle großen deutschen Vorbilder für das Unpolitischsein belegen: angefangen bei Goethe bis zu Wagner und Nietzsche.

Dieser »Bürger« ist das Gegenteil des französisierenden »Bourgeois«, des Literaten und Intellektuellen, denn er lebt in den immerwährenden Werten des Herzens und der Metaphysik und weigert sich, an den modernen Primat der Politik und des Staates zu glauben und ihnen, getreu der Devise des progressistischen Intellektualismus und seiner Panpolitisierung, die geistigen Werte zu unterwerfen. Politik und Staat haben die Aufgabe, den Bereich der Kultur von außen zu schützen, und in dieser Funktion wird ihnen zwar ohne innere Beteiligung, doch mit Disziplin und Opfer gedient; Mann versöhnt so das Bismarcksche Reich mit Nietzsche, der es zutiefst gehaßt und geschmäht hatte, denn er weiß genau, wie die große konservative Kultur, die den Staaten und den Regierungen jeden Wert abspricht – von Schopenhauer bis Burckhardt und Nietzsche –, immer gern eine autoritäre Regierung stützt, die ihr erlaubt, ihre geistigen Abenteuer fortzuführen. Wie Norberto Bobbio schrieb, daß derjenige, der behauptet, rechts und links gleichermaßen abzulehnen, rechts sei. Diese Haltung ist nach Thomas Mann Mission und Schicksal der Deutschen, die, wie Hamlet, nicht zur Tat – sprich zur Politik – geboren sind, sondern zu ihr aufgerufen werden, in einem daher tragischen Auftrag.

Die Widersprüche beinhalten die gleiche Antithese, um die es im Buch geht, nämlich »Kultur« und »Zivilisation«, die ihre Rollen auch tauschen. Die eine steht für Gefühl, Leben, Einheitlichkeit gegen den künstlich intellektualistischen Mechanismus der anderen, aber das tiefe deutsche − »verzweifelt deutsche« − Gefühl, das Mann gegen die optimistische Fortschrittsideologie geltend macht, ist für ihn, wie jeder Konservatismus, auch Todesverlockung und Todesliebe. Und die der politischen entgegengesetzte ästhetische Berufung ist ebenfalls Anziehungskraft des Abgrunds. Selbst die Gegenüberstellung von Leben und Geist, Grundthema des Mannschen Werks von den ersten Schriften an, kompliziert sich, weil der Geist bald als eine auflösende Kraft im Sinne des aufklärerischen Rationalismus erscheint, bald als Agens einer musikalisch-dionysischen Auflösung, bald also der Kunst entgegengesetzt und bald mit ihr identisch, bald »Zivilisation«, bald »Kultur«, so wie Demokratie und deutsches Nationalgefühl einmal miteinander identisch sind (wie 1848 bei Storm oder bei Wagner) und einmal einander radikal entgegengesetzt, eben wie in der Auseinandersetzung zwischen Thomas und seinem Bruder Heinrich, aus der die *Betrachtungen* hervorgehen.

In diesem Durcheinander klammert sich der Schriftsteller an jene widersprüchliche Symbiose von extremer Modernität und ihrer extremen Ablehnung, eine Symbiose, wie er sie bei den großen, exemplarischen Deutschen von Nietzsche bis Wagner sieht, Kosmopoliten und Gegnern des demokratischen Internationalismus, ja er entdeckt in dieser Symbiose das Wesen des Deutschtums. Er weiß, daß sein Werk bis zu dem Zeitpunkt von dieser Symbiose gelebt hat, und weigert sich, den europäischen Weg vom »Bürger« zum »Bourgeois« zu gehen. Wenn sich sein deutscher Bürger verwandeln soll, dann kann und muß er ein Künstler werden, kein Bourgeois. Doch in den *Buddenbrooks* oder im *Tod in Venedig* waren diese deutschen Werte gelebt und dichterisch ausgedrückt worden und nicht erst theoretisiert und erörtert; die Dichtkunst kann die Gegensätze des Lebens und der Geschichte in Worte fassen, ihre Wahrheit, die sich jeder Erklärung entzieht, aber auch jeder Formulierung, die ihre Unsagbarkeit theoretisch abhandeln wollte.

Übersetzt in ideologische Erklärungen, werden diese Gegensätze zu etwas anderem, das nicht mehr viel mit ihnen gemeinsam hat, so wie beispielsweise die Konzeption von Leben und Geschichte bei Benn, losgetrennt von den meisterhaften Versen, in denen sie zum Ausdruck kommt, zu einer wenig originellen Ideologie wird und ihre verzehrende musikalische Tiefe von Leben und Tod verliert. Als Thomas Mann an den *Buddenbrooks* arbeitete, war er sich, wie er selbst gesteht, nicht im klaren darüber, daß er, während er den Verfall einer bürgerlichen Familie schilderte, von einem weit größeren Ende erzählte: »Was ich selber sei, was ich wolle und nicht wolle, ich erfuhr das alles, indem ich schrieb.« Das große Werk wuchs unter seinen Händen und nötigte ihm seine eigene Gesetzmäßigkeit auf, sein Eigenleben und seinen eigenen einheitlichen Atem, der alle Einzelheiten in ein organisches Ganzes preßte, die epische Naivität, die unauflöslich mit der architektonischen Intelligenz verschmilzt und ohne die es wahrscheinlich kein großes Kunstwerk gibt – und auch nicht den unverwüstlichen Charme einer Tony Buddenbrook.

Bis zu den *Betrachtungen* war Thomas Mann, von ein paar Ausnahmen abgesehen, Erzähler gewesen und kein Essayist; also niemand, wie er es ausdrückt, der spricht, sondern einer, der Menschen und Dinge sprechen läßt. In den Essays – und im ersten und größten davon, den *Betrachtungen*, der die anderen in gewisser Weise enthält – spricht er in der ersten Person und bezieht, trotz der ständig gegenwärtigen Vorliebe für Doppelbödigkeit und Schwankungen, eindeutige Positionen; er will seine menschliche und poetische Welt vor der sie bedrohenden Politisierung schützen und ist gezwungen, daraus eine schlechte Politik zu machen.

Viele seiner bissigen Anklagen gegen die demokratische Gesellschaft, ihre Überzeugung und ihren kriecherischen Totalitarismus, enthüllen erst heute ihre befreiende Schärfe und bilden − heute, nicht damals − einen vitalen Antikörper in der Welt der Information, trotz der wütenden, manchmal sogar trivialen seitenlangen Tiraden und des übertriebenen »Tiefschwätzens«. Jedenfalls ist Thomas Mann nie − zumindest wenn er in der ersten Person sprach und nicht künstlerisch, als Bauchredner, durch seine Figuren − so aufrichtig und leidenschaftlich gewesen wie in diesem reaktionären Gefühlsausbruch. Er kennt das Unaufrichtige, das sich in jeder Predigt verbirgt, und zweimal zitiert er, als eigene Aussage, die Schmähworte Strindbergs an die Adresse Björnsons: »unwahr wie ein Festredner«; doch gerade die sektiererische oratorische Maßlosigkeit der *Betrachtungen* rettet ihn vor der Falschheit, die sich leicht in die edlen, harmonischen und die Konventionen achtenden Reden einschleicht.

Thomas Mann verteidigt diesen »verzweifelt deutschen« Wirrwarr und Exzeß, die er als den Humus seines Lebens und seiner Kunst empfindet; in diesem radikalen Kampf steigt er bis auf den Grund der deutschen Misere, hebt ihre quälendsten Seiten hervor, aber auch die dunkelsten und barbarischsten, den antihumanistischen und antiwestlichen Kern, der schon bald soviel erschreckende Gewalt hervorbringen wird. Es ist eine dostojewskische Liebe zur Infamie und Indezenz, die sich durch die *Betrachtungen* zieht, und tatsächlich gehört Dostojewski auch zu ihren Schutzgöttern, mit seinem epochalen Gespür für die höllische und messianische Krise der Kultur und für die Rolle, die zu ihrer Behebung außer von den Slawen von Deutschland übernommen werden muß, um die vergiftende Kultur Europas, Roms, des Westens niederzuschlagen. Nicht von ungefähr wird sich Thomas Mann in einem späteren Essay von diesem ethisch-politisch-religiösen Extremismus antiwestlicher, antiliberaler und antidemokratischer Couleur Dostojewskis distanzieren.

In den *Betrachtungen* durchschreitet Mann, »ein Ästhet mit der Tendenz zum Abgrund«, diesen letzteren und identifiziert sich mit ihm. Aber schon während er diese Reise in die Unterwelt unternimmt, stellt sich ihm etwas in die Quere und leitet einen Kurswechsel ein. Nach dem Ersten Weltkrieg läßt ihn der Aufstieg des Nationalsozialismus allmählich begreifen, in welche nicht metaphorischen Abgründe der Barbarei diese Welt stürzen kann, wenn ihre unpolitischen Werte den liberalen und demokratischen entgegengesetzt anstatt in eine liberale und demokratische Politik integriert werden, wie er es für den ganzen Rest seines Lebens versuchen wird. Die Erfahrung wird ihn zwingen, sich trotz allem mit der Humanität der geschwätzigen Demokratie, mit der »Zivilisation«, auseinanderzusetzen und ebenso mit der Inhumanität der Reaktion, die, wie es der Nationalsozialismus tun wird, ebenjene Werte deutscher Tradition, die er zu repräsentieren vorgibt, verleugnet.

Die *Betrachtungen*, schreibt Marianello Marianelli, bleiben »ein unruhiger, üppiger See, in dem fast die gesamte Problematik Thomas Manns vor dem Ersten Weltkrieg zusammenfließt, und wenn sie dann, wie manche Flüsse Europas, wieder herausfließt, sind in ihrem immer breiteren, mit Gesichtern angefüllten Lauf nicht wenige peinigende Adern und Reflexe des Sees noch vorhanden«. Diesen Themen, bemerkt Patrizia Rateni, bleibt Thomas Mann treu, wenn auch unter anderem Vorzeichen.

Es ist nicht nur ein wachsender Horror vor der nationalistischen und später nationalsozialistischen Niedertracht, die seinen Kurswechsel bestimmt. Das »unpolitische«, antidemokratische Deutschland war der Humus für seine Kunst gewesen, und zu Beginn glaubt er, es zu verteidigen, um diesen Humus zu schützen, um die *Buddenbrooks* zu retten. Aber dieses Meisterwerk war – wie die bis 1914 folgenden – aus einer Phantasie- und Gefühlslage hervorgegangen, die tatsächlich »unpolitisch« war, ohne sich dessen bewußt zu sein; es war die authentische Darstellung jenes alten nicht-bourgeoisen Deutschland, aber gerade deswegen ließ sich das Werk nicht wiederholen oder unter betont ideologischer Prämisse fortsetzen, denn die einmal verlorene Unschuld, die Naivität im Schillerschen Sinn, läßt sich nicht wiederherstellen, und es gibt nichts Verlogeneres als eine rekonstruierte Jungfräulichkeit. Der Roman *Buddenbrooks* war sicher deutsch in jenem höheren, innerlich-kosmopolitischen Sinn, war spontan mit dieser Intonation entstanden, aber weitere Werke in diesem Kielwasser zu schreiben, mit dem Bewußtsein des in den *Betrachtungen* ergründeten und verkündeten Deutschtums, hätte bedeutet, deutschtümelnde populäre Bücher zu schreiben: nicht die Musik des Herzens eines Eichendorffschen *Taugenichts* oder von Storms *Immensee*, sondern die Fanfare plumper Heimattümelei eines Paul de Lagarde.

Darüber hinaus war das Wahre an den *Buddenbrooks* die Schilderung des unvermeidlichen Untergangs jener heißgeliebten Welt gewesen, des alten Deutschlands, und ein großer Schriftsteller konnte nicht so tun, als ob nichts geschehen wäre, und einfach wieder anfangen, Romane zu schreiben, die nichts von Verfall wußten. Es war schlicht nicht möglich, weiterhin Werke wie die *Buddenbrooks* zu verfassen, nachdem diese Naivität und Unschuld verlorengegangen waren und nachdem man den Zusammenhang entdeckt hatte, der diese Kunst organisch mit der in den *Betrachtungen* verteidigten Welt verband. Diese letzteren machten es unmöglich, weiterhin der Schriftsteller der *Buddenbrooks* zu sein, und die Abkehr von den *Betrachtun-*

gen machte es ebenfalls unmöglich, wenn auch aus anderen Gründen; war es, um die *Buddenbrooks* zu schreiben, notwendig gewesen, »unpolitisch« zu sein, ohne es zu merken, so verhinderte die Entdeckung der Notwendigkeit von Politik und Demokratie diese Epik und Musik und verlangte nach einem anderen Schriftsteller.

Thomas Mann selbst spricht in der »Vorrede« zu den *Betrachtungen* von »der Unabweisbarkeit also einer Revision aller Grundlagen dieses Künstlertums selbst«. Nach diesem Buch wird Mann zunehmend liberal, demokratisch, ein Verteidiger der »Zivilisation«, ohne die es keine echte »Kultur« gibt, doch er zahlt dafür einen hohen Preis auf der Ebene der literarischen Kreativität, denn seine Berufung und seine Erzählernatur waren unauflöslich mit jener »verzweifelt deutschen« Welt verbunden, die er jetzt unmöglich aufgeben kann. »Dennoch ist es sehr möglich«, schreibt er selbst klarsichtig in den *Betrachtungen*, »daß ich zeitig das Beste gab, das zu geben mir vorbestimmt war.«

Die großen Passagen, die er später mit der Freude an der parodistischen Komposition schreiben wird – zum Beispiel im *Zauberberg* oder an dem blendenden Beginn von *Joseph und seine Brüder* –, können nicht immer die Tatsache verbergen, daß in seinem Werk die Bravour – Bazlen nannte es die Leistung – bisweilen die Oberhand über die Substanz gewinnt und daß es dem Autor nicht immer gelingt, die riesige und komplexe Masse seines Materials zur Gnade zu bringen. Die Leistung verbirgt nicht die Unsicherheiten der Substanz, sondern legt sie vielmehr unfreiwillig offen: Im *Doktor Faustus* häufen sich die gelehrten Hinweise und Anspielungen, doch sie verflachen und simplifizieren den Roman, wie naive Hinweisschilder, die auf das Vorhandensein von anspruchsvollen Themen aufmerksam machen. *Doktor Faustus* wirkt, als läge der Roman einen Schritt hinter den *Buddenbrooks* zurück; wie Tito Perlini sagte, ist es ein Buch, das, aufgrund von Auschwitz geschrieben, trotz Auschwitz und den anderen Schrecknissen unserer Zeit wie ein vornehmes, humanistisches Zeugnis geschrieben zu sein scheint, unangemessen der totalen und tragischen Veränderung, die der Mensch im modernen Zeitalter erfahren hat und die ihren Widerhall fand in der großen modernen Kunst, die jedoch nicht die romantisch-dämonische Musik Adrians ist. *Doktor Faustus* ist unsäglich fern, als hätte das Buch tatsächlich, wie Mann erfindet, der ehrliche und altmodische Pädagoge Serenus Zeitblom geschrieben, der im Roman nichts von der Tragödie, von der er Zeugnis ablegt, begreift und damit deutlich macht, daß es die große deutsche Tradition tatsächlich nicht mehr gibt.

Die Essays in ihrer Gesamtheit sind der grandiose Versuch, von dieser großen deutschen Tradition zu retten, was zu retten ist, und es in ein allgemeines, demokratisches, europäisches, westliches Kulturkonzept zu übertragen; ein Ausdruck von Treue gegenüber den großen Lieben, die Thomas Mann geprägt haben und die jetzt noch unverfälschter sind, weil befreit von der ideologischen Verzerrung des antidemokratischen Deutschtums. Zwar läßt sich Mann nach wie vor von den Schubertliedern ergreifen, von der Todesverlockung, die aus ihnen klingt, oder von »Immensees« verzehrender Musik des Herzens, aber er führt diese Dinge nicht mehr gegen das allgemeine Wahlrecht ins Feld, sondern macht daraus eine zum Erklingen gebrachte menschliche Saite, die einen in ihrer von keiner, auch keiner demokratischen Politisierung unterdrückbaren Eigenständigkeit nicht daran hindert, Appelle gegen Hitler zu verfassen und zu unterzeichnen oder sich für den New Deal zu engagieren, sondern vielmehr ein solches Engagement menschlich unterfüttert.

Diese Rettung, dieses Gewirk einer Kontinuität in der — auch radikalen — Transformation ist sehr viel glaubhafter, intellektuell und künstlerisch sehr viel kraftvoller als die globale Verneinung, die einfach das vor jene Welt gesetzte Zeichen verändert und sie ausnahmslos und und ohne große Unterscheidungen ablehnt, wie es im *Doktor Faustus* der Fall ist, in dem die deutsche Kultur in Bausch und Bogen verdammt und alles, was in den *Betrachtungen* gepriesen wurde, mit ebensoviel totalisierender Parteilichkeit, aber weniger künstlerischer oder intellektueller Kraft gebrandmarkt wird. Doch die Verzerrungen in diesem Buch finden ihre Rechtfertigung im Kampf gegen den Nationalsozialismus auf dem Höhepunkt des Bösen und damit in einer Schlacht, in der kein Platz ist für Distanz, Doppelbödigkeit, für die Freiheit und die Verantwortungslosigkeit der Kunst.

Rettung und Kontinuität, wie sie in den Essays verfolgt werden, richten den gewöhnlichen Leser auf, bestätigen ihn in seiner instinktiven Überzeugung, genauer gesagt in seiner eindeutigen Erfahrung, daß man sehr wohl Wagner lieben kann, ohne deswegen auch nur unbewußt mit dem Nazismus zu sympathisieren. Ebenso weiß ein nichtideologisierter Leser seit jeher, daß Unterschriften unter ein Manifest, kulturelle Debatten und andere Riten der demokratischen Gesellschaft der Liebe zum Meer und zum Herumvagabundieren keinen Abbruch tun, wie diese ihrerseits nicht dazu verleitet, das Wahlrecht abzulehnen oder die Pflicht (die für jeden anarchisch-musikalischen Weltenbummler immer eine Pflicht und kein Vergnügen bleibt) zu vernachlässigen, das Unrecht zu bekämpfen samt denjenigen, die es ungestört begehen wollen, und die daher die Dichter ermahnen, sich herauszuhalten und nur mit ihren eigenen Träumen im Kopf herumzulaufen.

Die Essays sind – und wollen es sein – die Bekräftigung, daß es in der Welt der Demokratie und des Engagements auch Raum geben kann und geben muß für das luftige Herumvagabundieren eines Eichendorffschen Taugenichts. So gesehen sind sie auch die Beschwörung einer eigenen Gefahr, die mit zunehmenden Jahren für Thomas Mann immer größer wird, nämlich der Gefahr, daß der Ansturm der Pflichten – Appelle gegen Ungerechtigkeiten und für die Mobilisierung antifaschistischer Kräfte, Grußbotschaften an Kongresse und politische Mächte, Reden, Radioansprachen, Vorworte, eine uferlose Korrespondenz – die verantwortungslose Zigeunerfreiheit der Kunst, das Spiel, die Hingabe, das Schweifen der Phantasie ersticken könnten. Mit den Jahren fügen sich die Essays ein in eine Spirale wachsender Verpflichtungen. Thomas Mann, der auf jeden Brief irgendeines Unbekannten mit einer Höflichkeit antwortet, die jedermann auf Distanz hält, und der zwanghaft alles Anstehende erledigt sehen möchte, ist geradezu ein Beispiel für die Verschleierung der eigenen Person, für eine Abwehrstrategie, verbunden mit der Achtung vor dem anderen. Mit größter Würde verkörpert er das bürgerliche Leben, zusammengefaßt und komprimiert in der Arbeit, die ihm die vitale Kraft raubt. Schon in den *Betrachtungen* bemerkte Thomas Mann voller Melancholie, daß auch er ein Bourgeois sei wie die, die er verachte, und zwar im Sinne jenes typisch modernen – und ihm unsympathischen – Heroismus der Leistung, der Askese des »überbürdeten und übertrainierten, am Rande der Erschöpfung arbeitenden Leistungsethikers«.

Abgesehen von den zahlreichen zu bestimmten Anlässen entstandenen Aufsätzen gruppieren sich die Essays um die großen Themen des Schaffens und der Reflexion Thomas Manns. Ein zentrales Motiv bildet die Gestalt Goethes, zwar schon vor der Wende von 1914/18 vorhanden, wenn auch eher unterschwellig, doch danach entwickelt, ausgeweitet und mehrmals wiederaufgegriffen, bis sie – in einem klugen und ironischen Identifikationsprozeß – gleichsam zu einer autobiographischen Projektion wurde, vor allem aber zum Symbol jener Allianz von Mythos und Humanismus, die der Schriftsteller immer entschiedener verfolgte.

Wie vor allem aus dem glänzenden Aufsatz »Goethe und Tolstoi« hervorgeht, ist der Dichter des *Faust* für Thomas Mann in erster Linie die Inkarnation einer der beiden Idealtypen jener Gegensätzlichkeit, die ihn sein Leben lang beschäftigt: die »Naturkinder« − unwiderstehlich, leichtfertig, brutal, verführerisch, dämonisch und unerschöpflich wie die Natur selbst − und die »Geistessöhne«, gequält, nachdenklich, moralistisch, zielstrebig, despotisch. Thomas Mann spielt ständig mit dieser Gegensätzlichkeit, die bereits in Tonio Krögers Sehnsucht nach den glücklichen und unkomplizierten, blonden und blauäugigen Geschöpfen zum Ausdruck kommt, die letzten Endes nichts anderes ist als die nietzscheanische Sehnsucht nach dem Leben jenseits von Gut und Böse, Nietzsches Wunsch, ein glückliches und indifferentes Meerestier zu sein.

Goethe und Schiller, ebenso Tolstoi und Dostojewski dienen als Beispiele für diese Gegensätzlichkeit, die manchmal Gefahr läuft, zum Stereotyp zu werden, doch die mit faszinierendem dichterischen Scharfsinn untersucht wird, der ständig die Vorzeichen ändert und problematische Abgründe bei den dämonischen Götterlieblingen sowie dämonische Sicherheit bei den komplizierten Geistessöhnen zum Vorschein bringt. Goethe − und noch weit mehr Tolstoi − offenbaren eine mythische Größe und eine epische Übereinstimmung mit dem Fluß des Lebens, eine unergründliche Tiefe, die auch Gleichgültigkeit sein kann, kindliche Dreistigkeit und den »unbedingten Anspruch auf Liebe«, der verhindert, die machtvolle Liebe zum Leben vom Narzißmus zu trennen, und erlaubt, nur sich selbst zu lieben. Schiller und Dostojewski verblassen tatsächlich als ideelle Gegenpole im Vergleich mit diesen Dämonen; als ob Thomas Mann, der sich ihnen bestimmt näher fühlte, mehr von den Naturkindern angezogen sei. Im übrigen ist es immer der Geist − und das hat Thomas Mann gelehrt −, der die Verführung der Natur spürt, die zu erfahren ihm nicht möglich ist, und der die eigene moralische und intellektuelle Hochspannung, die eigene kritische Neigung nur als kompliziert und quälend empfinden kann.

Dieser letzteren und ihrer heroischen, hochherzigen, beunruhigenden, erneuernden und veruntreuenden Arbeit gilt Manns moralische Bewunderung, verbunden mit einem gewissen Vorbehalt gegenüber ihrer Gewundenheit. Dem Geist kommt Überlegenheit zu, aber auch ein abstoßender Zug: »Und ewig wird die Ruhe, Bescheidenheit, Wahrheit und Kraft der Natur gegen die groteske, fieberhafte und diktatorische Kühnheit des Geistes stehen.« Der Geist – der »Adel des Geistes«, dem die Essays gewidmet sind – besteht also im Ausgleich dieses Gegensatzes; weniger, wie Tito Perlini schreibt, in einem dialektischen Ausgleich, der These und Antithese überwindet und aufhebt, als vielmehr in einer humanistischen Mitte, die beide in einer oszillierenden Versöhnung hält, die für Thomas Mann zur Essenz des Humanismus und der Demokratie wird.

Manns Bemühen ist darauf gerichtet, der Demokratie auch jene dämonischen deutschen Elemente zurückzugewinnen, die er zuvor der Demokratie und der »Zivilisation« entgegengesetzt hat. Er verheimlicht nicht die Brutalität, die jeder Kraft und jeder natürlichen Anmut innewohnende Überheblichkeit, und unterstreicht diese Aspekte bei vielen nichtakzeptablen Haltungen Goethes und Tolstois – beide zu frei von Schwäche, um diese Haltungen verstehen und kurieren zu können –, aber er versucht, die Elemente dämonischer Vitalität in den Komplex der humanistischen demokratischen Werte einzugliedern. Im Bewußtsein des Zustandes »jener Verwirrung, worein das reaktionäre Genie die Menschheit immer versetzt« sucht er die vitale (an und für sich undemokratische) Dämonie zu bewahren, aber auch zu bezähmen, indem er beispielsweise die Unruhe, die Verstörungen, die Leiden der Naturkinder hervorhebt. Sie stiften Verwirrung durch ihre Undurchschaubarkeit, die keine Partei zu ergreifen, sich auf nichts zu stützen scheint und der etwas Sphinxhaftes, Unentschiedenes, auf dämonische Weise Neutrales eigen ist.

In den *Betrachtungen* absolut gesetzt, werden derartige Eigenschaften in den Essays zu einer Art Impfstoff, der den Humanismus durch eine kräftige Dosis Dämonie abhärtet und ihn davor bewahrt, in der Irrationalität des Dämonischen aufzugehen. Wirksam in bezug auf Goethe und Tolstoi, ist dieses Vorgehen jedoch nicht gefahrlos gegenüber anderen Autoren, beispielsweise Dostojewski, den »mit Maßen« zu lesen und zu rühmen der Titel eines Aufsatzes von 1945 mahnt: eine Aufforderung, die, soweit sie sich nicht auf die eindeutige Ablehnung schwärmerischer Nachahmung beschränkt – wie sie naive Leser dazu verleiten kann, auf D'Annunzio oder auf Hemingway »zu machen« –, eine unverzeihliche moralistische Vorsichtsmaßnahme bedeutet, die den Zugang zur wahren Lektüre eines großen Autors versperrt, dessen Genie und Humanität ohne Maß sind.

Der deutsche Bürger – Deutschland selbst, das Deutschtum –, bereits zuvor zwischen gegensätzlichen Extremen oszillierend (auch zwischen West und Ost, aber damals mehr letzterem zugeneigt), wird zu einer Mittlerfigur zwischen den beiden Gegensätzen, zu einer humanistischen Versöhnung im Zeichen eines »Adels des Geistes« (zweifellos ein unglücklicher Ausdruck, der eine vage und historisch abstrakte Geistigkeit suggeriert), der nichts anderes ist als eine Umwandlung der »unpolitischen« Werte in der Demokratie.

Goethe wird nun immer mehr der »Repräsentant des bürgerlichen Zeitalters«, »die reinste und bewußteste Verherrlichung und Verklärung jener menschlichen Mitte, die wir deutsche Bürgerlichkeit nennen« und die 1932, dem Entstehungsjahr des Essays, der diesen Titel trägt, nicht mehr das poetische Deutschland ist, das sich gegen die »Literarisierung« (das heißt die Demokratisierung, die Zivilisierung) der Welt wehrt, wie in den *Betrachtungen*, aber auch nicht das Deutschland in der Schwebe zwischen dem Humanismus eines Settembrini und der totalisierenden Metaphysik eines Naphta wie im *Zauberberg*, sondern es ist eine der Demokratie aufgepfropfte und zu demokratischem Humanismus gewordene *Bürgerlichkeit*.

Goethe ist auch ein Beispiel für die Versöhnung zwischen der Konkretheit des Details – frei von den ideologischen Abstraktionen und den verschwommenen Phrasen, wie sie die »Zivilisationsliteraten« liebten und die Thomas Mann auch nach seiner Kehrtwendung ablehnte – und der humanistischen Universalität der Demokratie; zwischen der Ethik der alltäglichen Arbeit, der gelassenen Beharrlichkeit in den Pflichten – von der sich Thomas Mann, der dafür ein Beispiel war, auch bedroht fühlte in seiner unermüdlichen Produktivität – und der spielerischen Ironie, mit der der »Zauberer« (wie Mann im Familienkreis genannt wurde) die Karten vermischen, sich über die Welt, das Publikum und selbst über den dennoch verfolgten und mit Verneigung entgegengenommenen Beifall lustig machen konnte.

Bei Goethe fand Thomas Mann eine ähnliche Mischung aus Dämonie und Urbanität beziehungsweise Förmlichkeit. In seinen Goethe-Aufsätzen überwindet er jene Unterscheidung zwischen Dichtung und Literatur, für die er sich in den *Betrachtungen* so stark machte und die häufig in den »unpolitischen« Positionen impliziert ist; er hält sie nun für »eine recht unfruchtbare kritische Manie«. Jetzt vereinigen und unterscheiden sich Dichtung und Literatur – mit ständig fließenden Grenzen – im Innern der Person und des Werkes, sind fast so etwas wie Seele und Körper einer dennoch als unauflösliche Einheit empfundenen Individualität. Als »genialer Verwalter des Goethischen Erbes«, wie ihn Giuliano Baioni definiert, lernt Thomas Mann von

Goethe – der nicht von ungefähr auch der Held eines seiner berühmten Romane ist – die Widersprüche der Moderne, die Antithese zwischen künstlerischer und bürgerlicher Existenz und die tiefe, nicht zu eliminierende Affinität, die den modernen Schriftsteller mit dem Betrüger und Fälscher verbindet. In den Goethe-Aufsätzen mildert Thomas Mann diese Antithese, kehrt sie – auch darin Goethe imitierend – um und macht den Dichter zu einem Beispiel für die Versöhnung dieses Gegensatzes; aber vielleicht ist diese etwas hochtrabende Versöhnung ihrerseits ein Fälschertrick, würdig eines Schriftstellers, der schließlich auch der Erfinder des göttlichen Gauners Felix Krull war.

Abgesehen von Goethe ist der Protagonist der Essays eindeutig das Dreigestirn Schopenhauer–Wagner–Nietzsche, das wie nichts anderes Thomas Manns Bildung und Weltanschauung bis zuletzt entscheidend geprägt hat. Seine Liebe zu jedem der drei bleibt konstant, treu bis zum Tod: ein Fundament, von dem er sich weder lösen kann noch will, was er im übrigen in den Essays ausdrücklich sagt. Auch in diesem Fall wird die Radikalität der drei Großen, aus denen er in den *Betrachtungen* unversöhnliche Feinde und Entmystifizierer der demokratischen Moderne und der »Zivilisation« gemacht hatte, in gewisser Weise abgemildert, retuschiert, bis sie sich in die *humanitas* integrieren läßt, ein Terminus, der sich ebenfalls vom »verzweifelt Deutschen« zum Demokratisch-Westlichen hin verschiebt. Selbst der in den *Buddenbrooks* so beunruhigende schopenhauersche Pessimismus wird unmerklich zu einem harmloseren »pessimistischen Humanismus« domestiziert.

Dieser Vorgang trübt jedoch nicht die Klarheit, mit der die Essenz ihrer Werke illustriert wird, die scharfsinnige Subtilität der Analyse, die faszinierende, musikalische Heraufbeschwörung, im übrigen ein völlig legitimer Vorgang, der politisch und moralisch in jenen schrecklichen Jahren der Tyrannei und des Todes, in denen er stattfindet, auch verdienstvoll war. Im Grunde ist es dasselbe, was – ohne kritisches Bewußtsein und ohne Anstrengung – jeder normale, von ideologischen oder antiideologischen Vorurteilen freie Leser tut, wenn er von einem großen und schrecklichen Text ergriffen wird, der vom Abgrund des Lebens handelt, und er sich weder darum kümmert, ob das seine Zustimmung zu einer sozialen Reform beeinträchtigt, noch ob diese Zustimmung seine poetische Hingabe an jenes Abgrundgefühl unzulässig macht.

Von besonderer Bedeutung ist die Persönlichkeit Nietzsches, der Thomas Mann von seinen allerersten Erzählungen an bis weit über *Doktor Faustus* hinaus begleitet. In den *Betrachtungen* traten Figur und Werk Nietzsches in ihrem ganzen subversiven und unerhört neuen Elan hervor, in ihrem antideutschen Deutschtum und ihrem europäischen und weltweiten Rang, in ihrer »literarischen« Ambivalenz zwischen Verherrlichung des Lebens und Liebe zum Tod, Zerstörung der Moral und moralischer Strenge, in der metaphorischen Essenz jener Gedanken-Dichtung, die eine tausendjährige Begriffsordnung aus den Angeln gehoben hatte. Der einzige Irrtum war gewesen, aus Nietzsche einen Gegner des 18. Jahrhunderts (gleichgesetzt mit dem Fortschrittsdenken der Aufklärung) und den Verteidiger eines dumpfen und dämonischen 19. Jahrhunderts machen zu wollen, während doch ebendieses Jahrhundert mit seinem epischen und moralischen Fortschrittspathos am weitesten von Nietzsche entfernt ist, der sich dagegen gerade der trockenen, nüchternen, zynischen Luzidität des französischen *dixhuitième siècle* nahe fühlte. Im Aufsatz von 1947 wird Nietzsche mit großer und liebevoller Intelligenz dargestellt und interpretiert, teilnehmend und zugleich distanziert, doch am Ende wird auch er eingegliedert – und dabei zweifellos einiger seiner zukunftsträchtigsten Komponenten beraubt – in einen »religiös fundierten und getönten Humanismus«, der zwar bei ihm spürbar – und mitreißend – ist, aber nicht sein größtes geistesgeschichtliches Erbe darstellt.

Von den drei großen Gestalten ist Richard Wagner die in den Essays am häufigsten behandelte und, gemessen an den *Betrachtungen*, am stärksten entwickelte. Der große Vortrag über ihn bildete ja bekanntlich den Anlaß für den Autor, Nazideutschland endgültig zu verlassen. Doch trotz aller Weiterentwicklung bleibt Thomas Manns Wagner-Interpretation mit der von Nietzsches aggressiver und unglücklicher Liebe zum Komponisten verbunden, mit seiner doppelten Optik, die Guido Morpurgo-Tagliabue als ein Gemisch aus Konfession und Mystifikation definiert hat, als eine echte und zugleich vorgetäuschte Tragödie, als »eine geschriebene Tragödie, die die gelebte zudeckt«. Auch Thomas Mann entdeckte darin einen »Panegyrikus mit umgekehrtem Vorzeichen«. Er blickt auf Wagner wie auf eine riesige Symbiose aus Genie und Scharlatanerie beziehungsweise wie auf einen grandiosen Ausdruck der unvermeidlichen und mystifizierten Vulgarität der Kunst in der Massengesellschaft – eine nietzscheanische Interpretation, die für das Kunstverständnis in der Massengesellschaft aufschlußreich, wenn auch parteiisch bleibt, die aber, soweit sie Wagner betrifft, sicher weder wörtlich noch als ein eindeutiges Urteil zu nehmen ist.

Thomas Manns Position gegenüber Wagner wird, trotz aller feinen Nuancen und Unterschiede, nach 1918 nietzscheanischer. Doch schon in den *Betrachtungen* repräsentiert Wagner die Ambivalenz des modernen deutschen Künstlers, einen Kritiker Deutschlands, der den Ausländern als typisch deutsch erscheint; und schon in den *Betrachtungen* wird er an die Seite von Zola und Ibsen gestellt wegen seiner auf Symbol und »Leitmotiv« basierenden Technik. Diese Elemente werden 1933 und 1937 in einem Vortrag wiederaufgenommen und vertieft, und indem Mann sich darin ganz auf die Schwächen und auf die Größe Richard Wagners einläßt und sich gleichsam in der Analyse seiner Kompositionstechnik spiegelt, durchdringt und verdeutlicht er die Macht der Wagnerschen Kunst und vor allem ihre außergewöhnliche – moderne – Fähigkeit, mythische Primitivität und Psychologie, genauer gesagt Psychoanalyse, miteinander zu vereinen.

Die radikalste Wende Thomas Manns betrifft tatsächlich die Psychologie. In den *Betrachtungen* war sie als »das Billigste und Gemeinste« gebrandmarkt worden, nur dazu da, den Mythos zu zergliedern, intellektualistisch zu »isolieren« und daher einzelne Elemente des unteilbaren Lebens zu »beschmutzen«, und deshalb stehe sie im Gegensatz zur Dichtung. Jetzt dagegen erscheint die Psychologie als Verbündete des Mythos, als humanistische Vernunft, die sich in die Finsternisse wagt, um deren Wahrheit besser zu verstehen, und so der zerstörerischen Macht, die aus dem irrationalen und obskurantistischen Mißbrauch der dunklen Kräfte des Lebens und selbst des Todes kommt, die Spitze abzubrechen, nicht aber um dieses Reich der Tiefe zu verflachen. Das Bündnis zwischen Mythos und Psychologie wird zur Formel des finsterniserfahrenen Mannschen Humanismus werden und zu einem Bündnis zwischen Dichtung und Demokratie – zwischen »Kultur« und »Zivilisation«, beide befreit von ihren Degenerationen in einem Werk gegenseitiger Emanzipation – wie in dem Aufsatz über Freud oder in den Joseph-Romanen.

Die schönsten Essays sind vielleicht jene, die, obwohl sie präzise einige Autoren und Texte analysieren, bis ins innerste Mark der Mannschen Kunst und seiner »Gefühlsheimat« vordringen und im Grunde nicht weniger autobiographisch sind als die wunderbaren Texte über Lübeck: die Aufsätze über Platen, über Fontane und ganz besonders über Storm. In der Auseinandersetzung mit Platen befaßt sich Thomas Mann – mit äußerster Nüchternheit – mit der Beziehung zwischen Schönheit, Tod und homosexueller

Liebe, einem Thema, das sich auch durch den Essay über Michelangelo zieht, in dem eigene beunruhigende Erfahrungen am Lebensabend stehen, die auch schon frühere Werke geprägt hatten, allen voran den *Tod in Venedig.* Die Homosexualität, gesellschaftlich tabu, verbindet sich für Thomas Mann mit Schönheit und Tod, mit einer Sehnsucht, um so intensiver, je quälender sie ist, und mit dem Wesen des Eros schlechthin, seiner Symbiose von Heiligkeit und Anstößigkeit. Thomas Mann versucht, auch die Homosexualität — wie die anderen »unpolitischen«, dämonischen und verbotenen Leidenschaften — in einen positiven Humanismus zu retten und zu integrieren, der seine anarchische und tödliche Komponente zähmt, wie es in dem interessanten und unangenehmen Text von 1925 »Über die Ehe« erscheint: ein Thema, das nicht gerade zu den glücklichsten für den Autor gehörte, denn auch der wesentlich bekanntere und gerühmtere Brief über die Ehe, »Katja Mann zum siebzigsten Geburtstag«, streift in seiner abgenutzten Liebenswürdigkeit das Süßliche und kann hinter der bewußt hervorgehobenen Prosaik von Verantwortlichkeit und Zurückhaltung, die auf große, schamhaft verschwiegene, in Wirklichkeit aber gar nicht vorhandene Gefühle anspielen sollte, eine grundlegende Kühle nicht kaschieren. Die Homosexualität, poetisches Element in seinen Romanen und beunruhigend abartig in seinem Leben und seinen Tagebüchern, wird jedoch von Thomas Mann mit einer Optik des 19. Jahrhunderts gesehen, als etwas Numinoses zwar, aber trotzdem als etwas Unerlaubtes und Todbringendes.

Der »alte Fontane« ist das lebendige Beispiel für das tiefe Deutschtum, das zugleich europäischer und kosmopolitischer Geist und Erzählgeist, Epik, auch sie national und universal, Ethos und Ironie, bewahrende Treue und Öffnung gegenüber dem Neuen, preußische Ordnung und zigeunerhafte Freiheit des Herzens ist — eine Komplexität, in der Thomas Mann sich wiedererkannte und als deren Erbe und Fortsetzer in größerem Maßstab er sich sah. Doch ganz besonders ist es der wunderbare Aufsatz über Storm, der, vielleicht mehr als jeder andere, ins Herz der Mannschen Dichtung und seiner Auffassung vom Verhältnis zwischen Kunst und Bürgertum führt. Seit den glänzenden Passagen in den *Betrachtungen* stammt die symbolische Bedeutung, die Thomas Mann Storm verleiht, aus einem Kapitel des Buches *Die Seele und die Formen* von Lukács, einem Meisterwerk moderner Essayistik. Dabei hatte Lukács seinerseits sein Storm-Bild indirekt aus dem Geist und der Atmosphäre der ersten Romane und Erzählungen Thomas Manns abgeleitet und so jene Komplementarität initiiert, die den großen Erzähler und den großen Essayisten dazu führen wird, sich gegenseitig zu erhellen und zu ergänzen. Thomas Mann − der im *Zauberberg* Lukács in der Figur Naphtas porträtiert und beim österreichischen Kanzler Dr. Seipel zur Verteidigung des kommunistischen, im Wiener Exil lebenden ungarischen Philosophen interveniert − lernt von Lukács den expliziten Sinn seiner eigenen »Suche nach dem Bürger« und liefert ihm seinerseits das Beispiel und den Schlüssel für die Ausarbeitung der Theorie des kritischen Realismus, die der andere auf der Grundlage seiner Erzählprosa formuliert. Lukács komplettiert und läutert die Mannsche Odyssee vom deutschen Bürger zum Künstler mit seinem Versuch, den »Bourgeois« zu vermeiden, wobei er jedoch auf das verhängnisvolle Fehlen des demokratischen »Citoyen« in Deutschland hinweist sowie auf die Notwendigkeit, ihn zu finden, besser noch, ihn zu schaffen und so die *Betrachtungen* umzukehren.

Bereits in diesen letzteren repräsentiert Storm die selbstvergessene Innerlichkeit, die verlorene Sehnsucht des Herzens, vereint mit solidem handwerklichen Können und einer professionellen bürgerlichen Ernsthaftigkeit, die gleichermaßen die Welt der Arbeit wie die der Gefühle umfaßt. Die

Bürgerlichkeit ist eine Lebensform, die sich die Ethik, den Fleiß, die Zuverlässigkeit und die Ordnung dessen, was sich wiederholt und was wie eine Pflicht absolviert werden muß, auf ihr Panier geschrieben hat. In dieser ruhigen Hingabe an die täglichen Aufgaben drückt sich eine warme Welt von Gefühlen, Empfindungen und Sehnsüchten aus, eine schlichte und in ihrer schlichten Alltäglichkeit geheimnisvolle Lebenspoesie, ein Verlangen, das gebändigt und zugleich erlöst wird durch jene robuste bürgerliche Ethik.

Das ist die Schönheit, die Schönheit des Lebens, die Thomas Mann anstrebt, etwas ganz anderes als der – mit Weltanschauung verquickte – Ästhetizismus eines D'Annunzio, den der Schriftsteller mit Abscheu von sich weist als »etwas für Italiener und Katzelmacher des Geistes«. Thomas Mann wird sagen können, daß sein *Tonio Kröger* ein »ins Modern-Problematische fortgewandelter *Immensee*« sei, die abgeschiedene Dichtung des Herzens der deutschen Provinz zur Dichtung der Krise geworden, die der europäischen Kultur einen Riß beibringt. In seinem Aufsatz über Storm aus dem Jahr 1930 werden diese Motive entwickelt und vertieft, besonders im Hinblick auf die Gedichte, und veranschaulichen aufs schönste jene »bürgerlich-nordische Gefühlsheimat« – unvorstellbar ohne die Melancholie und Intensität der nordischen Landschaft –, deren Stimme Storm ist und die für Manns Gemüt die lauterste und poetischste Landschaft schlechthin darstellt.

Dieser besonderen Sensibilität und Kongenialität für das Licht des Nordens, wie sie auch in anderen Essays zum Ausdruck kommt – beispielsweise in dem über Knut Hamsun, einem zentralen Bezugspunkt für Thomas Mann –, entspricht jedoch auf der anderen Seite eine grundlegende Fremdheit gegenüber der österreichisch-habsburgischen Kultur, der nur kurze Gelegenheitsartikel gewidmet werden, wenig mehr als gebührende Höflichkeiten. Mit liebenswürdigem Respekt äußert er sich über Grillparzer, Altenberg, Hofmannsthal und Kafka, aber seine Beobachtungen erweisen sich als der Komplexität dieser Welt nicht angemessen, die ihm im wesentlichen entgeht, wie es sich besonders deutlich im Fall von Kafka zeigt, dessen Größe er natürlich Beifall zollt, auf die er aber nicht näher eingeht. Auch in den *Betrachtungen* fehlt diese Welt, die ihm doch einen ausgezeichneten anarchisch-konservativen Gegenpol zum Demokratiegeschwätz der Zivilisationsliteraten hätte bieten können. Dort widersetzte sich Mann einer progressistischen Modernität im Namen einer alten Tradition, die in Wirklichkeit aber ziemlich neu und mit der westlichen Modernität viel stärker verflochten war, als er glaubte. Sein deutsches »Unpolitischsein« ist dem Wesen nach protestantisch, ist also Urboden der revolutionären, demokratischen und politischen Moderne. Die österreichische Tradition – katholisch und barock – geht auf eine wesentlich ältere und profundere Ökumene zurück, auf eine Einheit, sehr viel radikaler »anders« im Vergleich zur demokratischen Moderne und gerade deshalb in besonderem Maße fähig, sich dem Verständnis und dem Ausdruck der zeitgenössischen, postmodernen Krise zu öffnen, der instabilen, fragmentarischen und sich rasch ausbreitenden Welt, die aus den Ruinen der modernen Totalität entstanden ist.

Thomas Mann stand der multinationalen Donau-Ökumene fremd gegenüber. Auch wenn er Musils Genie scharfsichtig und generös beurteilte, ist ihm die radikale Revolution der Sprache und des Romans in der österreichischen Literatur des 20. Jahrhunderts – mit einer Symbiose aus Kunst und Wissenschaft, die sich von den Formen und dem Geist der großen Epik des 19. Jahrhunderts weit entfernt hat – immer fremd geblieben.

Die Themen der Mannschen Essays sind uferlos, Zeichen einer Vielseitigkeit und einer Disziplin, die mit den

Jahren noch zunehmen, angesichts einer wachsenden Lawine von Verbindlichkeiten und Verpflichtungen, die das Leben zu ersticken drohen und dazu verführen, sich in Maniertheit und ins Stereotype zu flüchten – wobei jedoch auch dann, wenn man es am wenigsten vermutet, immer wieder das Genie oder die Gewitztheit des Zauberers aufblitzen. Geniale Ausblicke auf die Weltliteratur, bald ambivalent (die kurzsichtigen Vorbehalte gegenüber Strindberg), bald generös (das Eingeständnis der eigenen Unfähigkeit, so große Werke wie *Lord Jim* zu schreiben); autobiographische Erinnerungen aus verschiedenen Anlässen und von unterschiedlicher Länge, gleichsam nach Belieben elastisch dehnbar; Kommentare zu den politischen Geschehnissen schrecklicher Jahrzehnte; Interpretationen der eigenen Meisterwerke; Exkurse über Film und Theater; Rundfunkansprachen. Ein eindringliches und nobles politisches Engagement, vor allem im Kampf gegen den Nationalsozialismus, das einen hohen Preis fordert, denn Thomas Mann ist sich im klaren darüber, daß es sich dabei, wie er selbst einmal schreibt, doch immer um »Predigten« handelt – demokratische Predigten; die als Gebot der Stunde zwar wichtiger sind als ein Kunstwerk, aber doch mühsam für einen, der, wie er in den *Betrachtungen*, im ständigen Aufgerufensein, Meinungen von sich zu geben und zu predigen, eine der größten Gefahren und Bürden für den zeitgenössischen Schriftsteller gesehen hat.

Manchmal läuft die Predigt Gefahr, wie ein zumindest teilweise von der Funktion gebildetes Organ zum Habitus zu werden, zum ständigen Stil und Ton des Schriftstellers: zu einem vollkommenen Stil zwar, aber zu schön, zu glatt, zu beruhigend, einem Stil, der einen Mangel an Großherzigkeit in ein förmliches und offizielles Wohlwollen umformt und es an alle verteilt wie eine Zigarre oder einen Orden. Diese ausgefeilte Dezenz wird fast indezent im Ton, in dem er zum Beispiel das Vorwort zu einem Buch zum

Gedächtnis seines Sohnes Klaus schreibt, der sich umgebracht hatte, nach einem Leben, an dessen Qualen die väterliche Kälte wohl nicht ganz schuldlos war. Unerträglich wirken das völlige Fehlen von Leid und die vornehme, fast befriedigte Betrübnis, mit der Mann »von dem früh geschlossenen Leben meines lieben Sohnes« spricht, der »ging, ohne nach unser aller Kummer zu fragen«; er kommentiert mit pathetischer Rhetorik (»wie sehr meiner Liebe entgegen!«) die Tatsache, daß er einen schweren Schatten auf sein Leben geworfen hat, und rühmt sich geradezu: »Mein Herz ist ohne Bitterkeit, weil er zum Schluß nicht mehr unser gedenken konnte« – fast als ob es sich um einen Fremden handle oder um jemanden, der in seiner Schuld stünde anstatt eher umgekehrt. Vielleicht lastet jedoch auch auf all dem das Gewicht der Arbeit und der Austauschbarkeit aller Dinge, der Indifferenz, die es hervorruft, in gleicher Weise wie Geld.

Wie Goethe hat man vielleicht auch Thomas Mann zuviel zugemutet, selbst wenn ihm vieles gegeben wurde und selbst wenn, wie Cassius sagte, solange wir Sklaven sind, die Schuld nicht in den Sternen liegt, sondern in uns selbst. Auch in der eisernen und beharrlichen Disziplin der Aufgabenerfüllung, die ihm von der Welt abverlangt wurde, hat sich Thomas Mann mit Goethe und seinem bis ins kleinste verfolgten bürgerlichen Opfer identifiziert. Es liegt etwas Heroisches und zugleich Mechanisches in seinen Predigten, Vorträgen, Rundfunkansprachen, Vorlesungen, in seinen Vorworten und seinen Antworten auf die ungezählten Briefe. Kein offizieller Redner entgeht der Gefahr, objektiv unwahr zu sein, unwahr aus gutem Glauben, wie Thomas Mann aus der Schmähschrift Strindbergs gegen Björnson gelernt hatte. Er hat diese Rolle auf sich genommen, die derartige Risiken nicht ausschließt, hohe Risiken, weil sie in Proportion zur Größe des Autors stehen.

Manchmal – und es handelt sich dabei um einige der lebendigsten Texte – dienen gewisse zu bestimmten Anlässen verfaßte, aufrichtige und zugleich doppelbödige Lobreden dazu, im Leben das wieder in Ordnung zu bringen, was durch die Wahrheit der Kunst zerrissen wurde. Das trifft zum Beispiel auf die Ehrungen Gerhart Hauptmanns bei offiziellen Anlässen zu. Hauptmann hatte Thomas Mann das klar erkennbare Vorbild für die Figur des Mynheer Peeperkorn im *Zauberberg* geliefert: das Abbild hochherziger Vitalität, gepaart mit einer pompösen und radikalen Hohlheit. In den Essays sowie in einem Brief an Hauptmann versucht er die dem Kollegen durch dieses Porträt zugefügte Kränkung wiedergutzumachen, doch es ist gewiß nicht nur Heuchelei oder Diplomatie, wie er diese auch grausamen Seiten schreibt, um sich dann von ihnen zu distanzieren, ohne sie jedoch zu dementieren, und so den aufs Korn genommenen Freund zu beschwichtigen und damit Buch und Freundschaft gleichermaßen zu retten.

Thomas Mann weiß, daß ihm die Züge Gerhart Hauptmanns die Gelegenheit boten, das Bildnis eines allgemeinen Menschentyps zu zeichnen, auf das aus menschlichen Rücksichten zu verzichten er nicht bereit ist, nicht allein aus Künstleregoismus, sondern auch, weil es die Ethik der Kunst – der künstlerischen Arbeit – fordert, jene Wahrheit zu repräsentieren, die jemandem Schmerz bereitet und die Menschen menschlich bereichert. Dennoch weiß er, daß die Wahrheit des Lebens – gewiß nicht weniger wichtig als die der Kunst – komplexer ist als ihre künstlerische Darstellung und sich nicht auf diese reduzieren läßt. Die Präzisierungen, die Unterschiede, die Retuschen, die er in den Ehrungen Hauptmanns anbringt, modifizieren nicht die Wahrheit Mynheer Peeperkorns, sondern verdeutlichen die Gerhart Hauptmanns und verhindern ihre plumpe Identifikation mit der ersteren.

Das ist vielleicht das essentielle Thema der Mannschen Kunst, seiner Größe und seines Schuldbewußtseins: ein Thema, abgehandelt in dem kurzen, glänzenden Aufsatz »Bilse und ich« von 1906 und entstanden als Antwort auf die Reaktionen, die die *Buddenbrooks* in Lübeck hervorgerufen hatten. Mit dem Roman, der viele reale Figuren minutiös kopiert, hatte sich Thomas Mann den einmütigen Groll der Stadt zugezogen: zum Teil wegen des effektiven Mangels an Nächstenliebe, mit der er häufig bekannte Personen porträtiert und sie dabei schamlos ausbeutet, um sie zum Objekt seiner literarischen Darstellung zu machen, ohne sich mit echter Teilnahme für ihr Schicksal zu interessieren; zum Teil aber auch aufgrund des unüberwindbaren Mißverständnisses, das immer wieder aufkommt zwischen einer Welt und der Dichtung, die sie darstellt – mit Zuneigung darstellt, aber auch mit jener kritischen Distanz, ohne die es weder Dichtung noch Liebe gibt, sondern nur dumpfe Rhetorik.

Das Verhältnis Thomas Manns zu seiner Stadt war das eines kritisch gegen sich selbst gerichteten konservativen Geistes. Der konservative Geist kann, wenn er Geist ist, nichts anderes tun, aber die Stadt merkt nicht, daß sie auf diese Weise geliebt und gefeiert wird, sondern fühlt sich verraten und greift, grollend und ungerecht, den verführten Sohn an. Es ist der fatale Irrtum des Dichters, der rühmen will und sich dann dem Vorwurf der Verleumdung ausgesetzt sieht: Die habsburgischen Legitimisten fühlten sich von Joseph Roths *Radetzkymarsch* beleidigt, die sowjetischen Generäle von Babels *Budjonnys Reiterarmee*, die öffentliche Meinung Triests von den Schriften Scipio Slatapers.

Die Anklage, gegen die Thomas Mann sich in »Bilse und ich« verteidigt, ist eine grundlegende, in der es um einen radikalen Widerspruch der Literatur – insbesondere seiner, aber keineswegs nur seiner – geht und die seiner Antwort eine generelle Bedeutung verleiht. Mann war in Zusammenhang gebracht worden mit Bilse, einem Lübecker Offizier, der wegen Verleumdung angezeigt worden war, da er in einer Erzählung intime Angelegenheiten von stadtbekannten Personen preisgegeben hatte, die in den karikierten und wenig sympathisch gezeichneten Figuren seiner Geschichte leicht zu identifizieren waren. Auch in den Figuren der *Buddenbrooks* hatten sich viele wiedererkannt und verletzt gefühlt und daher veranlaßt gesehen, den Roman als Nestbeschmutzung abzustempeln.

Unter Bezugnahme auf große Beispiele aus der Weltliteratur – Goethe, Turgenjew, Shakespeare – formuliert Thomas Mann seine Antwort, indem er vor allem auf dem Recht der Literatur besteht, sich ihre Anregungen zu holen, wo sie sie findet, und indem er den Primat der Wirklichkeit und des Lebens gegenüber der reinen Erfindung proklamiert. Das Leben ist, wie Svevo sagt, »originell«, origineller als die Phantasie der Schriftsteller, die sich ja gerade an den Menschen entzündet, die wirklich leben und lieben, empfinden, leiden, sich verlieben, alt werden und sterben; an dem Licht eines Blickes oder an der Geste einer Person aus Fleisch und Blut, wie auch an einer erlebten Landschaft – den Türmen einer Stadt, dem langen Atem des Meeres am Ufer –, die eindrucksvoller ist als eine lediglich abstrakt erfundene. Die Kunst würde sich selbst verraten, folgte sie nicht dieser Verführung, dieser Liebe zum echten Leben, der authentischsten Quelle ihrer Inspiration.

All das ist auch Liebe zur Welt und zu den Menschen, die man schildert, aber es ist auch Mißbrauch, wie Mann genau wußte, der nicht von ungefähr schäbige Figuren egoistischer Literaten gezeichnet hat, wie den Herrn Spinell im *Tristan*, Parasiten, die das Leben und den Schmerz anderer ausspionieren, ohne daran teilzunehmen und ohne auch nur zu versuchen, ihn zu lindern, um ihn mit größerer

Prägnanz darstellen zu können. Aber wenn sich »eine Sache in einen Satz« verwandelt hat, »was hat die Sache noch mit dem Satz zu tun?«. Ein Schriftsteller darf jedwede Einzelheit von jedweder Person nehmen, »Othellos Schwärze und Falstaffs Fett«, genauso wie die dichten Brauen, einen Gang oder eine gesellschaftliche Rolle, doch ihm dient das dazu, eine völlig eigenständige, vom Besitzer dieser entlehnten Kennzeichen losgelöste Figur zu charakterisieren, eine Figur, deren Handeln und Fühlen nichts mit dem der lebenden Person zu tun hat.

Die Treue zu objektiven Details, wie sie dem echten Dichter eigen ist, führt die Leute fälschlicherweise dazu, aufgrund der Ähnlichkeit dieser Einzelheiten zu glauben, daß auch alles übrige wahr sei, und die Geschichte, die jedoch erfunden oder die Kombination und Konzentration von vielen, unterschiedlichen Personen zugestoßenen Geschichten ist, für »Ausplauderei und sensationellen Klatsch« zu halten. Wenn sich ein Schriftsteller, sagt Thomas Mann, seines Abbilds bedient hätte, um in einer Novelle eine Figur zu zeichnen, die sich als Schurke erwiese, hätte er nicht dagegen protestiert, und er hätte sich weder beleidigt noch als Schurke abgestempelt gefühlt. Sicher, Thomas Mann wußte sehr wohl, daß die ethische und ästhetische Pflicht zur Genauigkeit, die die Grundlage des dichterischen Werks bildet, an und für sich immer eine kritische Betrachtung einschließt, eine auch boshafte Aufmerksamkeit, weil sie nicht gutmütig und nachsichtig über die dunklen und problematischen Seiten hinweggehen darf und weil ihr damit eine kalte, objektive und mitleidlose Sicht auf die Sündenfälle eines jeden im »Menschlichen, Allzumenschlichen« eigen ist. »Der treffende Ausdruck«, schreibt Mann, »wirkt immer gehässig. Das gute Wort verletzt. Die Wirklichkeit wünscht mit schlappen Phrasen angesprochen zu werden; künstlerische Genauigkeit in ihrer Bezeichnung macht ihr Gift und Galle.« Aber niemand habe das Recht zu protestieren, wenn er einen Roman lese, und zu sagen: »Das bin ich, das ist jener«, denn dieses Ich und dieser Jener sind nur ein Vorwand für etwas anderes.

Der Künstler, der seinem Gesetz gehorcht und sich damit die Welt zum Feind macht − und vielleicht jemanden leiden läßt −, erfüllt seine Pflicht, doch Thomas Mann weiß besser als jeder andere, daß die Gefahr von Ehrgeiz, Gefühllosigkeit und menschlicher Kälte in dieser Pflicht enthalten ist. Besagter Essay stammt aus dem Jahr 1906, als niemand von der ganzen komplexen Konstruktion wissen konnte, in der Mann die Themen, die Leidenschaften, die Probleme, die Widersprüche, die Verwicklungen, die ernste Verantwortung und die spielerische Mystifizierung seines Lebens und seines Werkes organisieren und komponieren würde. Nicht ohne Härte und manchmal sogar mit Schärfe fährt er in dem von den großen folgenden Entwicklungen nicht überholten Aufsatz fort, freimütig von einem Widerspruch zu sprechen, der ebenfalls nicht überholt ist, genausowenig, wie es ganz allgemein jene großen Antinomien und Polaritäten der Kultur um die Jahrhundertwende sind, mit der die größten Mannschen Werke verwoben sind. Hier ist es Thomas Mann, der spricht, doch indem er begreiflich macht, wie es die Aufgabe eines Schriftstellers ist, die anderen zum Reden zu bringen.

1997

Das Lächeln der Einheit oder
Hermann Hesse zwischen Leben und Leben

Im *Glasperlenspiel*, dem großen pädagogischen Roman, der, zumindest nach den Intentionen des Autors, den Höhepunkt seines künstlerischen Schaffens und Denkens darstellt, sagt Carlo Ferromonte, einer der ersten Gefährten des Protagonisten Josef Knecht in der Schule Waldzell, daß sich für ihn »der Gegensatz: Welt und Geist [...] aus dem Kampf zweier unversöhnlicher Prinzipien in ein Konzert sublimiert« habe, zum »musikalischen Erlebnis« geworden sei. Das ganze Werk Hermann Hesses kreist – mit leidenschaftlicher und bisweilen repetitiver Beharrlichkeit – um den Versuch, die Gegensätze zu versöhnen, sie als Illusion zu entlarven oder ihre Komplementarität aufzuzeigen, und um das Bemühen, in der intuitiven Gesamtschau des immerwährenden und ununterbrochenen Lebens den Widerspruch zu überwinden, der jedem kleinen individuellen Leben innewohnt, das sich, um zu existieren, unterscheiden und dem großen Fließen entgegenstellen muß. Die Dichtung ist aufgerufen, die von den einzelnen und endlichen Existenzen verkörperten Dissonanzen in Harmonie zu setzen, samt ihrer Beklemmung und ihrer Vergänglichkeit, ihrer Einsamkeit und ihrem Tod.

An dieser höchsten Mission der Dichtung – nicht verstanden als Schöpfung künstlerischer Werke, sondern als poetischer Hauch oder Geist, der die Fähigkeit hat, sich mit dem Atem des Ganzen zu identifizieren und am unaufhörlichen Lebensprozeß teilzunehmen – wirken die anderen

Disziplinen, Wissenschaften und menschliche Aktivitäten, mit, die zwar ihre Eigenheit bewahren, sie aber jenem poetischen Ansatz unterordnen, der sie überhöht und ihnen eine universale Bedeutung verleiht. In der imaginären pädagogischen Provinz Kastalien im *Glasperlenspiel* werden sämtliche Künste, Wissenschaften und Techniken jeder vergangenen Zivilisation kultiviert, um einen einheitlichen und allumfassenden Wert daraus zu destillieren, der zum Leitfaden für die Welt werden könnte, da in ihm bereits die Essenz aus ihr gezogen und hinter der Vielheit der Gegensätze und Unterschiede, welche ebendiese Welt ausmachen, die substantielle Einheit entdeckt wurde, die jene weltliche Vielfalt zusammenhält und durchdringt.

Hesse ist ein eindringlicher Beschreiber dieser Antinomie zwischen Leben und Form – zwischen undifferenzierter Einheit des Ganzen und individueller Existenz, zwischen dionysischem und apollinischem Moment, zwischen Leben und Geist –, die einen so großen Teil der europäischen Literatur vom Ende des 19. bis zu den ersten Jahrzehnten des 20. Jahrhunderts inspiriert hat. Als humanistischer Schriftsteller, der nach Einklang strebt, macht sich Hesse wohl bewußt, daß jede erreichte Harmonie nur momentan und illusorisch ist, gemessen an den Gegensätzen, die sie überwunden hat, und daß der Zwist sofort wieder aufflammt, unversiegbar wie der Fluß des Lebens selbst. Der kastalische Geist, von dem das obige Zitat spricht, müßte den Konflikt mit der Welt bereits gelöst haben, denn er hat, nach Jahren geduldigen und asketischen kontemplativen Studiums, die Widersprüche der Welt absorbiert und in sich transzendent gemacht. Dieser kastalische Geist – symbolisiert durch die Perfektion des Glasperlenspiels, das sämtliche Kräfte und Werte des Lebens in der immateriellen, pythagoreischen Reinheit einer Zahl oder eines musikalisch-mathematischen Gesetzes kombiniert und sublimiert – *ist* ja die Welt, sollte die Formel und die Quintessenz der Welt selbst sein, ihre Synthese. Aber jede Synthese schließt immer weite Teile und Komponenten der Realität aus, mit denen sie sich dann in einer neuen Antithese messen muß. Als er die höchsten Ränge der kastalischen Hierarchie erreicht hat, spürt Josef Knecht, daß die Welt doch immer fern geblieben ist, außerhalb des ruhigen Reiches des Geistes, und um sich ihr auszusetzen, verläßt er Kastalien und findet in einem See den Tod.

Auch aus diesem Widerspruch will Hesse ein Konzert machen, die musikalische Harmonie desjenigen, der begriffen hat, daß es keinen Kampf gibt zwischen Geist und Welt, sondern daß jedes der beiden auch das andere ist. Als Dichter dieses Konflikts geht Hesse ihn auf besondere Weise an, widersprüchlich und zwiespältig, aber originell. Er ist weit entfernt von jeder dialektischen Lösung der Gegensätze, von jedem Glauben an eine Synthese im hegelschem Sinn, die die Widersprüche überwindet und annulliert, die er in seiner mystisch-naturhaften Weltsicht in ihren ununterdrückbaren Besonderheiten erhalten möchte, weshalb er sich weigert, sie einer Synthese oder einem Prozeß sukzessiver Synthesen zu opfern. Freilich ist Hesse auch fern vom Mittelweg eines Thomas Mann, der in der Oszillation zwischen den Gegensätzen eine Lösung sucht, die beide rettet, indem er den Widerspruch in Ironie auflöst und sich in versöhnlicher und entmystifizierender Parodie davon distanziert, die es ermöglicht, »die Luft zu reinigen«, wie Adrian Leverkühn sagt, und so zwar mit Distanz, aber doch mit Zuneigung am Fest des Lebens teilzunehmen. Hesse will alles; er will die Identität des Einen und des Vielen, und er will sie hier und jetzt. Ja, er setzt diese Identität als gegeben und gegenwärtig voraus, erahnbar für den, der sich ihr demütig zu öffnen weiß, und unerreichbar für jeden, der sie willentlich zu erfassen sucht; er verliert sie gerade aufgrund der Willkür und Anmaßung, die in der intellektuellen Absichtlichkeit liegt.

Viele Seiten Hesses, vielleicht sogar die schönsten, beschreiben die Entdeckung der Identität des Lebens im Strudel seiner Erscheinungen und Veränderungen, die die Dichtkunst in ihrer Einheit oder auch in ihrer Gleichzeitigkeit zu erfassen sucht (da das immer identische und omnipräsente Leben an sich in seinem Fließen die kategorialen Grenzen von Raum und Zeit nicht kennt); dabei kämpft sie gegen die der linearen Dimension der Sprache inhärenten Schranken, die die simultane Sicht in eine zeitliche Abfolge zwängt und aus der Fülle des Ununterschiedenen die klar voneinander abgesetzten Individualitäten herauslöst. Knulp, der Vagabund im gleichnamigen Roman, betrachtet die Hügel in der untergehenden Sonne und fühlt, daß dieses im Erlöschen begriffene Licht und auch das menschliche Leben − schön und kurz wie ein Feuerwerk bei Nacht − ein Konzert der Seligkeit ist, und sterbend hört er am Ende von der Stimme Gottes die große Wahrheit: »Es ist alles, wie es sein soll.« Emil Sinclair, der Ich-Erzähler aus dem *Demian*, befindet sich auf der Suche nach dem Gott Abraxas, der Göttliches und Teuflisches in sich vereint, und das Bildnis, das er von ihm malt, trägt gleichzeitig die Züge seines Freundes Demian, der angebeteten Beatrice, der großen mütterlichen Geliebten Eva und seine eigenen. *Klingsors letzter Sommer* ist ein einziges rauschhaftes Lied auf die Identität von Leben und Tod, auf die geschliffene Sense, die im roten Herbstlaub lauert, das zugleich eine Explosion ist von Farben und Vitalität, Urschlamm und fernen Gestirnen. In *Klein und Wagner* vernimmt der Protagonist, als er sich im Fluß ertränkt, »die Musik der Weltchöre«, den wunderbaren und schrecklichen Einklang aller Dinge.

Siddharta lernt vom Fluß das wahre Bild und die Wirklichkeit der Existenz, befreit von den Kategorien Raum und Zeit, kennen: Der Fluß ist immer der gleiche und immer ein anderer, er ist gleichzeitig die Quelle, die Stromschnelle, das ruhige Strömen und die gewaltige Mündung. Als sich der Freund Govinda zu Siddharta neigt, um ihn auf die Stirn zu küssen, sieht er, daß das lächelnde Gesicht, obwohl es nach wie vor Siddhartas Gesicht ist, auch aus Myriaden von Gestalten, Formen und Verwandlungen besteht, aus der Gleichzeitigkeit von allem, was auf der Welt geschieht und was nur der menschliche Geist gezwungen ist auseinanderzuhalten, in eine Reihenfolge oder in eine Beziehung wechselseitigen Ausschließens zu setzen, auseinanderzunehmen und zu zergliedern. Der *Steppenwolf* schließlich verlagert dieses Motiv in das Innere der psychologischen Einheit des individuellen Ichs mit seinem Mechanismus von Trieben und Affekten. Harry Haller, halb braver Bürger und halb wilder Wolf, ist in Wirklichkeit eine Vielzahl von psychischen Kernen oder psychischen Kernsplittern, die sich ständig in provisorischen Kristallisationen verdichten, wieder auflösen und trennen; die zuverlässigste Dimension dieses schwindelerregenden Rollenwechsels, in dem sich das Prinzip der Individuation bis zu dem Punkt steigert, sich selbst und jede endgültige, abgeschlossene Form zu leugnen, ist der Sex, dessen unbestimmtes Wuchern die Liebe des gesamten Lebens ist.

Hesses Originalität in der Darstellung dieses Themas, das zahlreiche große Interpreten – von der Fin-de-siècle-Literatur bis zum *Aleph* von Borges oder zur *Odyssee im Weltraum* von Kubrick – gefunden hat, besteht in der Tatsache, daß er nicht nur versucht, die existentiellen Gegensätze im Bild von der Einheit des Lebens zu versöhnen, sondern auch die mystische, von der Tendenz her antirationalistische und amoralische Konzeption des Großen Einen mit einer Konzeption und mit einem moralischen Engagement zu versöhnen, das auf dem Dualismus von Gut und Böse basiert und auf dem über das Leben gestellten Verstand. Es gibt im Werk und im Leben Hesses einen fruchtbaren Gegensatz zwischen dem Irrationalen der pantheistischen

Weltsicht und der humanistischen Rationalität der Gesinnung und der moralischen Wahl. In seinen Werken erklingt ständig das »Ja- und Amenlied«: Wenn Gott dem sterbenden Knulp verkündet, daß alles ist, wie es sein soll, enthüllt der »Weltstrom der Gestaltungen« dem im Ertrinken begriffenen Klein, daß »das einzige, was zwischen Alter und Jugend, zwischen Babylon und Berlin, zwischen Gut und Böse, Geben und Nehmen stand, das einzige, was die Welt mit Unterschieden, Wertungen, Leid, Streit, Krieg erfüllte«, der Menschengeist war, »der junge ungestüme und grausame Menschengeist im Zustand der tobenden Jugend, noch fern vom Wissen, noch weit von Gott. Er erfand Gegensätze, er erfand Namen. Dinge nannte er schön, Dinge häßlich, diese gut, diese schlecht. Ein Stück Leben wurde Liebe genannt, ein andres Mord. [...] Gott selbst nannte sich nicht. Er wollte genannt, er wollte geliebt, er wollte gepriesen, verflucht, gehaßt, angebetet sein, denn die Musik der Weltchöre war sein Gotteshaus und war sein Leben – aber es galt ihm gleich, mit welchen Namen man ihn pries, ob man ihn liebte oder haßte, ob man bei ihm Ruhe und Schlaf, oder Tanz und Raserei suchte.«

Siddharta gelangt zu der Erkenntnis, daß *Nirwana* und *Samsara* – also Absolutes und Relatives, Wahrheit und Schein – ein einziges sind, und er weist Buddhas Lehre zurück, weil er überzeugt ist, daß niemand einen anderen irgend etwas lehren könne und daß nur die unmittelbar gelebte Erfahrung Lehre sei. In dieser mystischen Nacht sind alle Kühe schwarz, die lackierten Fingernägel der Kurtisane Kamala und die ungeschnittenen und schmutzigen der Samana, der Anachoreten des Waldes, sind ebenso gleichwertig und austauschbar, wie sich die scheue und keusche Liebe Peter Camenzinds im gleichnamigen Roman und die Gruppenorgie im *Steppenwolf* weder durch ihren Erfahrungswert noch durch ein moralisches Urteil unterscheiden.

Die indische Kultur, deren guter Kenner Hesse schon durch die Familientradition war, hatte ihren enthusiastischen Anhängern um die Jahrhundertwende in der Tat vor allem die mystisch-religiöse Ablehnung eines ethischen Urteils übermittelt. In der *Bhagavad-Gîta*, dem großen philosophischen Sanskrit-Epos, das in der Heldendichtung *Mahabharata* enthalten ist und in jenen Jahren vor allem in den deutschsprachigen Ländern mit Begeisterung gelesen wurde, versucht Krishna, der Gott, der sich zum Wagenlenker des Helden Arjuna gemacht hat, diesen zum Handeln zu bewegen, als er sieht, wie der Krieger in der Schlacht zögert, weil es ihm widerstrebt, seine Feinde, die zugleich seine Vettern sind, zu töten. Den mitleidvollen Helden, der kein Blut vergießen will, lehrt der Gott, daß jede individuelle Existenz Illusion ist, daß Leben und Tod des einzelnen nicht existieren, sondern daß es nur das große Fließen gibt, gemessen an dem Töten oder Nichttöten nur eine Scheinhandlung darstellt. Die Logik des Lebendigen, wird später Max Jacob in einer wissenschaftlichen, aber deshalb nicht weniger mystischen Sprache behaupten, kenne keine wahren Lösungen der Kontinuität und transzendiere daher die individuelle Realität: Der uralte Naturmystizismus erwacht in unseren Tagen aufs neue im Gewand der biologischen oder soziologischen Wissenschaften, die das Subjekt wieder in den Strom des Unterschiedslosen einzutauchen scheinen.

Die Konsequenz, die Krishna aus dieser grandiosen Vision von der unzerstörbaren Totalität zieht und die auch jenes Gefühl einer Katharsis von der individuellen Angst einflößt, das Hesses Dichtung mit großer Eindringlichkeit aufzugreifen fähig war, ist die Aufforderung, dem Gesetz der Kaste und der Pflicht des eigenen Status ohne Gewissensbisse zu gehorchen: »Kämpfe, Bharata.« So befreiend und berauschend die Überwindung beziehungsweise Abwertung der Individualität und des Gewissens sein mag, sie kann auch zur gleichgültigen oder erregten Gewalt gegenüber den Menschen führen. Die Faszination durch einen Mystizismus wie jenen der *Bhagavad-Gîta* hat – vor allem in den für das Wiederaufleben der orientalischen Kulturen im 20. Jahrhundert so empfänglichen deutschen Ländern – auch zum grausamsten Antihumanismus beigetragen. Auf den Rausch und die Katharsis jener naturhaften Weltsicht beruft sich zum Beispiel – im Roman *Der Verdacht* von Dürrenmatt – der Naziverbrecher Emmenberger, um seine grausamen chirurgischen Experimente an den nicht betäubten Lagerhäftlingen kulturell zu rechtfertigen.

Es ist klar, daß der anonyme großartige Mystiker von vor ein paar tausend Jahren nicht für die Lesarten seines Werks in den späteren Jahrtausenden verantwortlich ist. Die Kulturgeschichte interessieren diese Lesarten, weniger um den Text oder das uralte Gedankengut zu begreifen, als vielmehr seine modernen Leser und Anhänger. Hesse, der ein so lebendiges und intensives Gespür für den befreienden Charakter hat, der der Überwindung des Ichs und der Kontemplation des Einen immanent ist, verhehlt sich nicht den moralischen Konflikt, den diese Anschauung einschließt und mit sich bringt, indem sie selbst als erste die Einheit des Lebens zerbricht, die ihr erregender Gegenstand ist. »Aber wenn doch alles einerlei ist«, sagt der Freund zu Knulp, »dann hat es keinen Sinn, daß man gut und redlich sein will. Dann gibt es ja kein Gutsein, wenn blau so gut wie gelb und bös so gut wie gut ist. Dann ist eben jeder wie ein Tier im Wald und tut nach seiner Natur und hat weder ein Verdienst noch eine Schuld dabei.« In *Klingsors letzter Sommer* spricht der Armenier: »Man kann ja sagen, und man kann nein sagen, das ist nur Kinderspiel. Untergang ist etwas, das nicht existiert. Damit Untergang oder Aufgang wäre, müßte es unten und oben geben. Unten und oben aber gibt es nicht, das lebt nur im Gehirn des Menschen, in der

Heimat der Täuschungen. Alle Gegensätze sind Täuschungen. Weiß und schwarz ist Täuschung, Tod und Leben ist Täuschung, gut und böse ist Täuschung.« Von jeder Wahrheit sei auch das Gegenteil wahr, sagt Siddharta, während Demian entschieden den freien Willen leugnet.

Mögen die Konsequenzen der allumfassenden Weltsicht aus der Höhe von Arjunas Wagen auch die Unterdrückung der Vernunft und der Rausch des Kampfes sein, Hesse jedenfalls ist ein großer humanistischer Schriftsteller, ein pazifistischer Intellektueller, der sich gegen die patriotische Kriegsbegeisterung gewehrt hat, ein klarer und gelassener Geist, der sich wie nur wenige jener Verfinsterung der Vernunft zu entziehen wußte, der so viele, vor allem deutsche, aber nicht nur deutsche Intellektuelle und Schriftsteller in den ersten Jahrzehnten des 20. Jahrhunderts anheimfielen. Hesses ganze Existenz ist ein Zeugnis hoher Moralität, das Beispiel eines Menschen, dessen Verstand immer den Verlockungen des Diffusen, dem Pathos des Kampfes und der Verführung durch das amoralische Fließen des Lebens widerstanden hat. Hesse, Dichter der großen Einheit, war ein Mensch, der seinen guten ethischen Kampf im paulinischen Sinn gekämpft hat und dessen Rede, getreu dem Motto des Evangeliums, ja, ja oder nein, nein lautete. Er besaß den klaren Verstand dessen, der eine Wahl trifft, Urteile abgibt, es versteht, zu unterscheiden und abzulehnen. Sein Werk will ganz bewußt auch als moralische Botschaft verstanden werden, will Beispiele liefern von humanistischer Ausgewogenheit und klugem Gemeinsinn, will ermahnen und erziehen, jene Lehre erteilen, von der Siddharta glaubte, ein jeder könne sie nur sich selbst geben. Die von Hesse gepredigte Harmonie – eine Harmonie, die er bis in den ruhigen, ausgefeilten Rhythmus seiner Prosa hinein besitzt und die selbst den Momenten ekstatischer Verzückung und leidenschaftlicher Hingabe eine noble, majestätische Würde verleiht – ist eine Harmonie, die nicht von einer Generalsabsolution der Existenz oder von einer Verneinung der Verantwortlichkeit herrührt, von diesem »Alles verstehen, heißt alles verzeihen«, dessen dämonische Versuchung Joseph Roth aufdeckte.

Die historischen und politischen Rauschzustände haben Hesse immer nüchtern vorgefunden. Inmitten der allgemeinen Kriegsbegeisterung des Ersten Weltkriegs, die fast alle und selbst Thomas Mann dazu verführte, die Argumente der Menschlichkeit im Namen der großen Verlockung des nicht vom Intellekt verdorbenen Lebens und der Natur aufzugeben, hat Hesse eine illusionslose Standhaftigkeit gezeigt, die ihn, zumindest unter den nichtmarxistischen Schriftstellern, zu einem fast einzigartigen Fall macht, zu einem Dichter, der immun ist gegen die verklärte und mystifizierte Verführung des großen Mordens. Hesse hat sich an die deutschen und europäischen Kollegen mit den klarsichtigsten und leidenschaftlichsten Texten gewandt, die geschrieben wurden, um diese verhängnisvolle Kriegsfaszination, in der sich der Niedergang Europas vollzog, zu demystifizieren. Er, Thomas Mann auf literarischer Ebene weit unterlegen, hat in bezug auf die europäische Krise und den Schiffbruch der Vernunft von Anfang an viel tiefer gesehen als dieser. Seine Romane, vor allem *Demian*, sind geprägt vom Gefühl des europäischen Untergangs, vergleichbar in seiner Unabwendbarkeit dem Rot des Herbstlaubs. Diesem nüchternen Bild einer schwindelerregenden Katastrophe entspricht die unerschütterliche Ruhe eines Geistes, der nicht in den von dieser Katastrophe trunkenen Chor einstimmt; vielmehr beschuldigt er die Deutschen, sie hätten die Ethik und die rationale Klarheit des Wortes verraten, um sich der unmoralischen, das heißt diffusen und irrationalen Faszination der Musik hinzugeben.

Hesse war selbst eine jener Persönlichkeiten, wie sie sein utopisches Kastalien hervorzubringen den Ehrgeiz hatte: eine große Persönlichkeit, die sich dem in unserer, vom Autor als »feuilletonistisches Zeitalter« apostrophierten Epoche so beliebten Kult des »Abweichenden, Normwidrigen, Einmaligen, ja geradezu Pathologischen« widersetzt und sich dadurch verwirklicht, daß ihr »jenseits von allen Originalitäten und Absonderlichkeiten ein möglichst vollkommenes Sich-Einordnen ins Allgemeine, ein möglichst vollkommener Dienst am Überpersönlichen gelingt«. Als goethischer Geist der Ordnung – und des Verzichts, der jeder Ordnung innewohnt und der Sehnsucht nach Identifikation mit dem unmittelbaren Ganzen entgegengesetzt ist – schlägt Hesse als Modell einen idealen Charakter vor, »der von Natur und durch Erziehung in den Stand gesetzt wurde, seine Person nahezu vollkommen in ihrer hierarchischen Funktion aufgehen zu lassen, ohne daß ihr doch jener starke, frische, bewundernswerte Antrieb verlorengegangen wäre, welcher den Duft und Wert des Individuums ausmacht«.

Hesses schriftstellerische Bedeutung zeigt sich weniger, wenn er solche vollkommenen Figuren zeichnet, als wenn er vielmehr die Krise der Welt und der sich in die entgegengesetzte Richtung stürzenden Menschen darstellt. Als idealer Vertreter der bürgerlichen Kultur und als bürgerlicher Schriftsteller *par excellence* hat er wie wenige andere Autoren die Dekadenz und den Verfall des Bürgertums begriffen. Seine Darstellung dieser Krise – im *Steppenwolf* und vor allem in *Demian* – ist unerbittlicher als selbst die entsprechende Analyse Thomas Manns, auch wenn sie ihr literarisch unterlegen ist. Hesse verfügt nicht über die Mannsche Doppelbödigkeit, die das Urteil in einem schillernden, ausweichenden Spiel unendlicher Möglichkeiten auflöst, eben weil er nicht Manns Vertrauen in die Fähigkeit des Bürgertums teilt, daß es aus seiner Asche neu erstehen und aus dem eigenen Niedergang neue Werte gewinnen könne. Obwohl auf kultureller Ebene konservativer als Thomas Mann, fällt Hesse, der sich bemüht, die immensen

Schätze der Vergangenheit zu bewahren, ein sehr viel radikaleres und präziseres Urteil über die eigene Gegenwart. Doch fehlt bei ihm die Ironie: Zwar gibt es natürlich eine Ironie auf der erzählerischen Ebene, die Ironie des wechselnden Spiels der Formen und Illusionen, doch es gibt keine Ironie, die auch gegen sich selbst, gegen das eigene ironische Spiel mit den Formen und gegen die Botschaft, die man mit diesem Spiel übermitteln will, gerichtet wäre. Die Dinge, die Hesse sagen möchte, sagt er mit eindeutiger, unmißverständlicher Klarheit. Das hat dazu geführt, daß sein Werk auf die Erzähltradition des 19. Jahrhunderts beschränkt blieb, und ihn daran gehindert, auf sprachlicher und formaler Ebene über das psychologische Ich des 19. Jahrhunderts hinauszugehen, obwohl es ihm auf inhaltlicher Ebene gelang.

Darin liegen sein Charme und seine Grenze als Schriftsteller, seine liebenswürdige *humanitas* als Erzähler, der mit der weitschweifigen Umgänglichkeit des altmodischen Romanciers von einer Krise berichtet, die bereits jenseits der Grenzen dieses Romans liegt, und die stilisierte, erhaben papierene und vornehm manierierte Liebenswürdigkeit, die seine Geschichten mit einer höchst kultivierten und gleichsam sterilen Diskretion umgibt – die Geschichten, die über jede weise Konvention hinauszugehen und es auf die gewagtesten Brüche abzusehen scheinen, aber schließlich doch mit leichter, moderater Hand auf eine maßvolle und ausgewogene Schicklichkeit zurückgeführt werden. Vielleicht ist Hesse ein großer mittlerer Schriftsteller, den die Tiefe des Gedankens und die menschliche Integrität an die Seite der wahren Meister der Literatur unseres Jahrhunderts gehoben haben, deren Größe er zwar auf poetischer Ebene nicht teilt, aber denen er würdig zur Seite gestellt wird aufgrund der menschlichen und moralischen Bedeutung, die sein persönliches Zeugnis und sein Werk erworben haben: ein seltenes Beispiel von persönlicher Konzequenz und einer Seele, die sich zum Interpreten der Schmerzen aller gemacht hat.

Zur allumfassenden Harmonie *Siddhartas* und zur libidinösen Totalität des *Steppenwolfs* gelangt Hesse durch die Erfahrung des Schmerzes, des Leidens und des Gespaltenseins, eine Erfahrung, die ihn von frühester Jugend an dazu gebracht hat, ein klares dualistisches Moralurteil über das Leben abzugeben. Lange vor dem Ersten Weltkrieg und dem Nationalsozialismus, den er mit unbestechlicher Hellsichtigkeit bereits zu einem Zeitpunkt vorausgesehen und begriffen hat, als noch sehr viele Schriftsteller von nachweislich humanistischer Gesinnung (auch Thomas Mann) sich täuschen ließen oder zumindest unschlüssig waren und versuchten, diese Unschlüssigkeit in ironische Kenntnis umzuwandeln, hat Hesse die im bürgerlichen System angelegte Härte und Grausamkeit verurteilt. Er fing an, sich mit dem Rad der Dinge zu beschäftigen, da er die Härten einer fast unerträglichen dualistischen Konzeption selbst zu spüren bekommen hatte. In *Demian* muß Emil Sinclair den Dualismus zwischen der hellen Welt des Elternhauses und der dunklen Welt der rohen Wirklichkeit überwinden. Jene Welt ist die Welt des Aufruhrs, aber auch die Welt der Erniedrigten und Beleidigten: Sinclair muß, um zu sich selbst zu finden, diesen Dualismus auflösen, und Demian, sein Führer, der ihn am Anfang vor den Bedrohungen jener Welt rettet, erscheint ihm wie ein Bote dieser dunklen, mütterlichen Wirklichkeit.

Aufgewachsen in einem streng pietistischen Milieu, lief Hesse Gefahr, erdrückt zu werden von jenem düsteren, starren protestantischen Rigorismus, der auf der fanatischen Trennung von Gut und Böse, von Tugenden und Vergehen gründete, wie auf der daraus folgenden Amputation eines sehr großen Teils des Lebens und dessen, was es angenehm, liebens- und lebenswert macht, tauglich, darin glücklich zu sein. Der ungebändigte Greis, der er am Lebensende in seinem freiwilligen ländlichen Exil von Montagnola wurde, ein Sinnbild unermüdlicher Tätigkeit und heiterer, hagerer Gesundheit, war durch die Hölle der Unterdrückung gegangen, die um die Jahrhundertwende so viele junge Leben zerbrochen und so viele neue Lebensfermente im Keim erstickt hatte. Hesse hat am eigenen Leib jenen Leidensweg des von der autoritären Gesellschaft zermalmten Jugendlichen durchgemacht, den viele Schriftsteller, wie er selbst ja auch, in berühmt gewordenen Texten dargestellt haben: die puritanische Obsession, welche Sehnsucht und Liebe an der Wurzel kappt, der Verlust der eigenen, zermalmten und erstickten Persönlichkeit, das in der Schule praktizierte Leistungsprinzip, das jedes Leben seinem quälenden Rhythmus unterwirft und mitleidlos jeden ausgrenzt, der sich ihm nicht anpassen will oder kann.

Hesse hat diese Gefahr, sich selbst zu verlieren, bis zu den Formen schwerster Neurose, echter psychischer Krankheit erlebt. Im Roman *Unterm Rad*, der vom künstlerischen Standpunkt aus vielleicht sein Meisterwerk bleibt, hat er ein unvergleichliches Bild dieser Jugendtragödie in der späten, untergehenden patriarchalischen wilhelminischen Gesellschaft gezeichnet, die Tragödie einer Vergangenheit, die, ehe sie stirbt, die Möglichkeiten einer anderen gesellschaftlichen Zukunft vernichten möchte, wie Kronos seine eigenen Kinder. Auch vom *Steppenwolf* erzählt uns Hesse, daß er in seiner Jugend gebrochen wurde durch eine strenge religiöse Erziehung, welche die angeborenen Eigenschaften des Jugendlichen, wie Scharfsinn, Kritikfähigkeit und Wahrheitsdurst, in Selbsthaß verwandelte.

Der fleißige bürgerliche Schriftsteller Hesse hat vor allem das bürgerliche Arbeitsethos entlarvt, indem er das Modell einer freien und spielerisch gelösten Menschheit entwarf. Von den Alpträumen seiner eigenen Jugend und seiner jugendlichen Helden befreite er sich durch den utopischen Entwurf einer Menschheit, frei von Arbeits- und

Leistungszwang und von den Verzichten, die diese Zwänge mit sich bringen. Hesse ist ein großer Dichter der Lust, dessen, was im Leben aufblüht und sich genießen läßt, ohne Warum und Wieso, und was nichts mit Besitz zu tun hat: das Licht der Jahreszeiten, das Wasser, das glitzernd dahinfließt, die Blätter, die den Schritt auf dem Pfad dämpfen, das Gleichmaß des Schilfs und des aufgewirbelten Staubs, der in der Sonne leuchtet, ein Ausflug ins Gebirge, eine Wolke und die Liebe: schüchtern oder leidenschaftlich, aber immer ausgekostet. Hesse ist der Dichter einer befreiten Natur, in der die Freude in Reichweite liegt und ein Waldspaziergang mehr Bedeutung hat als ein großes historisches Ereignis; er ist ein Dichter des weiblichen Körpers, des anarchistischen und süßen Verlangens.

Obwohl nicht frei von naiven Vereinfachungen bei der Vorstellung dieser befreiten Natur, hat sich Hesse nie Illusionen über die Möglichkeit gemacht, diese Freiheit in der bürgerlichen europäischen Gesellschaft zu verwirklichen. Als antistädtischer Dichter beziehungsweise Feind der spätbürgerlichen Gesellschaftsordnung hat er sich in seiner Dichtung der Natur zugewandt, doch hat er dabei diese Natur zum leuchtenden Sinnbild einer Freiheit des ganzen, der Unschuld zurückgegebenen Menschen gemacht und nicht zu einem archaischen, rückschrittlichen Typ einer Agrargesellschaft, die der kapitalistischen entgegenzusetzen wäre. Er gehört zu den wenigen die Idylle von Natur oder Provinz besingenden Dichtern, die eine politisch progressive Position einnehmen und nicht in einen romantischen Antikapitalismus verfallen. Im Licht dieser utopischen Naturerfülltheit beurteilt Hesse die bürgerliche Gesellschaft seiner Zeit, insbesondere die intellektuelle Gesellschaft, und erkennt dadurch ihre Widersinnigkeit, ihre Blockierungen, Zensuren, kulturellen Mystifizierungen und ihre Verirrungen.

Demian und *Der Steppenwolf* bleiben in diesem Sinn

eine Fundgrube an Beobachtungen, die mit prophetischer Hellsichtigkeit das Geflecht aus Erregung, Beklemmung und Albernheit wiedergeben, aus dem sich das Bild des Bürgertums in Europa in der Zeit um den Ersten Weltkrieg oder zwischen den Kriegen zusammensetzte. Hesse, konservativer Humanist insofern, als er dem Vermächtnis der zu rettenden Werte verbunden ist, gibt dennoch keiner restaurativen Versuchung nach: Pistorius, der Organist aus dem Roman *Demian*, der Sinclair sogar als ein möglicher Messias oder zumindest als ein Weggefährte auf der Suche nach dem Gott-Teufel erscheint, scheitert zum Schluß, weil er, anstatt sich der Zukunft zuzuwenden, in den Trümmern untergegangener Welten verweilt, zwischen den Reliquien des Geistes der Vergangenheit und dem Traum vom verlorenen Paradies, der »der schlimmste und mörderischste aller Träume ist«.

Wie die von ihm geliebten Autoren Nietzsche und Dostojewski ist Hesse messianisch auf den neuen Menschen ausgerichtet, auf eine neue Form des individuellen Ichs. Jeder seiner Helden ist wie Sinclair »ein Wurf der Natur, ein Wurf ins Ungewisse, vielleicht zu Neuem, vielleicht zu Nichts«. In diesem Sinn verleiht Hesse der Identität des sich selbst rechtfertigenden Lebens, das andernfalls den Ton eines dumpfen Irrationalismus annehmen könnte, einen revolutionären Akzent. Knulps letzte Wahrheit – »Es ist alles, wie es sein soll« – könnte, unter mystisch-poetischem Vorzeichen, als die Quintessenz des verhaßten bürgerlichen Geistes erscheinen, der die Dinge so rechtfertigt, wie sie sind, die Tatsachen mit den Werten identifiziert und jede Utopie, jede Hoffnung und jede Befreiung von der gegenwärtigen Realität ausschließt. Aber Knulp wird von Gott auch die Bedeutung seiner eigenen Existenz enthüllt: »In meinem Namen bist du gewandert und hast den seßhaften Leuten immer wieder ein wenig Heimweh nach Freiheit mitbringen müssen.«

Hesses Held, der Überbringer dieser Wahrheit und des einheitlichen Sinns des Lebens, ist der Vagabund, der Wandernde, der Mensch ohne Haus und ohne Besitz, der anarchistische Landstreicher. Vagabunden ohne Bindungen, ohne Heimat und ohne vorgefertigten Wertekodex sind Goldmund und Knulp, Siddharta und Harry Haller, der Steppenwolf; Wandernde beziehungsweise Nomaden des Geistes sind Demian, sein Freund Sinclair und der Maler Klingsor, der überall und nirgends zu Hause ist; entwurzelt und frei von jeder menschlichen und gesellschaftlichen Bindung ist Klein, der betrügerische und flüchtige Angestellte. Wanderer in spirituellem Sinn sind nicht nur die ewigen Pilger der allegorischen Erzählung *Die Morgenlandfahrt*, sondern auch die Kinder, die in Hesses Prosa so präsent sind (von *Unterm Rad* bis *Peter Camenzind* und *Kinderseele*), wenn es stimmt, daß, zumindest seit der Romantik, der Vagabund der Mensch ist, der sich dem Plattgewalztwerden im Gesellschaftsgetriebe entzieht, um nur er selbst zu sein, frei, glücklich und – wie Eichendorffs Taugenichts – zu nichts zu gebrauchen, weil er nur fähig ist zu leben und unfähig, sich irgendeiner utilitaristischen Reduzierung seiner Person anzupassen.

Das Kind, Antithese des eindimensionalen Erwachsenen, repräsentiert das unversehrte, von der Erwachsenenwelt noch nicht zerstückelte Leben. Hesses Helden sind die Erben von Eichendorffs romantischem Taugenichts, der zu nichts anderem taugt, als durch die Wälder zu ziehen und sich der Integration in das bürgerliche Universum zu verweigern. Die höchste Poesie Hesses ist vielleicht die Poesie des Vagabundierens, die Poesie der Straße und der Jahreszeiten, des langen Weges und des kurzen Verweilens, der abenteuerlichen Vertrautheit, mit der der Wanderer sich in die ferne, fremde und doch nahe Welt wagt. *Narziß und Goldmund*, der zwar überladene und emphatische mittelalterliche Roman, der wieder einmal auf dem Identitätszwiespalt von Welt und Geist beruht, ist ein Roman vom freien Vagabundenleben, das unzähmbar ist wie die Natur, in der sein Weg verläuft, und süß wie die Liebe, die kurze, aber intensive Liebespause, die die Straße dem Landstreicher immer zu bieten hat.

Der Vagabund besitzt jedoch nicht nur das Attribut der Freiheit, sondern auch eine moralische Funktion. Seine Aufgabe besteht darin, Unordnung in die kleinliche Ordnung der Bürger zu bringen, die Seßhaften aus ihrer stumpfen und daher grausamen Beschränktheit aufzurütteln und ihnen die fernen Horizonte anderer Lebensmöglichkeiten aufzuzeigen, wie er es mit ihren Frauen macht, in denen er − in der flüchtigen Begegnung, die zu genießen ihm vergönnt ist − die Sehnsucht nach der Ferne weckt. Der Wandernde ist der Anarchist, der die kodifizierten Werte zerstört, um den Weg zu neuen zu ebnen; er ist der Überbringer oder die Inkarnation des veränderlichen und in seinen Veränderungen eins seienden Lebens, die jede erstarrte und monolithische Form des Lebens zerbricht. Er ist also die Stimme des Lebensflusses, die die Gewißheiten der einzelnen kristallisierten Systeme aus den Angeln hebt, aber seine Anarchie enthält auch eine Portion moralischen und humanistischen Engagements, denn sie zielt nicht darauf ab, das Unterschiedslose oder die Gleichgültigkeit gegenüber dem Individuellen zu predigen, sondern darauf, die vitalen Möglichkeiten zu befreien, die jeder Kodex unterdrückt und verhindert.

An die Stelle des mystischen indischen Wander-Asketen, dessen gleichbleibendes Lächeln auf die erhabenen Dinge gerichtet und dem irdischen Elend gegenüber gleichgültig ist, tritt das Vorbild des gewitzten und skeptischen chinesischen Vagabunden, der den inneren Frieden darin sucht, daß er die menschlichen Widersinnigkeiten und Gesellschaftslügen korrigiert. Der Wanderer ist also Geist, weil es der Geist ist, der die mißgünstige und feige bürgerliche

Sicherheit angreift, doch er ist vor allem Sinnlichkeit, Stimme des aufbegehrenden Verlangens, die – wie der Sünder Goldmund vor dem heiligen Narziß – die eigene freie und schöpferische Erfüllung einfordert. Der Wanderer ist der Künstler, wie Goldmund fähig, »den holden dahintreibenden Unsinn des Lebens durch Geist zu beschwören und in Sinn zu verwandeln«, denn er ist der an die Sinnlichkeit gebundene Mensch, den Narziß selbst als näher am großen mütterlichen Ursprung und als dem väterlichen Geist überlegen anerkennt.

Der Wanderer ist also für Hesse, wie es ihn sein geliebter Nietzsche gelehrt hatte, der Zerstörer der alten Werte. Tatsächlich ist Hesse einer der ersten, die den revolutionären Sprengstoff großer Figuren erkannten, deren sich für gewöhnlich, auch wegen ihrer Widersprüche und ihrer Irrtümer, die konservativen Ideologien bemächtigen: Nietzsche und Hamsun, beides Wandernde und große Dichter des Vagabundierens, gehören zu seinen Lieblingsautoren. Schon in *Zarathustras Wiederkehr* legt er dem aufgebrachten und ironischen Einsiedler Nietzsches spöttische Vorwürfe gegen die deutschen Philistersünden in den Mund, wie den Nationalsozialismus und die Obsession, unverstanden und verraten zu sein. Natürlich ist Hesse zu ernüchtert, um nicht zu begreifen, wie sich seit den Zeiten Eichendorffs auch das Schicksal und der Weg des Landstreichers gewandelt haben. Die Landschaft, in der sich der moderne Vagabund herumtreibt, ist nicht mehr der freundliche freie Wald, in dem man sich unbeschwert und glücklich fühlen kann, sondern die wesentlich ungastlichere Stadtlandschaft, das Pflaster der unmenschlichen und entfremdeten modernen Metropole, in der anonyme und strenge Gesetze gelten, die die Freiheit des Individuums auf eine sehr viel härtere Probe stellen.

Wie der bewunderte Knut Hamsun, dessen gesetzlose Vagabunden durch die Wälder des Nordlands, aber auch über die bitteren Steine Kristianias irren, läßt auch Hesse seine Nomaden durch die Wälder wandern, wie Siddharta, oder durchs Land ziehen, wie Goldmund oder Knulp, aber auch sich in der Stadt und der bürgerlichen Welt bewegen, wie Klein und Harry Haller. Immer jedoch hat der Nomade das Leben der Seßhaften aufzurütteln; aber während er in der archaischen, vorbürgerlichen Welt seine ungebändigte und fröhliche Freiheit behält, ist der Landstreicher in der verschlungenen und zerrissenen bürgerlichen Gesellschaft in seinem Innersten bedroht, ist gezwungen, in sich selbst diese Zerrissenheit und diese Ketten zu leben, gegen die sich seine Rebellion richtet, die dadurch zwangsläufig etwas Schrilles bekommt und nur in der Dissonanz ihren Heroismus manifestieren kann. Wie der Wandernde Nietzscheanischer oder Hamsunscher Prägung auf fatale Weise aufrührerisch und anmaßend ist im Vergleich zur luftigen und gelösten Unbefangenheit des Eichendorffschen Taugenichts, lassen auch Klein und Harry Haller statt der königlichen Unversehrtheit von Goldmund und Siddharta ein gequältes Gespaltensein und eine argwöhnische, defensive Vorsicht erkennen.

In der modernen Welt ist auch der Landstreicher, auch der Wertezerstörer zum Bürger geworden, wenigstens teilweise: Er ist zu einer Ergänzung der bürgerlichen Welt geworden, wie es im *Steppenwolf* heißt, und er beherbergt auch in sich einen Bürger, den loszuwerden er sich bemüht. Hesse hat die klebrige Macht der Gesellschaft begriffen, die sich in die Seele ihrer eigenen Rebellen einschleicht und in ihnen als ein sie lähmendes oder deformierendes Unbehagen wieder auftaucht und neu ersteht. Das Bürgertum, schreibt er im *Steppenwolf*, gedeihe dank der anomalen Kraft seiner Außenseiter. Der moderne Landstreicher, der sich von diesem Unbehagen nährt, das er stärker als die anderen empfindet, nimmt zwangsläufig unsichere und bösartige Züge und beunruhigende Symbole an, er ist der

Kain aus *Demian*, der stolz ist auf das Mal der Unnahbarkeit auf seiner Stirn, er ist der der Herde feindlich gesinnte Einzelgänger oder der germanische Krieger, dessen Fatalismus die Vergänglichkeit und die Unordnung gegen die Dauer der lateinischen Form deutlich macht, er ist der Nomade, der den Schutz der Laren und das Ethos des Mitleids verachtet, um statt dessen die Waffenbrüderschaft und die Grausamkeit der schicksalhaften Liebe zu rühmen, er ist der Abenteurer, der die Herausforderung um ihrer selbst willen liebt, oder der verlorene Sohn, der immer weitergehen und nie stehenbleiben will — unsicher und ängstlich, im Gegensatz zum entschlossenen Mut des Odysseus, der zwar bereit ist, die Herausforderungen anzunehmen, doch vor allem darauf bedacht, sie zu vermeiden, da er es nicht nötig hat, sich oder anderen seine Tapferkeit zu beweisen, und der umherirrt aus Sehnsucht, nach Hause zurückzukehren, auch wenn er willens ist, die unvorhergesehenen Aufenthalte zu genießen.

Demian ist ebenfalls eine Schilderung dieser Unruhe, mit der subtilen und ambivalenten Darstellung des Pathos vom europäischen Untergang, das alle, auch die beiden Protagonisten, in die Kriegsbegeisterung und in das Fieber zerstörerischer Selbstopferung hineintreibt. In *Demian* und in *Klingsors letzter Sommer* scheint es, daß Hesse sich voll und ganz mit der Todestrunkenheit des alten Europas identifiziert, mit der Stimme der großen vernichtenden Mutter, die zur Zerstörung aufruft. Auch in *Narziß und Goldmund* wölbt die Urmutter ein rätselhaftes und grausames Lächeln über den Abgrund des Lebens und der Verwesung. Doch in *Demian* heißt es, gleichsam um die möglichen ethisch-politischen Konsequenzen dieses Todeshymnus abzuwehren, daß jede mörderische Raserei gegen einen anderen Menschen sich, ohne daß man es weiß, gegen das Bild von etwas richtet, das im Herzen des Mörders sitzt.

Die Werte, die der Wandernde zerstört und erneuert, be-

treffen vor allem und in den vielfältigsten Formen das Ich-
gefühl, Grundprinzip der bürgerlichen Kultur. Wie in der
religiösen Übung des Aus- und Einatmens führt dieser Weg
zum Ich über die Befreiung vom Ich. Siddharta widmet
sich der Entpersönlichung, es gelingt ihm, für ein paar
Augenblicke zum Reiher oder zum Schakal zu werden,
er erstrebt die Rückkehr zu einem Zustand des Ichs, das
noch nicht Gefangener der hierarchisierten stoisch-bürger-
lichen Einheit ist, zu einem Zustand zuversichtlicher Vertrautheit mit allen Dingen und unermüdlicher Metamorphose, das heißt Teilnahme am gesamten lebendigen
Sein. Um dieses Ziel zu erreichen, gibt es viele Wege und
keinen, alle sind gut und alle sind schlecht, man braucht
Willen zur Konzentration, aber man muß sich auch vom
Willen freimachen können; das Ziel ist hier und anderswo,
vielleicht ist es unerreichbar, und vielleicht ist es schon von
Anfang an erreicht. Siddharta entdeckt, daß die »Kinder-
menschen«, die der Oberflächlichkeit verhafteten Geschöpfe, zu lieben verstehen, im Gegensatz zu ihm selbst,
der dazu nicht fähig ist, und er sucht Govinda begreiflich
zu machen, daß die Welt, so wie sie ist, in jedem ihrer Augenblicke vollkommen ist, daß sie jene von den Asketen
verfolgte Vollkommenheit ist. Für Harry Haller, den verschrobenen intellektuellen Gesetzlosen und Märtyrer seiner eigenen erbitterten Intelligenz, besteht die höchste
Weisheit darin, tanzen und frivole Dinge lieben zu lernen.
Hesse scheint zu schwanken zwischen dem heiligen Augustinus, dem zufolge der, der sucht, bereits gefunden hat,
und Kafka, für den derjenige, der sucht, nicht findet, und
nur wer nicht sucht, von der Gnade gefunden wird.

In dieser paradoxen – und wie jede Mystik auf das Para-
doxe gegründeten – Suche zwingt sich Hesses Dichtung
manchmal zur Tautologie, zu der jeder Mystiker gezwungen ist, der nur sagen kann, daß die Dinge sind, wie sie sind.
Die verzehrende und monotone Enthüllung der Identität

zwischen dem Einen und dem Vielen verleiht Hesses Prosa bisweilen den Charakter einer vibrierenden, aber tautologischen Duplizität oder Reproduktion der Dinge, die bis ins Unendliche andauern könnte, in einem unendlichen Verzeichnis der Welt. Wenn in diesem Verzeichnis alles mit allem gleich ist und alles gleichermaßen an der Göttlichkeit des Lebens teilnimmt, verliert die Epiphanie ihren Sinn und ebenso ihre Wiederholung im Text, denn das göttliche Leben gibt es schon immer und überall, ohne daß es einer Erleuchtung bedürfte, und alle haben daran in gleichem Maße teil, auch der bürgerliche Philister, der ihre Negation zu sein scheint und den die Dichtung aufwecken sollte, ihrer eigenen Erkenntnis zuwiderhandelnd, nämlich daß es keinen Unterschied gibt zwischen dem, der schläft, und dem, der wacht. Hesse begeht oft die poetische Sünde, diese Einheit des Lebens ausführlich zu beschreiben und fast additiv zu verzeichnen; dabei kann die Dichtung sie nur fassen, wenn sie sie indirekt und für einen Augenblick ergreift − wie an dem Himmel, den der verwundete Fürst Andrej bei Tolstoi hoch und in seiner Gänze über sich entdeckt −, wenn sie sie also wie einen Hintergrund begreift, den man indirekt aktivieren kann, indem man von anderen Dingen spricht, aber den detailliert zu beschreiben man sich hüten muß, will man nicht seine unbeschreibbare Fülle gewaltsam zur Predigt machen. Die Ganzheit ist der Atem, den man in *Krieg und Frieden* in Nataschas Mazurka spürt, nicht die Theoretisierung oder die Erklärung vom Vorhandensein dieses Atems bei jenem Tanz.

Hesses Parabeln über die Identität des Lebens beschränken sich, sehnsüchtig und berückend, darauf, immer die gleiche Geschichte zu erzählen und zu wiederholen, wie die drei angeblich von Josef Knecht verfaßten Lebensläufe am Ende des *Glasperlenspiels*. Doch Hesse gelingt das Wunder, jeder Geschichte Zauber und Neuheit zu verleihen, sie immer gleich und immer neu erscheinen zu lassen, wie die

Welle des Flusses oder der Windhauch im Röhricht. Er scheint sich der im Oxymoron des philosophischen Mystizismus oder der mystischen Philosophie lauernden Gefahren bewußt zu sein, wenn er Narziß sagen läßt, daß Goldmund, wäre er ein Denker geworden, ein Mystiker geworden wäre, einer jener Nichtdenker-Denker, unfähig, sich von den Darstellungen zu lösen und zum Begrifflichen zu kommen, aber auch, sich vom Begrifflichen zu lösen, um sich den Darstellungen zuzuwenden, denn gescheiterte Künstler könnten weder darstellen noch abstrakt denken. Die eindringlichsten Beschreibungen der wandelbaren und identischen Totalität gelingen Hesse dort, wo er darauf verzichtet, sie zu präzisieren und zu definieren, und sich darauf beschränkt, in Bildern, die von sich aus auf etwas anderes verweisen, auf sie anzuspielen: die sich immer verändernde Gestalt des Feuers oder das dunkle Funkeln der wogenden Schatten auf dem Grund des Sees.

Vom größten Interpreten des dionysischen Lebensgefühls, nämlich von Nietzsche, leitet Hesse die revolutionärste Bedeutung der Landstreicherfigur ab, wie sie vor allem im *Steppenwolf* Ausdruck findet. Als genauer und unvoreingenommener Leser hatte Hesse begriffen, daß Nietzsches Übermensch kein gesteigertes, sich über die Masse erhebendes Ausnahmewesen sein sollte, sondern eher eine auf einen neuen anthropologischen Zustand ausgerichtete Figur, auf eine neue Form des Individuums, jenseits der traditionellen Grenzen des bürgerlichen Subjekts, jenseits der Grenzen der stoisch-humanistischen Konstruktion des Ichs. Der Übermensch ist der heroische Wanderer, der die Übergangsphase von einem menschlichen Maß zum andern auf sich nimmt und lebt. Der Steppenwolf, Zerstörer bürgerlicher Sicherheiten und Untermieter in möblierten bürgerlichen Zimmern, befindet sich in diesem Übergangsstadium: zur Hälfte noch an die traditionelle Individualität gebunden und zur Hälfte bereits darüber hinaus:

»Der Mensch«, heißt es im *Tractat vom Steppenwolf*, »ist ja keine feste und dauernde Gestaltung [...], er ist vielmehr ein Versuch und Übergang, er ist nichts anderes als die schmale, gefährliche Brücke zwischen Natur und Geist.« Harry Haller ist keine psychologische Einheit, hierarchisch geordnet in den konventionellen Strukturen des Ichs, sondern eine Vielfalt an psychischen Zellkernen, ein provisorisches Aggregat aus Trieben und libidinösen Energien, befreit von der Repression des Gewissens und entfesselt in ihrer zentrifugalen Kraft.

Diese Verflüssigung des Subjekts in einen reinen Strom des Verlangens und »seine Erlösung im Rausch der festlichen Kommunion und der mystischen Vereinigung der Freude« – die, trotz seiner plumpen Abstürze und seiner substantiellen Banalität, den ungeheuren Erfolg des *Steppenwolfs* bei den amerikanischen Hippies erklären können – sind jedoch nicht nur befreiend. Ein Schatten von Enttäuschung, Müdigkeit, Frustration und Resignation breitet sich über den Reigen von Metamorphosen und erotischen Vereinigungen des Steppenwolfs, über seine psychische Ausweitung und Vervielfältigung, die auch nur als ein illusionistischer Trick erscheinen kann. Vielleicht hatte der große alte Konservator intuitiv den zwanghaften und vielfältig ausgerichteten Charakter dieser psychischen und triebhaften Befreiung erfaßt, die ihrerseits zu einer fungiblen Massenware degradiert wird von seiten einer Gesellschaft, die auch ihre Rebellen, ihre neuen, umstürzlerischen Landstreicher integriert. In der Orgie und in der Entpersönlichung des *Steppenwolfs* sowie in seinem hektischen Konsum von seiten der Hippies liegt die überindividuelle Katharsis, aber auch die müde Austauschbarkeit der Masse von *Nashville*, »festliche Kommunion« von Personen, die frei und glücklich sind, schrieb Guido Morpurgo-Tagliabue, weil sie Dummköpfe sind, die wissen, was sie wollen, weil sie es bereits haben und nichts anderes brauchen.

Der tautologische Kreis der Identität schließt sich, indem er einer passiven und heteronomen Unpersönlichkeit zustrebt, deren gedanklicher Prophet Hesse, ohne es zu wollen, vielleicht war. Aber die tröstende und reine Identität des Lebens findet Hesse in der uralten Landschaft, in den verblichenen Fresken der alten Wegkapelle, auf die Klingsor im Wald stößt, und deren abbröckelnde Figuren dabei sind, wieder zu Staub und zu Erde zu werden. Es ist die Einheit, die sich in allen hohen und friedlichen Momenten enthüllt, in denen uns das Leben Adieu zu sagen scheint — wie beim Wechsel der Jahreszeiten oder beim Abschied von einer Liebe —, aber sie läßt uns in diesem Adieu ein neues Gesicht von dem erkennen, was uns verläßt oder was wir verlassen haben und was sich in dieser Loslösung und in diesem Erkennen öffnet zu Siddhartas »Lächeln der Einheit«.

1977

Kitsch und Leidenschaft.
Hannah Arendt und Martin Heidegger

Kurze Zeit bevor er Hannah Arendt heiratete, schrieb Heinrich Blücher ihr in einem Brief, daß ihr gemeinsames Leben die freie Entfaltung ihrer Persönlichkeit nie behindern solle. Blücher, ein mutiger Kämpfer in den Reihen der Spartakisten und ein großzügiger Mensch, war Hannah Arendts zweiter Ehemann und für sie ein treuer Gefährte, doch nicht diese Beziehung, die auf Respekt und Gleichberechtigung aufbaute, war bestimmend für Hannahs Leben, und zwar vielleicht deshalb nicht, weil für uns, wie Dostojewski schreibt, nur die Menschen zählen, die wir lieben, während die, die uns lieben, gar nicht dazusein scheinen.

Blücher liebte sie, doch sie hatte das Unglück, Heidegger zu lieben, und wahrscheinlich rührte sie nicht die aufrichtige, uneingeschränkte Liebe, von der Blüchers Brief im September 1936 zeugte, sondern Heideggers erstes Schreiben vom 10. Februar 1925 – ein schmieriger, verlogen tiefsinniger Brief, mit dem der bedeutende Professor der Freiburger Universität, einer der ganz großen Philosophen seines Jahrhunderts, begann, seine neunzehnjährige Schülerin zu verführen, indem er ihre Intelligenz und ihre Seele lobte, sich als väterlicher Führer anbot, der ihr helfen wollte, sich selbst treu zu bleiben, außerdem erklärte, die unaussprechlichen Kümmernisse ihrer Jugend ermessen zu können, und sie bat, die schreckliche Einsamkeit seines Lebens zu verstehen, das asketisch dem Studium und der Erkenntnis gewidmet sei.

Mit diesem Brief – der ein Beispiel dafür ist, wie man sogar vor sich selbst scheinbar empfundene Gefühle heucheln kann, die höchst nützlich sind, wenn man andere tyrannisieren will, indem man sie in den Dienst seiner vorgeblichen Hypersensibilität stellt – nimmt eine schmerzliche Liebesgeschichte ihren Anfang, die von Elżbieta Ettinger genauestens rekonstruiert worden ist. Nach einer ersten Phase der Leidenschaft, die sich später in zärtliche Freundschaft verwandelte, sollte diese Geschichte bis an beider Lebensende andauern, mit großen Pausen und Unterbrechungen, die mit tragischen historischen Ereignissen verknüpft waren, wie die Machtergreifung der Nationalsozialisten, das Exil der Jüdin Hannah, der Zweite Weltkrieg und das geteilte Deutschland, das sich schwer damit tat, mit der Vergangenheit und mit den Schrecken der Vernichtung abzurechnen.

Martin Heidegger und Hannah Arendt sind und bleiben zwei wichtige Figuren des »großartigen 20. Jahrhunderts«, zwei Persönlichkeiten, deren Größe und Bedeutung nicht durch eine Liebesbeziehung geschmälert werden können, an der nur Hannahs Mut groß war und vor allem die Treue ihrer Zuneigung, die weder von der Zeit noch von den entsetzlichen Schmerzen und Verbrechen jener Epoche ausgelöscht wurde. Doch auf Heidegger – diese zentrale Figur der Kulturgeschichte und gewiß der bedeutendere von beiden – wirft diese Episode ein teils düsteres, teils armseliges Licht, ist sie doch mit seiner Nähe zum Nationalsozialismus verquickt.

Es war Heidegger, der aus dieser Verbindung eine Geschichte machte, die über die Privatsphäre der Gefühle hinausging und seine objektive politische und moralische Verantwortung – sowie die der Kultur, die er repräsentierte – mit einbezog, denn er selbst hat die persönliche Ebene mit der öffentlichen vermischt und seine Liebesbeziehung zu Hannah in seinen späten Jahren zynisch dazu benutzt, die schändlichsten Spuren seiner nazistischen Verfehlungen zu beseitigen und sich als angebliches Opfer des »Dritten Reiches« rehabilitieren und sogar beweihräuchern zu lassen, anstatt als Mittäter dazustehen. Die Geschichte der genialen deutschen Jüdin, die sich in den genialen Professor und verstockten deutschen Antisemiten verliebt, ist auch ein fast schon zu simples Symbol für die tragische Konfrontation der deutschen mit der deutsch-jüdischen Kultur, die die Seele Deutschlands war, bevor sie von diesem Land vernichtet wurde.

Der Anfang der Geschichte ist nicht besonders originell. Hannah ist fasziniert von dem Philosophen und von der großen deutschen Philosophie, die er verkörpert und die wie vielleicht keine andere die epochale Wende der Zeitgeschichte, ihre radikale Veränderung der Welt, das Exil des wahren Lebens und die Suche nach ihm, nach existentieller Wahrhaftigkeit erforscht und erfahren hat. Ohne diese Philosophie, wie auch ohne die jüdische Kultur und ihre Tragödie, wären die großen Bücher Hannah Arendts später nie entstanden, angefangen bei ihrem Werk über den Totalitarismus bis hin zu dem über die Banalität des Bösen.

Die Studentin verliebt sich heftig und rückhaltlos in den Professor, der sich dies gern gefallen läßt, sich jedoch nicht verliebt, nicht einmal, als er eine erotische Erfahrung macht, durch die er aus seinen systematischen Gewohnheiten gerissen wird, die er allerdings sorgfältig schützt, indem er ihre Treffen auf die Minute genau festlegt und dem Mädchen untersagt, ihm zu schreiben. Sie akzeptiert alle vom Meister vorgeschriebenen Regeln und Vorsichtsmaßnahmen, ist aber kein von Faust verführtes zartes Gretchen, sondern ein freier, entschlossener Mensch, der weiß, was er will.

Lieben heißt den anderen lieben, ihn achten, sein Bestes wünschen und wollen, daß er er selbst bleibt, auch wenn dies schmerzhaft sein kann. Hannah Arendt versteht es, zu lieben, sie strebt nie danach, Heidegger zu manipulieren, und versucht zu übersehen, daß er sie manipuliert. Heidegger, der recht froh ist, unter der eisernen Fuchtel der unbeugsamen und tüchtigen Elfride zu stehen, seiner teutonischen, nationalsozialistischen Ehefrau, kennt nur die Liebe zu sich selbst. Er braucht es, das Idol der jungen Frau zu sein, und er braucht sie, wie er es nennt, als Stimulans, das ihn die Intensität des Lebens spüren läßt. Er tauscht mit ihr Zärtlichkeiten aus, Befehle, Trübseligkeiten, Schmeicheleien, Distanzierungen, Sentimentalitäten und ein paar Kitschgedichte, wie sie nur die deutsche Kultur in ihrem schlimmsten Gewand, das ihre unfreiwillige Selbstparodie ist, hervorbringen kann.

Die Größe dieser Kultur liegt in ihrem religiös-poetisch-philosophischen Horizont, der es ihr ermöglicht, bis auf den Grund des Lebens und der Geschichte vorzudringen und sich jenem Sinn für das Göttliche und Absolute zu öffnen, aus dem höchste Poesie, wie etwa die eindringliche Lyrik Hölderlins, entsteht. Doch es genügt schon, auch nur eine Nuance von dieser Absolutheit abzuweichen, um in ein schwülstiges Pathos zu verfallen, in die Geschmacklosigkeit von Emphase und salbungsvoller Frömmelei, die sich zur Religion verhält wie die Lüge zur Wahrheit. Aus dieser deutschen Kultur ist nicht nur eine große Geistigkeit hervorgegangen, sondern auch deren Karikatur, der Anspruch, regelmäßig mit dem Göttlichen zu verkehren, wie man Tee zu trinken pflegt, und das Heilige für sich gepachtet zu haben, das so zu Tand degradiert wird – auch der Hirt des Seins, als der Heidegger sich verstand, kann sich zu dessen Geschäftsführer deklassieren, so wie die tiefe Innerlichkeit, die in den Liedern der Romantik anklingt, zu lyrisierender Rhetorik verzerrt werden kann.

Auf der Liebesgeschichte von Hannah Arendt und Heidegger lastet, durch ihn verursacht, jenes rührselige, pauschale Unendliche, das den Anschein von Erhabenheit erweckt und dazu dient – wie Broch sagen würde, der später ebenfalls von Hannah Arendt geliebt wird –, die Realität und den wahrhaftigen Sinn für das Unendliche nachzuahmen. Betrachtet man diese sehr deutsche – allzu deutsche – Liebesgeschichte, fällt auf, daß die nüchterne Weltlichkeit fehlt, ohne die das wahre Gefühl nicht sein kann, das fähig ist, dem Leben in seinem Wirrwarr aus Verlockung und Schändlichkeit, Wahrheit und Täuschung ins Auge zu blicken.

Man spürt das Fehlen der quälenden, desillusionierten Klarheit, mit der die großen französischen Schriftsteller – von Madame La Fayette bis Laclos, von Flaubert bis Proust – die Niederungen der Leidenschaft erforschten, dieses Gewirr aus Liebesverderben und gieriger Grausamkeit, ohne daß sie die bittere Pille versüßten und eine unmögliche Unschuld des Herzens vorgaukelten.

Wie Ernestina Pellegrini in ihrem exzellenten Buch *Necropoli immaginarie* über die Darstellung des Todes in der Literatur des 19. Jahrhunderts schreibt, berücksichtigt Flaubert auch das, was er als »die Latrinen des Herzens« bezeichnet, und gerade diese Fähigkeit, sich auch dem Elend von Eros zu stellen, erlaubt ihm, auf unrhetorische Weise auch dessen ganzen Zauber, Hingabe und Bangigkeit zu erfassen.

Die 1928 auf Heideggers Wunsch unterbrochene Liebesbeziehung entwickelt sich vor dem Hintergrund der erstaunlichen geistigen Blüte und der wachsenden politischen Krise des damaligen Deutschlands. Der Lebensweg der beiden Liebenden kreuzt sich mit dem von Gestalten wie Husserl oder Jaspers, der trotz der durch Heidegger erlittenen Kränkungen gleichfalls von ihm fasziniert ist.

Jahrzehnte später hatte ich gerade noch Gelegenheit, dieses außergewöhnliche akademische Milieu von Freiburg zu erleben, in dem noch einige dieser großen Persönlichkeiten verkehrten, und ein paar von ihnen, die auch auf den Seiten dieses Buches vorkommen, kennenzulernen: Hans Jonas, der junge Student, der Heidegger Hannahs Adresse liefert und dem ich begegnete, als er bereits ein großer alter Mann war, und Benno von Wiese, ein Flirt aus Hannahs Jugendzeit (was bei Heidegger, als er davon erfuhr, jene Erleichterung hervorrief, wie sie in solchen Fällen für den männlichen Egoismus typisch ist), der später ein Papst der Germanistik wurde. Ich erinnere mich noch an einen Vortrag, den er, korpulent und selbstsicher, in Turin hielt und zu dem wir auch unsere Eltern, die gar kein Deutsch verstanden, mitbringen mußten, damit er sich nicht über ein allzu spärliches Publikum aufregte. Diese kulturelle Welt war bedeutend, doch endogam, und wie alle Endogamien – religiöse Sekten, Künstlergruppen, politische Vereine, Literatursalons, exklusive Clubs oder akademische Cliquen – war sie besitzergreifend und lähmend für den, der ihr angehörte, und brachte ihre Mitglieder dazu, ihren Hierarchien hörig zu sein und ihre Autoritäten wie Idole anzubeten. Um frei zu sein, um sich nicht von Meistern verführen zu lassen, die danach streben, Seelen zu fangen und Jünger zu formen, muß man geistig polygam und polytheistisch sein. Wenn Hannah noch andere Interessen gehabt hätte, wenn sie den Umgang auch mit anderen Kreisen und andere Freundschaften gepflegt hätte, wäre sie freier und glücklicher gewesen.

Die Beziehung der beiden nimmt viele Jahre später dämonische Züge an, als sie nach dem Krieg, nach dem Exil und nach Auschwitz wieder Kontakt zueinander aufnehmen. Hannah lebt in den Vereinigten Staaten, sie ist eine große Essayistin geworden, eine Zeugin und Interpretin der Niederungen des Jahrhunderts. Heidegger hat wegen seiner Nähe zum Nationalsozialismus Lehrverbot erhalten, das aber, auch mit ihrer Hilfe, wieder aufgehoben wird. Er hat keine Verbrechen begangen, allerdings zahlreiche kleine, schändliche Gemeinheiten gegen jüdische und auch katholische Lehrer (wie Husserl), gegen Kollegen und Studenten. Andere große Persönlichkeiten des Jahrhunderts, die dem Nationalsozialismus nahestanden, wie Céline oder Hamsun, haben ein wesentlich gravierenderes – und unvorsichtigeres – Verhalten an den Tag gelegt, jedoch auch die Verantwortung dafür übernommen, während Heidegger versuchte, geradezu als Opfer des Faschismus dazustehen, und es peinlicherweise an Ehrlichkeit und Würde fehlen ließ.

In diesem Sinn stellt sein Benehmen während des Nationalsozialismus nicht nur eine private, zwar moralisch anfechtbare, doch kulturell unerhebliche Verhaltensweise dar, sondern ist auch mit der globalen Bedeutung verknüpft, die ihm und seinem in vielerlei Hinsicht in der Theorie so grandiosen Denken zukommt. Auch im Philosophen gibt es zuweilen ein Moment der Spießigkeit, das schlecht zu einem Hirten des Seins oder zu einem Platzhalter des Nichts paßt, um zwei von Heideggers Begriffen zu verwenden; es paßt eher zu dem Professor, der in seiner Schwarzwälder Bauerntracht, die er so gern trug, auf manchen Fotografien wie einer der sieben Zwerge aussieht.

Hannah, die ihm im Grunde ihres Herzens treu geblieben ist, hilft ihm bei seiner Rehabilitierung, will von seinen niederträchtigsten und armseligsten Taten nichts wissen und möchte den Lügen glauben, mit denen er – heimtückisch und sentimental, wie Elżbieta Ettinger schreibt – sich und sie blendet. Für sie ist Heidegger nach wie vor der geliebte Mann, mit einer Selbstlosigkeit, die sie veranlaßt, sogar seine Familie zu unterstützen; für ihn ist Hannah mit ihrem internationalen Ansehen und ihrer Vergangenheit als verfolgter Jüdin ein vortreffliches Werkzeug, um sich rehabilitieren zu lassen und wieder zu Rang und Namen zu kommen.

Hannah glaubt beharrlich an seine Unwahrheiten. Nur zweimal gesteht sie sich ein, daß er ein »pathologischer

Lügner« und »potentieller Mörder« sei. Doch die Einsicht währt nicht lange, und schon bald fällt sie wieder in ihre Befangenheit ihm gegenüber zurück oder dem Bild von ihm gegenüber, das sie so viele Jahre in ihrem Herzen bewahrte; und sie, die so unerschrockene Verfechterin der Wahrheit, wird geradezu zur Komplizin für seine Betrügereien, die nicht nur ein Privatleben verfälschen, sondern auch eine Seite im Buch der Weltgeschichte. Heidegger ist ihr dankbar, sogar zärtlich dankbar, doch als er sie nicht mehr braucht, hält er sie auf Abstand und läßt nicht zu, daß sie ihn von seinen Forschungen ablenkt, ganz dem Klischee des genialen Mannes entsprechend, der sich von einer Frau zwar gern die Lebensgeister wecken läßt, ihr dann aber sagt, sie möge beiseite rücken und ihn arbeiten lassen.

In ihrem denkwürdigen Buch über den Eichmann-Prozeß deckte Hannah Arendt die Banalität des Bösen auf, das mit seinem teuflischen Nimbus auch dumm und kitschig ist. Sie, die menschlich und intellektuell so kühn war, hatte nicht den Mut, zu erkennen, daß auch eine Liebe heftig und banal zugleich sein kann, daß man sich auch in einen Menschen verlieben kann, der durch Gemeinheiten beschmutzt ist. Wo findet man eine Antwort auf diese Widersprüche? »›Im Herzen‹, heißt es«, antwortet eine Gestalt aus Stefano Jacomuzzis Buch *Vento sottile*, »›doch dort herrscht große Verwirrung, und man kann sich auf nichts verlassen.‹«

1996

Jenseits der Sprache.
Das Werk von Hermann Broch

In einer Szene in Antonionis Film *La notte* war in der Hand eines Darstellers eine Ausgabe von Hermann Brochs *Die Schlafwandler* in der bei Einaudi erschienenen Übersetzung zu sehen. Doch obgleich hochgelobt, sind Brochs Hauptwerke noch immer nicht so bekannt, wie sie es verdienen. Dieser Schriftsteller, geboren 1886 in Wien und gestorben 1951 in den Vereinigten Staaten, ist vielleicht stärker im Abseits geblieben als andere große und weniger große österreichische Autoren, deren Ansehen in den letzten Jahrzehnten wuchs, was bei manchen – zum Beispiel Musil und Canetti – mehr als angebracht ist, sich oft aber auch auf durchschnittliche Schriftsteller auswirkte, deren einziges Verdienst darin bestand, aus dem habsburgischen Mitteleuropa zu stammen.

Die leichter assimilierten österreichischen Autoren lassen sich in zwei Kategorien unterteilen: die Nostalgiker, die sich mit einem verklärten Bild von Ordnung und Sicherheit nach der Welt von gestern zurücksehnen, und die Krisenpropheten, für die das alte Österreich das Sündenbabel der Unordnung und des Werteverfalls ist, die Brutstätte des Nihilismus und ein Beispiel für die gesamte, sich auf das Nichts gründende zeitgenössische Kultur.

Broch schüchtert die Nostalgiker ein, da er das heitere Wien des Fin de siècle als apokalyptisches, vom Operettenkitsch verschleiertes Wertvakuum entmystifiziert, und verunsichert die postmodernen Bewunderer der Leere, die sich von ihr verführen lassen, da er diese Leere einer unerbittlichen, rationalen und zugleich religiösen Kritik unterzieht — mit einer nichtkonfessionellen Religiosität, die durch eine eigenwillige Symbiose von Judentum und Katholizismus gekennzeichnet ist, wie man sie in anderer Form auch bei Joseph Roth findet.

In beiden Fällen erweist sich Brochs Sichtweise, gerade weil sie von einem Sinn für das Heilige durchdrungen ist, als besonders geeignet, das zeitgenössische Chaos, seine Wahrheiten und seine Idole zu verstehen. Er bietet starke, wenngleich im Wahn seiner und auch noch unserer Zeit flüchtige Werte an. Während der breite Konsum österreichischer Literatur häufig von der Schwärmerei für das Exzentrische, Irrationale oder Raffinierte beeinflußt war, läßt sich Broch mit der Klarheit seiner Ethik, seiner wissenschaftlichen Bildung und seiner religiösen Auffassung, die jeder plumpen Koketterie mit dem Okkulten abgeneigt ist, nur schwer von einem Geschmack konsumieren, den er selbst als Kitsch geißelt und dem er das Bewußtsein für die Totalität des Lebens entgegensetzt, das von einem ihm Einheit verleihenden Sinn erfüllt ist.

Diese Einheit des Lebens — und des großen philosophisch-poetischen Stils, der sie wiedergibt und zugleich begründet, wie Broch in brillanten, denkwürdigen Aufsätzen schrieb — ist zersplittert, und er hat sowohl diesen Zerfall bloßgelegt als auch die unfruchtbare Genugtuung darüber und die wertlosen Versuche, ihn zu verbergen, indem man zerbrochene Ideale wiederherstellte oder die authentischen verlorenen Werte gegen erbauliche ideologische oder emotionale Ersatzlösungen eintauschte.

Broch ist ein genialer Entlarver des Schlafwandelns, also jener Selbstabstumpfung, mit der die Menschen ihre Leere vor sich verbergen, und zwar in einem erschreckenden guten Glauben, der der größte Betrug ist und die Großmutter von Biagio Marin, wie der Dichter selbst erzählt, einmal zu dem Hinweis veranlaßte: »Bedenke, wer ohne es zu wissen sündigt, quält sich, ohne es zu wissen.« Marin hielt diese Worte zu Recht für eine der großen moralischen Lehren seines Lebens. Wenn unter Umständen, in denen es trotz aller Bemühungen wirklich nicht möglich ist, sich über die Situation und die Werte, um die es eigentlich geht, klarzuwerden, der sogenannte gute Glauben bisweilen eine Entschuldigung sein könnte, so spitzt dieser die Dinge statt dessen oft noch zu, da er aus einem langen Prozeß der Korruption des eigenen Gewissens hervorgegangen ist, das von der Gewöhnung an Lüge und Sünde so betäubt, berauscht oder verwirrt ist, daß man Gut und Böse nicht mehr unterscheiden kann und zu der Überzeugung gelangt, im Recht zu sein, selbst wenn man sich mit Schuld belädt, weil man den Realitäten, der schwierigen Verantwortung, sich zu entscheiden, und auch der Notwendigkeit, zu urteilen und beurteilt zu werden, nicht ins Auge blicken will. Begeht man eine Gewalttat oder ein Unrecht wissentlich, besteht zumindest die Möglichkeit, daß man sich bessert und das Unrecht wiedergutmacht – eine Möglichkeit, die es nicht gibt, wenn man so dumm ist, daß man nicht merkt, was man tut, oder so arrogant und blind, daß man es für richtig hält. Nahezu alle schlimmen Übeltäter handeln in einem entsetzlichen guten Glauben und begehen ihre Verbrechen in Unwissenheit; die Rassisten, die einen armen Ausländer lynchen, sind davon überzeugt, er verdiene ihre Gewalt schon irgendwie und es sei gut, ihn aus der Gesellschaft zu entfernen. Wenn es einen Tag des Jüngsten Gerichts gibt, wird ihnen diese Unwissenheit, diese Form obszöner Unschuld, wohl zur Last gelegt werden, wie Marins Großmutter meinte.

Diese Unwissenheit hat nicht nur eine moralische Dimension, sie betrifft das Verhältnis zur gesamten Realität, zum Leben und zur Geschichte, und auch die Unfähigkeit, alldem rückhaltlos ins Auge zu sehen und seinen unverhüllten, schmerzhaften Druck zu ertragen. Je quälender dieser Druck wird, um so mehr schützen sich die Menschen, die fürchten, ihm nicht standhalten zu können, erfolgreich davor, indem sie versuchen, ihn weitgehend zu ignorieren und wie Schlafwandler zu leben, ein Begriff, der Brochs großer Romantrilogie (1929–1932) ihren Namen gab.

Für Broch ähnelt die Welt der leeren Loge, die in jedem Theater in jeder Stadt des Habsburgerreichs für den eventuellen Besuch des Souveräns reserviert ist, der dort natürlich nie oder fast nie erscheint, so daß das geistige Zentrum dieser Kultur etwas Fehlendes ist, etwas, das es nicht gibt und das man ängstlich mit einer Überfülle an eklektischem Zierat überdeckt, wie man ihn an den Renaissance- und Gotikimitationen entlang des Wiener Rings findet. In seinen Essays wie in seinen Romanen führt Broch auf geniale Weise die Verarmung und die Unwirklichkeit einer Welt ohne Werte vor – und damit auch deren Angst und Unfähigkeit, zu leben und zu fühlen. In einer Mischung aus rückschrittlichen Elementen (wie der Idealisierung des Mittelalters) und einer Sensibilität, mit der er sich außergewöhnlich gut in das Wahnhafte der Epoche – und besonders in den ungeheuren Wahnsinn der Jahre zwischen den zwei Weltkriegen – einfühlt, zeigt Broch die Irrationalität einer Kultur, die sich rational wähnt, weil jedes ihrer separaten Teile, in die sie zerfallen ist, gescheit funktioniert, allerdings nur für sich allein, so daß das Ganze – also das Leben, die Realität, der Mensch selbst – ein Chaos bleibt.

Broch ist ein großer Künstler, wenn er, wie in den *Schlafwandlern* oder in den *Schuldlosen,* die Entfremdung des Individuums darstellt, das seines Wertsystems beraubt ist und es durch künstliche, billige Trugbilder ersetzt, durch von der öffentlichen Meinung produzierte psychologische, ideologische oder emotionale Idole. Dieses Individuum ist der Schlafwandler, der nicht wahrhaben will, daß er schläft und in der Irrealität umherirrt, wodurch er das eigene Nichts und die eigene dunkle Angst nur noch steigert.

In Brochs Werk taucht diese grandiose, epochale Thematik in die konkrete Realität von Leben, Körper, Gefühl und Sex. Mit seiner mathematischen Bildung — die ihn ebenfalls zum Sohn jener österreichischen Kultur macht, deren Größe besonders in der Verschmelzung von Dichtung und Wissenschaft lag — entlarvte Broch das Dämonenhafte des Jahrhunderts, das Übel des Totalitarismus, das er als nach Amerika emigrierter Jude während der Nazizeit am eigenen Leib erfahren hatte, sowie das nicht weniger schlimme Übel in Form von dessen stillschweigender Duldung, die unmerklich und absichtlich unbewußt auch im Alltagsleben praktiziert wurde.

Als Nostalgiker der Ordnung wußte Broch, daß die Wahrheit seiner Zeit Unordnung war und daß — wie Canetti in der Rede zu Brochs fünfzigstem Geburtstag sagte — der Dichter die moralische Verpflichtung hat, der Hund seiner Zeit zu sein und sich nicht in der eigenen Reinheit abzukapseln, sondern in jeder noch so öden Ecke die möglicherweise abstoßende Wahrheit seiner Epoche aufzustöbern, den Schmerz zu lindern und das unter dem Unrat verborgene Übel hervorzujagen.

Broch zufolge kann der experimentelle Avantgarderoman — wie der von Joyce oder Kafka — für die Gegenwart das sein, was Homer und sein großer Stil für die klassische Welt waren. Der Roman wird für den Autor ein Mittel der Erkenntnis, mit dem er den Zeitgeist einfangen kann, da er die Erlebnisse, Gefühle und Gedanken der Menschen beschreibt, in denen er zum Ausdruck kommt. Um eine Epoche — die Gegenwart —, die in einer zentrifugalen, heterogenen Atomisierung zersplittert ist und jede Einheit von Wert und Stil verloren hat, wahrheitsgemäß zu schildern, muß der Roman polyphon und polyhistorisch werden, muß er die unzusammenhängende Stilvielfalt der Epoche selbst, ihre mangelnde Einheit und ihr fehlendes Zentrum in seine Struktur aufnehmen. Der Roman muß gleichzeitig epische Erzählung, Hymne und Gedicht, essayistische Betrachtung und ins Leben der Figuren getauchte und erlebte philosophische Theorie sein – in einem Experiment mit den epischen Formen, das aus Broch einen der kühnsten Erneuerer des Romans macht.

Ein Meisterwerk wie *Der Tod des Vergil* geht bis an die äußersten Grenzen des Romans. Als »Dichter wider Willen«, wie Broch sich nannte, vertrat er die Ansicht, die Kunst müsse aufgerufen sein, das auszudrücken, was die Philosophie nicht mehr benennen kann, mit anderen Worten: den Wert oder zumindest die Notwendigkeit des Wertes. Dazu müsse die Kunst die eigene Unzulänglichkeit erklären und sich als – wenn auch unersetzliche – Dienerin von etwas Größerem verstehen, auf das sie – und nur sie – bloß anspielen kann. Die Poesie ist für Broch die Geste, die an der Grenze zum Unaussprechlichen auf das verweist, was sich hinter dieser Grenze befindet – »jenseits der Sprache«, wie es im letzten Satz im *Tod des Vergil* heißt. Hinter dieser Grenze liegt das Absolute, und die Poesie kann dort nicht hingelangen, doch sie kann die Menschen bis an diese Schwelle führen, ihnen zeigen, daß das, was wirklich zählt, jenseits von ihr liegt, und sie gleichwohl daran erinnern, daß Vernunft und Moral es verbieten, anmaßend das Unsagbare zu benennen, wie es die falschen Propheten tun.

Der Dichter ist wie Moses, der das Gelobte Land nicht betreten kann, wohl aber den Weg weist, der durch die Wüste zu ihm führt. »Die Unfähigkeit des Schreibens, das Böse der Welt zu besiegen«, wie Cusatelli in bezug auf Canetti sagt, wird auch von Broch intensiv empfunden, doch in diesem Bewußtsein liegt die – auch moralische – Bedeutung des Schreibens selbst.

Gerade der nach jahrelanger Arbeit 1947 erschienene *Tod des Vergil* formuliert mit eindringlicher Poesie eine schmerzliche Verurteilung der Kunst. Der Roman ist ein innerer Monolog über fünfhundert Seiten, der Vergils letzte Stunden und das Erlöschen seines Bewußtseins beschreibt, das, bevor es sich im großen Ganzen auflöst, sein gesamtes Leben noch einmal durchläuft und schließlich alle Ebenen der Realität – die persönliche, die historische, die kosmische – gleichzeitig zerfließen läßt, während es in ihrem grenzenlosen Meer versinkt. Aus jener österreichischen Literatur hervorgegangen, die so sensibel für die unbeständige Beziehung zwischen Leben und Wort ist, stellt dieses Buch eine extreme Beanspruchung der Sprache dar, mit der das eigene Verlöschen im Schweigen benannt werden soll, die letzte Geste der Form am Rande des Formlosen. Wie das Wort löst sich auch das Individuum selbst in der Unendlichkeit des Todes auf und löscht vor dem Verschwinden alle falschen Zeichen aus. Broch, so betont Ladislao Mittner, versteht es, dem Absoluten des Todes auf jeder Ebene ganz und gar gegenüberzutreten.

Broch faszinieren die Übergangsepochen auf der Schwelle zwischen dem Ende eines Wertsystems (dem »Nicht-Mehr«) und der Erwartung eines neuen (dem »Noch-Nicht«), das in der utopischen und messianischen Spannung der Hoffnung (dem »Doch-Schon«) vorweggenommen wird. In solchen Epochen – die zeitgenössische und als deren symbolischer Spiegel auch die Augusteische zwischen absterbendem Heidentum und aufkommendem Christentum – zeigt die Poesie ein Ziel auf, das sie nicht erreichen kann, und eine Leere, die sie nicht zu füllen vermag. Vergil wird zum Prototyp des modernen Dichters, der seine Daseinsberechtigung anzweifelt und nur aus diesem Zweifel seine Authentizität und Rechtfertigung erhält.

In Zeiten der Krise, wie Vergil oder Broch sie erleben, offenbart die Poesie vor allem die Notwendigkeit, der Krise auf den Grund zu gehen, den Weg durch die Wüste und durch die Leere zurückzulegen, bis die Zerstörung des

Bösen apokalyptisch vollendet ist und mit ihm die Zerstörung der alten Welt, die untergehen muß, damit auf messianische Art Erlösung kommen und Neues entstehen kann.

Der Tod des Vergil schildert mit außerordentlicher Kraft die wesentlichen Bande des Lebens: Liebe, Angst, Schuld, Glückseligkeit, Traum und Tod. Broch ist es gelungen, ein sehr kühnes und gleichwohl verständliches Werk zu schreiben, das von philosophischen Problemen und Erkenntnisdrang erfüllt ist und trotzdem eine lyrische Form besitzt. Es ist ihm gelungen, eine Sprache zu schaffen, die, obgleich reich an Gedanken und abstrakten, zuweilen auch schwerfälligen Konstruktionen, sich in Musik auflöst und zu den Ursprüngen jeglichen Ausdrucks zurückzukehren scheint.

Poesie, für Broch die »Ungeduld nach Erkenntnis«, ist das Infragestellen der Macht. Vergil ist ein Dichter, weil er die *Aeneis* ins Feuer werfen will, um Augustus, so groß und weise er ist, daran zu hindern, sie zur Verherrlichung des Imperiums zu benutzen. Der moderne Dichter kann keinerlei irdisches Reich preisen, er muß es vielmehr in Abrede stellen. Während ein homerischer Dichter der Anfänge noch Heerscharen, Hierarchien und Helden besingen konnte, wäre das Bejubeln von Augustus ebenso verlogen wie die Verherrlichung eines führenden Politikers des 20. Jahrhunderts. Wenn Vergil am Ende darauf verzichtet, die *Aeneis* zu verbrennen, geschieht dies Renato Saviane zufolge im Namen eines noch größeren Opfers: Er begreift, daß er die Verantwortung für sein Handeln übernehmen muß und daß er, nachdem er das Imperium in seinem Epos besungen hat, diesen obschon ehrenhaften Kompromiß mit der Macht nicht auslöschen kann und sich vor dem Tod nicht als unschuldig und rein präsentieren darf, sondern die Last dieser Schuld auch im letzten Augenblick tragen muß.

In einer glänzenden Passage des Romans entledigt sich das Vergil-Epos der Namen, befreit sich von jeder glorreichen Nomenklatur und von jedem trügerischen Wort, das angeblich das Unaussprechliche einfängt, und wird wieder unbestimmtes Rauschen, Atmen der Welt, Fluß des Lebens und Münden in den Tod, in jenes Schweigen, aus dem alle Sprache kommt und in das sie wieder versinkt. Nicht frei von überbordendem Pathos und rückschrittlicher Ideologie ist Broch, der unausgeglichene Autor, doch eine Stimme, die unsere Gegenwart verständlicher macht und, wie Luigi Forte schreibt, »den Weg der Angst eines Jahrhunderts« nachvollzieht und »die große Sehnsucht nach einer Heimat« benennt, »die wir nur im Schmerz ahnen dürfen, in der eiskalten Einsamkeit jedes Geschöpfes«. Wie jedes große poetische Werk macht Brochs Buch spürbar, wie armselig eine Literatur ist, die sich nicht über sich selbst hinausprojizieren kann.

[1]993

Montales Pünktchen

Ich weiß nicht, ob es eine organische Geschichte der ungeschriebenen Literatur gibt, jener Bücher, die nur aus leeren
Seiten bestehen, wie das berühmte, das Virginia Woolf
einer Freundin in einer Weise offerierte, fast als wäre es ihr
persönlichstes und am tiefsten empfundenes Werk. Sicher,
die zeitgenössische Kunst ist in ihrer ständigen Verflechtung von Leidenschaft und Mystifizierung reich an solcher
Art von Schweigen und Abwesenheit, an einer Leere, in der
man den einzigen oder den authentischsten Ausdruck des
Lebens, besser gesagt der Unmöglichkeit, es zu leben und
darzustellen, erkennen will. Natürlich gibt es einen Unterschied zwischen Schweigen und Schweigen, zwischen einer
weißen Seite, die mit ihrer Leere auf nicht ausgedrückte
und unausdrückbare Gefühle und Werte hinweist, und den
leeren Seiten der Hefte, die im Schreibwarengeschäft auf
einen Käufer warten.

Das Schriftstück, das ich dem Literaturhistoriker der leeren Seiten zur Verfügung stellen kann, gehört zweifellos
zu den bedeutsamen Texten, in denen der nicht von Worten
ausgefüllte Raum eine Botschaft enthält, etwas aussagt.
Es handelt sich um einen karierten, von einem Notizblock
abgerissenen Zettel, den mir Eugenio Montale vor zwölf
Jahren durch eine gemeinsame Freundin, Nora Baldi, zukommen ließ. Auf dem kleinen Blatt steht, in einer etwas
zittrigen Schrift, nur der Name des Empfängers, nämlich
der meine, und zwei Zeilen darunter der des Absenders,

also Montales Unterschrift; die beiden Zeilen dazwischen sind mit einer Reihe von Pünktchen versehen.

Im Unterschied zu vielen wesentlich kundigeren Exegeten leerer Seiten bin ich in der Lage, diese Pünktchen mit Sicherheit zu entschlüsseln, denn die Botin, die mir das Briefchen von Mailand nach Triest brachte, berichtete mir mündlich, was mir Montale sagen ließ, ohne daß er es aufschreiben wollte. Es war im März oder April 1975. Ein paar Wochen zuvor hatte ich in einer Glosse des *Corriere* meine Übereinstimmung mit Pasolini und seiner in jenen Tagen vertretenen Position in der Abtreibungspolemik zum Ausdruck gebracht und von seiner Fähigkeit gesprochen, die kollektiven und epochalen Zerrissenheiten unmittelbar am eigenen Leib zu erleben und zu bezeugen.

Kurz nach Erscheinen meines Artikels bemerkte Montale im Gespräch mit Nora Baldi, bei der er zu Besuch war, daß ich Pasolini nicht erwähnen sollte, selbst dann nicht, wenn er recht haben könnte, jedenfalls dürfe ich diesen Namen nicht nennen, und er trug ihr auf, mir das auszurichten. Wie ein Offizier, der von einem Vorgesetzten einen Befehl erhält, der ihm riskant und gefährlich vorkommt, bat die freundliche und bereitwillige Mittelsperson den Dichter, dieses Verbot schriftlich niederzulegen. Montale sah sie mit amüsierter Unschuldsmiene an, murmelte, daß er zu alt sei, um sich auf Diskussionen und Auseinandersetzungen einzulassen, und sagte, er wolle ein kurzes Briefchen schreiben, in dem aber nicht alles stehe, und sie solle, wenn sie es mir übergebe, das Fehlende mündlich ergänzen. So geriet folgendes Fragment in meine Hände: »Lieber Claudio Magris ... Ihr Eugenio Montale.« Ein paar Jahre später, als man seinen Nobelpreis feierte, sagte ich scherzhaft zu ihm, daß ich im Grunde diesen literarischen Blankoscheck nach Belieben hätte ausfüllen können, und der Dichter, der den heiklen und harten Dingen aus dem Weg zu gehen pflegte, der Meister des ironischen Wortstreits mit dem

Nichts, erwiderte, daß das vielleicht einer seiner wenigen Texte sei, die bleiben würden.

Die beiden großen Protagonisten dieser Minigeschichte sind inzwischen gestorben. Ihr Ende – das normale Montales und das abnorme Pasolinis – stand in beiden Fällen auf seine Art im Einklang mit ihrem Leben und ihrem Werk. Die Geschichte dieses Zettels ist eine Lehrfabel über die radikale Gegensätzlichkeit der beiden Dichter, die in den letzten Jahrzehnten den Wirrwarr, den Sumpf, die Wüste unserer Geschichte am genauesten unter die Lupe genommen haben. Hinter der Ironie, mit der Montale in den Auslassungspünktchen, wie in einem Ballett, seine Aversion gegen Pasolini verschleiert, verbirgt sich wahrscheinlich das abschätzige Schamgefühl des Poeten, dem zufolge die Realität das Ich und seine Emotionen überflüssig gemacht hat – jedes Ich, das transzendentale, durch dessen Mund die poetische Inspiration in den vergangenen Jahrhunderten sprach, und das psychologische und individuelle jedes einzelnen, auch des Verfassers jenes Briefchens. Dieses enthält einen mörderischen Richterspruch, eine Verdammung ohne die Möglichkeit, Berufung einzulegen, aber das Urteil wird nicht niedergeschrieben, denn seinen Autor gibt es nicht, oder es ist, als ob es ihn nicht gäbe, er ist quasi inexistent, er ist niemand. Montales Verdruß über Pasolinis egozentrischen und gesetzeswidrigen Exhibitionismus trübt jedoch gewiß nicht seinen klaren Verstand und hindert ihn daher, seiner eigenen Empfindlichkeit zuviel Gewicht beizumessen. Schließlich ist der Anlaß winzig, alles ist ein Scherz, und der Zettel bleibt mehr oder weniger leer.

Montale behauptete, nur zu fünf Prozent zu leben. Seine poetische Wahrheit war die tiefe und daher wortkarge Erfahrung dieses niedrigen Prozentsatzes der Existenz und seine Dichtung eine unerläßliche Konfrontation mit der Teilnahmslosigkeit, eine Herausforderung für diese, die notwendigerweise zur täglichen Gemeinschaft und Identifikation mit ihr wurde. Pasolini war, um es mit seinen Worten zu sagen, »verzweifelte Vitalität«. Seine Dichtung war physische, leibhaftige Unmittelbarkeit, war eins mit dem Pulsieren des Lebens und mit dem Glauben, daß in diesem dunklen Pulsieren, selbst in seinen düstersten und unruhigsten Momenten, Erlösung sein könnte. Es war ein tausendprozentiges Leben, im Guten wie im Schlechten, in der Hoffnung wie in der Sünde. Wer wie Montale das eigene Ich als überflüssig empfand, konnte nur Abscheu hegen für jemanden, der wie Pasolini lebte, als ob das Ich ein leidender und sündiger Messias wäre und als ob seine Passionen, Wünsche, Sehnsüchte und Ausscheidungen die Welt erlösen könnten.

Montale war Unpersönlichkeit, Zurückhaltung, Schamhaftigkeit, Skepsis und heidnischer Selbstzweifel, war Distanz, Nüchternheit und trockene Strenge bis zur Starrheit seiner dürren, ausgedörrten Tintenfischknochen. Pasolini war, bei all seiner wehrhaften kritischen Intelligenz, erbitterte Subjektivität bis zum schamlosen Exhibitionismus, messianische Hoffnung, körperliche und promiskuitive Nähe, schamloser und egozentrischer Narzißmus, Urschlamm, benetzt vom Wasser des Lebens, und sei es auch trüb und schmutzig. Beide waren Dichter, Montale jedoch sicher in wesentlich höherem Maße: Die Reduzierung und der äußerste Verzicht seiner Lyrik zeigen die Spalten, aus denen das Licht der verbannten Dichtung leuchtet. Seine unpersönliche Reserviertheit, seine Würde und seine selbstgenügsame Sicherheit, die es nicht nötig hat, sich in Szene zu setzen und nach Bestätigung zu haschen, sind eine Lehre, deren man mehr denn je bedarf. Doch in der schlichten Distanziertheit jener Auslassungspünktchen liegt auch die Gefühlskälte dessen, der auf seinem Weg dem Schmerz und den menschlichen Niederungen begegnet und rasch daran vorbeigeht.

Um die Dramen des Lebens poetisch zu bezeugen, ist es

bisweilen notwendig, unmittelbar in seine − auch schmutzigen − Abgründe hinunterzusteigen, sich der Existenz bis zum Risiko der Anstößigkeit und der Promiskuität auszusetzen. Die Kultivierung des Ichs, das sich immer in den Vordergrund drängt, um seine erlittene Vitalität und sein Martyrium herauszuschreien, wird oft unerträglich und gerät leicht zur unfreiwilligen Selbstparodie, doch ohne diese physiologische und zur Schau gestellte Teilhabe ist es in bestimmten Fällen nicht möglich, den Skandal der Armut und der Vergessenheit der Geschöpfe offenzulegen.

In jedem christlichen Erlöser steckt etwas von einer frech entblößten Innerlichkeit und einem keine Logik duldenden sentimentalen Pathos: Ungebührlichkeiten, welche die Dezenz des klassischen und stoischen Geistes verletzen, der es sich verbietet, gegen Anstand und Sitte zu verstoßen, die Eingeweide mit dem Verstand zu verwechseln, das Unvereinbarkeitsprinzip zu verletzen und im Namen des Herzens ein Chaos anzurichten. Aber ohne diese Verstöße gegen die Ordnung, den guten Geschmack und bisweilen sogar die intellektuelle Redlichkeit wäre manchmal der Schrei, der die Unerträglichkeit des Schmerzes aufdeckt und Erlösung fordert, nicht möglich.

Ohne die »verzweifelte Vitalität« gäbe es keine essentiellen Aufdeckungen der menschlichen und historischen Bedingtheit. Diese selbstzufriedene und in jeder ihrer − auch gewalttätigen und schuldhaften − Äußerungen ständig freigesprochene Vitalität ist immer nur einen Schritt vom Absturz in Plumpheit und Peinlichkeit entfernt, sie verfällt leicht in lächerliche Karikatur und in Anmaßung, wie es manchmal auch bei Pasolini der Fall war. Die verzweifelte Vitalität hat ein egozentrisches und infantiles Bedürfnis nach Selbstbestätigung, das ihre Nähe zuweilen unerträglich macht. Man verbringt lieber einen Abend mit jemandem, der überzeugt ist, daß das Ich, auch sein eigenes, überflüssig sei, und der daher mit überlegener Freiheit und liebenswürdiger Nüchternheit an seinem Platz steht, ohne Aufdringlichkeit und ohne Ansprüche. Aber wenn es darum geht, jemanden zu verteidigen, wie es Pasolini damals getan hat, ist ein Quentchen Glaube nötig, der Glaube daran, daß derjenige, den wir verteidigen, nicht völlig überflüssig sei. Kein hochtrabender und laut verkündeter Glaube, sondern eben nur ein Quentchen, das tief drinnen im Herzen mit dem bittersten und skeptischsten Pessimismus zusammenleben und auch einverstanden sein kann mit der Ratlosigkeit und der Geringfügigkeit der Pünktchen auf jenem Zettel Montales.

1987

Aber das ist der Mensch.
Zum Tod von Primo Levi

Primo Levi ist (nach der schrecklichen Nachricht, die mich erreicht hat, müßte ich eigentlich sagen *war*, doch in Wirklichkeit *sind* die Menschen und die Werte einfach, und es hat keinen Sinn, von ihnen in der Vergangenheit zu sprechen) in erster Linie die personifizierte Hochherzigkeit, die Kraft, gütig und gerecht zu sein, allem furchtbaren erlittenen Unrecht zum Trotz. Darin hat er mir vor einigen Monaten, es war das letztemal, daß ich mit ihm sprach, eine Lektion erteilt. Ich hatte ihn angerufen, weil ich mir nicht sicher war, ob ich in einem Buch, das ich gerade veröffentlichte, den Namen eines französischen Professors, der die Existenz der Gaskammern leugnete, richtig zitiert hatte. Primo Levi bestätigte mir den Namen, und als ich ihn fragte, warum er ihn in seinem Buch *Die Untergegangenen und die Geretteten* nicht selbst genannt habe, antwortete er mir: »Ach, das ist jemand, der mit dieser fixen Idee lebt und der deswegen schon seinen Lehrstuhl verloren und auch seine Familie zerstört hat, und da schien es mir einfach nicht richtig, ihn fertigzumachen.«

Daraufhin korrigierte ich den grimmigen Ausdruck, den ich in meinem Text verwendet hatte: Wenn Primo Levi so von diesem Mann sprach, hatte ich sicher kein Recht, härter zu sein als er. Das war eine der größten Lektionen, die ich je erhalten habe, eine Lektion, die Levi uns allen erteilt hat und erteilt. Er war in Auschwitz gewesen, und nicht nur, daß er diese Hölle durchhielt, er hat nicht einmal zugelassen, daß diese Hölle ihn in der Unbefangenheit seines Urteils und in seiner Güte veränderte, daß sie ihm einen – nur allzu berechtigten – Haß einflößte, der die Klarheit seines Blicks trübte. *Ist das ein Mensch?* – ein Buch, dem wir beim Jüngsten Gericht wiederbegegnen werden – bietet fast ein leicht abgeschwächtes Bild der ganzen Infamie, weil sich der Zeuge Levi skrupulös an das hält, was er persönlich gesehen hat, und anstatt, wie es nur folgerichtig und verständlich gewesen wäre, den Hauptakzent seines Berichts auf die Massenvernichtung zu legen, erwähnt er sie nur schamhaft am Rande, fast wie aus Rücksicht auf jene, die durch die Vernichtungsmaschinerie ausgelöscht wurden, der er selbst im letzten Moment entkommen ist.

Dies ist Primo Levis großes Vermächtnis, das ihn über jede literarische Wertung hinaushebt: die Freiheit selbst gegenüber dem Bösen und dem Furchtbaren, die absolute Unzugänglichkeit für ihre Gewalt, die nicht nur zerstört, sondern auch vergiftet. In dieser ruhigen Souveränität verkörpert er die sabbatische jüdische Würde im Verbund mit seiner Vertrautheit als Wissenschaftler mit der Natur und mit der Materie, aus der wir gemacht sind. Diese religiöse Unabhängigkeit von der zeitlichen, wenn auch schrecklichen Zufälligkeit hatte ihn zu einem epischen, ironischen, desillusionierten, amüsanten, komischen, präzisen und liebevollen Schriftsteller und Menschen gemacht. Er kam gar nicht auf die Idee, daß er weltberühmt sein könnte – was er war –, und voll Respekt und Dankbarkeit empfing er jeden Schüler, der sich wegen eines Aufsatzes oder Referats an ihn wandte.

Sein Tod läßt einen an die jüdische Redensart denken, daß die Welt zwischen dem Morgen und dem Abend zerstört werden kann. Doch der Tod zerstört nicht den Wert, und Levis Tod zerstört nicht Levi. Nichts wäre angesichts des unergründlichen Geheimnisses seiner Entscheidung unsinniger, als sich nach dem Warum zu fragen oder den in

Auschwitz bewiesenen Lebenswillen seinem heutigen Ent-
schluß gegenüberzustellen. Verstört und betrübt, mehr un-
seretwegen als seinetwegen, der uns einsamer zurückläßt,
bleibt uns nichts, als Primo Levi zu umarmen und ihm zu
danken, daß er uns mit seinem Leben gezeigt hat, wozu ein
Mensch fähig sein kann, daß er uns lehrte, selbst über das
Ungeheuerliche zu lachen und keine Angst zu haben.

1987

Wer schreibt die ungeschriebenen Gesetze der Götter?

In der Weltliteratur, schrieb Paul Valéry, gibt es Gestalten und Persönlichkeiten von einer solchen Größe, daß sie sich der Kontrolle ihres Schöpfers geradezu entziehen und »durch ihn zu Instrumenten des universellen Geistes werden«; »sie gehen über das hinaus, was sie in seinem Werk waren«, fuhr der französische Dichter fort, »für immer dazu berufen, bestimmte menschliche und unmenschliche Extreme zu verkörpern, und so von jedem Einzelschicksal losgelöst«. Valéry schrieb dies, um die Kühnheit zu rechtfertigen, mit der er die Figur des Faust adaptiert hatte, doch er dachte auch an andere große Gestalten – Odysseus, Antigone, Medea, Ödipus, Elektra, Don Juan –, die zu immer neuen Inkarnationen fähig sind und durch diese fortwährenden Metamorphosen unsterblich werden, mit denen der Sinn und das Schicksal der Menschheit jedesmal anders symbolisiert wird und allgemeingültige Bestrebungen und Werte nicht in der vagen Abstraktion der Allegorie, sondern in der historischen Konkretheit eines individuellen Erlebnisses ausgedrückt werden können. Solche Figuren wecken die Illusion, ein von ihrem Schöpfer nahezu losgelöstes Eigenleben zu führen, so daß Miguel de Unamuno in gespielter Wut Cervantes bezichtigen konnte, die Größe Don Quijotes nicht begriffen zu haben.

Doch abgesehen von allen Paradoxa ist es kein Zufall – und auch kein überirdisches, irrationales Mysterium –, daß diese Figuren mehr als individuelle Schöpfungen wurden und die Generationen zu den verschiedensten Zeiten und in den verschiedensten Ländern faszinierten, indem sie die tiefsten historischen und existentiellen Inhalte der Zivilisation verkörperten, und daß sie in jeder Epoche weiter präsent sind – bereichert durch den Schliff der Jahrhunderte und durch die Akzente der vielen großen und kleinen Stimmen, die ihren Charakter immer wieder erneuerten und veränderten. Dieser polyedrische Reichtum gibt ihnen ein Stück Unvollständigkeit, einen Spielraum für die Phantasie des Lesers zum Erfinden, zum Weiterdenken und zur persönlichen Identifikation.

Antigone ist eine der größten dieser ganz großen Gestalten, die, wie George Steiner feststellt, alle aus der kollektiven Phantasie der griechischen Mythologie stammen – mit der alleinigen Ausnahme von Don Juan, der einzigen universalen mythischen Figur, die die postklassisch-christliche Kultur hervorgebracht hat, denn selbst Faust ist genaugenommen die geniale, polyedrische Bearbeitung des Prometheus. Zudem ist Don Juan offenbar die einzige mythische Gestalt, die zum einen in die kollektive Phantasie eingegangen ist und so für eine Bearbeitung durch viele Künstler und potentiell durch jeden Künstler zur Verfügung steht und zum anderen einen konkreten individuellen Schöpfer hat, nämlich Tirso da Molina. Die anderen – wie etwa Odysseus oder Iason – stammen aus den dunklen Anfängen einer kollektiven mythenbildenden Phantasie; die Dichter, die ihnen als erste eine Form gaben, in der sie unzerstörbar die Jahrhunderte überdauerten, wie Homer im Fall von Odysseus, haben sie nicht erfunden, sondern aus Sagen und Überlieferungen übernommen, die schon für sie – schon für Homer – zu einem nebulösen, längst vergangenen Altertum gehörten.

Antigone, die in den nachfolgenden Jahrhunderten in Dutzenden, ja Hunderten von Werken weiterleben sollte – in einer bis heute anhaltenden raschen Verbreitung –, ist älter als die gleichnamige Tragödie von Sophokles, ein absolutes Meisterwerk der Weltliteratur, mit dem sich die Phantasie und das Bewußtsein der Menschheit seit jeher auseinandersetzte und weiter auseinandersetzt. Wie alle wirklich großen Dichtungen gehört auch die *Antigone* nicht nur der Literatur an; sie geht den Inhalten, Widersprüchen und Rissen der Existenz auf den Grund und ist so auch ein philosophisches und religiöses Werk. Die *Antigone* ist ein Text jener Philosophie und jener Religion, die sich nicht auf die theoretische Formulierung der Wahrheit beschränken können, um das Leben konkret zu begreifen, sondern die die Wahrheit und die Suche nach ihr in die brennende Realität des Lebens selbst stellen, dorthin, wo sich Probleme und Fragen mit Wünschen, Hoffnungen, Ängsten kreuzen und zu einem Schicksal werden, zur konkreten, lebendigen Geschichte eines Menschen, seines Liebens, Leidens und Sterbens.

Die Poesie erhebt sich auf die Höhe von Denken und Glauben, die sie brauchen, um das menschliche Leben zu durchdringen, es vollständig zu erfassen und so die abstrakte Isolation der rein intellektuellen und metaphysischen Spekulation zu überwinden. Die großen Urtexte, wie etwa die der Vorsokratiker, unterscheiden nicht zwischen Poesie, Wissenschaft, Reflexion und Religion, sondern versuchen, die Gesamtheit der Welt in einem einzigen poetischen Diskurs zu erfassen und zu sagen, was sie ist und worin ihr Sinn besteht. Die Philosophie braucht die Dichter, um die Realität und ihren Sinn zu verstehen; das Platonische Denken braucht den Dialog mit Homers Dichtung, das Aristotelische Denken braucht den Dialog mit der Tragödie, und das Hegelsche Denken − und auch das von Heidegger − braucht den Dialog mit der *Antigone*.

Ein Großteil der Philosophie und der Literatur der letzten zweihundert Jahre ist, wie Steiner dokumentiert, eine fortwährende Auseinandersetzung mit der *Antigone*, der

Versuch, sie neu zu erschaffen und in ihr die Antworten auf die Grundfragen des Lebens und der Geschichte zu finden. Nur das Buch Hiob dringt ebenso tief in die Zerrissenheit des Seins ein. Für Hegel ist die *Antigone* eines der »allererhabensten, in jeder Rücksicht vortrefflichsten Kunstwerke aller Zeiten« und ihre Protagonistin, die »himmlische Antigone«, »die herrlichste Gestalt, die je auf Erden erschienen«, während sie für De Quincey »Gottes Tochter, bevor man Gott kannte« ist und Friedrich Hebbel das Werk als »das Meisterstück der Meisterstücke« bezeichnet, »dem sich bei Alten und Neueren nichts an die Seite setzen läßt«. Mit der Lektüre von Sophokles und insbesondere der *Antigone* treffen Hegel, Hölderlin und Schelling an einem Schnittpunkt zusammen, aus dem sich ein Grundmoment, eine Wende in der Geschichte und im Denken der zeitgenössischen Kultur ergibt, und Hegel scheint die Figur der Antigone zuweilen über die von Sophokles und sogar über die von Jesus zu stellen und spricht bei ihr von einem »Gethsemane-Moment«.

Goethe, der bei seiner Suche nach einer Versöhnung das Tragische offenbar manchmal umgeht – obgleich er seinen *Faust* trotz des glücklichen, allerdings auch zweifelhaften Ausgangs als »Tragödie« bezeichnet –, läßt Antigone in seiner Iphigenie anklingen, einer Gestalt von reiner Menschlichkeit, die wie die Heldin bei Sophokles »einem älteren Gebot« als dem des positiven barbarischen Gesetzes gehorcht, das unmenschliche Taten verlangt, und er zeigt einen beängstigenden Konflikt zwischen »griechischer« Kultur und »Barbarei« auf, in dem Gut und Böse auf keiner der beiden Seiten eindeutig zu finden sind. Für Kierkegaard ist Antigone eine Figur der unschuldigen Schuld und der tragischen Radikalisierung der sittlich-familiären Beziehungen; für Hölderlin ist sie eine Gestalt jener tragischen Auseinandersetzung, in der das Göttliche – und die gewalttätigen, numinosen Revolutionen der Geschichte –

schmerzhaft in den Lebenskreis des Individuums einbrechen, so daß es zum Konflikt zwischen diesem und den Göttern kommt, der den grundlegenden und zerrissensten Kern des Tragischen bildet, weil er die rohe Zerstörung des reinen und göttlich beherrschten Menschen provoziert, der sich gegen Gott erheben muß, obwohl er – oder vielmehr: eben weil er – dessen würdigster Sohn ist.

Zwei Jahrhunderte lang folgte eine Antigone auf die andere, die von Alfieri und die von Brecht, die von Anouilh und die von Smolé, Romain Rollands Anti-Kriegs-Appell an die »ewige Antigone« und der Text von Heinrich Böll, der sich dieser griechischen Tragödie bedient, um die Beziehungen zwischen Barmherzigkeit, Schrecken und Lüge in einem Deutschland darzustellen, das vom Terror und von dessen Niederschlagung erschüttert wird. Jede Neubearbeitung, jeder Kommentar und jede Wiederaufführung sind eine Interpretation des Kernpunkts der Tragödie, des Konflikts zwischen dem Staatsgesetz – hier in Form von Kreons Verbot, den Leichnam Polyneikes' zu bestatten, der im Kampf gegen seine Stadt und sein Vaterland gefallen war – und den »ungeschriebenen Gesetzen der Götter«, dem absoluten ethischen Gebot, das Antigone veranlaßt, ihren im Bruderkrieg getöteten Bruder zu beerdigen und sowohl dem ewigen Gesetz der universalen Liebe und der Geschwisterliebe zu gehorchen als auch der den Toten schuldigen *pietas*, einem Gebot, das kein positives Gesetz verletzen kann, ohne damit seine Legitimität einzubüßen.

Natürlich ist Antigone mehr als das. Sie ist, um mit Steiner zu sprechen, auch eine Summa aller wesentlichen Beziehungen und Konflikte des Menschen: zwischen Alter und Jugend, Gesellschaft und Individuum, der Welt der Lebenden und der Welt der Toten, Menschen und Göttern, männlicher und weiblicher Moral, Liebe und Opferung, Privatsphäre und ihrer öffentlichen Entweihung, der auf dem Marktplatz ausgestellten Herzensqual.

Antigone wendet sich vor allem gegen Kreon, doch in einer Beziehung inniger Zuneigung und zugleich radikaler Wesensunterschiede auch gegen ihre Schwester Ismene, die zwar weichherzig ist wie sie, aber vor der Gesetzesübertretung und ihren Folgen Angst hat, sowie gegen Kreons Sohn Haimon, der sie liebt und den sie wiederliebt, dessen Liebe sie sich jedoch nicht hingeben darf, da sie durch ihre Barmherzigkeit dem Tod und dem Reich der Toten geweiht ist. Darüber hinaus büßt und bezahlt Antigone mit ihrem Opfer für die lange Reihe der Freveltaten ihres Volkes, das aus den Zähnen des von Cadmus erschlagenen Drachen erstand, bis hin zum Vatermord und zum Inzest von Ödipus. Antigone ist noch immer vor allem die »Schwester« – mit diesem Wort beginnt die Tragödie –, das heißt, eine Gestalt jenes geschwisterlichen Bandes, das eine so große Rolle in der Kulturgeschichte spielt – von den Anfängen bis zum philadelphischen Dreieck des Pietismus, vom Freundschaftskult der Klassik bis zu dem der Romantik, von der *Orestie* über die *Edda* bis hin zum *Nibelungenlied* – und das dem Band der Liebe und dem vertikalen Verhältnis zwischen Kindern und Eltern zuweilen entgegensteht oder es überlagert.

Doch in erster Linie steht die *Antigone* für den Konflikt zwischen Antigone und Kreon, zwischen den beiden Gesetzen, die sich in diesen Gestalten gegenüberstehen. Auch ohne Kreon so zu verherrlichen, wie Bernard-Henri Lévy es kürzlich tat, betonten, Steiner zufolge, selbst diejenigen, die sich eher von der geistigen Größe Antigones anrühren ließen, daß Kreon nicht einfach nur ein Tyrann sei, denn wenn er es wäre, so Heidegger, wäre er es gar nicht wert, dieser Heldin gegenübergestellt zu werden. Zutiefst von der erhabenen Figur der Antigone beeindruckt, sieht Hegel in ihrer Auflehnung gegen Kreons Befehl nicht nur ein universales Gebot, sondern zudem einen Kult der Familie und der Blutsbande und damit einen unterirdischen, tieferen, niederen Kult, eine persönliche, private Moral, der sich der Staat nicht unterordnen kann, die der Staat hingegen, obgleich er ihr eine religiöse Ehre erweist, der eigenen höheren, objektiven Verwirklichung des Allgemeinmenschlichen unterordnen muß. Die Familie kann sich nicht über den Staat stellen, ohne einen Rückfall in graue Vorzeit zu provozieren.

Tragödie meint in dieser Hinsicht nicht die Gegenüberstellung von Gut und Böse, von reiner Unschuld und finsterer Schuld, sondern einen Konflikt, in dem es unmöglich ist, einen Standpunkt zu beziehen, der nicht ebenfalls – selbst im Heldentum der Aufopferung – unweigerlich eine Schuld mit sich bringt. Die Größe Antigones, die Hegel zufolge Kreon unendlich überlegen ist, besteht darin, daß sie im Unterschied zu Kreon weiß, daß ihre höchste Wahl *ebenfalls* voller Schuld ist, während Kreon dies ignoriert, zumindest solange das Unheil nicht auch über ihn kommt. Es muß hinzugefügt werden, daß Antigones *pietas* erst dann zu einem universalen Wert wird – wie es in der Tragödie von Sophokles, quasi als vorzeitige Antwort auf Hegels Kritik, wirklich geschieht –, als sie sich von der Geschwisterliebe auf alle Menschen ausdehnt, die als Brüder empfunden werden, und sie so jedes nationale Stammesethos überwindet.

Für Hölderlin, der Sophokles übersetzt und bearbeitet und dabei zu Ergebnissen von unvergleichlicher poetischer Kraft gelangt, ist die *Antigone* die Tragödie des Konflikts zwischen Göttlichem und Menschlichem, ein Konflikt von höchster Erhabenheit, doch auch ein verheerender Kampf, in dem der Mensch, dieses begrenzte Wesen, unseligerweise seine Grenzen zerstörerisch überwindet und durchbricht, wobei er eine grenzenlose Lebenskraft freisetzt – »das Aorgische«, wie der Dichter es nennt –, die ihn in der Auseinandersetzung mit der organischen, schrecklichen und zugleich heilbringenden göttlichen Ordnung zur Selbstzerstörung führt. Die revolutionären Zeitalter sind ein historischer Aspekt dieser erlösenden und zerstörerischen Tragödie, in der die Befreiung, die der einzelne Held in die Welt bringt, indem er ihre alte, repressive Ordnung stürzt und eine neue, geistig höhere errichtet oder zumindest ahnen läßt, mit einer Schuld einhergeht, die der Befreier-Täter mit dem Tode bezahlen muß.

Die Tragödie ist folglich ein Konflikt zwischen dem geschriebenen *Gesetz* und dem moralischen *Gebot*, die beide für sich einen Wert haben. Doch die *Antigone* ist die stets aktuelle Tragödie der Pflicht, sich zwischen diesen beiden Werten zu entscheiden, mit allen Schwierigkeiten, allen Fehlern und auch aller Schuld, die diese Entscheidung unter den konkreten historischen Umständen mit sich bringt. Wenn das positive Recht die Moral mit Füßen tritt, hat es *per se* keinerlei Berechtigung – selbst dann nicht, wenn es in einer demokratischen Ordnung oder aus dem Gefühl und dem Willen einer Mehrheit heraus entsteht. So wird ein rassistisches Gesetz, das die Verfolgung oder die Vernichtung einer bestimmten Menschengruppe sanktioniert, auch dann nicht legitim, wenn von einer ordnungsgemäß gewählten Parlamentsmehrheit demokratisch darüber abgestimmt wurde, was durchaus geschehen könnte und schon geschehen ist.

Gewalt, die man einem Menschen zufügt, wird nicht einfach dadurch rechtmäßig, daß das sogenannte Gemeinschaftsempfinden sie gutheißt, wie eine falsch verstandene Soziologie es glauben machen möchte. Der Antisemitismus in Deutschland zur Zeit des Nationalsozialismus oder die Gewalt gegen die Schwarzen in Alabama entsprachen gewiß dem Empfinden eines großen, wenn nicht gar sehr großen Teils der dortigen Bevölkerung, doch das gab ihnen noch keinerlei Legitimation. Zuweilen mag wohl das zutreffen, was Doktor Stockmann in Ibsens *Volksfeind* ruft: »Die Mehrheit hat die Macht. [...] Aber das Recht hat sie nicht.« Daher muß man den »ungeschriebenen Gesetzen der Götter« gehorchen, denen auch Antigone folgt, obwohl dieser Gehorsam – oder vielmehr dieser Ungehorsam den frevlerischen Gesetzen des Staates gegenüber – tragische Konsequenzen haben kann.

Hier stellt sich eine schreckliche Frage, die ihrerseits tragisch ist: Wie findet man heraus, ob diese ungeschriebenen Gesetze von den Göttern stammen, also Universalprinzipien sind, oder ob sie überholte Vorurteile sind, blinde und bedrohliche Gefühlsregungen, die auf wer weiß welche atavistischen Bindungen zurückgehen? Zu Recht sind wir davon überzeugt, daß die christliche Nächstenliebe, die Postulate der Kantschen Moral, der zufolge jedes Individuum stets als Ziel und nie als Zweck betrachtet werden soll, die aufklärerischen und demokratischen Werte der Freiheit und Toleranz, die Ideale sozialer Gerechtigkeit und die Gleichberechtigung aller Menschen überall auf der Welt allgemeingültige Grundfesten sind, die kein Kreon und kein Staat erschüttern darf. Dennoch wissen wir ebenso, daß verschiedene Kulturen – auch unsere – anderen Kulturen oft gewaltsam Werte aufgezwungen haben, die sie für allgemeinmenschlich hielten, die jedoch nur das jahrhundertealte und einfach stärkere Produkt ihrer Bildung, Geschichte und Tradition waren. Wenn ein Gott zu unserem Herzen spricht, müssen wir bereit sein, ihm unter allen Umständen zu folgen, doch erst nachdem wir uns mit der größtmöglichen Klarheit gefragt haben, ob da ein universeller Gott spricht oder aber ein Götzenbild unserer dunklen inneren Abgründe. Wenn die Mehrheit nicht recht hat, wie Stockmann schreit, kann man leicht der Versuchung erliegen, mit Macht ein anderes Recht durchzusetzen, das nun seinerseits nur die Macht hat. Der Ungehorsam gegen Kreon führt häufig nicht nur für den Ungehorsamen zur Tragödie, sondern auch für andere Unschuldige, die von den Folgen mitgerissen werden.

Die Tragödie, doch auch die menschliche Würde, liegt darin, daß es auf dieses Dilemma keine fertige Antwort gibt. Es gibt nur eine schwierige Suche, die nicht frei von Gefahren ist, auch nicht von moralischen. Wir wissen alle, daß es unzulässig ist, die Ausübung eines religiösen Glaubens mit Gewalt aufzunötigen oder zu verbieten, den Kirchgang mit dem Gewehr zu erzwingen oder zu verhindern. Doch mit einem Sektenmitglied konfrontiert, das sein Kind eher sterben ließe als ihm eine Bluttransfusion zu geben, sind wir zum Eingreifen bereit, um diese Bluttransfusion zur Rettung des Kindes gewaltsam durchzusetzen. Wir glauben – und in diesem Fall wissen wir es vielleicht sogar –, im Recht zu sein, doch wir wissen ebenso, daß dieses Eingreifen der erste Schritt auf einem Weg ist, der uns schließlich dahin führen könnte, alle unsere Moralvorstellungen mit Gewalt durchzusetzen.

Man kann sich nicht der Verantwortung entziehen, sich für universelle Werte zu entscheiden und sich in der Konsequenz entsprechend zu verhalten. Verzichtet man im Namen eines kulturellen Relativismus, der jeden Standpunkt nivelliert, auf die Übernahme dieser Verantwortung, begeht man Verrat an Antigones »ungeschriebenen Gesetzen der Götter« und macht sich zum Komplizen der Barbarei. Doch man muß sich darüber im klaren sein, wie schwer, wie tragisch diese Verantwortung ist und wie problematisch die Lösung dieses Konflikts. Todorov erkennt bei Montesquieu einen idealen Mittelweg zwischen einem berechtigten kulturellen Relativismus, der Unterschiede respektiert, und einem notwendigen *quantum* an sittlichem Universalismus, ohne das ein politisches, gesellschaftlich verantwortungsbewußtes und moralisches Leben undenkbar wäre.

Es ist dies eine immerwährende und mehr denn je aktuelle Kernfrage, ein Problem unserer Zeit, die wie keine andere zuvor dramatisch aufgerufen ist, den Glauben an das

Allgemeingültige mit der Achtung vor der Andersartigkeit zu verbinden. Nach zweitausendfünfhundert Jahren erzählt die *Antigone* noch einmal einer Generation von ihrer Gegenwart, erzählt sie uns von unserer Gegenwart. Das Naturrecht mit seinen unantastbaren Universalprinzipien stellt sich dem ungerechtfertigten positiven Gesetz entgegen. Die Legitimität negiert die unbillige Legalität. Der Staat ist der Diener des Gemeinwohls, und wenn er es statt dessen unterdrückt, wird die Einhaltung seiner ungerechtfertigten Gesetze zur Schuld – zur Sünde, wie die Theologen sagen – und die Auflehnung zur Pflicht. Doch um nicht eine weitere Schuld auf sich zu laden, oder vielmehr, um nicht den Boden der Legalität zu verlassen – diesen unersetzlichen bürgerlich-demokratischen Schutz des Individuums – zugunsten einer Legitimität, die, gerade weil sie unkonkret ist und juristisch nicht fundiert, nichts anderes wäre als eine Ideologie und damit, wie jede Ideologie, potentiell totalitär, gibt es Norberto Bobbio zufolge nur einen Ausweg: nämlich für die Schaffung einer gerechteren Legalität zu kämpfen und sich nicht darauf zu beschränken, dem geschriebenen Gesetz die »Stimmen des Herzens« entgegenzustellen, sondern statt dessen Gesetze, neue, gerechtere Gesetze, auf den Weg zu bringen, ebenjene Stimmen des Herzens, sie umzugestalten und auf eine konsequente Logik und auf ihre gesellschaftlichen Auswirkungen hin zu prüfen; eine Prüfung, die zu jedem Gesetz und seiner Schaffung gehört.

Ein großer Jurist, Tullio Ascarelli, sah in der *Antigone* nicht die abstrakte Konfrontation des individuellen Bewußtseins mit dem positiven juristischen Gesetz, also des einzelnen mit dem Staat, sondern den Kampf des Bewußtseins um seine eigene Umsetzung in gerechtere positive Gesetze, um die Schaffung eines gerechteren Staates. Kreon erkennt am Ende, daß sein Gesetz ungerecht war, und ist bereit – wenn auch zu spät –, es zu ändern. Die »ungeschriebenen Gesetze der Götter« werden in gerechteren menschlichen Gesetzen festgehalten, wenngleich ihre Niederschrift endlos ist und das Bewußtsein jedem positiven Gesetz die Notwendigkeit eines höheren Gesetzes entgegenstellt. Die Tragödie liegt nicht darin, daß dieser Prozeß endlos ist, seine fortwährende Vervollkommnungsfähigkeit gereicht ihm vielmehr zur Ehre; doch es gibt viel Anlaß zu der Befürchtung, dieser Prozeß könnte unterbrochen werden und erschreckende unmenschliche Rückfälle könnten die Geschichte, der a priori keinerlei Fortschritt garantiert ist, in die Barbarei zurückfallen lassen, die Zivilisation durch Brutalität und ein friedliches Zusammenleben durch den Haß ersetzen. Die Tragödie besteht darin, daß auch die Fortschritte der Menschheit das Opfer unzähliger Antigones fordern, die auch heute unaufhörlich Brüder, Söhne, Väter und Gefährten beerdigen, die durch die Gewalttätigkeit der Menschen zerstört wurden.

1996

Götter und Götzen

In einer Szene von *Merry Christmas, Mr. Lawrence*, diesem wunderbaren Film von Oshima, erklärt einer der Protagonisten, ein englischer Offizier, der im Zweiten Weltkrieg in japanische Gefangenschaft geriet, mit verzweifelter, hartnäckiger Energie, er wolle sich nicht soweit erniedrigen, jeden Japaner zu hassen. Es sagt dies, als er von seinen Gefängniswärtern grausam geschlagen wird, die mit widerwärtiger Brutalität über ihn herfallen und damit einem alten Kodex von Unbarmherzigkeit und ritueller Gewalt folgen. Der gequälte Gefangene widersteht der gefährlichsten Versuchung, die es gibt, nämlich der, das von einigen Einzelpersonen begangene Verbrechen mit dem ganzen Volk gleichzusetzen, dem sie mit ihrer Rasse und ihrer Kultur angehören. Wer dieser Versuchung erliegt, verfällt einem blinden, stumpfsinnigen Haß, der ihm jede Urteilskraft und jedes Unterscheidungsvermögen nimmt, jede Freiheit des Denkens und Fühlens, jede Möglichkeit, mit den Menschen zu kommunizieren. Diese Blindwütigkeit macht ihn ebenso zum Sklaven der Bestialität wie schon seine gemeinen Verfolger, die ihm mit ihrer Brutalität das Gift des Hasses eingeflößt haben. Die Gewalttäter, sagte Manzoni, sind nicht nur für das Leid verantwortlich, das sie ihren Opfern zufügen, sondern auch für die Verderbtheit, zu der sie sie nötigen, da sie sie dazu treiben, ihrerseits Böses zu tun.

Der Offizier in Oshimas Film widersteht dieser Versuchung des undifferenzierten Hasses im schwersten Moment, nämlich gerade als er selbst Gewalt erfährt. Er flüstert diese Worte unter den Schlägen seiner Peiniger. Oshima ist ein Künstler, kein Prediger. Mit der epischen Schlichtheit des wahren Erzählers, der die Fakten sprechen läßt, ohne sie mit schulmeisterlicher Eindringlichkeit kommentieren zu müssen, läßt er den Zuschauer die Komplexität dieser moralischen und psychologischen Entwicklung selbst erleben, während dieser den Film sieht und unmerklich darin einbezogen wird, so wie man am Leben teilhat und häufig unbewußt in seine Widersprüche einbezogen wird.

Der Zuschauer erkennt plötzlich beunruhigt, daß auch in ihm eine düstere, ungeschützte Finsternis wohnt, und wie schnell auch er den primitiven, regressiven Impulsen einer unkontrollierten Vergeltung und Rachegelüsten erliegen kann. Während er die Grausamkeiten der japanischen Soldaten gegen die englischen Gefangenen verfolgt, wird ihm bewußt, daß er sich tief in seinem Innern über die japanische Niederlage freut, mit ihren Blutbädern, ihren Tragödien und ihren am Ende des Zweiten Weltkriegs auf so furchtbare Weise zerstörten Städten. Ihm wird bewußt, daß auch er leicht der Spirale der Rache verfallen und zu ihrem blinden Werkzeug werden kann, zum Komplizen und Verfechter der gemeinsten Barbarei.

Oshimas Film besitzt eine große moralische Kraft, besteht diese doch in der Fähigkeit, ohne erbauliche Illusionen oder idyllische, beschauliche Gefühle auf die menschliche Persönlichkeit als Ganzes zu blicken, mit all ihren Wirrungen, auf die Möglichkeiten der Größe, aber auch der Schändlichkeit, die in jedem Individuum schlummern. Diese moralische Kraft ist untrennbar mit der poetischen Intensität des Stils verbunden. Würde sich der unbeirrte, lakonische Erzähler zum geschwätzigen, sprücheklopfenden Pädagogen aufschwingen, der mit edlen Ermahnungen und engagierten Anklagen um sich wirft, verlöre seine

Darstellung die einschneidende Wahrhaftigkeit, mit der sie sich ins Gemüt des Zuschauers gräbt, und dieser könnte nicht die Erfahrung einer Offenbarung machen, die ihn in seinem Innersten berührt, sondern dürfte sich allenfalls ermahnt und gerügt fühlen wie ein Schüler vor dem Direktor.

Künstler verfallen oftmals einer belehrenden Rhetorik, der Furcht, nicht ganz verstanden zu werden, die zu Überladenheit verleitet und die Poesie zerstört, so wie man einen Witz zerstört, wenn man anfängt, ihn lang und breit zu erklären. Selbst ein Meister wie Bergman entgeht dieser Verflachung nicht immer, so etwa als er am Ende seines großartigen Films *Fanny und Alexander* die Bankettszene – dieses Bild des leidenschaftlichen Lebensfestes, das in der schlichten Liebenswürdigkeit des Alltags gesucht wird – mit einem Sermon in Form eines Trinkspruchs, der zugleich eine Standpauke ist, fast verdirbt, weil sie den Zauber der kleinen Dinge und die Liebe zu ihnen ausdrücklich benennt und erläutert, obgleich der Film sie ohne diese Predigt viel intensiver heraufbeschworen hätte, wenn man sich nämlich darauf beschränkt hätte, die Verführung zu zeigen, die von der gedeckten Tafel ausgeht, das Lächeln auf den Gesichtern und die Wiegen der zwei Neugeborenen.

Wenn der Künstler sich anschickt, sein Werk noch zu betonen, es ausdrücklich zu erklären und zu interpretieren, und er so mit dem Kritiker in Wettstreit tritt, löst er die Mehrdeutigkeit seines Werkes auf und schmälert dessen Bedeutung. Große Kunst ist mehrdeutig, doch nicht, weil sie mit den Werten kokettiert oder Freude daran hat, deren Gehaltlosigkeit und Austauschbarkeit aufzuzeigen. Diese Freude am Nichtigen ist das Falsett, mit dem jemand, der nicht singen kann, vortäuschen will, daß er eigentlich nur die Sänger ohne Stimme nachäfft. Große Kunst ist mehrdeutig, weil sie die Werte und Leidenschaften, an die sie glaubt – Swanns Liebe zu Odette, Lord Jims Rechtschaffenheit, Don Quijotes Tapferkeit –, hinter der Unsicherheit eines jeden Tages, hinter den unvorhersehbaren Widersprüchen der Ereignisse, hinter der psychologischen Instabilität des einzelnen Menschen verbirgt.

Lord Jims Schwäche, die ihm unbekannten gewundenen Wege seines Herzens und das verfängliche Labyrinth der Ereignisse nehmen den Werten, denen er folgt, seinem Bedürfnis nach Buße und Erlösung nicht ihren Sinn. Diese Werte sind gerade deswegen glaubhaft, weil sie von einem Individuum mit all seinen zweifelhaften und wirren Unverständlichkeiten gelebt werden und nicht von einer Figur verkörpert sind, die schon festgefügt und glorreich wie ein Heldenstandbild ist. Große Kunst ist mehrdeutig, weil sie die Größe zeigt, die in dem schlammigen Lehm gründen kann, aus dem wir geformt sind.

Die Mehrdeutigkeit des Films von Oshima, der um die Klarheit der wichtigsten Probleme weiß, liegt schon allein in der Tatsache, daß die Grausamkeit dieser japanischen Soldaten von einem japanischen Künstler dargestellt wird. Betört von der vollkommenen Unparteilichkeit der Erzählung, entdeckt der Zuschauer – wenn er nicht wie der englische Offizier dem undifferenzierten Haß widersteht –, daß er am Ende jeden Japaner haßt, also auch Oshima, den Künstler, der diese Grausamkeit schildert.

Dieser versteht es, eine regelrechte Katharsis heraufzubeschwören, wie es die griechischen Tragödiendichter Aristoteles gemäß taten. Sein Film bringt die Brutalität sowohl der Japaner als auch des antijapanischen Hasses ans Licht und entschärft sie, indem er sie freisetzt. In diesem Sinne ist der Film eine Fabel, die die Irrwege jedes Konflikts, der die Menschen quält, beschreibt und erhellt.

Mit der Gerechtigkeit des epischen Erzählers lehnt Oshima es ab, sich kurzerhand aus der Affäre zu ziehen, indem er die Gewalt lediglich Einzelpersonen zuschreibt. Er weiß sehr wohl, daß manche Formen der Gewalt das Produkt einer ganzen Kultur sind und sie sich auf diese berufen. In den Mißhandlungen der Gefangenen kommen nicht nur die Ausschreitungen einiger Soldaten zum Ausdruck, sondern das Ethos, die Form, der Ritus einer ganzen Kultur, ihre sakrale Vertrautheit mit Grausamkeit und Tod. Man kann sich der Konfrontation mit dieser Kultur in ihrer Gesamtheit nicht entziehen, der notgedrungenen Entscheidung zwischen der Pflicht, ihre innersten Gesetze zu respektieren – auf die Gefahr hin, auch ihre Brutalität zu rechtfertigen –, und der Pflicht, über diese Gesetze und über deren Folgen für die Menschen zu urteilen – auf die Gefahr hin, ihnen Gewalt anzutun im Namen der eigenen Werte und Sitten und in der arroganten Überzeugung, sich unter Berufung auf die eigene Kultur über jene Kultur zum Richter erheben zu dürfen.

Doch der Protagonist des Films, der englische Gefangene, der schließlich umgebracht wird, erinnert sich an eine persönliche alte Schuld und an die grausamen Aufnahmeriten für die Neulinge an einem englischen College. In dieser kurzen Szene wird unauslöschlich eine Brutalität gezeigt, die ebenfalls nicht nur einigen Einzelpersonen zuzuordnen ist, sondern einer Kultur und Tradition, in diesem Fall der englischen. Auch diese engstirnige Gewalt, die ebenso wie die andere durch die Jahrhunderte, durch die Erinnerungen, durch die Autorität der Tradition geheiligt ist, könnte ein Opfer oder einen Zuschauer zum Haß verleiten – in diesem Fall zu dem gleichfalls sinnlosen, barbarischen Haß gegen jeden Engländer. Dieses studentische Vergehen wirft ein Licht auf die Grausamkeiten, mit denen sich auch die westliche Kultur besudelt hat.

Nichts ist zwiespältiger als eine seit Jahrhunderten überlieferte Tradition, denn in ihr überschneiden sich Werte und Verirrungen, Freundlichkeit und Gewalttätigkeit, das treue Gedenken an die Väter und der Gehorsam ihren Schandtaten gegenüber, die sie als Vermächtnis hinterließen. Oshima versteht es meisterhaft, dieses Nebeneinander von Freundlichkeit und Gewalttätigkeit mit erbarmungsloser Klarheit und zugleich mit Respekt darzustellen. Es kommt im Film vor allem durch die Figur des Lagerkommandanten und seine Leidenschaft für den Gefangenen zum Ausdruck, die mit so viel Feingefühl und Zurückhaltung geschildert wird, daß sie diesen Film zu einer der schönsten Geschichten der homosexuellen Liebe macht, zu einem der wenigen Kunstwerke, die das Problem einer solchen Leidenschaft mit glaubwürdiger Tiefe behandeln.

Jede Tradition hat ihre Verknüpfung von Freundlichkeit und Gewalttätigkeit, hat ihre Götter. Oshima möchte uns wohl an den Respekt gegenüber fremden Göttern erinnern, jedoch auch den Verdacht wecken, daß viele fremde Götter barbarische Götzen sein könnten, die mit zahlreichen Fetischen aus der eigenen Heimat auf einer Stufe stehen, und daß hinter dem Ethos des Samurai eine ritualisierte Roheit wie die des College von einst stecken könnte. Den Traditionen, den Bräuchen, den in Gesetzbüchern oder Riten verankerten Gesetzen muß man, wenn sie gegen die Menschlichkeit verstoßen, wie Antigone die ungeschriebenen Gesetze der Götter entgegenhalten. Natürlich ist es nicht leicht, dieses universale Gebot eines Gewissens, das im Namen der Menschlichkeit spricht, von der Willkür eines subjektiven Gefühls zu unterscheiden, das nur aus einer Stimmung heraus entsteht und sich allen aufzwingen will. Das Böse, heißt es in *Merry Christmas, Mr. Lawrence* gegen Ende des Films, leitet sich aus der Annahme ab, man sei im Recht. Doch die Verurteilung der dogmatischen Gewalt, die den Menschen verletzt, beruft sich ihrerseits auf eine universale Notwendigkeit des Respekts den anderen gegenüber, die als absoluter Handlungsmaßstab empfunden wird.

In der Schlußszene des Films wünscht der wegen Kriegs-
verbrechen – oder vielleicht nur, legt Oshima nahe, weil die
anderen gewonnen haben – zum Tode verurteilte Japaner
in der Sprache seines Feindes »frohe Weihnachten«. Diese
Worte, mühsam in der Sprache dessen gelernt und artikuliert, der ihn tötet, liegen bereits jenseits aller Logik von
Rache und Gewalt.

1984

Die Wertbörse

Spricht man von Werten, ist eine gewisse Verlegenheit unausbleiblich, besonders wenn man allgemein von ihnen spricht. Mit den Werten verhält es sich etwa so, wie es Augustinus mit der Zeit erging, von der er sagte, er habe genau gewußt, was sie sei, solange man ihn nicht danach fragte, habe es jedoch nicht mehr gewußt, als er sie definieren sollte. Die authentischste Dimension der Werte wird nicht erreicht, wenn man sie deklariert oder zur Schau stellt, sondern wenn man sie im täglichen Leben von Grund auf lebt und in die Form von Sein und Handeln übersetzt. Wie Max Weber ein für allemal lehrte, lassen sich Werte nicht begründen, wohl aber ergründen. Gerade deshalb sind sie, wie Weber nur zu gut wußte, das Grundlegende und Wichtigste im Leben – der Lebensdämon jedes einzelnen, wie er es nannte – und werden mit programmatischen Erklärungen leicht verfälscht, die schnell ins Rhetorische oder Predigende abgleiten können.

Man hört oft Klagen über ein Europa des Geldes, das keine Seele habe. Es fragt sich, ob man Seele und Geld einander gegenüberstellen kann, als gäbe es einen Widerspruch zwischen Geist – was immer man darunter verstehen mag – und Wirtschaft. Der Geist, der das Leben und Tun nach Werten lenkt, die man als grundlegend akzeptiert, ist nur dann authentisch, wenn er in die Form von Sein und Handeln übersetzt wird, wenn er folglich auch zu einer Art und Weise wird, Wirtschaft zu betrachten und zu betreiben, ihr einen Inhalt zu geben. Wie es aussieht, müssen die Werte – und ihre Notwendigkeit – in einer Kultur geltend gemacht werden, die das Leben immer stärker nur an Begriffen wie Bedarf, Effizienz und Nutzen mißt. Auch in diesem Fall dürfen die Werte nicht den Bedürfnissen entgegengesetzt werden, sondern müssen die Art und Weise bestimmen, wie man diese betrachtet, befriedigt oder etwas Höherem opfert. Das Europa nach Maastricht braucht das Bewußtsein und den Schutz des Wertprinzips, dieser Notwendigkeit allgemeingültiger Werte, die seit mehr als zweitausend Jahren das Wesen der europäischen Kultur bestimmt.

Dieses Prinzip wird sowohl von der wachsenden Nivellierung der Unterschiede und der individuellen Besonderheiten als auch von deren unkontrollierter Atomisierung bedroht, die die Unterschiede durch die Leugnung jeder Universalität zum Idol erhebt und isoliert. Der zunehmende Kontakt zwischen den verschiedenen Völkern und Kulturen, der große Probleme aufwirft, jedoch eine lebensnotwendige Bereicherung ist, könnte künftig schwierige Situationen herbeiführen, in denen sich die Entscheidung zwischen dem gebotenen kulturellen Relativismus und dem Festhalten an unverzichtbaren Werten – an den ungeschriebenen Gesetzen der Götter – vielleicht als dramatisch erweist. Viele Unterschiede in den Sitten, Gebräuchen und Traditionen können und müssen gegen jede törichte Abgrenzung durch einen brüderlichen Dialog im Namen von Werten überwunden werden, die diese Unterschiede in ein gemeinsames Ganzes führen. Doch es könnten, ja es können auch Situationen entstehen, in denen Kulturen, Gruppen oder Individuen Dinge als für sie unverzichtbare Werte proklamieren und empfinden, die anderen womöglich unannehmbar und unmenschlich erscheinen.

Die Demokratie, die die Tochter der europäischen Tradition ist und deren Wesen ausmacht, liegt in dem fortgesetzten und nie von endgültigen Ergebnissen gekrönten Bemühen, zwischen solchen Standpunkten zu unterscheiden, die zwar hart aufeinanderprallen können, aber gleichwohl ein Recht darauf haben, sich frei zu äußern und auseinanderzusetzen, und solchen, die bedauerlicherweise, aber zwangsläufig von diesem offenen Dialog und Streitgespräch ausgeschlossen werden müssen, so wie man einer politischen Gruppierung erlauben muß, sich auf wirtschaftlichem Gebiet für die Verstaatlichung oder Liberalisierung einzusetzen, ihr aber nicht gestatten kann, für rassistische Gewalt einzutreten. In der künftigen multiethnischen und multikulturellen Gesellschaft, auf die sich Europa zunehmend einstellen sollte, wird es immer notwendiger werden, ein unverzichtbares Quantum an ethnischem Universalismus zu schaffen, das unter keinen Umständen geopfert werden darf, gerade wenn man die Dialogbereitschaft und die brüderliche Akzeptanz bei allen Unterschieden so groß wie möglich halten möchte.

Zu den Faktoren, die stets grundlegend bleiben müssen, es sei denn, man wollte das sichere Ende der europäischen Kultur heraufbeschwören, gehören der Sinn für den primären Wert des Individuums und das vernünftige Denken. Die westliche Kultur hat sich in den verschiedensten Formen seit jeher auf diesen Sinn für den primären Wert des Individuums gestützt, der der von anderen Traditionen gepriesenen Totalität entgegensteht. Diese Auffassung findet sich, um nur einige Beispiele zu nennen, schon bei den Stoikern und ihrem Naturrecht sowie im christlichen Menschenbild, in den vom römischen Recht formulierten Garantien und auch in den großen Errungenschaften des Liberalismus, der Demokratie und des Sozialismus, in diesen zwar unterschiedlichen Formen, denen jedoch die Herausstellung des Individuums, seines ununterdrückbaren Wertes und der Notwendigkeit, es zu schützen, gemeinsam ist. Die gesellschaftlichen Veränderungen, die viele Freiheiten gebracht haben und bringen, laufen paradoxerweise auch Gefahr, diesen unverzichtbaren Wert des Individuums aufs Spiel zu setzen. Auf dem Spiel zu stehen scheint, trotz der wachsenden technischen Rationalisierung, auch das vernünftige Denken, denn es wird von einem sich ausbreitenden Irrationalismus, von okkultistischem und abergläubischem Müll attackiert.

Was not tut, ist ein götzenfeindliches, starkes Denken, das Werthierarchien aufstellen kann, das auswählen und damit Freiheit gewähren kann, das dem einzelnen Widerstandskraft gegen die ihn bedrohenden Zwänge und gegen die Meinungs- und Schlagwortfabriken gibt. Nicht zufällig vertraut der fein verteilte Totalitarismus der Macht der Medien auf schwache, schwammige Ideologien, die das wehrlose Individuum anonymen Kräften ausliefern, welche es lenken und ihm jene Klugheit der Schlangen (jenes Konfliktbewußtsein) nehmen, ohne die es, wie es im Evangelium heißt, auch keine wahre Schlichtheit der Tauben gibt.

Nur eine Werthierarchie kann verhindern, daß das individuelle Ich seine Einheit und Festigkeit verliert und sich, wie Nietzsche schrieb – der sich von seiner Warte aus darüber amüsierte oder sich zwang, sich darüber zu amüsieren –, in einer »Anarchie der Atome« auflöst, in einer Vielfalt von seelischen Kernen und Trieben, die nicht länger im starren Panzer von Individualität und Bewußtsein gefangen sind. Das Szenarium dieser möglichen Mutation des Ichs ist heute die zunehmend virtuelle Realität.

Dieses Ich ist kein Individuum mehr, das seine Persönlichkeit auf Werten aufbaut, sondern ein beliebiges, zentrifugales Gewimmel. Es kann durchaus mit einer flexibleren Anerkennung fremder Freiheiten einhergehen, birgt aber ebenso die Gefahr in sich, diese Freiheit zu Gleichgültigkeit zu verwässern und alles mit allem gleichzusetzen wie auf einem unsortierten Marktplatz, wo die Gleichheit zu einer Karikatur ihrer selbst wird, als wären zum Beispiel

Solidarität oder Rassismus beliebig wählbares Zubehör. Natürlich kann man dieser Gefahr nicht mit einem barbarischen ideologischen oder religiösen Dogmatismus begegnen. Die einzige Antwort darauf ist die stetige, bescheidene und undogmatische Suche nach Werthierarchien. Die Kulturindustrie scheint diese Hierarchien, diese Unterschiede zwischen verschiedenen Wertordnungen, immer mehr abzuschaffen. Doch dieses Sammelsurium – das Kant und den Müll der schwarzen Messen in einen Topf wirft und nie Position bezieht, sondern, wie es auch in den Zeitungen geschieht, »Meinungen« aneinanderreiht – ist das Gegenteil des Dialogs und der Begegnung unterschiedlicher Menschen und Welten. Nur scheinbar läßt die Meinungsfabrik alle zu Wort kommen, denn sie neutralisiert und beseitigt die realen Widersprüche in einem grundsätzlich eintönigen Chor, der gemeinhin ein und dasselbe Lied anstimmt und nicht zuläßt, daß es wirklich zur Diskussion gestellt wird.

In diesem Einheitsbrei verschwinden Unterschiede und individuelle Besonderheiten, alles scheint gegen alles austauschbar zu sein und verliert seine typischen Merkmale. Diese Welt – die in mancher Hinsicht, zumindest für den Westen, die Welt von morgen zu sein scheint, eine Welt, in der alles erlaubt ist, vom Grammatikfehler bis zur Entweihung – hat nicht das geringste mit den tatsächlichen Vermischungen und Umstürzen von Hierarchien gemein, mit denen große Poeten, Begründer von Religionen und politische Revolutionäre noch stets die Barrieren zwischen Menschen und Kulturen eingerissen haben.

Ein weiterer Wert, den es zu verteidigen oder vielleicht zurückzugewinnen gilt, ist der Sinn für den Staat. Zu Recht weist Giuliano Amato auf die unersetzliche Funktion der Staaten hin und wendet sich damit gegen die aktuelle Rhetorik der Lokalismus-Bestrebungen, die immer blindwütiger und ungestümer die Auflösung der Staaten herbeisehnt.

Wenn man in seiner Jugend *Die drei Musketiere* liest und sich für immer in diese Abenteuer verliebt, die sich mit der Leichtigkeit des Windes überstürzen, ergreift man natürlich nicht für die Wachen des Kardinals Partei, die einer finsteren Staatsräson gehorchen, sondern für die Tapferkeit und Loyalität von D'Artagnan und Athos. Gleichwohl ist Kardinal Richelieu, der die Intrigen spinnt, damit beschäftigt, einen modernen Staat mit Gesetzen zu schaffen, die über dem Egoismus der verschiedenen Gesellschaftsschichten stehen, und die anarchische Übermacht der Feudalherren zu zerschlagen, die ihre stolzen Privilegien erhalten und die Ungleichheit vor dem Gesetz verteidigen wollen. Richelieu, der das Duell verbietet und so die Adligen daran hindert, Selbstjustiz zu üben, verkörpert den Triumph des Rechts über eine barbarische Stammessitte, da er ausschließlich dem Staat die Gewaltausübung zur Verbrechensbekämpfung und zum Schutz der Schwachen vorbehält, die andernfalls den Mächtigen ausgeliefert wären.

Der moderne, autoritär entstandene Staat wird, auch unter dem Einfluß anderer politischer, insbesondere englischer, Traditionen, allmählich freiheitliche, demokratische Formen annehmen, die sich erst noch gegen die autoritären, absolutistischen Strukturen behaupten müssen, jedoch ohne die Schaffung der staatlichen Einheit auf Kosten des anarchischen Feudalpartikularismus unmöglich wären. Länder, die zu spät zu einer solchen Einigung gelangen, wie etwa Deutschland, haben unter unheilvollen Konsequenzen zu leiden und sind anfälliger für Diktaturen.

Heutzutage ist die Abneigung gegen die Wachen des Kardinals, die den tapferen Musketieren in den Duellen bei weitem unterlegen sind, noch viel naheliegender, denn wir erleben einen Zerfall und eine Entwertung des Staates, die nichts mit der Kritik am Sozialstaat zu tun hat, mit der man sie willkürlich vermengt. Auch diese ist oft fragwürdig, weil sie drei grundverschiedene Ebenen miteinander vermischt. Zum einen beanstandet man die Auswüchse des Sozialstaats, wie etwa Renten, die aus Oberflächlichkeit oder Betrug falschen Bedürftigen und anderen Schmarotzern gewährt werden. Solche Kritik stellt den Sozialstaat an sich nicht in Abrede, so wie die Bloßstellung eines korrupten, brutalen oder unfähigen Polizisten nicht bedeutet, daß man die Notwendigkeit der Polizei bestreitet.

Zum zweiten steckt man, mit dem gebotenen Verantwortungsbewußtsein, die materiellen Grenzen ab, über die man in der Situation und in der Zeit, in der man sich befindet, in der Unterstützung der Bürger nicht hinausgehen kann, ohne in eine für alle schädliche Demagogie zu verfallen. Dieser Sinn für die Grenze und die Bereitschaft, sie zu überschreiten, wenn es praktisch möglich ist, stellt ebenfalls keine Ablehnung des Sozialstaats dar. Zum dritten wird behauptet – und das schließt dessen programmatische Negation durchaus mit ein –, jeder könne nur an sich denken, und wenn jemand neben mir verhungere, müsse man sich nicht fragen, inwieweit es gerechtfertigt sei, mich zahlen zu lassen, um ihm zu helfen, sondern man solle einfach jeden seines Wegs gehen lassen und den Hungrigen in seinen Tod. Diese Haltung reicht weit in die Vergangenheit zurück, bis hin zu Kain, der ärgerlich aufbegehrt: »Soll ich meines Bruders Hüter sein?«

Doch nicht einmal die gehässigste Kritik am Sozialstaat darf mit der zunehmenden Verleumdung des Staates verwechselt werden, die ihm einen archaischen Partikularismus entgegensetzt, diese Karikatur und Beleidigung jeder wahren Heimatliebe, sowie vor allem die gesellschaftlichen Kräfte und wirtschaftlichen Mächte, die von der Gleichheit vor dem Gesetz befreit sind. Aus all diesen Gründen ähnelt unsere Epoche dem Ende der Antike und des Römischen Reiches. Nicht zufällig geht die Argumentation gegen den Staat mit der gegen Recht und Gesetz einher, mit dem Wunsch, dieses möge in der Regulierung und Lenkung der Dinge immer mehr durch die Wirtschaft ersetzt werden. Die Märkte, die zu Recht keine – übrigens zunehmend überholten – Grenzen dulden, verlangen tendenziell nach einer Unabhängigkeit von Gesetzen und allgemeinen Regelungen. Man neigt dazu, die regulierenden Strukturen zu schwächen und strebt ihren Ersatz durch »Sachzwänge« an, also durch die Gesamtheit der Handlungsweisen, Reaktionen und Interessen, die das gesellschaftliche Leben bestimmen.

Der Rückzug des Staates aus der Wirtschaft erfordert jedoch eine verstärkte Rechtssicherheit. Paradoxerweise könnte ein kommunistischer Staat weniger Bedarf an einer Rechtsprechung haben, denn da er das gesamte wirtschaftliche und gesellschaftliche Leben lenkt, könnte er auf Gesetze verzichten, die die Interessenkonflikte regeln; er benötigte höchstens organisatorische Richtlinien, wie etwa eine Schulordnung, die Stundenplan und Raumverteilung vorschreibt, aber noch kein Gesetz ist. Nicht umsonst bestand eine Schwäche der marxistischen Lehre in der Unterschätzung der Rechtsprechung, die oft als bloßer Überbau oder als ein seinem Wesen nach konservativer Formalismus betrachtet wurde.

Je mehr der Staat darauf verzichtet, Träger der Wirtschaft zu sein, desto mehr muß er mit der Sicherheit von Recht und Gesetz und mit der Macht, es durchzusetzen, den geregelten Ablauf von Aktivitäten garantieren, die sonst in ihrer zunehmenden Komplexität zu unkontrollierbarer Anarchie führen könnten, der Quelle endloser Konflikte und Amtsmißbräuche. Ein einfacher Vertrag, also eine Vereinbarung zwischen verschiedenen Parteien, kann nicht die Rechtsprechung ersetzen, die seine Gültigkeit beurteilt, ihn anficht, wenn er ungültig ist, und seine Einhaltung erzwingt, falls einer der Vertragspartner ihn nicht respektiert. Im Falle großer Einzelabkommen kann man vielleicht auf die automatische Regelung durch ungeschriebene Bräuche und durch die Mechanismen von Aktion und Reaktion der gesellschaftlichen Dynamik vertrauen; ein Vertrag zwischen einer großen Industrie und einer großen Gewerkschaft mag unter Umständen schon durch die für beide Seiten verheerenden Folgen seiner Nichteinhaltung genügend abgesichert sein. Doch in einem immer komplexeren Gefüge direkter und indirekter Beziehungen zwischen Kräften unterschiedlicher Art und Macht fällt der Gedanke schwer, ein selbstregulierender Mechanismus könne genügen, um alle Seiten zu schützen – von denen einige mehr und andere weniger wehrhaft sind – und unerwünschte Auswirkungen zu vermeiden; betrachten wir nur das Verhältnis von Industrie und Umweltverschmutzung oder die Schwarzarbeit, die häufig durch die »Realität der Fakten«, also die Situation des Augenblicks begünstigt wird.

Heute wird der Staat von den Anarcho-Kapitalisten in Frage gestellt (die vielleicht angesichts einer wütenden Volksmenge bereit sind, nach dessen Eingreifen zu rufen, doch nichts davon halten, die notwendigen Steuern für die durchaus erwünschte Stärkung der Polizei zu zahlen).

Die Ablehnung des Staates hat eine vielfältige Tradition. Im Preußen von Friedrich II. träumten Schriftsteller wie Herder von der Auflösung der friderizianischen Staatsmaschine in den ländlichen Gemeinden. Und die wahren Anarchisten sehnten schon immer das Ende des Staates herbei, der durch humanitäre und egalitäre Körperschaften abgelöst werden sollte. Doch die gegenwärtigen antistaatlichen Bestrebungen der libertären Ultras setzen andere Schwerpunkte. Sie preisen die Ungleichheit und wenden sich gegen jeden Schutz des Schwächeren im Dschungel oder im Wilden Westen des Lebens, weshalb sie den Staat ablehnen und versuchen, die Kontrolle durch Recht und Gesetz zu verringern.

Gewiß, Staat und Recht wirken prosaisch und lästig. Die wesentlichen Dinge des Lebens – Liebe, Freundschaft,

Abenteuer, Tod – vollziehen sich ohne Gesetzbücher, und der Cowboy fasziniert mehr als der Bürokrat, obgleich uns die österreichische Literatur auch unvergeßliche Porträts des Bürokraten und seiner tiefen, mehrdeutigen Lebenspoesie geschenkt hat. Doch mag der Wilde Westen auch verführerisch sein mit seinem edlen Protagonisten, der das wehrlose Mädchen vor den bösen Revolverhelden beschützt, die ihr die Ranch wegnehmen wollen, so muß man sich doch fragen, was denn geschähe, wenn jener rettende Held nicht käme, der im wahren Leben tatsächlich fast nie erscheint. Der Western lehrt auch, daß ein Sheriff gebraucht wird, mit dem das Wirken von Gesetz und Staat beginnt, ohne das die Schwachen der Willkür der Starken ausgeliefert bleiben.

Der Liberalismus besagt, die Freiheit eines Menschen ende dort, wo die eines anderen beginne. Die Anarcho-Kapitalisten, die sich um solche Grenzen und Schutzmaßnahmen nicht scheren, können sich nicht als liberaler bezeichnen, als ein Stalinist dies kann. Das Ansehen des Staates hat durch die Etatisten gewiß stark gelitten, die ihn zu einem absoluten Wert erheben und vergessen, daß er dem Individuum – also jedem Bürger – dient und nicht umgekehrt und daß er entsteht, um den einzelnen besser zu schützen, was in einer Diktatur wie der von Hitler oder Stalin nicht geschieht. Diktaturen sind die Negation des Staates, der in die Hände von Gruppen ohne jede Legitimation gefallen ist, von Kräften, die die Römer im allgemeinen als *latrones* bezeichneten.

Die schier unermeßliche Mannigfaltigkeit des Lebens wird vom Staat nicht zwangsläufig unterdrückt, kann aber von ihm geschützt werden. Die großen Staatsgefüge der Welt, vom römischen Imperium bis zum Habsburgerreich, sind Beispiele für eine beträchtliche Vielfalt der Nationen, Kulturen, Völkerschaften, Sitten und Traditionen. Diese Vielfalt wird von der *lex romana* verteidigt, die in Gallien und in Afrika gleichermaßen gilt, sowie vom Porträt Franz Josephs auf den Münzen, die in Galizien wie im Salzburger Land im Umlauf sind, und vom Gleichschritt der kaiserlich-königlichen Gendarmen, die den Feudalherrn an der Mißhandlung des Bauern hindert und die stärkeren Nationen an der Unterdrückung der schwächeren.

Die durch die Ordnung eines Staates ermöglichte Vielfalt kann nicht weniger wert sein als die des zersplitterten, anarchischen Mittelalters, das dem postmodernen Geschmack so lieb ist. Napoleon, der mit seinem Code civil die juristische Gleichheit der Bürger fördert und verbreitet und die Diskriminierung der Juden abschafft, ist eher ein Sohn der Wachen des Kardinals als der Adligen mit ihrem Hang zum Duell. Die freiheitliche Kultur und Demokratie stehen auf der Seite Napoleons und des Gesetzbuches, das die Mauern des Ghettos einreißt, und nicht auf der Seite dessen, der diese Mauern errichtet oder auch nur zuließe, daß jeder, der die Macht dazu hat, Ghettos baut und darin jeden einsperrt, wie es ihm paßt. Ohne Gesetze gibt es weder Ordnung noch Freiheit. Ein Abschied vom Recht überließe die Welt, wie die Römer sagen würden, der Willkür der *latrones*.

1997

Wenn die Logik in den Sturzflug geht

Nach der Tragödie die Groteske. Ein Flugzeug vom Typ EA-6B Prowler der amerikanischen Marine durchtrennte im tridentinischen Cavalese die Kabel der Seilbahn zur Bergstation Cermis und riß zwanzig Menschen in den Tod. Die Ursachen und die Verantwortlichen für diese Katastrophe müssen durch richterliche Untersuchung ermittelt werden, und es wäre keinesfalls statthaft, irgendein Urteil vorwegzunehmen. Doch es ist unglaublich – und hätte etwas von einer düsteren Komik, wenn da nicht die zwanzig Toten wären –, daß drei Tage lang allen Ernstes darüber diskutiert wurde, ob das Flugzeug zur Unglückszeit von seinem Kurs abgewichen sei, als ob das Gegenteil überhaupt möglich wäre. Verteidigungsminister Andreatta, der erklärte, das Flugzeug habe seinen vorgegebenen Kurs bei Riva verlassen, erhielt von dem unsäglichen General Guy Vanderlinden, dem Oberbefehlshaber der US-Marinetruppen im Mittelmeerraum, die gelassene Antwort, es sei »alles vorschriftsmäßig« gewesen und das Flugzeug sei »die vom Kommando der Luftbasis Aviano regulär festgelegte Route geflogen«.

Der General – doch auch jeder, der sich nur einen Augenblick damit aufhält, die beiden Erklärungen ernsthaft gegeneinander abzuwägen – weiß offensichtlich nicht, was elementarste Logik ist. Wenn ein Flugzeug mit einer Seilbahn zusammenstößt, gibt es nur zwei Möglichkeiten: Entweder das Flugzeug hat aus irgendeinem Grund (durch einen Unfall, einen Defekt, einen Fehler, ein Unwetter oder eine Angeberei des Piloten) seinen Kurs verlassen, oder aber die Seilbahn ist von ihrem vorgegebenen Weg abgewichen, ist hoch in den Himmel gesprungen und hat das Flugzeug gerammt. Man muß kein Genie und auch kein Luftfahrtexperte sein, um die zweite Hypothese für eher unwahrscheinlich zu halten, die der General jedoch offenbar als die glaubwürdigere ansieht, denn wenn das Flugzeug zum Zeitpunkt des Zusammenstoßes auf dem richtigen Kurs war, heißt das zwangsläufig, daß die Seilbahn eigenmächtig ihren Platz und ihre Höhe gewechselt hat und daß die US-Luftwaffe die gewissenlosen oder unfähigen Seilbahnführer wegen der Beschädigungen an ihrem Flugzeug auf Schadenersatz verklagen kann.

Ein regulärer Flug auf vorgeschriebener Strecke, wiederholte – flankiert von seinen Kollegen – seelenruhig der Stratege. Wenn aber dies die vorgeschriebene Route und somit vorgesehen war, daß das Flugzeug sich in jener Höhe und an jenem Ort befand, gibt es wieder nur zwei Möglichkeiten. Wenn das Kommando, das den Flug genehmigte, wußte, daß an jenem Ort und in jener Höhe die Seilbahn war, muß es sich um einen absichtlichen Zusammenstoß und somit um ein vorsätzliches Blutbad gehandelt haben. Wenn es dies jedoch nicht wußte, haben wir es hier folglich mit Menschen zu tun, die entweder unfähig sind, einen Kurs festzulegen, oder aber gewillt, ihn aufs Geratewohl festzulegen, und der Gedanke, daß Leute mit einem solchen Sachverstand das Oberkommando eines Militärstützpunkts innehaben, der für die Verteidigung des Westens große Bedeutung hat, ist nicht sehr erhebend.

Natürlich ist keine der beiden Möglichkeiten wahrscheinlich, die sich aus den Worten von General Vanderlinden und seinen Kollegen ergeben. Es liegt auf der Hand, daß – wenn diese beiden Hypothesen falsch sind, und das sind sie ja tatsächlich – das Flugzeug vom Kurs abgewichen sein muß und daß es eine Beleidigung für den Verstand ist – und wie ein Schlag ins Gesicht für die Opfer –, überhaupt darüber zu diskutieren. Was geschehen ist, läßt sich nur mit einem Unfall erklären oder mit einer kriminellen Tollkühnheit von Piloten, die probieren wollten, ob sie unter den Kabeln der Seilbahn hindurchfliegen können.

Doch wir haben zumindest ein Recht darauf, die Wahrheit zu erfahren. Die Verantwortlichen sollten begreifen, daß man – um mit Biagio Marin zu sprechen –, wenn man aufrichtig die Wahrheit sagt, nicht nur seine Seele und sein Gewissen rettet, sondern auch eine bessere Figur macht, weil man seiner Würde Nachdruck verleiht und damit auch sein Ansehen festigt. Wenn eine Großmacht sich durch die Wahrheit dessen, was in Cavalese geschah, gefährdet sieht, melden sich Zweifel daran, daß sie wirklich eine Großmacht ist. Auch die verlegenen Platitüden und die Versuche, diese Wahrheit zu verschleiern, sollten ein Mindestmaß an Zurückhaltung aufweisen und mit ihrer Unverschämtheit die Opfer nicht noch zusätzlich beleidigen. Moralisch betrachtet, wäre es weniger schlimm, wenn man versuchte, das Flugzeug als etwas anderes zu deklarieren oder zu behaupten, es sei kein amerikanisches, anstatt zu erklären, dieser Flug zu diesem Zeitpunkt sei vorschriftsmäßig gewesen. Als bei der Machtergreifung der Kommunisten 1948 in Prag ihr Gegenspieler Jan Masaryk vom Balkon stürzte – und zwar höchstwahrscheinlich nach einem Stoß –, erklärte das Regime – höchstwahrscheinlich nicht wahrheitsgemäß –, er habe Selbstmord begangen, traute sich jedoch nicht zu behaupten, er sei nicht hinuntergefallen oder dieser Sturz gehöre zu den normalen Regierungsgeschäften.

Es ist entmutigend, mit anzuschauen, wie sogar bei einem Vorfall wie diesem – bei dem die Fakten nach den Worten von Eugenio Scalfari schrecklich und unbestreitbar wie »Granitpfeiler« für sich sprechen – die Wirklichkeit aus dem Blickfeld gerät und das Gut der Vernunft oder vielmehr die elementarste Logik auf der Strecke bleibt, da die Sicht auf die Dinge zusammenphantasiert und verdreht wird. Auch die allgemeinen antiamerikanischen Proteste tragen zu dieser Konfusion bei und verwischen die Realität dessen, was geschehen ist und was nicht an sich schon die Militärstützpunkte in Frage stellen kann, die doch je nachdem, wie nützlich sie sind, Bestandteil der europäischen Politik bleiben müssen oder auch nicht. Gewiß, die NATO entstand aus der Notwendigkeit, den Westen vor der sowjetischen Bedrohung zu schützen; zum Glück existiert diese Bedrohung nicht mehr, doch es wäre beunruhigend, wenn Freiheit und Demokratie von Streitkräften verteidigt würden, deren Befehlshaber nicht vernünftig denken können. Die großen Generale zeichneten sich aber durch Klugheit, Logik, geistige Strenge und die Fähigkeit aus, sich den Ereignissen zu stellen und sie zu beherrschen, wie man der Lektüre über Hannibals Taten oder den Schriften Julius Cäsars oder auch von Moltkes entnehmen kann, der Napoleon III. bei Sedan besiegte und als »Schlachtendenker« gilt. Glücklicherweise wurden vor kurzem maßgebliche amerikanische Stimmen laut, die das Gespräch wieder in vernünftige Bahnen lenken.

Der Verstoß gegen die Logik tut nicht nur dem Denken Gewalt an, sondern auch und vor allem dem Leben und den Gefühlen, denn er bedeutet, daß die Karten durcheinandergeworfen und die Seiten vermischt werden, daß man die Rollen von Opfern und Tätern vertauscht, indem man die Ordnung der Dinge verfälscht und den Ereignissen andere als die tatsächlichen Ursachen oder Triebkräfte zuordnet.

Die Mißachtung der Vernunft ist immer auch die Mißachtung des Herzens. Bis die wahren Umstände dieser Tragödie geklärt sind und die Verantwortlichen nach Recht und Gesetz zur Rechenschaft gezogen werden, wäre es wohl angebracht, daß jeder, der behauptet, dieses Flugzeug sei zur Zeit des Unglücks auf seinem richtigen Kurs gewesen, verpflichtet wird, einen Intensivlehrgang in Logik zu besuchen, damit er lernt, was es bedeutet, ein Urteil abzugeben, oder was der Satz vom Widerspruch ist. Dies sind seit Aristoteles die Eckpunkte des westlichen Denkens, der Freiheit und der Demokratie, und es wäre gut, wenn sie denen, die sie verteidigen sollen, geläufig wären.

1998

Lob des Abschreibens

Einmal, auf dem Gymnasium, hatte unser Deutschlehrer mir und meinem Freund einen Vortrag über die Volksliedersammlung von Brentano und Arnim aufgegeben, dem Herzstück des alten Deutschlands und des Liedes der Romantik. Nachdem wir uns das Buch besorgt hatten, eine Ausgabe in Frakturschrift mit Illustrationen von Wandern im Wald und mittelalterlichen Dörfern mit engen Gäßchen und Spitzbögen, zeigten wir es im Unterricht immer wieder aufs neue unserem Lehrer, der, als hätte er vergessen, daß er schon darüber gesprochen hatte, diese kantigen Buchstaben und versunkenen Landschaften jedesmal zum Anlaß nahm, um eine schöne Stunde über Deutschland zu halten, über seine Träume und seine Wirren, über seine Kultur. Natürlich waren wir froh, daß die Stunden ohne Abfragen und ohne neuen Lernstoff für den nächsten Tag vergingen. Und wir waren davon überzeugt, daß unser Lehrer bei den vielen Klassen und Schülern, die er hatte, nichts merkte, bis eines Tages, nach einer Woche fröhlichen Müßiggangs, als ich mich meldete, um zu fragen, ob ich kurz hinausdürfte, der Lehrer aufsprang und erklärte, es werde Ohrfeigen setzen, wenn wir ihm noch einmal mit diesem vermaledeiten Buch kämen.

Diese unscheinbare Episode ist ein Beispiel für eine Schule, die läuft, wie es sein soll, denn sie erteilt, ohne daß es den Anschein hat, viele Lektionen für Bildung und Leben. Jeder spielt seine Rolle: Die Schüler versuchen, wie es sich gehört, Hausaufgaben und Prüfungsfragen zu vermeiden, und der Lehrer läßt sie gerade so lange gewähren, bis sie sich für schlau halten, dann werden sie ertappt und lernen unter anderem frühzeitig, daß sie niemanden für dumm verkaufen sollten, was nicht gerade wenig ist. Außerdem lernen sie bei der immer gleichen Leier schließlich, fast ohne es zu merken, sogar die Lieder, entdecken eine zauberhafte, entlegene Poesie und beginnen sie zu lieben, wie es uns damals nicht zuletzt dank unserer Mogelei geschah. Denn damals lernte ich mit meinen Klassenkameraden zum erstenmal die poetische Welt des alten Deutschlands kennen, und im Grunde weiß ich auch heute nicht viel mehr darüber, obgleich ich seit vielen Jahren deutsche Literatur unterrichte.

Hätte uns ein heiliger Eifer getrieben oder die kühne Annahme, an einem sogenannten Forschungsprojekt zu arbeiten, womöglich in einer alternativen Polemik gegen die offizielle Lehrmeinung, hätten wir diese Dichtung voller Sehnsucht und Ironie, voller zigeunerischer Freiheit, wahrscheinlich weniger verstanden und geliebt. Es ist kaum möglich, daß sich ein artiger Streber oder ein arroganter Protestler, von einer ehrfürchtigen oder einer aggressiven Ideologie verdorben, der Vagabundenmusik dieser Gesänge hingibt. Als wir versuchten, diese Lieder für uns zu nutzen, um etwas weniger studieren zu müssen, lernten wir, sie zu lieben, und damit auch, sie zu erkennen.

Diese kleine Geschichte kam mir in den Sinn, als ich die Mitteilung las, die Schüler des naturwissenschaftlichen Allende-Gymnasiums in Mailand hätten sich verpflichtet, nicht abzuschreiben, nachdem sie zuvor feierlich erklärt hatten, wie wichtig das individuelle Lernen und die Gruppenarbeit sei, ohne daß man allerdings die Anstrengungen auf andere abwälzen dürfe. Es liegt zweifellos etwas Edles in dieser Haltung, in diesem Wunsch, zu lernen und (mit der Betonung von Werten wie Fleiß und Fairneß) auf eine ziemlich weit verbreitete Oberflächlichkeit zu reagieren, auf Unwissenheit, Interesselosigkeit und die Unfähigkeit, Opfer zu bringen und Disziplin zu üben. Trotzdem weiß ich nicht, ob die Form, in der sich diese lobenswerte Gesinnung äußert, wirklich die richtige ist.

Abschreiben (und vor allem abschreiben lassen) ist zunächst einmal eine Pflicht, ein Ausdruck jener Fairneß und brüderlichen Solidarität unserem Leidensgenossen gegenüber (ganz gleich, ob er es für eine Stunde oder für ein ganzes Leben ist), die zu den Grundfesten der Ethik gehören. Dem Gefährten in Not einen Spickzettel zuzustecken lehrt, ein Freund für den Menschen an unserer Seite zu sein und ihm auch auf die Gefahr hin zu helfen, ein Risiko einzugehen, vielleicht sogar dann, wenn dieses Risiko später, in bedrohlichen oder gar dramatischen Situationen, schwerwiegender als ein Eintrag ins Klassenbuch sein mag. Wer etwas mehr von Informatik oder Latein versteht als sein Banknachbar und nicht versucht, ihm vorzusagen, bleibt wahrscheinlich für immer ein kleines Miststück (der passendere Ausdruck ist unanständig und kräftiger), und er wird womöglich zu der Überzeugung gelangen, daß diese bessere Note in seinem Zeugnis, das zufällig und fragwürdig wie jedes Zeugnis ist, wer weiß was darstellt: mit anderen Worten, er wird ein Dummkopf.

Wenn es sich für die Schüler gehört, abzuschreiben, gehört es sich für die Lehrer natürlich, dies zu unterbinden, und das Ganze läuft gut, solange jeder seine Rolle spielt, ohne das Abschreiben wie ein Verbrechen zu brandmarken und ohne es wie ein Recht gegen die schulische Unterdrückung einzuklagen. Schlechter sieht es allerdings aus, wenn alle alles machen wollen und die Schule, oder das ganze Leben, zu einem allumfassenden ständigen Ausschuß wird, in dem die Lehrer die Schüler ermuntern, ihrem Einfallsreichtum beim Verzicht auf das Lernen freien Lauf zu lassen, und die Schüler sich in die Rolle der Lehrer versetzen, um die Schule pädagogisch zu erneuern, anstatt sie hin und wieder zu schwänzen.

Auf diese Weise macht die Schule keinen Spaß mehr, so wie das Kartenspielen keinen Spaß mehr macht, wenn jeder Spieler, anstatt einen Trumpf einzusetzen, versucht, die anderen gewinnen zu lassen, um ihnen die Enttäuschung zu ersparen. Und wenn man keinen Spaß hat, lernt man wenig, denn die lernenswerten Dinge – die Verlockungen der Welt; die Bäume; die fernen Länder; die Geschichte, die uns gemacht hat; der Stoff, aus dem wir gewebt sind; die Fragen danach, wohin wir gehen und woher wir kommen; die Worte, die von Leidenschaften erzählen; die Mechanismen, die die Güter zirkulieren lassen und es ermöglichen, ins Weltall zu fliegen oder in Echtzeit mit dem anderen Ende der Erde zu sprechen – werden dann zu schweren Pflichten, die erfüllt oder abgelehnt werden können, denen man sich aber auf jeden Fall so bald wie irgend möglich entzieht.

Predigen nützt nichts, egal, ob für oder gegen die Werte. Sie können nur vorgelebt werden, ohne den Habitus und erst recht ohne die ausdrückliche Absicht, sie jemandem einzuschärfen. Vielleicht nimmt man sie nur so mit seiner ganzen Persönlichkeit auf, deren gelebte Substanz sie werden, so wie man nicht lernt, das Meer zu lieben, weil man dazu aufgefordert wurde, sondern weil uns eines Tages jemand zu einer bestimmten Stunde in einem bestimmten Licht zum Strand mitgenommen hat. Vielleicht verhält es sich auch mit der Fairneß, der Gerechtigkeit, der Brüderlichkeit mit den Menschen jeder Herkunft und Kultur nicht anders, mit Werten und Gefühlen, die wir uns nahezu unbewußt aneignen, weil jemand uns hat erkennen und spüren lassen, daß das Leben ohne sie nur ein Misthaufen wäre.

In der Schule sollte auch und vor allem gespielt und gelacht werden, über sich selbst und über die anderen, die nicht weniger komisch und zerzaust sind als wir. Bei jeder sich bietenden Gelegenheit zusammen zu lachen ist ein unschätzbares Gut, das hilft, das oft so unlebbare und unerträgliche Leben zu ertragen, das nicht nur vom Schmerz und von der Ungerechtigkeit, die letztlich immer siegen, erstickt wird, sondern auch vom stumpfsinnigen Ernst, der gleichfalls seinen Teil zur Mangelhaftigkeit der Schöpfung beiträgt.

Es ist also durchaus angemessen, sich von tüchtigen Schülern, die gern abschreiben und abschreiben lassen, tüchtige, ernüchterte und solidarische Persönlichkeiten zu versprechen. Gewiß, auch das Abschreiben hat seine Tücken, wie sich herausstellte, als unsere ganze Klasse bei einer schwierigen Textstelle von Thukydides, die wir übersetzen sollten und die unsere Fähigkeiten bei weitem überforderte, alles aus einer italienischen Fassung abschrieb, die unter den Bänken kursierte, wobei wir uns jedoch allesamt im Abschnitt irrten und eine Stelle abschrieben, die mit der, die wir aufbekommen hatten, rein gar nichts zu tun hatte. Man darf sich durch solche Pannen, die in einer gesunden Schulgemeinschaft unvermeidlich sind, jedoch nicht entmutigen lassen.

1997

Ein Papierkügelchen oder
Über das Vorurteil

Es muß im April oder Mai 1956 in Triest gewesen sein. Wir waren etwa in der fünften Gymnasialklasse, und in der Griechischstunde hatte einer meiner Kameraden namens Cecovini ein Papierkügelchen abgeschossen, das unvermutet auf dem kahlen Schädel des am Pult über das Klassenbuch gebeugten Lehrers gelandet war. Der blickte auf, sah vor sich in der ersten Reihe den Schüler De Cola sitzen und machte ihn sofort und ohne zu zögern als den Schützen aus. »Du, mein lieber De Cola, der du dich damit amüsierst, Papierkügelchen zu schießen ...« Der Beschuldigte beteuerte heftig seine Unschuld, doch vergebens, denn der Lehrer fuhr, gutmütig zwar, aber unbeirrt, fort, auf ihn einzureden: »Tja, mein lieber De Cola, du hast nun mal die Angewohnheit, Papierkügelchen zu schießen, ich weiß ... dir macht es Spaß, den Pandaros zu spielen, den trojanischen Bogenschützen, wie?«

Nach ein paar Minuten erhob sich der wahre Schuldige, Ehrenmann, der er war, und sagte: »Herr Professor, das war ich.« Worauf der Lehrer einen zerstreuten Blick auf ihn warf und erwiderte: »Ach, du warst das, na gut ... aber auch du, De Cola, mit deiner Neigung, Papierkügelchen zu schießen ...« Von diesem Tag an wandte sich unser Griechischlehrer, ein großer Kenner und Vermittler seines Fachs, jedesmal, wenn er das Klassenzimmer betrat, sofort an De Cola: »Du, der immer Papierkügelchen schießt ... ich weiß, ich weiß, neulich ist es Cecovini

gewesen, aber auch du, mit dieser schlechten Angewohnheit ...«

Diese Unterrichtsstunde, die den Mechanismus eines
Vorurteils aufdeckte und zeigte, wie tief es sich in uns ein-
nistet, ohne sich von den Dementis der Realität beirren zu
lassen, habe ich nie mehr vergessen. Die Tatsache, daß De
Cola dieses eine Mal keine Papierkügelchen geschossen
hatte, war für den Lehrer etwas ebenso Zufälliges und Un-
wesentliches wie die, daß es dieses eine Mal Cecovini gewesen war. Notwendig und fundamental war in seinen Augen
vielmehr die Tatsache, daß nach seiner Meinung in De Co-
las Wesen eine schuldhafte Neigung lag, Papierkügelchen
zu schießen, auch wenn er sie nicht schoß. Genauso hat der
Antisemit, der davon überzeugt ist, daß die Juden bei ihren
Ritualen Christenkinder töten, noch nie einen Juden diesen Mord begehen sehen, und vielleicht gibt er sogar zu,
daß ein solches Verbrechen nie bewiesen oder auch nie
begangen wurde, aber das hat keinen Einfluß auf seine
Überzeugung, denn für ihn kommt es nicht darauf an, ob
die Juden diese Missetaten begehen oder nicht, sondern
nur, daß sie ihrer Veranlagung nach dazu neigen, sie zu
begehen.

Eine solche Überzeugung kann, gerade weil sie sich auf
nichts gründet, nicht ausgeräumt werden, und verbleibt
daher unausrottbar und souverän im Innersten der Seele, in
jenen Hohlräumen des Unbewußten und jenem Herzens-
brei, wo die Logik und der Satz vom Widerspruch leider
wenig Macht zu besitzen scheinen. Als zum Beispiel ein
Gesundheitsminister sagte, daß bei Aids die Prophylaxe
keine absolute Garantie gegen die Ansteckung biete, hat
man sich nicht gefragt, ob seine Behauptung begründet
sei oder nicht, ob die Prophylaxe eine hundertprozentige
Sicherheit biete oder eine siebzig-, vielleicht auch acht-
zigprozentige Wahrscheinlichkeit, die Krankheit nicht zu
bekommen. Da es sich um einen christdemokratischen Mi-

nister handelte, wurde von vornherein, unabhängig von irgendeiner Überprüfung, davon ausgegangen, daß seine Behauptung parteiisch sein, daß sie auf repressiver Bigotterie basieren müsse.

Es gibt ungezählte Beipiele, komischer und tragischer Art, und sie reichen von jahrhundertealten Vorurteilen, die ganze Gruppen – Völker, soziale Schichten, Frauen – mit Gewalt und Diskriminierung überzogen haben, bis zu den hartnäckigen Gewohnheiten, die jeden von uns, Tag für Tag, in lächerlicher und kleinkarierter Weise gefangenhalten.

Als guter Aufklärer ziehe ich die irrationalen und abergläubischen Koketterien, die Astrologie, die Parapsychologie und überhaupt alles, was »para« ist, gar nicht erst in Betracht und finde es ungehörig, daß das Fernsehen mit der Wettervorhersage auch das Horoskop anbietet. Einmal aber passierte es, daß ein freundlicher Astrophysiker, der wie ich diesen ganzen obskurantistischen Quatsch ablehnte, unter keinen Umständen zugeben wollte, daß wir gleicher Meinung waren; er behauptete vielmehr steif und fest, daß es zwischen uns Meinungsunterschiede gebe, die er jedoch nicht benennen konnte, denn offensichtlich war er von Haus aus überzeugt, daß ein Literat keinen rationalen Verstand haben könne und zumindest ein wenig auf die Jahrmarktsbudenmagie hereinfallen müsse. Ich führe anderer Leute Beispiele an, weil ich, »da solcher Widerspruch sich nicht verträgt«, wie Dante sagt, meine eigenen dunklen Vorurteile nicht offenlegen kann, die sich, einmal ans Licht gebracht, auflösen und nicht mehr existieren würden, aber ich gebe mich bestimmt nicht der Illusion hin, aufgeklärter zu sein als unser Griechischlehrer oder dieser Astrophysiker.

Jenes weit zurückliegende Papierkügelchen, an dem man seinen Spaß haben kann wie an so vielen vergnügten und ausgelassenen Stunden der Schulzeit, wird schwer verdaulich für den, der weiß, daß die Vernunft, wie einmal gesagt wurde, ein kleines Flämmchen ist und das Universum eine unermeßliche finstere Nacht, aber daß wir nur diese kleine Flamme haben und daß sie gerade deshalb so wertvoll, unsere einzig mögliche Rettung ist.

Ein wahrer Aufklärer, frei von jedem naiven Triumphgefühl, muß, um diese Flamme besser zu schützen, wissen, wie leicht sie von den Stürmen des Lebens ausgelöscht werden kann. Mag sein, daß mitten im Sumpf dieses Licht nur flimmert, daß es die Unterscheidungen nicht deutlich werden läßt im Treibsand des Vorurteils und des Ressentiments, in der Nacht, in der alle Katzen grau sind und in der alles gleichzeitig mit seinem Gegenteil zu existieren scheint – in einem Durcheinander von verschwommenen Begriffen und Impulsen, die mit Ideen verwechselt werden. Wie die Helden aus den Erzählungen E. T. A. Hoffmanns macht jeder von uns – bei sich und den anderen – die Erfahrung, wie unsicher die Lichter der Vernunft sind und wie groß, komplex und mächtig das Reich ist, das sich gegen diese Erhellung wehrt, das individuelle und kollektive Unbewußte mit seinen finsteren, zwanghaften Stereotypen. Aber wie die Helden bei Hoffmann weiß jeder von uns auch, daß allein jene Lichter es erlauben, sich dieser Finsternis zu stellen und daß nur der, der versucht, sie zu erhellen und Handbreit für Handbreit zu durchmessen, ohne ihr zu verfallen, auch dem Mysterium, dem, was uns – noch – unbekannt ist, gerecht wird. In einer Erzählung von Chesterton entlarvt Pater Brown einen falschen Priester, als er ihn gegen die Vernunft schwätzen hört und daraufhin begreift, daß er nicht Theologie studiert haben kann.

In mir hält sich der Glaube an die Aufklärung hartnäckig, auch wenn die Wirklichkeit nicht oft dazu beiträgt, ihn zu untermauern. Er ist zum Beispiel die Voraussetzung für jeden Artikel, den man in einer Zeitung schreibt, denn das impliziert ein zumindest relatives Vertrauen in einen gemeinsamen Kodex, in eine im wörtlichen Sinn geteilte

Logik. Doch die Erfahrung lehrt oft das Gegenteil, zeigt, daß die Logik meines Griechischlehrers beziehungsweise der Mechanismus des Vorurteils siegt, daß alles, was wir schreiben, oft auf der Grundlage einer vorgefaßten, vorgefertigten Meinung und Erwartung interpretiert wird und daß man zu Volksfeinden, Leninisten oder Nostalgikern der guten alten Zeit abgestempelt wird, ohne irgendeinen realen Bezug zu dem, was man gesagt hat, was man denkt und was man ist. Die elementarste Philologie, nämlich die Kunst, das zu lesen, was ein Text aussagt – egal, wie schlicht oder anspruchsvoll er ist –, versagt angesichts des Vorurteils. Die Verblendung verschont offensichtlich niemanden und betrifft nicht nur die anderen: für jeden von uns kommt der Moment der Farbenblindheit.

Der Aufklärer ist daran gewöhnt, besiegt zu werden, aber er ist auch darin geübt, nicht lockerzulassen, nicht daran zu glauben, daß der eigene oder fremde Daltonismus die einzig richtige Farbwahrnehmung sei, und beständig nach einer noch genaueren Wahrnehmung zu suchen und keinerlei fatales Schicksal zu akzeptieren, nicht einmal die unsägliche Unerforschlichkeit des Lebens. Die Ironie lehrt ihn, die eventuellen eigenen kleinen Siege nicht zu ernst zu nehmen, aber ebensowenig die eigenen häufigen Niederlagen und die Triumphe des Nichts. In seiner wunderbaren Ausgabe des *Toskanischen Äsops*, die einen lebendigen und genialen Schatz einer fast unbekannten Volksliteratur des 14. Jahrhunderts neu zugänglich macht, hat Vittore Branca mit philologischer Strenge und schriftstellerischer Freude den anonymen Fabeldichter wieder ans Licht gebracht. In durch eine lange Tradition sanktionierten Szenen mit beispielhaften Tieren stellt er die im Namen Gottes und des Gewinns ausgeübten Laster und Tugenden dar, das Epos von Kaufleuten als »Macher und Vernichter von Königen und Päpsten« und von Klosterbrüdern, die manchmal Heilige und manchmal Spitzbuben sind.

Ich weiß nicht, wie diese Fabeln seinerzeit gehört, aufgenommen und verstanden wurden. Aber vielleicht müßte heutzutage ein desillusionierter und daher unbeugsamer Aufklärer, der das Leben und dessen Freuden liebt und daher folgerichtig auch die Moral, die fordert, jedem die Möglichkeit zu garantieren, zu leben und sein Leben zu genießen, einem Äsop – gleich ob phrygischer oder toskanischer Provenienz – ähneln, der aus dem Schatten der Geschichte und der Reiche seine Fabeln melancholisch, aber auch sanguinisch und, wo es nötig ist, deftig-derb erzählt: Fabeln von Wölfen und Lämmern, Füchsen und Kranichen, Fröschen und Sperbern, jungen Burschen und Kurtisanen, sterbenden Löwen und übermütig gewordenen Eseln, die diesen einen Tritt versetzen. Und wer Ohren hat zu hören, der höre.

1989

Zu Ehren von und zum Gedenken an ...

Wenn ein Mensch Geburtstag hat, ist es mehr oder weniger überall üblich, ihn ein wenig zu feiern. Er bekommt Geschenke, zunächst einen Ball oder eine Spielzeugeisenbahn und später eine Krawatte oder eine Ledertasche, bläst die Kerzen aus oder geht abends mit seinen Freunden essen und erweist so dem Fluß der Zeit die Ehre, der durch die Adern strömt und dabei Ablagerungen zurückläßt, die sie nach und nach verstopfen und seinen Lauf drosseln.

Wenn man in Pension geht, erfolgt der Umtrunk nach einem etwas schwermütigeren und emphatischeren Zeremoniell, und wenn man stirbt, helfen die Ordnung und die Formen der Begräbnisfeier den Trauergästen zwischen obligatorischem Beileid und aufrichtigem Schmerz über ihre Verlegenheit hinweg, zu der es besonders bei Bestattungen ohne religiöse Zeremonie kommt, weil ihr Rhythmus nicht von der beruhigenden Wiederholung formelhafter Redewendungen bestimmt ist, die die Leere ausfüllen, sondern von Pausen des Schweigens, in denen die verstörten Anwesenden nicht wissen, was sie tun sollen, und sich ohne den Schutz gemurmelter Gebete nicht einmal leise unterhalten können.

Wenn der Gefeierte eine gesellschaftlich angesehene Persönlichkeit ist, interessieren sich Presse und Fernsehen für einige seiner besonders runden und symbolträchtigen Gedenktage – den siebzigsten, den achtzigsten, den hundertsten Geburtstag –, und bei seinem Ableben verwandeln die Grabreden selbst das unsägliche, unvorstellbare Nichts des Todes in ein schönes Wohlgefallen.

Ob nun gewöhnliche Sterbliche oder berühmte Persönlichkeiten, diese Protagonisten von Geburtstagen, Pensionierungen und Begräbnissen machen für gewöhnlich nicht viel Mühe. Falls sich diese Anlässe zu oft überschneiden oder zu dicht aufeinanderfolgen, stöhnt man vor Anstrengung, weil man an das Geschenk denken muß, oder wegen der Preiserhöhung bei den Kränzen, aber die Freude, einen Freund zu feiern, oder die Trauer über seinen Tod sind häufig aufrichtig und tief empfunden, sind innige Nähe oder bitterer Schmerz, die sich mit unserem Leben verweben und den gemeinsamen Weg spürbar machen, den Schritt, der neben unserem eigenen dem Ende des Wegs entgegengeht.

Ist der Gefeierte oder Betrauerte ein Intellektueller, ein hervorragender Gelehrter, sieht das schon anders aus. Geburtstag, Pensionierung, Ableben, Jubiläum, dreißigster Todestag oder dreißigster Jahrestag werden trotz aller aufrichtigen, zuweilen begeisterten und respektvollen Zuneigung zum Anlaß einer andauernden Belästigung für alle Kollegen, Freunde und Schüler, die den Nachteil haben, gerade nicht fünfzig oder siebzig Jahre alt zu werden, nicht aus dem Amt zu scheiden, nicht zu sterben oder schon seit fünf oder fünfundzwanzig Jahren tot zu sein.

Von den Gästen wird hier nicht erwartet, daß sie auf dem Fest lachen oder bei der Beerdigung weinen, daß sie Geschenke mitbringen oder Kränze schicken, nein, man bittet sie — man verlangt, man fordert mit einer moralischen, emotionalen Erpressung, die zu den nachdrücklichsten und fragwürdigsten, mit anderen Worten, zu den widerwärtigsten gehört —, daß sie schreiben, daß sie etwas schreiben, irgend etwas, einen Beitrag, eine Geschichte, eine Abhandlung, ein Zeugnis. Wie gefräßige Ungeheuer fallen Almanache und gesammelte Schriften »zu Ehren von und zum

Gedenken an« von allen Seiten über einen her, reißen die eigene Lebenszeit und Person in Stücke, zwingen ihn, ein bißchen hiervon und ein bißchen davon herzugeben, bis schließlich wie bei einem Skelett, das von hungrigen Haien heimgesucht wurde, nichts mehr von ihm übrig ist – von seiner Zeit, seinem Leben, dem Mindestmaß an Muße und Frieden, das ihm zusteht und das er braucht.

Ein Kollege wird fünfzig, und eine Gruppe von Bewunderern organisiert ihm zu Ehren einen Sammelband mit Aufsätzen, an dem man sich gern beteiligt, weil man sich gut leiden kann, sich gegenseitig schätzt und sich freut, unter denen zu sein, die ihn zu Recht ehren. Doch zur selben Zeit wird ein anderer, nicht weniger verdienstvoller und lieber Kollege siebzig, und das nächste Veranstaltungskomitee insistiert und bohrt mit der dringenden Bitte um einen weiteren Beitrag; man willigt mit Vergnügen ein – das heißt, man würde mit Vergnügen einwilligen, wenn man überhaupt die Wahl hätte und nicht gezwungen wäre, ja zu sagen –, aus Freundschaft, Dankbarkeit und Achtung diesem Menschen gegenüber, der es allemal verdient, geehrt zu werden. Während man, von Herausgebern und Veranstaltern verfolgt, noch versucht, die Fristen einzuhalten, stirbt wieder jemand, und die Majestät des Todes ist auch dort unerbittlich, wo sie nicht mit Verdiensten und Tugenden des Verstorbenen einhergeht, sie duldet keine Ablehnung und auch keine Flucht und akzeptiert weder Ausreden noch triftige Gründe für ein Fernbleiben, nicht einmal Krankheit oder Familienangelegenheiten, die selbst den strengsten Schuldirektor veranlassen, seinen Schülern zu erlauben, nicht zur Schule zu kommen und zu Hause zu bleiben.

Dieser Rhythmus wird allmählich anstrengend, auch weil das normale Leben, das für Namenstage und Pensionierungen keinen Sinn hat, den Verfasser von Schriften »zu Ehren von und zum Gedenken an« unausgesetzt drangsaliert. Es strapaziert ihn mit seinem ganzen Wust von täg-

lichen Sorgen, Beruf, Hochzeiten, Scheidungen, Prüfungs-
reinfälle, pflegebedürftige Eltern, verfallende Pässe, Krankheiten, Wasserrohrbrüche, unauffindbare Installateure. Man
schlägt sich wacker und versucht, die Stellung zu halten,
doch da jährt sich schon der Tod eines anderen Mitmenschen zum zehntenmal, dicht gefolgt vom vierzigsten
Todestag wieder eines anderen und − entsprechend den
regulären Anforderungen des Gleichgewichts zwischen
Trauer und Freude − abgelöst vom fünfundzwanzigjähri-
gen Berufsjubiläum eines weiteren Gliedes in dieser Kette.

Wenn er nicht gerade ein Balzac oder Dostojewski ist,
kann sich der Schreiber nicht jede Woche etwas Originelles
und Schöpferisches ausdenken und auch nicht ein neues
Thema von Grund auf studieren. Zum richtigen Schreiben
braucht man viel Zeit, Ruhe und Pausen, muß träge mit
den Gedanken herumspielen und stundenlang vor einem
leeren Blatt sitzen. Auch eine gewisse Portion Unfruchtbarkeit ist nötig. Nicht umsonst gibt es unter den größten
Schriftstellern nicht wenige, die Schreibschwierigkeiten
und sogar Abscheu vor dem Papier hatten, und unter den
berühmten Gelehrten viele, die imstande sind, sich jahrelang mit einem Gebiet zu beschäftigen, um dann, mit den
Resultaten unzufrieden, zu schweigen oder bestenfalls eine
kurze Notiz zu verfassen.

Doch der Sklave, der ans Ruder der Sammelschriften ge-
fesselt ist, an die Termine und Rhythmen der Veranstal-
tungen und der kulturellen Überproduktion, muß, koste
es, was es wolle, stets und ständig schreiben. Deshalb ver-
wertet und käut er etwas wieder, das er in einem seltenen
Augenblick kreativer Freiheit schon geschrieben hat, er
streckt und verdünnt einen vor Jahren verfaßten kurzen
Artikel, verdichtet und konzentriert ein kompaktes Buch,
das ihn an eine Zeit frischer und noch nicht ausgepreßter
Energien erinnert, ändert ein paar Adjektive und wandelt
einige syntaktische Konstruktionen ab, um einen Text zu-

sammenzuschustern, der wie neu aussieht; er feilt und glättet, kürzt und stopft aus und kaut auf alten Seiten herum wie auf Kaugummi. Natürlich kann es auch zu einem glücklichen Zusammenspiel zwischen Kreativität und den jeweiligen Umständen kommen, zwischen einem Text, der aus einer echten Suche heraus entstand, und der Veranlassung, ihn zu veröffentlichen.

In dieser unfruchtbaren Fieberhaftigkeit geht uns nicht nur die schöpferische Arbeit verloren, für die nun keinerlei Zeit und Raum mehr bleibt; noch schmerzlicher ist, daß unsere Beziehungen zu den Menschen, die wir feiern, die wir ehren und deren wir gedenken, verdorben werden. Oftmals handelt es sich um wahrhaft große und geliebte Menschen, denen man von Herzen gern Respekt und Zuneigung erweisen möchte. Doch man würde es gern aus freien Stücken tun, wie jede wahre Liebe und jede wahre geistige Beziehung dies verlangen, anstatt von einer aktivistischen Hektik getrieben zu sein, die sich in emotionale Rhetorik kleidet.

Diese kleine Belästigung, die die Bedeutung des Menschen, den wir ehren wollen, jedoch ohne gezwungen zu sein, es auf eine so hastige Art zu tun, verzerrt und bisweilen zu zerstören droht, ist eine Seite des Wahnsinns, der sich aus einer Unmenge von Einzelheiten speist, von denen jede für sich ihren Sinn und ihren Wert hat. Eine Liebeserklärung kann ein großer Augenblick sein, doch hundert Liebeserklärungen, die mit dem Tempo von Slapstick-Episoden aufeinanderfolgen, sind ebenso eine Parodie wie hundert Sammelschriften, hundert Tagungen oder hundert Beerdigungen.

Diese Generalmobilmachung ist die große Rhetorik, von der schon Michelstaedter sprach, das Räderwerk unablässiger Repräsentationshandlungen, das in Gang gesetzt wird, um das Nichts der Existenz zu verdecken, um mit seinem Getöse das Schweigen dieses Nichts zu übertönen, um das

Bewußtsein abzulenken und es daran zu hindern, die tragische, ungeschützte und zuweilen unflätige Grundmisere des Lebens zur Kenntnis zu nehmen. Die Generalmobilmachung duldet keine Lücken in ihren Reihen, sie ruft dazu auf, beim Appell zu antworten und froh und geschlossen zu marschieren, zu glauben, zu gehorchen und zu kämpfen.

Wir haben Herbst, die Buchen auf den Hügeln sind rot wie das Gold, das die Barbaren mit Kupfer vermischten. Dieses Rot ist ein starker Ruf, doch nicht so stark, daß er erhört und befolgt werden könnte; auf dem Tisch stapeln sich die Vorladungen und erlauben nicht, daß man aufsteht; ihre Zahl wächst in geometrischen Proportionen, in dem Maße, wie sich jedes Ding ausdehnt und vermehrt, das Raum und Luft stiehlt; zweitausend oder zwanzigtausend ausgeschriebene neue Professorenposten werden unverzüglich Zehntausende von Schriften »zu Ehren von und zum Gedenken an« produzieren, so wie zehntausend neue Bücher die Vermehrung von Vorworten, Rezensionen, Präsentationen und Diskussionen fördern werden; das Papier saugt und trocknet das Leben aus wie ein Löschblatt, man möchte gern leben, kann es aber nicht, weil die Gefeierten, die Prämierten, die Pensionierten und die teuren Verblichenen uns daran hindern und uns mit Sicherheit etwas früher ins Grab bringen, uns allerdings wenigstens mit dem bitteren Bewußtsein trösten, daß auch wir gleich nach unserem Ableben zur Belästigung für jemanden werden, der uns vielleicht sogar liebte, denn nun verwehren und verkürzen wir ihm unsererseits das Leben.

1989

Vortragskriminalität

Es wurde ein Vortrag verbrochen!« verkündete 1893 Giuseppe Garzolini in dem dramatischen Tonfall einer Person in einem Kriminalroman, die ein Verbrechen entdeckt und dazu auffordert, den Schuldigen und das Motiv zu suchen. Garzolini, ein unbedeutender und zwangsläufig vergessener Literat, zumindest seinen flüchtigen und wunderlichen Schriften nach zu urteilen, die sich mit eigensinniger Präzision menschlichen und sprachlichen Kuriositäten widmeten, muß einer jener Menschen gewesen sein, die das Leben mit ihrer liebenswürdigen Ironie fröhlicher machen, mit der sie die Dinge beim Schopf packen und sie wieder loslassen, bevor ihr Gewicht unerträglich wird, während sie sie gerade so lange betrachten, bis sie den Schwindel durchschaut haben, sich aber wegdrehen, bevor sie ihr Medusengesicht zeigen.

Heute wäre es gewiß viel schwieriger, den Täter dieses Verbrechens ausfindig zu machen. Wollte man jeden verfolgen, der einen Vortrag gehalten hat, müßte man ganze Heerscharen verklagen, so daß einem nichts weiter übrigbleibt, als die Strafbarkeit der Vortragskriminalität aufzuheben, frei nach der immer weiter verbreiteten Devise, ein Verbrechen nicht mehr als solches anzusehen, wenn es nur oft genug vorkommt, die besonders von denen vertreten wird, die sich nicht durch die um sich greifende Korruption von Tangentopoli belästigt fühlen, sondern durch den, der sie bekämpfen will.

Doch schon vor einhundert Jahren muß die *libido loquendi*, die Sucht zu reden und soviel wie möglich zu reden – verbunden mit dem noch heftigeren Drang, zu schulmeistern, zu belehren, aufzuklären und zu überzeugen –, die Welt wie schäumender Geifer überzogen haben, wenn ein Provinzliterat wie Garzolini den Antrieb verspürte, eine vergnügliche Schrift mit dem Titel »Gegen den Vortrag« zu verfassen und ihr die Form eines jener Vorträge zu geben, die er gerade anprangerte.

Was, so fragt er sich, treibt tagtäglich so viele Unerschrockene dazu, über so vielen ehrenwerten Menschen je nach Temperament, Ort oder Gelegenheit einen sturzflutartigen Schwall aggressiver, gewinnender oder nachdenklicher Worte zu ergießen? Als Sohn des Jahrhunderts der großen philosophischen Systeme, die die Welt in die festen Maschen von Begriffen und allgemeinen Kategorien einbanden, klassifiziert, ordnet und unterteilt Garzolini die öffentlichen Redner in verschiedene Typen, nachdem er zuvor den Bogen vom ursprünglichen *des Redens Mächtigen* über den bescheideneren *Vortragsredner* bis hin zum atemlosen, inflationären *Schwätzer* gespannt hat. Da gibt es den frischgebackenen aufgeregten Redner und den, der sich an Beifall und leere Säle gewöhnt hat, den Lückenbüßer und den Wanderprediger, der »die geweihte Hostie seiner Wissenschaft den Sterbenden fern von der Heimat seiner Pfarrei darreicht«, oder den »Wiederholungstäter«, der immer wieder dieselbe Platte auflegt; da gibt es den Spitzfindigen und den Aufwiegler, den, der sich am Unglück weidet, und den, der die Seelen zur Sonne des Fortschritts erhebt, sowie den, der den Verfall der Sitten, die Schwächung des Patriotismus, die Mißachtung der Religion, den Niedergang der Kunst und die Verdummung der Jugend beklagt. Wohlgemerkt läßt sich auch das Publikum in klare Kategorien einteilen: die Freunde, die Freunde der Freunde, die Sonderlinge, die Anhänger eines gesellschaftlichen Ritus, die

Neugierigen, die Boshaften, die Nichtstuer, die Mißratenen, die Engagierten, die auf Gespräche Versessenen und diejenigen, die zumindest für eine Stunde irgendeine Gesellschaft suchen, und sei es die von Unbekannten, denn schon im Buch Prediger steht geschrieben: »Weh dem, der allein ist«, und das haben sie am eigenen Leib erfahren.

Der gelehrte Autor läßt seine ursprüngliche Idee, ein Motiv zu suchen, das hinter dem im Titel angekündigten, offenkundigen steckt, schnell wieder fallen. Der Vortragsredner folgt einem elementaren Impuls, der sich selbst genügt, einem Baustein des Blutes, des eigenen und dessen der ganzen Spezies, ja sogar einer kosmischen Kraft, einer Art physischem Universalgesetz, so daß Garzolini zu der Vermutung gelangt, es müsse den Vortrag »schon vor den organisierten Lebewesen gegeben haben«, in der Reaktion ätzender Dämpfe und im kochenden Meer der Atmosphäre zur Zeit der Entstehung der Erde.

Der Witz des guten Garzolini, der auch sich selbst verulkt, nimmt eine allgemeine Entwicklung aufs Korn, die in Kultur und Gesellschaft seither unaufhaltsam vorangeschritten ist. Die Erde verströmt Worte, Meinungen, Nachrichten, Kommentare, Ansprachen, Mitteilungen, Luftblasen und Luftbläschen, die sie wie ein Gas umhüllen, in einem Redefieber, das an die zwanghafte, ungezügelte Sprechweise einiger unsterblicher Figuren bei Dostojewski erinnert. Alte Gebote – Liebe deinen Nächsten, *carpe diem*, Proletarier aller Länder, vereinigt euch – weichen dem Universalslogan »Reden wir darüber!«. Vorträge, Diskussionen, Interviews, Podiumsgespräche. Wenn etwas geschieht, forschen die Zeitungen nicht danach, was geschehen ist, sondern geben Erklärungen, Meinungen und Kommentare zu dem Geschehenen wieder, das schließlich in den Hintergrund tritt oder ganz verschwindet.

Jeder gibt seinen Senf dazu, und nicht zu knapp, über Gott oder über das Schlafzimmer, doch es genügt ihm nicht, dies bei seinen Freunden am Stammtisch zu tun oder anzuhören. Oft ist da das Bedürfnis, aufs Podium zu steigen oder sich vor ein Podium zu setzen – was dasselbe ist, weil es einen Hauch von Amtlichkeit und Wichtigkeit verleiht und die Illusion weckt, man hätte nicht einen Krug Bier vor sich, nicht das erschütternde Leben und nicht den Tod, der zwischen zwei Schlucken näherrückt, sondern das Treppchen zu Kultur und Geschichte. Offen gesagt, das Lächeln auf manchen vorüberkommenden Gesichtern, die schöne Blume auf einem Bier und die Freunde am Tisch sollten genügen, um die vergehende Zeit zu lieben. Dies zu vernachlässigen, um einen Vortrag zu halten oder zu hören, kann Sünde sein.

Es gibt auch Unterlassungssünden, sagt der Katechismus, und wir müssen für jedes Mal Rechenschaft ablegen, da wir Liebe und Sex vernachlässigt haben, um an einer Versammlung über Sex, Kultur und Gesellschaft teilzunehmen. Doch offensichtlich ist es schwer zu leben, denn es gibt einen immensen Bedarf, sich in Positur zu setzen und seine Angst in den Griff zu bekommen, indem man sich wichtig macht und zum Berichterstatter der eigenen Liebe oder der eigenen Mißgeschicke wird, indem man beispielsweise – nach einem präzisen Programm, das Zeitpunkt, Dauer und Reihenfolge der Redebeiträge festlegt – mit seinem Geliebten oder seinen Eltern an einem öffentlichen Streitgespräch teilnimmt und dabei die Illusion hegt, die Bühne und vor allem der Fernsehbildschirm könnte der Zerbrechlichkeit unserer Träume und unserer Leiden mehr Festigkeit verleihen.

Der alte Garzolini, der durchaus selbst Vorträge hielt, wußte nur zu gut, daß es auch viele ehrliche und kluge Vorträge gibt, die einen wirklichen Kontakt herstellen und wahre Begegnungen ermöglichen, das Gewissen anrühren, Werte verdeutlichen, eine Erfahrung darstellen und neue Horizonte öffnen. Doch die große Bedeutung, das geistige und emotionale Engagement einer wirklichen Kommunikation machen die Satire auf deren Mißbrauch und ihre selbstparodistische Degeneration nur noch zulässiger und beißender. Gleichwohl ist dieses Hintergrundrauschen auch gütig und barmherzig. In seinem *Labirinto* stellt Eugenio Scalfari mit großer Intensität dem dunklen, unpersönlichen Ich des Körpers — das nichts von seinem Dasein und vom Tod weiß und in einem glücklichen, wenn auch dumpfen Einklang mit dem Fluß der Natur lebt — das geistige, kultivierte, zivilisierte Ich gegenüber, das jenes aus seinem unwissenden Schlummer reißt und es zwingt, sich in das Räderwerk von Kultur und Gesellschaft zu fügen, indem es ihm Würde verleiht, jedoch, wie schon die alte Schlange, auch das Bewußtsein des Todes. Hat man dies einmal erlangt, vergißt man es nie wieder; und mit absoluter Seelenruhe zu den Urstoffen zurückzukehren und in tiefster Stille bewußt die eigene Auflösung in nichts anzutreten, wie es die Hauptfigur in *Labirinto* tut, ist schwer. Oft ist diese nackte Stille unerträglich, die uns von Angesicht zu Angesicht mit der Leere konfrontiert, und es bleibt nichts weiter, als sie zu betäuben und sich von dem Gedanken an sie abzulenken. Auch dazu ist reden gut, ununterbrochen zu reden, zur Ablenkung vom Nichts. So werden die Worte, die wir über uns ausschütten, zu einer Zerstreuung, wie die Schneebälle, mit denen sich Kinder bewerfen. Aus seinem seligen Schlaf gerüttelt, hat das dunkle, tiefe Ich des Körpers das Bedürfnis, sich im Getriebe der Rhetorik abzulenken; sie ist, wie Michelstaedter sagt, der Lärm, den die Menschen machen, um den Tod weniger zu spüren.

Wer, wie viele von uns, wiederholt Vorträge verübt, beschwichtigt sein Gewissen mit dem Argument, daß sie ja selten ernsthaft angehört werden. Wer im Publikum sitzt, sanft gewiegt von der Stimme, die vom Podium kommt, läßt seine Gedanken oft in der angenehmen Unbestimmtheit schweifen, mit der man den Kringeln des Zigarettenrauchs nachschaut; das Niesen eines Nachbarn lenkt vom Fluß der Rede ab und trägt unsere Gedanken weit fort.

Unter den verschiedenen Typen von Vortragsrednern erwähnt Giuseppe Garzolini auch den hypnotischen, der eine einschläfernde Wirkung hat. Ich kann dessen Existenz bestätigen. Vor vielen Jahren hielt ich in einem Kreis vornehmer und überwiegend hochbetagter Damen einen Vortrag. Während ich sprach, schlief etwa die Hälfte den Schlaf der Gerechten. Ich fühlte mich geschmeichelt, ihnen diesen Frieden und diese innere Freiheit geben zu können; die religiöse Bedeutung des Schlafs kam mir in den Sinn, dieses Zeichen vertrauensvoller Hingabe an das Leben und an Gott, wie Pater Brown in einer Erzählung von Chesterton bemerkt, während die Schlaflosigkeit quälende Unsicherheit und Angst vor Schuld offenbart; ich dachte an eine Seite von Singer über den Schlaf nach der Liebe, und ich war in meiner Männlichkeit so stolz darauf, die Schlafenden dermaßen gründlich befriedigt zu haben, daß ich mich bemühte, sie nicht zu wecken, und mit flötender Stimme sprach, wobei ich die vereinzelt wachen Damen, die ganz offensichtlich weniger zufrieden waren, mit schiefen Blicken bedachte. Leider riß deren Applaus die anderen brutal aus ihren Träumen, darunter eine in der ersten Reihe, die selig auf ihrem Stuhl zusammengesunken war: »Darf ich Ihnen eine Frage stellen?« fragte sie mich, wohl auch, um von ihrem Nickerchen abzulenken. »Natürlich, Signora«, antwortete ich mit der Ritterlichkeit des zum Dialog bereiten Freigeistes. »Sie haben doch über Kafka gesprochen, nicht wahr?« »Nein, Signora, über Goethe.« »Oh, Verzeihung.« »Aber ich bitte Sie!« Und so endete auch dieser Vortrag, wie es sich gehört, mit einer kleinen Diskussion.

1998

Als er den Proustschen Fragebogen
ausfüllen sollte

Ihre Lieblingsfarbe?« lautet eine der Fragen. In dem Fall ist die Antwort leicht und eindeutig: das Blau, Farbe des Himmels, der Ferne und der Abwesenheit. Auch die Vorliebe für die Möwe enthebt mich des Zögerns – nicht umsonst stattet man ihr alljährlich auf der Insel Levrera, vor Cherso, einen Besuch ab, wenn die Jungen aus dem Ei schlüpfen. Eine andere Frage scheint zunächst ebenfalls unproblematisch. Gewiß ist die am meisten geliebte Blume der Klatschmohn, aber während ich das schreibe, wird mir klar, daß die Kornblume, das Veilchen und die Margerite nicht ausgenommen werden können. Außerdem ist es vielleicht auch nicht richtig, mit »Mohn« zu antworten, denn als einzelne Blume macht er nicht viel her: Mohnblumen sind bezaubernd, aber alle zusammen, ein ganzes Feld, zumindest eine Handvoll, während eine Rose auch allein genügt. Also läßt uns auch diese Frage ratlos zurück.

Die Umfragen jeglicher Art vermehren sich, kommen von überall her; wenn Camus sagte, die Existenz des Menschen könne, zu seiner Zeit, zusammengefaßt werden in der Formel: »Er trieb Unzucht und las Zeitung«, so müßte man heute vielleicht hinzufügen, daß er außerdem Fragebögen ausfüllt oder sich kurz, meist telefonisch, über die disparatesten Themen ausläßt. Man muß das Phänomen nicht mit der lächerlichen Jeremiade über die Zersplitterung des Lebens und des Individuums in der heutigen Gesellschaft bedauern: auf einen Fragebogen zu antworten war ein Spiel, das auch von Schriftstellern wie Proust und Thomas Mann, die man wohl kaum der Oberflächlichkeit bezichtigen kann, nicht verschmäht wurde. Die Fragebögen, die sich an Schriftsteller wenden, reizen aus verschiedenen Gründen zur Antwort: aus Neugier, aus Spaß am Spiel, aus Eitelkeit (weil man sich Seite an Seite mit großen, ebenfalls befragten Meistern findet), aus Angst, die gesellschaftlichen Regeln des eigenen kulturellen Clans zu verletzen und zum Außenseiter abgestempelt zu werden.

Man glaubt, die Fragen rasch beantworten zu können, sei es, weil man sie im Telegrammstil abfassen muß, sei es, weil man glaubt, Ideen, Meinungen, Geschmacksvorlieben, Überzeugungen, Liebes- und Haßgefühle, Gedanken zu haben. Vor allem ist man sicher, auf die oder jene Weise bereits einen großen Teil dieser Gefühle und Gedanken in den eigenen Büchern zum Ausdruck gebracht zu haben, und es erscheint einem daher nicht schwer, sie aus ihrer phantastischen, metaphorischen Ausdrucksform in eine deutliche Formulierung zu überführen. Hätten Conrad und Stevenson vielleicht Mühe gehabt, zu sagen, daß sie das Meer liebten? Für diese Aussage bedarf es nicht der Größe, mit der beide das Meer dargestellt haben.

Aber dann verheddert man sich bereits bei den ersten Schritten. Wie stellt man es an, seinen Lieblingsdichter zu nennen? Leopardi oder Baudelaire? Bereits in dieser Alternative liegt eine aufdringliche Überrumpelung – oder ist es nur eine vornehme Ausrede für die eigene Unentschlossenheit? Auch wenn man Dante und Shakespeare als außer Konkurrenz betrachtet, weil für sie die Definition »Lyriker« unzureichend ist – doch es ist nur ein Ausweg, um sich aus der Affäre zu ziehen –, drängen sich sofort weitere Namen auf, legitim und gebieterisch. Petrarca weglassen geht auch nicht, man schreibt Namen hin und löscht sie mit einem Federstrich, auch das eine Gedicht eines Autors, den man nur wegen dieses einen Gedichts liebt, scheint unverzichtbar. Man fühlt sich an eine Figur von Čapek erinnert, den Herrn Vasàtko, der bei einem Test den Psychologen völlig aus der Fassung bringt, weil er nicht in der Lage ist, auf das Reizwort mit nur einem einzigen Begriff zu antworten, nämlich dem ersten, der ihm einfällt. Statt dessen zählt er jedesmal Dutzende auf, in einer verschrobenen, unaufhaltsamen Kette von Assoziationen.

Und die Schriftsteller? Zwei von ihnen, die über jeden Zweifel erhaben sind, sind Nichtschriftsteller, zwei überpersönliche und mehrfache Wesenheiten, nämlich der Heilige Geist und Homer, wenn es stimmt, daß sie die *Bibel* und die *Ilias* und die *Odyssee* geschrieben haben. Aber die anderen? Sofort entsteht eine große Verwirrung, wie bei bestimmten Affären, bei denen man am Schluß nicht mehr weiß, wen man am meisten liebt und auf welcher Hochzeit man tanzen soll. Cervantes, Sterne, Tolstoi, Kafka, aber man wird wohl kaum Dostojewski und Flaubert weglassen können, das wäre ja noch schöner... Und was die Lieblingsheldinnen in der Dichtung angeht: die Pisana will unbedingt den Platz der Marquise de Merteuil einnehmen, aber man kann unmöglich sagen, ob sie es schafft oder nicht, wo sich ein Schwarm anderer Frauen bereits vordrängelt.

Mit den liebsten Romanhelden ist es noch schlimmer. Kurz bevor man sich über den Fragebogen beugte, glaubte man, zwei oder drei eindeutig benennen zu können, aber gleich darauf setzen andere hinterher, Kapitän Ahab neben Mister Pickwick und Zeno, und aus der Dachkammer in einem Singerschen Dorf lehnt Nathan Yozefover aus dem Fenster. Es ist eine regelrechte Masse, und man hat keine Lust, den Verkehr zu regeln, die Leute in Reih und Glied aufzustellen, lieber läßt man sich von ihnen überwältigen.

Bis dahin handelt es sich bestenfalls um eine pathologische kritische Unentschlossenheit oder um eine unbezwingliche, doch glückliche Berufung zur Polygamie; vielleicht ist es gut, daß man sich nicht entscheiden kann zwischen denen, die man liebt, ganz gewiß ist es richtig, daß man nicht unter den eigenen Kindern auswählt, selbst wenn man hundert hätte so wie Priamos. Sicher ist es einfacher, wenn es nicht um die literarische Fiktion geht, sondern um das Leben, die Wirklichkeit. Man wird doch wohl sagen können, was man am meisten liebt, haßt, fürchtet oder wünscht, die Orte nennen können, die man allen anderen vorzieht, und die, die man entsetzlich findet. Was ist für Sie das vollkommene Glück, was das größte Unglück? Es scheint, als wüßte man ganz genau, was das ist, das Glück, solange es eine Atmosphäre ist, die uns umgibt, ein Horizont, zu dem man blickt; vielleicht hat man es trotz allem auch erlebt, vollkommene Tage, die nicht von so vielen anderen, in denen man Schmerz, Angst, Dunkelheit erfahren hat, ausgelöscht wurden. Doch wie soll man eine gemeinsame Existenz definieren und kundtun, ein Gesicht, Liebe, Freundschaft, Kinder, Lachen, Harmonie, eine Jahreszeit? Und die Welt um uns her, müßte nicht auch sie zumindest nicht unglücklich sein, damit dieses Glück »vollkommen« und nicht philisterhaft wäre? Und hier werden die Dinge noch komplizierter, denn man kann nicht den kleinlichen Wunsch ausschließen, einen noblen und altruistischen Geist ahnen zu lassen, und ebensowenig die genauso kleinliche Angst davor, banal zu erscheinen.

Vielleicht ist es leicht, die Sklavenbefreiung als die Reform zu bezeichnen, die man am meisten bewundert. Aber die größte Katastrophe? Der Krieg, die Gemeinheit, Tragödien des einzelnen, die schwerer zu ertragen sind als die einer Gemeinschaft, Gewalttaten, die keinen Namen haben ... Wo möchten Sie leben? Die geliebten Orte sind mir ganz gegenwärtig, angefangen von dem Ort, wo ich lebe, doch kaum habe ich sie an die Spitze der Liste gesetzt, bekommen sie etwas Gezwungenes, stagnieren in stickiger Luft, und es fehlt ihnen etwas Undefinierbares, das sich nicht der Liebe zu ihnen widersetzt, wohl aber der Verlautbarung dieser Liebe. Während man den Fragebogen weiterhin ausfüllt, wird man in einen Abgrund an Unsicherheit gestürzt; es sind nicht so sehr die Gedanken, die Geschmäcker, die Vorlieben, die ins Wanken geraten, als das Ich selbst, das, aufgefordert, sie zu deklinieren, sich plötzlich abstrakt vorkommt, unwirklich, wie wenn man zum erstenmal die eigene Stimme vom Band hört und kaum glauben kann, daß sie aus dem eigenen Mund ertönt. Es war soviel realer – zumindest kam es einem so vor –, jemand anders von den geliebten Orten und Menschen zu erzählen, Bücher, Figuren, Inseln heraufzubeschwören. Wer einen Gefangenen zum Reden bringen will und vor der Folter zurückscheut, weiß wohl, daß die beste Methode ist, ihn erzählen zu lassen, bis sich unabsichtlich seine Existenz enthüllt und das, was sie enthält, auch das, was man dem Kerkermeister nicht mitteilen möchte.

Wie kann der Fragebogen fordern, daß der Befragte erklärt, wer oder was er hätte sein wollen? Vielleicht nichts, weil das genügt und man doch das Leben in den Pausen zwischen den Katastrophen genießt, oder das, was einem fehlt, oder alles, weil man merkt, daß man ein Schatten ist, ein Doppelgänger, als würde ein anderer liebevoll das Feld mit den Mohnblumen betrachten, während man selbst seine Lieblingsblume zwischen den Fingern zerdrückt. In der Welt der Fragebögen wird der Mensch immer mehr aufgelöst in die Atome der eigenen spezifizierbaren und registrierbaren Leistungen und Neigungen; bereits Musil stellte fest, wenn man den Menschen in seine Eigenschaften zerlege, so bedeute dies, ihn zu zerstören, einen »Mann ohne Eigenschaften« aus ihm zu machen, der tatsächlich ein Haufen teilweise auch bemerkenswerter Eigenschaften ist, ohne den Menschen. Wie kann man es wagen, als Antwort auf die Frage Nummer 16 den eigenen Hauptcharakterzug zu nennen, wenn diese Reden und Gegenreden vielmehr bezweifeln lassen, daß man überhaupt einen Charakter besitzt? Das Ich zerbröselt, seine Eigenschaften verflüchtigen sich.

Man kann der weltbeherrschenden Computerisierung keine Schuld daran geben. Diese Logik verfälscht nicht das Leben, wie diejenigen behaupten, die sich nach der guten alten Zeit zurücksehnen, aber vielleicht spricht sie dessen Wahrheit aus, legt den Mechanismus bloß, nach dem wir gebaut sind und den wir nur widerwillig sehen wollen. Sie läßt in die Zwischenräume zwischen einem »F« und einem »A« die Leere sickern, das Nichts, den unaussprechlichen und undenkbaren Tod, um den Märchen und Erzählungen sehr wohl wissen, dem sie aber ausweichen, den sie hinausschieben, so wie Scheherezade es tat.

Wie möchten Sie sterben? fragt der Fragebogen. Bilder der heiteren Gelassenheit, des Muts, die Gemeinschaft der Kinder und Enkel, das Gesicht, das man auch in diesem Augenblick so wie immer in der Nähe haben möchte … alles verblaßt, zerspringt angesichts des aseptischen Tons der Frage, der der Antwort den Weg versperrt. Wieviel leichter ist es, von der Liebe, vom Lachen oder vom Tod zu erzählen, Zuhörer oder Leser mit dem ununterbrochenen Fluß von Wörtern zu unterhalten, die von keinem »F« und keinem »A« unterbrochen werden, die die Kontinuität des auch noch im Leid epischen und warmen Lebens simulieren und die eisige Stille, den Bruch des Lebens zudecken, die leeren Zwischenräume, die der Fragebogen hervorhebt. Der Gestus des Erzählens schafft eine Identität, täuscht sie vor und konstruiert sie, während der, der auf diese Fragen antwortet, spürt, daß er die Identität verliert, wie ein Angeklagter vor dem Polizisten oder dem Richter, der ihn ins Verhör nimmt.

Unter den verschiedenen Fragen bezieht sich auch eine auf das eigene Motto. Natürlich habe ich keins, aber ich könnte mir den Spruch zu eigen machen (und ihn vielleicht auch auf die Verfasser von Fragebögen ausweiten),

mit dem ein mehrfach durchgefallener deutscher Schüler
auf jede Frage des Lehrers antwortete, ob diese sich nun auf
das Datum der Krönung Karls des Großen bezog oder ob
man von ihm wissen wollte, in welcher Zeit eine Wanne ge-
leert wird, aus der eine bestimmte Wassermenge abfließt,
während eine andere Wassermenge gleichzeitig zugeführt
wird: »Sie, Ihre Sorgen möchte ich haben!«

[1]994

Augustfoto

Ein Mann ertrinkt beim Schwimmen an der Küste von
Barcola in Triest. Man bringt ihn ans Ufer; zwei Ärzte, die
sich zufällig dort aufhalten, um die Sonne zu genießen und
im Meer zu baden, kümmern sich um ihn, aber er ist tot.
Während man darauf wartet, daß die Leiche abgeholt wird,
legt man sie am Strand nieder und bedeckt sie mit einer
Plane. Eine Fotografie, die vom Triestiner *Piccolo* und danach vom *Corriere della Sera* veröffentlicht wird, zeigt diesen leblosen Körper inmitten der badenden Menschen, die
sich, obwohl in unmittelbarer Nähe, wie es an einem über-
füllten Strand im Sommer der Fall ist, nicht im geringsten
gestört fühlen und fortfahren, ins Wasser zu springen, sich
bräunen zu lassen, Luftmatratzen auszulegen, schwammige Fettleibigkeit einzuölen, die Zeitung zu lesen oder
vielleicht sogar ein Buch, das mit Gefühl und Poesie vom
Leben und vom Tod erzählt.

Der Ertrunkene, der zumindest fünf Minuten lang Protagonist einer Tragödie sein sollte, Mittelpunkt von Aufmerksamkeit und Erschütterung, ist auf diesem Bild eines Som-
mers nichts als eine winzige, belanglose Randerscheinung.
Die Körper um ihn herum wollen die Sonne und das Meer
genießen, und der seine, der nicht mehr genießen und nicht
mehr lieben kann, ist wie Abfall beiseite geschoben worden.
Die Plane, die ihn bedeckt, scheint weniger Ehrfurcht
vor ihm und vor dem undurchdringlichen, universalen Geheimnis, das ihm zugestoßen und in das er eingetreten ist,

zu bedeuten, als vielmehr Rücksichtnahme den Badenden gegenüber, damit sie sich nicht durch die Unerträglichkeit und die Schamlosigkeit des Todes gestört fühlen. Nur ein kleiner Junge betrachtet neugierig diese am Boden liegende Form, wahrscheinlich ohne zu begreifen, was passiert ist, wie ein Hund, der etwas Unbekanntes beschnüffelt.

Diese Momentaufnahme einer grausamen und absoluten Gleichgültigkeit angesichts des fundamentalsten und schockierendsten Ereignisses, das man sich vorstellen kann, des Todes eines Menschen, hat anscheinend entrüstete Proteste, Briefe und Telefonate bei der Triestiner Zeitung und erbitterte Kommentare hervorgerufen. Die Badenden, die sich zufällig am Schauplatz befinden, haben wenig mit dieser Manifestation menschlichen Elends zu tun: Wie wir fast alle in vielen Handlungen unseres Lebens, sind sie zufällige Akteure, die einem vorgegebenen Drehbuch und einem unerbittlichen Regisseur gehorchen, sich automatisch bewegen, wie die Regie es vorgesehen hat, daß sie sich an jenem Sommervormittag am Meer bewegen sollen. Fast alle ähneln wir (in Anbetracht dessen, daß wir fast alle keine Menschen sind, höchstens Menschlein, *quaquaraquà*, wie Sciascia sagen würde) jenen Figuren, die in manchen mittelalterlichen Rathäusern beim Stundenschlag aus dem Uhrenturm herauskommen und eine Runde drehen, während die Leute unten auf dem Platz hinaufstarren.

Ich weiß nicht, was ich getan hätte, wenn ich mich zu diesem Zeitpunkt dort befunden hätte – gar nicht so unwahrscheinlich, da ich im Sommer jeden Tag an dieser Stelle bade. Sicherlich hätte ich versucht, dem Mann zu Hilfe zu kommen, als er ertrank, doch es ist wesentlich leichter, einem Lebenden zu helfen, als einem Toten wirklich Achtung zu erweisen, denn angesichts des Todes (der, wenn man ihm wirklich ins Gesicht sieht, unser ganzes wohlerzogenes, anständiges Leben aus den Angeln hebt) sind wir fast immer verlegene und gehemmte Puritaner, die es nicht wagen, sich mit der Glorie, der Hinfälligkeit und der Schmach des Fleisches auseinanderzusetzen.

Ich frage mich, wenn ich dieses Foto betrachte, was diese Badenden eigentlich hätten tun können: aufstehen, nach Hause gehen, ein paar hundert Meter weiter weg rücken? Nicht von ungefähr gibt es Riten, die helfen, sich in Situationen zu verhalten, in denen, wie in diesem Fall, der einzelne fast immer ohnmächtig und hilflos ist. Nicht daß ich die kalte Gleichgültigkeit jener bunten Gesellschaft unterschätzte, denn die Formen sind immer Ausdruck einer authentischen Substanz, und es ist nicht das gleiche, ob man in einem oder in fünfhundert Meter Entfernung von einem sterbenden oder toten Menschen lacht. Aber hätte es wirklich genügt, abzurücken, wegzugehen?

Sicher, man hätte zum Beispiel beten können. Aber in der Öffentlichkeit zu beten ist schwierig: Fast niemand, es sei denn einer bekennt sich offen zu seiner Frömmigkeit, wagt es. Auch das Gebet erregt Anstoß, wie das Fleisch: Man hat nicht den Mut zu beten, so wie man bei einem Mahl nicht den Mut hat, nichts in sich hineinzustopfen, auch wenn man keine Lust dazu hat. Selbst wenn keiner es erhört, kann ein Gebet ein Bedürfnis nach Erlösung vom Schmerz ausdrücken, ein Bedürfnis, das bestehenbleibt, obwohl man davon ausgeht, daß es diese Erlösung nicht gibt oder nicht geben wird.

In einer brüderlichen und freien menschlichen Gesellschaft könnte diese Fotografie auch ein gutes Bild sein, das Bild von einer Solidarität zwischen den Lebenden und den Toten, von der Fähigkeit, neben den Toten zu verweilen, ohne Furcht oder Abscheu zu empfinden, sie mit Liebe und Natürlichkeit aufzunehmen und den Tod in das Leben einzubinden: gleich Eros, der den Tod nicht fürchtet, weil er ihn zu umarmen und an sich zu drücken weiß, der lehrt, das, was man liebt, auch über den Tod hinaus zu lieben und zu begehren.

Doch an diesem Strand umarmt keiner den Toten, vielmehr bemüht sich jeder, ihn zu übersehen, und so wird diese Fotografie zum wahrhaftigen Abbild von der Gleichgültigkeit des Lebens und vom Triumph des Todes, vom Defizit des Universums, vom unbelebten Dunkel, das es auch an den Sommertagen aufsaugt – während man versucht, es zu ignorieren, indem man sich vom Licht blenden läßt –, vom willkürlichen, unerwarteten Zufall, der das Dasein lenkt und ohne Sinn und Mitleid zuschlägt. Das Leben geht weiter, sagt man nach jedem Tod. Und Bernanos fragte sich, ob nicht genau dies das Schreckliche sei. Unseren Bruder dort unter jener Plane können wir, die wir alle mehr oder weniger auf diesem Foto präsent sind, nur um Verzeihung bitten.

[1]997

Frohe Weihnachten

In Barcola am Triester Badestrand sieht man zum Jahresende vor einem kleinen Lokal für ein paar Wochen direkt am Meer zwei große Engel aus himmelblauen, silbernen und goldenen Bändern, die rauschen wie Flügel in der Luft. Die vorgestreckten Posaunen müßten der Heiligen Schrift zufolge eigentlich Ehre sei Gott in der Höhe und Friede auf Erden bei den Menschen seines Wohlgefallens verkünden, doch man hört nur das Rascheln der Bänder im Wind.

Vielleicht gibt es diese Ehre, doch gewiß nicht diesen Frieden, schon gar nicht für die Menschen seines Wohlgefallens, die allenfalls noch stärker von der Böswilligkeit der anderen gepeinigt werden. Wie kann man offiziell über Weihnachten oder das alte und das neue Jahr reden, ohne sein Gesicht zu verlieren? Eine beleidigende, doch treffende Lieblingsbezeichnung Strindbergs lautet: »unwahr wie ein Festredner«, und sie geißelt jede Predigt, jeden nachdenklichen Kommentar und jede Verheißung, von welchem hohen oder niedrigen Sockel aus sie auch verkündet sein mögen. Kleine Leitartikelschreiber sind vor solchen unfreiwilligen festlichen Unwahrheiten nicht mehr gefeit als Leute, die von erhabenen Podien und Sitzen aus reden. Ist es denn möglich, den schamlos und brutal versklavten Kindern von Weihnachten zu erzählen, über die wir neulich lasen, Kindern, die zu einem so niedrigen Lohn Weihnachtsspielzeug herstellen müssen, das natürlich für andere bestimmt ist, daß ihren widerlichen Ausbeutern das Wasser im Mund zusammenläuft? Vielleicht kann man nur angemessen über Weihnachten reden, wenn man, wie in vielen anderen Fällen auch, etwas erzählt, denn eine Erzählung erhebt nicht den erbaulichen Anspruch, zu belehren oder zu beruhigen, sondern will nur die Wahrheit einer Erfahrung oder einer Offenbarung der Welt bezeugen. Sie maßt sich nicht an, andere auszuschließen, wird jedoch ebensowenig von anderen, abweichenden oder entgegengesetzten, Erfahrungen in Abrede gestellt oder ausgelöscht.

Auch Weihnachten ist vor allem eine Geschichte, und aus ihr erwächst seine unauslöschliche Kraft, die weitergegeben wird und episch in der Zeit fortbesteht: die Geschichte von Maria, ihrem Stolz und ihrem Mut, als sie die skandalöse Mutterschaft akzeptiert; von einer Hütte, die Schutz vor den Unbilden des Lebens bietet; von einem Kind, das für ein großes, ja unfaßbares Schicksal geboren wird und zugleich auch für ein Leben voller Kinderspiele, Streifzüge auf den Landstraßen Galiläas und fröhlicher Mußestunden mit Freunden; von einem Esel und einem Ochsen, deren warmer Atem sich für den Plan von der Erlösung der Welt als notwendig erweist; von jener Nacht der Hirten und vom Weg der Weisen, geleitet von einem Stern, der jahrhundertelang das Symbol für das wahre Leben blieb und einen wahrlich nicht frommen Dichter wie Rimbaud veranlaßte, die Momente als »Weihnachten auf Erden« zu bezeichnen, in denen das Leben von einem Sinn befreit und erhellt zu sein scheint, in dem Wahrheit von Freude nicht zu unterscheiden ist.

Vielleicht ist also das einzige, was jeder tun kann, auch jemand, der höchst verantwortliche Ämter im religiösen oder weltlichen Leben innehat, über das zu sprechen, was er erlebt hat, über das Mysterium des dichten, dunklen Tannenbaums und über die Sterne aus Glas oder Papier in seinen Zweigen und über die abenteuerlichen Krippenfiguren.

Ich könnte von den zwei Glaskugeln aus Nürnberg erzählen, mit denen meine Großeltern zu Beginn des Jahrhunderts den Baum für ihre Kinder schmückten und die nun ich an unseren hänge, oder ich könnte erzählen, wie ich versuchte und noch versuche, in die Krippennische unter dem Weihnachtsbaum wirklich jedes und alles unterzubringen: Hirten, Schafe und Kamele, doch auch Bären und Elefanten, Maulesel aus Pappmaché mit Maschinengewehren und Panzer, zerbrochene und abgenutzte Soldaten aus Zinn oder Pappe mit fehlendem Bein oder gar fehlendem Kopf und sogar Seehunde. Nicht nur drei Weise aus dem Morgenland, sondern fünf oder sechs, möglicherweise mit einer schwarzen Mehrheit, denn eine Weihnachtskrippe sollte, um wirklich eine zu sein, die Welt beherbergen, ist es doch die ganze Welt, die erlöst werden muß und die sich um die Krippe drängt, um nicht draußen in der Kälte zu bleiben. Vor ein paar Jahren trieb sich auch Buffetto, mein Meerschweinchen, ehrfürchtig und neugierig unter den Zweigen herum, wobei es hier und da die Figuren anknabberte.

Ich könnte auch von meinem Onkel erzählen, der tagelang werkelte, um einen Baum mit rieselndem Schnee und eine bewegliche Krippe zu bauen, und der sich zwei Pappflügel an die Schultern heftete, damit ich durch die Milchglasscheiben der Tür eine verschwommene Engelsfigur sah. In diesem Fall müßte ich auch von seinem tragischen Tod berichten, denn Weihnachten ist kein leeres, rosarotes Märchen, sondern eine Geschichte, die sich immerhin der Nacht zuwendet, auch wenn man sie erleuchtet.

Aus vielen dieser Einzelgeschichten träte vielleicht die Bedeutung von Weihnachten zutage, das keine süßliche Kindheitserinnerung ist, sondern ein Grundmoment des Lebens, seiner Poesie und seiner Erlösung. Nur so kann man das weihnachtliche Licht für jemanden unaufdringlich verbreiten, der im Dunkel von Schmerz und Ungerechtigkeit versinkt. Von der Gnade eines Augenblicks des Friedens zu erzählen, die man empfangen hat, ist keine Beleidigung für einen Menschen, der sie nie erhalten hat und dem sie wahrscheinlich auch nie zuteil wird, während es für jemanden, der unsägliche Qualen leidet, eine unerträgliche Kränkung ist, wenn man in beschwichtigendem Ton behauptet, das Leben sei alles in allem doch schön und mit einem bißchen guten Willen werde der Frieden für alle schon kommen.

Wer über Weihnachten spricht, kann unmöglich außer acht lassen, daß dessen reale Präsenz in unserer Realität und in unserer Gesellschaft immer mehr schwindet. Seit langem, und vielleicht schon immer, ist der religiöse Kern von Weihnachten, der das ganze restliche Fest erhellt, zunehmend schwächer und kleiner geworden, ein winziges Flämmchen im großen Neonlicht der Verweltlichung. Diese Entwicklung hat sich fortgesetzt, und das Kind von Bethlehem ist immer seltener der wahre Mittelpunkt des Festes.

Zum erstenmal in seiner Geschichte – und der Papst scheint sich dessen auf profunde und dramatische Weise bewußt zu sein – droht dem Christentum die noch ferne, doch objektiv bestehende Gefahr, wirklich zu verschwinden. Daran gewöhnt, seinen erbitterten Feinden entgegenzutreten, befindet es sich nun eher in der Verlegenheit, langsam von einer Welt absorbiert und aufgelöst zu werden, die häufig davon überzeugt ist, es nicht zu brauchen, die sich nicht um es schert und es fast nicht bemerkt. Man sollte hier nicht vom Christentum, sondern eher von einer christlich-jüdischen Kultur und Religion sprechen, trotz der enormen Unterschiede und der Wunde des christlichen Antisemitismus und trotz des hartnäckigen Widerstands, den das Judentum offenbar leistet. Nur wenigen, selbst unter den Nichtgläubigen, behagt diese These, denn die postjüdische oder postchristliche Verflachung hat wohl nichts mehr von der menschlichen, philosophischen und moralischen Größe der alten Kultur, der vorchristlichen Klassik. Ein großer weltlicher Geist wie Tocqueville sah in den »religiösen Leidenschaften« eine Verteidigung der Freiheiten in der modernen Massendemokratie.

Gegenwärtig vollzieht sich weltweit eine Krise ähnlich der, durch die die Welt der Antike zerfiel, und es ist nicht gesagt, daß die Kultur des Alten und des Neuen Testaments in der Lage ist, als wesentliches Element — oder als eines der wesentlichen Elemente — die kommende, neue Welt zusammenzuhalten, die wir uns, obwohl sie bereits nahe ist, nicht vorstellen können, denn kaum etwas ist so begrenzt wie die menschliche Phantasie. Nicht umsonst sind die Geistlichen, die ihren Glauben am authentischsten bekunden, nicht unbedingt die, die ihn predigen, sondern die, die ihn konkret leben, indem sie in den verschiedensten Situationen der Hoffnungslosigkeit tätig werden, ohne irgendwem Moral zu predigen und ohne irgendwen bekehren zu wollen, die versuchen, den einen oder anderen Bruder von der Angst zu befreien, von der Gemeinheit und von seinen Ketten, und dies vielleicht sogar, ohne ihm zu sagen, daß es jenes Kind aus Bethlehem ist, das ihn so handeln läßt. Niemand kann sagen, ob das in der epochalen Wende, die wir erleben, genügt, ob diese Samenkörnchen Früchte tragen oder einfach eingehen werden. Fest steht jedenfalls, daß der Mut und die Liebe eines Menschen, der so handelt, frei macht und es ermöglicht, mit brüderlichem und pikareskem Zupacken unbezwingbar wie Nomaden durch die sinnleeren Labyrinthe der Welt zu gehen.

Übermorgen werden wir natürlich nicht besser geworden sein, und auch an diesen beiden Tagen, an denen die Welt stillzustehen scheint, wird es »das Weihnachten der Dummen und der Schlauen« geben, der Menschen, die für alle zahlen, und derjenigen, die die anderen zahlen lassen, wie Alberto Cavallari vor Jahren im *Corriere* schrieb. Aber es gibt Weihnachten, und zwar um jene wenn auch immer wieder dementierte Friedensverheißung zu erneuern, um an die Notwendigkeit zu erinnern, daß die Welt eine Weihnachtskrippe werden muß. Wo ist heute der richtige Platz für eine Krippe? Nicht in der idyllischen Hirtenstille irgendeines ruhigen Fleckchens Erde, in einer Szenerie zuckersüßer Harmonie wie der eines Glockenspiels. Vielleicht ist nur der Asphaltdschungel der Großstädte die richtige Landschaft rings um jene Höhle und jenes Kind – das Babel, wo Elend, Gewalt, Verzweiflung und Hoffnung entrechteter und entwurzelter Massen aufeinandertreffen, wo die Zukunft Entsetzen verursacht und Rettung aufblitzen läßt. Das Heilige, falls es existiert, muß man suchen, indem man der Medusa seiner Epoche ins Gesicht schaut, die schrecklich, doch auch heilbringend ist, ins Zentrum der heftigsten Säkularisierung, der Kräfte, die die Welt verändern.

Die Wolkenkratzer und die Elendsviertel der Metropolen als mögliche Weihnachtskrippen? »Himmel über Berlin«, titelt Wim Wenders, »Musik über Berlin« schwärmt Claudio Abbado. Das fangarmartige Großstadtgewirr, in dem sich Individuen, Gruppen und verschiedene Kulturen begegnen, stellt die durchaus dramatische Überwindung jeder abgeschlossenen Identität dar, die der Sinn jeder Erlösungsverheißung ist.

Also Weihnachtslieder – stärker als jede geistliche Ansprache – über Babel. Ohne übertriebene Siegesgewißheit, in schlichter Offenheit. In seiner Weihnachtspredigt auf Samoa forderte Stevenson – einer der wenigen, die zu diesem Anlaß wirklich ohne leere Rhetorik auskommen – zu Freundlichkeit und Frohsinn auf (»die absoluten Pflichten, die vor jeder Moral kommen«) und wies darauf hin, daß nur Dummheit und die irrige Sucht nach Bedeutsamkeit die edle Tugend verkennen können, zu anderen aufrichtig und freundlich zu sein. Dieser große Schriftsteller, der sich hervorragend mit dem Bösen und der Finsternis auskannte, wußte, wie gut es ist, daß ein jährlich wiederkehrendes Fest den Menschen im tiefsten Winter und angesichts der leeren Stühle, die seine liebsten Mitmenschen zurückgelassen haben, zwingt, eine »lächelnde Maske« aufzusetzen, auch wenn er – wie Stevenson den Eingeborenen von Samoa erklärte – nicht weiß, für welchen Lohn er arbeitet, und er mit seinen paar Knochen auf das »anständige menschliche Fiasko« zugeht, das für jeden am Ende seines Weges steht. Frohe Weihnachten.

1997

Register der Namen und Werke

Abbado, Claudio 358
Alfieri, Vittorio 288
Alker, Ernst 103
Altenberg, Peter 224
Amato, Giuliano 307
Antigone 284–296
Andreatta, Beniamino 314
Anouilh, Jean 288
Antonioni, Michelangelo 266
    Apokalypse (Offenbarung des Johannes) 19–22, 24
Aragon, Louis 44
Arendt, Hannah 258-265
Aristoteles 286
Arnim, Achim von 319
Ascarelli, Tullio 294
Äsop 329
Augustinus 132
Averroes 57

Babel, Isaak 228
    Budjonnys Reiterarmee 228
Baioni, Giuliano 39, 99, 161, 216
Baldi, Nora 275 f.
Balzac, Honoré de 29, 333
Barthes, Roland 88
Baudelaire, Charles 343
Bazlen 209
Beckett, Samuel 34
Benjamin, Walter 104, 195
Benn, Gottfried 205
Bergman, Ingmar 150, 298
Bernanos, Georges 52, 352
Bevilacqua, Giuseppe 33, 181

Bhagavad-Gîta 238 f.
Björnson, Björnstjerne 206, 226
Bloch, Ernst 15
Blücher, Heinrich 258
Bobbio, Norberto 203, 294
Boileau-Despréaux, Nicolas 141
Böll, Heinrich 288
Bolzano, Bernard 93
Bonaparte, Joseph 91
Border, Carlo 30
Borges, Jorge Luis 55–59, 98, 236
    Das Aleph 58, 236
Bosch, Hieronymus 128
Botero, Giovanni 35
Branca, Vittorio 328
Brecht, Bertolt 11, 288
Brentano, Clemens 319
Broch, Hermann 31, 89, 100, 262, 266–274
    Der Tod des Vergil 271 ff.
    Die Schlafwandler 266, 269
    Die Schuldlosen 89, 269
Brod, Max 26
Bruegel, Pieter 128
Burckhardt, Carl Jacob 200, 203
Byron, Lord 159

Camus, Albert 342
Canetti, Elias 89, 266, 271
Čapek, Karel 344
Carlyle, Thomas 159
Cases, Cesare 196
Cavallari, Alberto 10, 357
Céline, Louis-Ferdinand 44, 52, 264

Cellini, Benvenuto 159
Cervantes, Miguel de 15, 344
  Don Quijote 284
Chateaubriand, François-René de
  93, 160
Chaulieu, Abbé 141
Chesterton, Gilbert Keith 327, 341
Citali, Pietro 158
Conrad, Joseph 90, 343
  Lord Jim 225
Costanzo, Giorgio 124 f.
Cooper, James Fenimore 89, 102,
  104
  Lederstrumpf 89, 95, 102
Corneille, Pierre 141
Corsini, Eugenio 24
  Apocalisse prima e dopo 24
Cunico, Gerardo 15
Cusatelli, Giorgio 271

D'Annunzio, Gabriele 215, 223
Dahrendorf, Ralf 8
Dante Alighieri 30, 326, 343
De Quincey, Thomas 287
Deffand, Madame de 143
Defoe, Daniel 186
Demant, Emilie 111-114
Deutscher, Isaac 45
Dickens, Charles 30
Diogenes Laertios 26
Djilas, Milovan 42 f.
Döblin, Alfred 29
  Berlin Alexanderplatz 29
Doninelli, Luca 53
Dostojewski, Fjodor M. 6 f., 30,
  38, 52, 77, 195, 206 f., 213, 215,
  247, 258, 333, 338, 344
Dürrenmatt, Friedrich 239
  Der Verdacht 239

Eckhart, Meister 23
  Edda 289
Eichendorff, Joseph von 208, 211,
  248, 250 f.
  *Aus dem Leben eines Tauge-
  nichts* 208

Einstein, Albert 31
Elektra 284
Eliot, T. S. 7
Éluard, Paul 44
Erasmus von Rotterdam 128–133,
  135 ff.
  Über den freien Willen 128
Ettinger, Elżbieta 259, 264

Faulkner, William 31
Faust, A. B. 105
Fiedler, Leslie 109
Fiore, Gioacchino da 22
Flaubert, Gustave 8, 16, 34, 174,
  262, 344
  L'Éducation sentimentale 16, 34
  Le Sottisier 8
Fontane, Theodor 37, 176–182,
  220 f.
  Der Stechlin 176, 182
  Effi Briest 176
  Irrungen, Wirrungen 176
  Schach von Wuthenow 176
Ford, John 106
Fortini, Franco 161
Foscolo, Ugo 160
Foucault, Michel 88
Freud, Sigmund 220
Friedrich II. 311

Gadamer, Hans-Georg 27
Gaius 187
Galilei, Galileo 31 f.
Garzolini, Giuseppe 336–339, 341
Genet, Jean 51
Gentiloni, Filippo 125
Gide, André 50
Goethe, Johann Wolfgang von
  99 f., 152–164, 195, 203, 212–
  217, 226, 229, 287, 341
  Die Wahlverwandtschaften 163
  Faust 160, 162, 213, 287
  Faust II 155, 158
  Prometheus 161
  Über allen Gipfeln ist Ruh' 152
  Volksbuch 156

Werther 158–162
  Wilhelm Meister 99, 153
Goldsmith, Oliver 159
Goldoni, Carlo 182
Gozzano Guido 139
Gorlier, Claudio 102, 104
Grillparzer, Franz 224
Guimarães Rosa, João 36, 140
  Corps de ballet 140
  Grande Sertão, Il 37

Hamsun, Knut 44, 52, 223, 250, 264
Hannibal 317
Hauptmann, Gerhard 227
Hebbel, Friedrich 287
Hegel, Georg Wilhelm Friedrich 107, 155, 197, 286 f., 289 f.
Heidegger, Martin 258 f., 261–265, 286, 289
Hemingway, Ernest 215
Heraklit 134
Herder, Johann Gottfried von 82
Hesse, Hermann 232-257
  Das Glasperlenspiel 232 f., 254
  Demian 235, 241 f., 244, 246 f., 252
  Der Steppenwolf 236 f., 242, 244 ff., 251, 254, 256
  Die Morgenlandfahrt 248
  Kinderseele 248
  Klein und Wagner 235
  Klingsors letzter Sommer 235, 239, 252
  Narziß und Goldmund 248, 252
  Peter Camenzind 237, 248
  Siddharta 235 f., 240, 244
  Unterm Rad 245, 248
  Zarathustras Wiederkehr 250
Hieronymus 132
Hobsbawm, Eric J. 7, 22
  Das Zeitalter der Extreme 7
Hoffmann, E. T. A. 327
Hofmannsthal, Hugo von 36, 94, 139, 224
  Der Rosenkavalier 139

Hölderlin, Friedrich 261, 287, 290
Homer 26, 72, 82, 114, 118, 270, 285, 286, 344
  Ilias 344
  Odyssee 40, 72, 344
Hugo, Victor 10, 165–175
  Dreiundneunzig 165 f., 169, 172, 174
Husserl, Edmund 262, 264

Ibsen, Henrik 17, 199 f., 219, 291
  Die Wildente 200
  Ein Volksfeind 291

Jackson, Andrew 91, 99
Jacomuzzi, Stefano 28, 53, 265
  Cominciò in Galilea 28
  Le storie dell'ultimo giorno 53
  Vento sottile 265
James, Henry 185
Jaspers, Karl 23, 262
Jefferson, Thomas 91, 95, 99
Jesus Christus 20, 128–131, 133, 287
Jonas, Hans 263
Joyce, James 31, 34, 65, 72, 86, 270
Julius Cäsar 317

Kabatc, Eugeniusz 41
Kafka, Franz 26, 31, 34, 39 f., 57, 134, 181, 196, 224, 270, 341, 344
  Das Schloß 26
  Der Prozeß 26
Kant, Immanuel 11, 15, 50, 292
  Kritik der reinen Vernunft 15
Karl XII. 148
Kermode, Frank 24
Kierkegaard, Sören 200
Kipling, Rudyard 52, 90
  The Man who would be King 90
Kubrick, Stanley 236
Kundera, Milan 43
  Das Leben ist anderswo 43
Kuśniewicz, Andrzej 60

La Capria, Raffaele 83
La Fayette, Madame 262
La Fontaine, Jean de 141

La Rochefoucauld, François 138, 140, 145
Laclos, Choderlos de 262
   Les liaisons dangereuses 144
Laestadius, Pastor 115
Lagarde, Paul de 201, 208
Lawrence, D. H. 20 f.
Lazzaretti, Davide 22
Lec, Stanisław Jerzy Lec 60
Lenclos, Ninon de 140–145
Leopardi, Giacomo 5, 18, 343
   Dialog zwischen einem Kalenderverkäufer und einem Passanten 5
Levi, Primo 281 ff.
   Die Untergegangenen und die Geretteten 281
   Ist das ein Mensch? 282
Lévy, Bernard-Henri 289
Linné, Carl von 146–151
   Nemesis divina 147 f.
   Philosophia botanica 146
   Systema naturae 146
London, Jack 90
Longfellow, Henry Wadsworth 154
Ludwig XVI. 10
Lukács, Georg 222
   Die Seele und die Formen 222
Lundbom, Hjalmar 116
Luther, Martin 128–135, 137
   Vom unfreien Willen 129

Madieri, Marisa 36, 126
   Conchiglia 126
   La radura 36
Magris, Aldo 134
Magris, Claudio
   Donau 39, 70
   Ein anderes Meer 70 f.
   Die Welt en gros und en détail 70
   Mahabharata 238
Malot, Hector 51
   Sans famille 51
Mann, Heinrich 203 f.
Mann, Klaus 226

Mann, Thomas 31, 38, 191–231, 234, 241 f., 244, 343
   Betrachtungen eines Unpolitischen 193 f., 196, 201 f., 204–209, 211 f., 215–220, 222, 224 f.
   Bilse und ich 228
   Buddenbrooks 191 ff., 195 f., 199 f., 204 f., 208 f., 217, 228 f.
   Doktor Faustus 209 ff., 218
   Goethe und Tolstoi 213
   Joseph und seine Brüder 209, 220
   Der Tod in Venedig 196, 204, 221
   Der Zauberberg 209, 216, 222, 227
   Tonio Kröger 196, 223
   Tristan 229
   Über die Ehe 221
Manzoni, Alessandro 28, 82, 141, 296
   Adelchi 154
   Die Verlobten 141
   Il cinque maggio 154
   Il Conte di Carmagnola 154
Marabini, Claudio 30, 53
   I sogni tornano 53
Marianelli, Marianello 207
Marin, Biagio 79, 267 f., 316
Masaryk, Jan 316
Matteotti, Giacomo 44
May, Karl 87
Melville, Herman 16, 34
Metternich, Fürst 63, 90 f.
Michelangelo 221
Michelstaedter, Carlo 340
   Midrasch 45
Mittner, Ladislao 182, 196, 272
Molière 141
Molina, Tirso de 285
Moltke, Graf von 317
Montaigne, Michel de 141
Montale, Eugenio 275–278
Montesquieu, Charles de 293
Moro, Aldo 30
Morpurgo-Tagliabue, Guido 219, 256
Möser, Justus 96
Münchhausen, Baron von 71

Musil, Robert 31, 72, 158, 224, 266, 346
Der Mann ohne Eigenschaften 73, 158
Musset, Alfred de 160
La confession d'un enfant du siècle 160
Mussolini, Benito 44

Nadeau, Maurice 39
Napoleon 154 f., 162, 313
Napoleon III. 317
Negrelli, Giorgio 9
Anni allo sbando 9
Nero 38
Nerval, Gérard de 159
Newton, Isaac 31
Nibelungenlied 289
Niethammer, Friedrich 156
Nietzsche, Friedrich 6 f., 73, 80, 157, 195, 200 f., 203 f., 213, 217 ff., 247, 250, 254 f.
Noventa, Giacomo 135

Ödipus 284
Odysseus 284 f.
Orestie 289
Oshima, Nagisa 296 f., 299, 301 f.

Papiniano, Emilio 187
Pascoli, Giovanni 195
Solon 195
Pasolini, Pier Paolo 276–280
Paulus 132
Péguy, Charles 15
Le porche du mystère de la deuxième vertu 15
Pelagius 131
Pellegrini, Ernestina 262
Necropoli immaginarie 262
Perlini, Tito 209, 214
Petrarca, Francesco 343
Pirandello, Luigi 44
Platen, August von 220
Platon 26 ff., 35
Ion 28
Politeia 26

Postl, Karl *siehe* Sealsfield, Charles
Proust, Marcel 31, 262, 343
Puschkin, Aleksandr
Eugen Onegin 160

Qipinngi 117-123
Quack, A. 123
Quinzio, Sergio 129
Quppersimaan, George *siehe* Qipinngi

Racine, Jean 141, 159
Raimund, Ferdinand 17 f.
Die unheilbringende Krone 17
Rasmussen, Knud 122
Rateni, Patrizia 207
Rimbaud, Arthur 354
Rolland, Romain 288
Rossanda, Rossana 48, 125
Vita breve 125
Rossetto, Gabriella 102, 104
Roth, Joseph 228, 241, 267
Radetzkymarsch 228
Rousseau, Jean-Jacques 146 f.

Saba, Umberto 35
Saint-Évremond, Charles de 141
Salgari, Emilio 87
Sandgreen, Otto 118
Sardière, Guyon de la 141
Satta, Salvatore 120
Der Tag des Gerichts 120
Scalfari, Eugenio 316, 340
Labirinto 340
Scarron, Paul 141
Schelling, Friedrich von 287
Schiller, Charlotte von 163
Schiller, Friedrich von 156, 199, 213
Über naive und sentimentalische Dichtung 199
Schlegel, August Wilhelm 33
Schopenhauer, Arthur 200, 203, 217
Schwarzer Hirsch 83, 113, 119
Sciascia, Leonardo 29, 350
Scott, Walter 101, 159
Sealsfield, Charles 90–110
Austria as it is 92

Christophorus Bärenhäuter 102
Der große Unbekannte 91
Der Legitime und die Republi-
kaner 91, 94, 98, 101
Der Virey und die Aristokraten
97, 101
Die deutsch-amerikanischen
Wahlverwandtschaften 92, 99
Die Vereinigten Staaten von
Nordamerika 90, 92
Kajütenbuch 100, 107
Morton oder Die große Tour 99
Prärie am Jacinto 93–97, 103 f.,
107 f.
The Americans as they are 92
Sénancour, Etienne de 160
Sévigné, Marquis de 140 f., 144
Shakespeare, William 159, 229,
343
Simms, William Gilmore 96
Singer, Isaac B. 35
Slataper, Scipio 61, 228
Il mio Carso 61
Smolé, Dominik 288
Sokrates 26, 49
Solschenizyn, Aleksandr 165 f.
Sophokles 286 f., 290
Antigone 286 f., 289 ff., 294
Sperber, Manès 13
Staël, Madame de 159
Stalin, Jossif 45, 62 f., 70, 312
Steiner, George 285 f., 289
Stendhal 138
Rot und Schwarz 138
Sterne, Laurence 159, 344
Stevenson, Robert Louis 16, 55 f.,
183–190, 343, 358 f.
Der Junker von Ballantrae 189
Der Leuchtturmwärter 183
Der schwarze Pfeil 187
Der Strand von Falesá 189
Die Schatzinsel 188 f.
Dr. Jekyll und Mr. Hyde 188
Entführt 187
Markheim 189
Olalla 189

Südseegeschichten 186, 189
Storm, Theodor 204, 208, 220, 222 f.
Immensee 208, 223
Strada, Vittorio 7
Strindberg, August 148, 150, 179,
181, 206, 225 f., 353
Plädoyer eines Wahnsinnigen
179
Svevo, Italo 31, 34, 76, 229

Thukydides 323
Tito, Josip 43, 68, 70
Tocqueville, Alexis de 357
Todorov, Tzvetan 293
Tolstoi, Lew 38, 145, 195, 213 f.,
254, 344
Kreutzersonate 145
Krieg und Frieden 254
Toraldo di Francia, Giuliano 127
Trotzki, Lew 45
Turgenjew, Iwan 229
Turi, Johan 111–116
Erzählung vom Leben der
Lappen 111

Unamuno, Miguel de 284

Valéry, Paul 88, 284
Vanderlinden, General Guy 314 f.
Vattimo, Gianni 6
Vergil 272 f.
Aeneis 273
Verne, Jules 88
Voltaire 140 f.

Wagner, Richard 200, 203 f., 211,
217, 219 f.
Waldenfels, Hans
Weber, Max 14, 303
Weiss, W. 97
Wenders, Wim 358
Wiese, Benno von 263
Woolf, Virginia 275

Zola, Émile 191, 219
Nana 191

Inhalt

Utopie und Entzauberung 5
Renate Lunzer

Die Tröstungen der Apokalypse 19
Karin Krieger

Soll man die Dichter aus dem Staat verbannen? 26
Renate Lunzer

Intellektuelle, Intelligenz und Freiheit 41
Karin Krieger

Lehrer und Schüler 45
Karin Krieger

Literatur mit falschem Respekt 50
Karin Krieger

Die Literatur rettet nicht das Leben.
Zum Tod von Borges 55
Ragni Maria Gschwend

Auf der anderen Seite. Grenzbetrachtungen 60
Renate Lunzer

Der Splitter und die Welt 81
Ragni Maria Gschwend

Das unwahrscheinliche Abenteuer.
Charles Sealsfields *Prärie am Jacinto* 87
Madeleine von Pásztory

Der Homer der Lappen 111
Ragni Maria Gschwend

Die Namen des Schamanen 117
Ragni Maria Gschwend

Das Kanu und der Tod 124
Karin Krieger

Erasmus und Luther: Freier oder unfreier Willen 128
Karin Krieger

Der heiße Herbst der Ninon de Lenclos 138
Karin Krieger

Linné und die göttliche Vergeltung 146
Karin Krieger

Goethe, die Prosa der Welt und die »Weltliteratur« 152
Petra Brauns

Dreiundneunzig: Schrecken und Glanz der Revolution 165
Karin Krieger

Der Stil des Vaters, der Stil des Sohnes 176
Karin Krieger

Der Leuchtturmwärter.
Zum hundertsten Todesstag von Stevenson 183
Karin Krieger

Eine Schutzhülle für die *Buddenbrooks*.
Das essayistische Werk Thomas Manns 191
Ragni Maria Gschwend

Das Lächeln der Einheit
oder Hermann Hesse zwischen Leben und Leben 232
Ragni Maria Gschwend

Kitsch und Leidenschaft.
Hannah Arendt und Martin Heidegger 258
Karin Krieger

Jenseits der Sprache. Das Werk von Hermann Broch 266
Karin Krieger

Montales Pünktchen 275
Ragni Maria Gschwend

Aber das ist der Mensch. Zum Tod von Primo Levi 281
Ragni Maria Gschwend

Wer schreibt die ungeschriebenen Gesetze der Götter? 284
Karin Krieger

Götter und Götzen 296
Karin Krieger

Die Wertbörse 303
Karin Krieger

Wenn die Logik in den Sturzflug geht 314
Karin Krieger

Lob des Abschreibens 319
Karin Krieger

Ein Papierkügelchen oder Über das Vorurteil 324
Ragni Maria Gschwend

Zu Ehren von und zum Gedenken an … 330
Karin Krieger

Vortragskriminalität 336
Karin Krieger

Als er den Proustschen Fragebogen ausfüllen sollte 342
Elise Dinkelmann

Augustfoto 349
Ragni Maria Gschwend

Frohe Weihnachten 353
Karin Krieger

Register der Namen und Werke 360